U0069842

Future

Future

Future

Future

—— 40周年好評增修版 ——

經濟學家
眼中的世界

一本讀懂經濟學的優劣與局限，
剖析政府、市場和公共政策，探索人類的幸福

Steven E. Rhoads
史蒂芬・羅德斯——著

Geraldine Lee——譯
黃春興——審訂

The Economist's View of the World :
and the Quest for Well-Being

獻給瑪格麗特・坎貝爾・羅德斯

我的「佩琪・蘇」

你讓陽光重回大地

目錄／
CONTENTS

01／ 實用概念

02 政府與市場，效率與公平

03 經濟學的局限

各界好評

作為民意代表，我們追求的就是改善民眾生活、達成群體利益，只是大眾真正的幸福是什麼呢？建構在「理性」上的古典經濟學認為，人們做決定時，會考慮風險並最大化自己的利益。只是現實中，人的決定往往被情感、社會地位等心理、感性因素影響，和古典經濟學的假設有點脫鉤。因此，行為經濟學的出現能讓經濟學理論更貼近現實，這對於經濟學家、民代和政府單位來說非常重要。政治即生活，生活就是充滿選擇，就是滿滿的經濟學。

本書作者從行為心理學的「有限理性」「社會偏好」和「缺乏自制力」等概念出發，探討社會議題和公共事務的決策。難解的建設兩難、政治習題，從經濟學的角度來看，有時候會突然豁然開朗。同時我們也可以更好地理解在民主社會中，要怎麼做才能盡可能地滿足公民對於幸福生活的期待。

——林亮君　台北市議員

羅德斯教授在書中，用輕鬆的筆法和豐富的當代例證，將許多看似生硬的個體經濟觀念，變成一口一口容易消化的小點心。他點出許多政治人物的決策偏誤，常常是因為沒有考慮經濟誘因、風險、機會成本所致。

我身為美國政府的經濟學家，經常感嘆政治和經濟是兩條平行線。這本書巧妙地成為兩者之間的引水人，將政治輪船引進理性經濟的港口靠岸。

——廖啟宏　加州州政府研究首席，加州大學戴維斯分校客座教授、
PODCAST《一口經濟學》主持人

我愛極了這本書！

40 年前，它首次帶領我認識經濟學家獨特的世界觀。新版保留一切優點，還更新許多精彩內容！

——丹尼爾・康納曼（Daniel Kahneman）
2002 年諾貝爾經濟學獎得主

在這本出色的書中，作者羅德斯解釋經濟學家怎麼看待這個世界。透過這個方式，顯露出經濟學的真實面貌與相關局限。

——馬丁・沃夫（Martin Wolf）
英國《金融時報》首席經濟評論員

超凡的經濟學家心智之旅，從頭到尾細心規畫，更發人深省！

——葛雷格・曼昆（N. Gregory Mankiw）
哈佛大學經濟系教授

這本 40 周年好評增修版完全是經典之作。作者羅德斯說明經濟學家如何思考選擇、市場、外部性和其他概念，全都是最佳解釋！不管你是不是經濟學家，都能從這本書中獲益，不僅學習經濟學家的思維，也可以瞭解他們思考的局限。

——《金融時報》（*The Financial Times*）
2021 年經濟類年度好書

目前，花人民納稅錢的人，陷入一個沒有成本只有收益的幻想世界。幸好這本書是個絕妙的補救措施——至少對讀者而言是這樣。新版反映出許多新的經濟爭議，但作者羅德斯將經濟學的核心概念以非常容易理解的方式呈現出來！

——《華爾街日報》（*Wall Street Journal*）

2021 年政治類年度好書

這是一本令人驚嘆的書。閱讀後，身為經濟學家的我，對於非本科的學者能如此透徹理解經濟學感到佩服。但正因為作者並非經濟學出身，才能針對經濟學的適用性提出新見解、對其局限性做出鞭辟入裡的批評。

——約翰・布蘭德（John Brandl）

明尼蘇達大學休伯特漢弗萊公共事務學院創始院長

身為徹頭徹尾的經濟學家，其他社會科學領域學者對經濟學的研究常常讓我難過，因為那些研究明顯地不及格，並不利於大眾理解經濟學。因此剛開始閱讀這本著作時，我其實並不寄予厚望。然而，我非常高興地發現，這本書不僅體現了對經濟學的深入研究和理解，還非常實用、深具建設性。做得好！

——曼瑟爾・奧爾森（Mancur Olson）

馬里蘭大學經濟學教授

初版已成經典之作，可謂實至名歸。40 年後，作者羅德斯帶著深遠的洞見和最新的案例，還有好玩趣味的至理名言。別只買這本書，讀它吧！

——艾倫・布林德（Alan S. Blinder）

普林斯頓大學經濟學教授

我一直認為，這本書是過去 50 年出版的經濟學十大著作之一。

——大衛‧韓德森（David Henderson）
美國海軍研究院經濟學教授、《簡明經濟學百科》主編

這是一本睿智又謹慎的書。羅德斯實踐他所宣揚的理念——非常注重邏輯推論和價值觀探討。他的風格是尊貴和高尚學術論證的典範：清晰有力，不帶有爭議或刻意貶低。

——史蒂芬‧凱爾曼（Steven Kelman）
哈佛大學甘迺迪政府學院公共管理學教授

這是一本非常好的書，對經濟學的評價也很平衡、公允。作者在第一部分和第二部分中，談到經濟學家為公共政策帶來良好的意識與理性，並運用經濟學破除許多迷思與感情用事。相信讀者會很好奇，作者可以找到什麼理論來反對經濟學家的觀點，而本書第三部分絕對不會讓你失望。

——丹尼斯‧讓（Dennis Wrong）
紐約大學社會學教授

這本書是我讀過最好的書籍之一。

——阿米泰‧埃齊歐尼（Amita Etzioni）
喬治華盛頓大學國際關係教授

這是一本很棒的書。認識經濟學家的觀點、討論其優勢和局限是非常重要的。

——安德魯‧傑爾曼（Andrew Gelman）
哥倫比亞大學統計與政治學系教授

免公式、免圖表，
經濟學也能如此易讀好懂

| 呂昱達 |

　　經濟學往往是社會組學生心中的一根刺，因為它雖被歸類於社會科學，卻又仰賴許多數學公式、圖形，來詮釋各種經濟現象。然而，這本書之所以暢銷 40 載，且依舊受到教育界的推薦，正是因為史蒂芬教授在書中一條公式、一張圖表都沒放上。

　　他並不抽象說明消費者剩餘如何因為政府制定價格下限而減損，或者講述外部成本內部化之前，社會福祉會有怎樣一塊面積的無謂損失。取而代之的，是他運用各種生活上會遇到的困境，以及美國歷任總統所推行的著名公共政策，幫助讀者勾勒出對於經濟學的想像。此書並非是本輕薄的書，但絕對易讀好懂。

　　正如所有經濟學入門書一樣，一切從機會成本出發，畢竟經濟學的前提，總是環繞著「資源有限、欲望無窮」的前提。然而，有別於從個人角度出發，史蒂芬教授總不避諱地將難解的政府政策端上檯面，直球對決地與讀者討論。

　　書中指出，蘇聯車諾比核能事故中，因為輻射外洩而死亡的人數，只占該地區可能罹癌人數的一小部分。但取代核電廠的燃煤電廠，每年造成的生命損失卻比車諾比電廠單次事故的傷亡來得多。

　　而關於更敏感的自然保育議題，史蒂芬教授亦褪去道德的外衣直指生態學家，在《瀕危物種法》崇高的理想面前，似乎忽略了最基本的成本效益分析。類似的情形，回到台灣本地則不禁令人聯想起台東美麗灣開發案。那兒起初是杉原海水浴場，是提供當地居民工作機會、遊客戲水歡樂的歡快之地。然而，在環團與縣府、開發商爭訟數十年後，目前成為一幢已完工卻無法啟用的大飯店，周邊荒煙漫草、百業蕭條。現況是三方訴求僵持、爭訟不斷，造成資源閒置浪費，更凸顯了經濟學家可能無法理解的命題——為什麼不能夠好好冷靜地計算成本效益呢？

為什麼我們需要理性的經濟學觀點？

　　在閱讀本書的過程中，我不免憶起前陣子帶著一批學生參加全國公民行動方案競賽的過程。這場競賽旨在透過中小學生的視野，去看見社區、學校中存在的問題，並透過各種研究工具瞭解權責單位、被服務對象的看法，再經由檢視可行方案、提供行動方案計畫，進一步解決問題。

當屆競賽冠軍的屏東女中，透過向百貨業者爭取火車站附近的閒置土地，並與主管機關爭取經費建置腳踏車架，來解決車站周邊腳踏車違停的亂象。

亞軍的海山高中，則透過研究市區道路條例，以及實際測量路燈間距、照度，再進一步向市議員跟學校總務單位請願、召集會勘，最終藉由更改燈泡樣式、加裝反光條、改善路燈間距等方式，實際點亮校園周邊的道路。

這兩間學校的行動方案都令人驚豔，但最令我印象深刻的，還是評審老師令學生們語塞的提問：「你們有沒有做過成本效益分析？所以總共花了多少錢？這樣的政策改動，有沒有符合比例原則？」而學生之所以說不出話，正是因為我們總習慣用好的動機說服別人，卻疏於用理性的思維去進行經濟學上的成本效益分析。

為什麼我們需要經濟學的幫助？

此外，史蒂芬教授也在書中刻畫了一個塞車的情境，來討論經濟學上的誘因。在這個情境中的每一位駕駛，耗費大量時間堵在車陣中，同時也連帶浪費大量燃料，更製造致癌的廢氣、推升公共衛生的負擔。

這讓我回想某年暑假在曼谷市區的塞車惡夢。曼谷交通惡名昭彰，肇因包括道路呈現魚骨狀、巷弄互不連通，使得車輛都匯集到主幹道上。曼谷城市開發並沒有審慎預留足夠的道路空間，導致高樓大廈林立，道路卻極為狹窄。而最顯著的問題還是出於數量，曼谷市區擁車族實在過多，前總理盈拉（Yingluck Shinawatra）在位期間，更實施首購免稅政策，使得曼谷每個家庭擁有 3.2 輛汽車。以上眾多因素，自然使得道路壅塞不堪。

反觀新加坡，面積僅約 2.6 個台北市，道路卻井然有序，主要便是透過嚴謹的租稅與價格機制，控制人們購車的誘因。在新加坡要擁有一輛車，必須先取得 10 年為期的擁車證，其價格高達 250 萬新台幣。此外，還須按照車輛排氣等級，課徵排氣稅 30 至 50 萬元。而且有車還不一定能開上路，得按照車牌單號、雙號按日進城，以避免道路壅塞。

正如書中提到的，「只要道路不定價，駕駛人就會繼續做出效率低的交通決策」。曼谷及新加坡的政府政策跟人民行為，正是最佳的寫照。

就像這樣，跟著史蒂芬教授的腳步，不知不覺間就能在不使用一條公式、一張圖表的情況下，輕鬆擘畫出對於經濟學的雛型理解。而書中每個章節最後的進階思考，更能使我們對於公共政策的評估，不再如此單一平面、不再被道德綁架，能具備更理性思考的能力。

（本文作者為高雄市立新莊高級中學公民與社會科教師、丹尼老師的公民教室創辦人）

讓經濟學更廣闊、
更接近你我的生活

│ 黃春興 │

　　原著者史蒂芬・羅德斯給本書的定位很清楚，就是為他的學生（社會科學院學生和公共政策從事者）寫的經濟學教材。他的初心很簡單：經濟學原理對他們很重要，但他們讀不下枯燥無趣的教科書。那些教科書都是知名經濟學家所寫，但他在教學中發現：過多的數學和圖表並不是他的學生需要的。他們需要能用經濟概念清楚又可以徹底解釋個案的範例，但教科書只提供簡略的解說。於是，他自告奮勇（卻也自信滿滿地）著手書寫。

　　1985 年，他完成了《經濟學家眼中的世界》，立即獲得學界普遍的肯定。當時，知名經濟學家艾倫・布林德稱讚「該書的成就不可思議」。布林德自己也出版為經濟學系學生寫的經濟學原理和總體經濟學 2 本教科書，後來又擔任過美國總統的經濟顧問和聯準會副主席，自然對經濟學概念和公共政策極其關注。這本書的成就的確超出他的預期。同時，著名的政治經濟學家曼瑟爾・奧爾森也表達同樣的讚美詞。

他們讚美的不僅是羅德斯的個人成就，更大的讚美是本書的出版，讓公共政策教學有了類似哈佛企管個案的實務教材，而同時，它的成就又勝過哈佛個案——這些公共政策個案在經濟理論的應用下有了一致且連貫的詮釋，不像在企管個案研究中見到的五花八門。該書的副書名僅將「政府、市場和公共政策」三者並列，但從「經濟學家眼中」去看，並不難理解它們圍繞著市場邏輯的關係。人們喜歡嘲諷：「10 位經濟學家會有 11 個建議」，也常見到不同學派經濟學家的針鋒相對。不過，羅德斯多次在本書提到：經濟學家對基本的經濟學概念是有共識的，而這些共識的概念正是市場邏輯的基礎。

這是羅德斯發願的初心：應用這些經濟學概念去教授公共政策。這些概念構成了本書的前三章：機會成本、邊際主義、經濟誘因。羅德斯認為人們做私人決策時，對這些概念時常謹記於心，但考慮公共政策時就經常忘掉，因而遭受不少損失。

與時俱進，追尋新知

羅德斯的執著和成果讓人佩服，但更讓我佩服的是他在讀者手中這本「40 周年好評增修版」所呈現對新知識的不懈態度。

我曾寫過經濟學和政治經濟學的教科書，在審校這本新版的譯稿時，就不時自問：如果我也重新出版自己的舊版教科書，會怎麼做？時空環境已大不相同，即使基本的經濟學概念不變，新的詮釋和新的應用個案也會層出不窮。於是，有些學者會在舊版添加一、兩章自己近期的著作，較認真的學者會逐頁逐句修改舊文。但若要全面翻新，至少得重寫半本書。30多年過去了，「而視茫茫，而髮蒼蒼，而齒牙動搖」，我還有年輕時的精力如是去完成嗎？我敬佩的是，羅德斯在新版中做到了，而這時的他已 85 歲。

新版保留原來的書名，意味著他要繼續將共識的經濟學概念應用到公共政策；然而，副書名已改為「對幸福的探討」，超越了舊版僅對經濟關係的陳述，提升到新境界的追尋。

羅德斯認為，學界在過去 40 年對於幸福和實現幸福的手段已有新的發現。相對地，經濟學的研究並未跟上。有些書評說新版對經濟學的研究方法有所批判，這說法並不正確。羅德斯批評的是經濟學研究在過去 40 年的停滯不前，譬如說以經濟效率或個人成就評定幸福，已無法實現當前知識所認定的幸福。因此，他建議經濟學家應該多看看其他學界的相關發現，並進一步擴大經濟學的視野和理論。

羅德斯在新版的批評對象，設定在當前居主流的新古典與凱因斯綜合學派，所持的角度是正向心理學和行為經濟學對有限理性的研究成果。這 2 個新學門的確發現一些不同於經濟學假設的「異常」行為模式，但主流經濟學家仍堅持具有普遍性的行為假設才是正道。然而,對於行為「異常」的個人來說,依據普遍性假設推演出來的政策必然帶著壓制和暴力。如果經濟理論要應用到公共政策,在自由民主的社會裡,就必須認真考慮個人對幸福的不同定義,以及他們特殊的行為模式。

（本文作者為國立清華大學經濟系副教授）

看透經濟思維，
剖析社會影響力

　　這本經典著作於 1985 年出版，被許多人公認為經濟學思維方式、經濟學應用在公共政策上的最佳說明書。本次出版的 40 周年好評增修版，加入多項更新和修訂，以闡明公共政策學、政治和經濟學在這段時間內的發展。其中包括對所得重分配的深入探討、對新興行為經濟學的研究，以及對川普總統（Donald Trump）任期內施政的評論。

　　作者羅德斯在本書開頭解釋了機會成本、邊際主義和經濟誘因，再說明為何主流經濟學家（即使如保羅・克魯曼〔Paul Krugman〕等左派經濟學家）仍然重視自由市場。在結尾處，本書批評經濟學研究方法中對品味和偏好的嚴格中立，以及人類行為受自私動機所支配的假設。作者批評經濟學過度偏頗地強調狹隘的自我利益，並將其認定為人類行為背後的動機，以及通往幸福的途徑；他也提出哲學家和正向心理學家對美德與倫理的有趣發現：幸福更多是取決於朋友和家人，而不是收入或財富。

　　這本發人深省的經濟學家思想之旅，是這個時代的必讀書籍。本書以清晰、生動、簡明易懂的方式，深入探討經濟學家的思維模式，以及他們對社會的重大影響力。

　　史蒂芬‧羅德斯是維吉尼亞大學政治學名譽教授。他於1961 年獲得普林斯頓大學歷史學士學位，隨後在美國海軍服役，並於美國行政管理和預算局擔任主任審查祕書。之後，他進入康乃爾大學研讀經濟學、美國政治學和政治哲學史，於1973 年獲得行政學博士學位。史蒂芬和妻子居住在維吉尼亞州的夏洛蒂鎮。

前言 ■
_____

影響每一個人的
經濟學思維

　　1975 年，維吉尼亞大學授予我副教授終身職。我認為主要是因為系主任需要一名研究生導師，而當時顯然沒有其他人適合這份工作。然而，他認為讓尚未獲得終身職的助理教授擔任這個職位很尷尬，於是推波助瀾促成我的晉升。當時我唯一的出版物是從博士論文研究延伸出的一本專著；我的教學表現也很平庸，在小班教學時還算不錯，但大講堂中就差強人意。很少有大學院長會認為這樣成績的教師值得授予終身職。10年後，我的教學大有進步，但出版紀錄仍然很少，只在某間商業出版社推出一本由我編輯的著作。

　　不過我的心情卻很雀躍，因為剛寫完一疊雄心勃勃的書稿，談論經濟學家的思考方式，而這本書即將在世界上最好的出版社之一發行。我的編輯柯林・德伊（Colin Day）充滿熱情，認為這本書會在學術市場賣座，並被一些課程採用。我們倆都沒預料到，這本書竟然也在學術市場外備受關注，並引起一般讀者的興趣。

學術期刊和一些政治評論期刊對本書的評價相當好。首刷印了幾千本（當年這是很尋常的事），很快便銷售一空。劍橋大學出版社後來多次再刷，銷量一直很穩定。2005 年，一位研究生在亞馬遜網路書店的購物評論上表示，這本書是他公共管理課程的指定閱讀。這很令人欣慰，但我難以想像一本 20 年前出版的經濟學和公共政策著作，竟成為當今研究生的指定讀物。書中當然有許多實用的範例和有趣的軼事，但這些資訊至少都有 20 年的歷史！

與此同時，這本書在歐洲和亞洲也擄獲了廣大的讀者群。海外銷售高達數萬冊，成為劍橋大學出版社在二次世界大戰後最暢銷的前 1% 出版品。這本書翻譯出版後，台灣的《中國時報》開卷好書獎，更曾在 1991 年將本書中譯本選為年度最佳圖書之一。

時間考驗下的經濟學思維

多年來，我希望退休之後可以修訂本書，畢竟這些年來經濟問題和經濟學本身都發生了巨大的變化。

1985 年時，大多數經濟學家都認為「漲潮會抬升所有的船隻」。然而幾年過去，所得和財富的不平等急遽升高；2020年，甚至有 15% 的青壯年男性人口處於失業狀態。1985 年的經濟學家認為，只要滿足消費者對商品、服務和休閒的偏好就會感到幸福（此一信念幾乎未引起爭議）；但現在的哲學家和心理學家則提出不同的看法。

儘管如此，經濟學的核心概念仍然通過了時間的考驗。1985 年的經濟學家對市場表現給出極大的讚賞，強調必須在多政策目標之間找到平衡，而不是在其中分出高下；他們強調制定政策前必須考慮機會成本，並在擬定施政計畫時顧及外部性（也就是對第三方的影響）。

直至今日，這些觀念仍舊相當明智，即使在幾十年後，我相信也依舊會是經濟學家世界觀的重點。

我之所以能總結經濟學家的思維方式，是因為在這門學科中，意識形態並不如大家想像的那麼重要。

華盛頓最古老的 2 個智庫：布魯金斯學會（Brookings Institution）和美國企業研究所（American Enterprise Institute, AEI）中，前者較為左傾，後者則比較右傾，但他們在經濟學方面的研究工作並沒有太大不同。

本世紀的頭 10 年，AEI－布魯金斯監管事務聯合中心（AEI–Brookings Joint Center for Regulatory Affairs）一直很活躍。最近，其貧困與機會工作小組聯合發布一份報告（《機會、責任和安全》，2016 年）。另一件很重要的事：小布希（George W. Bush）政府的財政部經濟事務副助理部長泰德‧蓋爾（Ted Gayer），卸任後到布魯金斯學會擔任經濟研究共同主任，後來還晉升為主任！

在本書中，將介紹經濟學家思維方式的核心，解釋它如

何影響我們，並說明經濟學為何仍然是社會科學中，最具政治
影響力的一門學問。

引言

房子蓋得少，牛奶就漲價？
怎麼讀懂經濟學
核心知識？

　　當我們提到「經濟學」時，你的心裡出現了什麼想法？

　　如果你對經濟學沒什麼好印象，那你就是我最想接觸的讀者。你可能對經濟學知之甚少或一無所知，或者總覺得它令人生畏。即使你在大學修讀過經濟學（也許是在父母的堅持下），現在也幾乎全都還給老師了，只記得上課很無聊。根據每個人上學年代的不同，課堂上可能使用帶有粉筆灰和吱吱叫的黑板，或是彩色麥克筆與白板，不然就是帶有圖表的幻燈片。而台上的教授講課時，無論是無聊地喃喃自語還是興奮地比手畫腳，都會告訴你：圖表是理解經濟學的最佳方式。

　　他們錯了，圖表不是理解經濟學的最佳方式。但我又何德何能，竟敢發表這樣的聲明？而且我甚至不是一位經濟學家。

　　剛進康乃爾大學就讀研究所時，我曾修習 20 多小時的經濟學課程；作為維吉尼亞大學的政治學教授，我必須為公共管理學的研究生講授基礎經濟學。因為維吉尼亞大學公共行政學系的碩士課程有時開設在政治系裡，所以我必須認真思索，如何在一學期內把經濟學教給那些對其知之甚少，或者一無所知的未來公共行政人員。

當時沒有一本經濟學教科書令我滿意，都是一堆圖表！經濟學中真正令人興奮的，是機會成本和邊際主義等奇妙的概念。這些經濟學概念可以闡明政治問題中的許多案件、範例和軼事。因此我決定自己寫一本關於經濟學的書。

經濟學的精髓是帖良藥，但它不一定苦口。我可以讓它比想像中更有趣，也更有啟發性。一位喬治梅森大學經濟學家曾在維吉尼亞大學任教，我去演講時他這麼介紹我：「有位維吉尼亞大學畢業的學生告訴我：『我唯一記得的經濟學，是從羅德斯那裡學到的。』」

而《簡明經濟學百科》（ *The concise Encyclopedia of Economics* ）的主編必定認為我對「邊際主義」的解釋，要比其他經濟學家高明。因為百科中「邊際主義」條目的文字，大半摘自本書1985 年版的內容[1]。他也認為，這本書的第一版是過去 50 年來，經濟學的 10 本最佳著作之一。明尼蘇達大學休伯特漢弗萊公共事務學院的創始院長約翰・布蘭德，評論第一版時稱這本書：「這是一本令人驚嘆的書。在閱讀後，身為經濟學家的我，對於非本科的學者能如此透徹理解經濟學感到佩服。但正因為作者並非經濟學出身，才能針對經濟學的適用性提出新見解、對其局限性做出鞭辟入裡的批評[2]。」

許多著名的經濟學家都曾撰寫經濟學相關書籍，但我希望你相信：教導你經濟學家世界觀的最佳人選，不一定得有該學科的正式證書。不過，無論你閱讀誰寫的書都好，**生活在現代民主國家裡，良好公民都必須具有相當程度的經濟學知識。**除了法律之外，經濟學是現代大學中最具政治影響力的學科。

不同經濟體卻環環相扣

如果你決定聽我談談經濟學，就會發現我對市場機制好話連篇。讚美市場聽來像是保守派會做的事，但事實上幾乎所有經濟學家都熱愛市場。如諾貝爾經濟學獎得主約瑟夫・史迪格里茲（Joseph Stiglitz）的政治觀點，相較於大多數經濟學家偏向左派。他支持參議員伯尼・桑德斯（Bernie Sander）和眾議員亞歷山卓・奧卡修－寇蒂茲（Alexandria Ocasio-Corte）的觀點：認為我們目前的經濟體系並不具「高效、穩定或公平性」，但拒絕參加民主社會主義運動，反而更喜歡進步資本主義（progressive capitalism）一詞，因為它強調「有私營企業參與的市場，是所有成功經濟模式的核心[3]」。

市場會將資訊提供給需要的人，讓他們找到行動的依據，而不是漂流在「黑箱作業」的洪水裡。若想在沒有市場的環境下經營，就只能任憑黑箱作業的洪流擺布。試想：在一個沒有市場的經濟體中，我們如何決定誰該得到鋸木時產生的鋸末呢？

　　鋸末？是的，就是木材加工後剩下碎末狀的木屑。2008年牛奶的價格遠高於以往。一位經濟學家詢問酪農，想知道這是怎麼回事[4]。這位酪農說，生產投入的價格比往年要貴上許多，例如鋸末的價格就在 1 年內就翻了 1 倍（而 2 年內，某些特定用途的鋸末價格甚至增加了 4 倍）。酪農鋪上鋸末製作的「床墊」，讓乳牛可以舒服地臥躺，當乳牛可以頻繁休息，牛奶的產量也會增加。至於鋸末價格上漲的原因，是房屋的興建數目急速下滑──新房工程量減少，鋸末就跟著減少。

　　想像一下，假若你是政治家或經濟計畫學者，正試圖解決民眾對牛奶價格過高的抱怨，為了取悅民眾，你決定降低學校福利社的牛奶價格。但民眾同時也抱怨無家可住和高價的經濟住宅。你知道拿鋸末去增加牛奶產量會導致房價飆漲嗎？我猜你大概不知道。鋸末也是刨花板的主要成分，而建築業中廣泛使用刨花板，因為它比木材和三夾板等替代品便宜。但你很可能對此一無所知。

　　許多選民也喜歡園藝，而鋸末可以用來覆蓋花園表土。如果鋸末被調派給其他「優先用途」，將導致鋸末在園藝市場的價格上漲，相信選民們一定不會高興。鋸末甚至還用來生產炭塊、製造輕質儀表板。為了公平且有效分配鋸末，經濟計畫者需要花費大量時間去做裁量。然而，不論如何裁量，都有很多人認為這個分配方式不公平[5]。

　　想當然耳，沒有政治家或經濟規畫者有那麼多時間浪費在鋸末上。如果沒有企業家或市場機制，鋸末可能會被扔掉或用來覆蓋花園表土，不會有人知道本該是廢棄物的鋸末還能拿來做這些事。即使大家最終發現它的種種用途，又該如何決定哪些用途最重要？應該分配多少鋸末給第一種用途？又該分配多少在第二重要的用途上呢？

　　從鋸末這個芝麻綠豆般的小例子就可以看見，不同種類的稀少性資源之間，存在著「密集的相互關聯[6]」。沒有一位經濟計畫者能有效率地梳理所有資訊，而這正是我們需要市場的重要理由之一。如果調整牛奶價格就已經如此複雜，想像計畫整個經濟體的運作又該是如何繁複。

經濟學裡的灰姑娘

　　20 世紀的共產主義政權拒絕市場機制，因而經濟表現不佳。儘管覺得為難，他們最終還是在一定程度上接受了市場經濟。當前論述毛澤東時代中國經濟的文獻，充滿對非市場體系的自我省視，也清楚指出：經濟體系未能適當平衡國家基礎建設專案與私人建築材料需求，或是無法在煤炭、鋼鐵製品與運輸需求之間有所權衡[7]。

　　市場可能看起來混亂不堪。想像一下，要求 12 歲的神童在兩種經濟體系間做出選擇：一種體系是人人都可以自由選擇工時的長度、喜歡的職業、生活在自己想要的任何地方；第二種體系是，該國最優秀的人才共同決定應該製造什麼、由誰製造、在哪製造。這個 12 歲的孩子可能會回答：「嘿，第一個聽起來不錯。」但如果再問他哪個系統會產生最大的經濟成長，我想他會選擇第二種。

但他大錯特錯。在第二種體系中，政治階層會決定誰能成為經濟計畫者，因而更有可能選擇能讓他們持續掌權的人，而不是該國最優秀的經濟學人。此外，經濟計畫者往往忽視市場力量，使得多數人無法獲得豐厚收入，甚至無法獲得體面的生活。我 12 歲時曾想成為職業網球運動員，但是慢慢長大後，我意識到根本不會有人願意花錢看我比賽！

第一種經濟體系實際上也會產生經濟計畫，卻會分割給實在的廠商去實踐。創新者想像出人們想要購買的東西，然後計畫如何以合理的成本生產商品。大多數想成為創新者的人，其創新能力並不比我的網球能力好上多少，因此，他們最終可能成為工薪階級，為他人工作。但資本主義制度與自由市場，比其他任何制度都能促成更大的經濟成長，使社會富足、讓民眾擁有更多休閒時間。

在本書中，不太會觸及總體經濟學，即通貨膨脹、貨幣政策等總體經濟問題，而是著重討論某些特定概念，理解經濟學家在研究影響整體經濟的特定政策時背後的思維。維吉尼亞大學經濟系開設了教育、住房、醫療保健、勞工、反壟斷、環境和扶貧專案的相關課程，授課教師和政府中研究這些主題的多數分析師，也都是個體經濟學家。

個體經濟學家往往覺得被誤解，因為人們的注意力都集中在經濟學華麗、自以為是的那一面——也就是總體經濟學，因為它的論述看似更宏大、更堅實、更優雅。相對地，個體經濟學則低調到不為人所知。因此許多著名經濟學家稱個體經濟學為「經濟學裡的灰姑娘」，或抱怨：「總經導致個經有了壞名聲[8]」。我們都明白，船舶航行時要特別注意冰山位於水下不可見的部分。如果某項政府專案花費了大量資金卻效率低下，且成果遠遠低於預期，那就沒有什麼值得慶祝之處[9]。

經濟學是門充滿奇妙洞察力卻偶爾愚昧盲目的學科。本書中大部分的內容都在讚美經濟學的洞見，然而經濟學家不平衡地強調狹隘的自身利益，認為它既是控制行為的動機，也是通往幸福的途徑。因此，本書也討論經濟學家世界觀中的弱點，指出其他諸如美德倫理學、正向心理學等思想體系如何不斷發展，委婉地（有時甚至是明確地）批評經濟學家的世界觀。

整本書中，我所批評的是主流經濟學家的觀點。這些經濟學家基本上遵循標準個體經濟學或公共經濟學文本中提出的原則。我使用「主流經濟學家」一詞時，談論的是絕大多數的經濟學家，無論他們是自由派或保守派、支持民主黨或共和黨。

Useful Concepts

實用概念

PART. 1

CHAPTER $01.$

我們需要高速列車嗎？

║ **機會成本** ║ Opportunity Cost

19 世紀的經濟學家托馬斯・馬爾薩斯（Thomas Malthus）認為，人口成長總是快於糧食生產的速度，世界最終會陷入貧困。他的經濟學說被史學家湯瑪斯・卡萊爾（Thomas Carlyle）稱為「陰沉憂鬱」。即使撇開馬爾薩斯的學說，經濟學仍然是一門令人沮喪的科學，就如諾貝爾獎得主肯尼斯・阿羅（Kenneth Arrow）所言，經濟學家往往告訴人們：「你必須二選一，魚與熊掌不可兼得[1]。」

近來很多人認為，政府許多計畫都未能實現目標。就算是確實達成目標的計畫案，其成果在經濟學家看來也僅是苦樂參半。參與社區活動中心破土儀式的人很開心，因為新的設施將為年輕人提供有益健康的運動環境、為老年人提供建立交流的機會。然而，經濟學家沉思後表示：「是的，但把錢花在這個建設案，等同放棄可能提高低收入戶學生成績的課後閱讀計畫，以及在基礎設施不足的小鎮北端開闢新公園。再者，如果建設活動中心所需的稅款可以留在納稅人的口袋裡，又會如何改變當地家庭享受娛樂生活的機會呢？」

　　經濟學家有時被定義為「知道一切事物的價格，卻對價值一無所知」的人。他們為自己辯護的說法是：關注價格或成本，實際上就是關注價值。深思熟慮的經濟學家擔憂興建活動中心的成本，是因為他們關心學習緩慢的兒童和小鎮低收入地區的娛樂機會。在某項計畫案上增加成本，就會減少可以用在追求價值等其他政策領域的資源。換言之，當一項計畫的成本增加，其他計畫或私人的支出與收益就會減少。

　　這就是機會成本的概念：使用稀少資源（或需要使用稀少資源）的支出和管制決策，必須以放棄其他選擇機會為代價。這個概念似乎過於簡單直白，以至於人們懷疑它為何值得討論。任何為了按時支付房租，只能在店裡購買便宜食物的人，肯定都理解家庭生活中的機會成本。

　　當我在 2020 年 8 月撰寫本章的修訂稿時，全國各地正面臨新冠疫情帶來的重大機會成本問題。就以面對面教學或線上學習的決策為例，孩子們若不在教室上課，學習成果會下降，社交能力也會受到影響；如果他們返回教室上課，將有可能感染新冠病毒，也更可能將病毒傳播給老師、其他孩子、父母和同住的祖父母。

　　改變學校的課堂學習和日常生活方式可以預防多少感

染？如果有人不得不留在家中協助孩子進行線上學習，那麼單親和雙親家庭的收入損失又有多大？新冠疫情引發的每種狀況，都有多種對應方案可以解決部分問題。此處的機會成本，就是指放棄替代方案的代價或犧牲。在新冠疫情期間，大多數公民的福祉都受到公共決策的影響。公共政策能如此明確又重大影響這樣多人，在歷史上實屬罕見。

前段時間，維吉尼亞州一位高階城市管理者，如此描述當地的娛樂政策：「我們以公共福利為重，但成本的考量也很重要。」經濟學家對這種論調感到憂慮，因為這表示：成本比其他公共建設和私人經濟帶來的公共福利還要重要。

60 年來，美國紡織服裝產業的生產總量和就業人數不斷急遽下降，企業在新工廠和新設備的支出也很少。經濟學家不認為這是企業管理不善的證據。該產業僱用大量的非技術勞工，但工資[2] 比許多發展中國家高得多，導致美國因而無法與同樣產業的外國對手競爭。聰明的做法就是專精於自己比較優勢的產品上（如製造飛機），讓中國和孟加拉去製造 T 恤。

畢竟若要推動紡織與服裝產業現代化，就必須從其他正在擴張的產業搶奪稀少的投資資本，讓整體社會付出過高的機會成本。因此，衰退中的紡織產業使用陳舊的機器，其實是非常有效率的做法。衰退的產業總令人不勝唏噓。未學過經濟學的人，傾向於將產業的困境歸咎於陳舊的設備和短視的管理，但經濟學家則是將陳舊的設備視為產業衰退的結果，而非其原因。

面對持續減少的需求，經濟學上的正確反應是：只要企業能夠支付生產中的變動成本，就繼續使用現有設備營運。也就是說，如果能夠支付變動成本，其產生的任何額外收益都可以用來支付固定成本（指的是無論企業是否營運，都必須支付的費用，如償還貸款），所以這間紡織企業應該避免更換舊型設備。在市場需求和價格都下降的時候，若高價改造設備，反而會提高產品的成本，使企業的困境雪上加霜[3]。

　　即使在同一家企業，相同的產品也可能在某國使用先進技術製造，另一國則不然，這也是由勞動力和資本的相對機會成本所決定。在低發展國家中，資本稀有但勞動力相對充裕。麻省理工學院經濟學家大衛・奧托（David Autor）指出，日產汽車（Nissan）在日本工廠生產汽車時大量使用機器人，在印度工廠則依賴當地廉價的勞動力[4]。

　　機會成本提醒我們應該始終考慮決策的代價，卻也告訴我們：與決策相關的代價也與其他機會有關，而已經花費的金錢、已經使用的資源都只是「沉沒成本（sunk cost）」。這些沉沒成本無法復原，因而不與當前決策具有經濟相關性。就像一句老話所說，為打翻的牛奶哭泣是沒有用的。

　　但有時也會聽到人們表示，政府在某項計畫中因為投資過多導致無法全身而退。例如 1971 年，奧克拉荷馬州的民主黨國會議員湯姆・史蒂德（Tom Steed）談到擬議中的美國超音速運輸飛機時就說：「有些人現在要喊停，這想法非常奇怪。我想提出這個問題：『如果我們現在喊卡，誰會受益？』當然不是人民，因為他們的納稅錢已有 11 億美元被困在這個案子裡[5]。」經濟學家則會回答：「無論進退，這些錢都已困於其中。我們應該問的是，未來收益是否會超過現在外加和可控的成本。如果不會，就不要接二連三地把錢投到水裡。」

經濟學家相信，在經濟學專業領域之外，很少有人能夠真正理解機會成本的重要性。威斯康辛大學經濟學家伯頓·魏斯伯（Burton Weisbrod）談到自己從前在公共決策過程中擔任的角色便提到：「某些我們必須提供的意見，本質上對經濟學家來說非常簡單，簡直就像是第二天性，但對其他人而言並非如此。機會成本的概念就屬於此類[6]。」許多由政府出資並帶有爭議的基礎建設案和公共交通案（本章將探討到的許多案例），都符合魏斯伯的描述，能提供完美的視角來理解機會成本。

工程師與經濟學家

工程師和經濟學家對超音速飛機的看法大相逕庭。前者想展示自己能做到的事情，後者的基本觀點則是：即使你能做到，也未必值得做。

經濟學家是對的。

1970 年代初期，英法兩國透過政府資助，合作開發了一種超音速飛機——協和號客機（the Concorde），並於 2003 年進行最後一次飛行，《華盛頓郵報》（*The Washington Post*）將這次冒險總結為「技術奇蹟,商業失敗[7]」。

　　經濟學家強調機會成本時,發現自己常與其他專業人士發生爭執,例如經常被工程師激怒,超音速飛機就是個好例子。工程師在考慮完成特定目標的數種方案時,經常會評估成本。但是全面計算機會成本,需要的不僅是建造時使用鋼材或鋼筋混凝土的相對成本,還必須考慮透過「不建造」的方式來解決問題的可能性。

　　這種思維漏洞的例子比比皆是:公共衛生工程師都是以相同的態度處理市政廢水和工業廢水的汙染,很少考慮成本較低的其他解決方案,包括改變汙染排放背後的經濟誘因,或乾脆讓快速流動的河水協助淨化[8];在美國聯邦航空總署(Federal Aviation Administration, FAA)裡,工程師擁有很大的影響力,這個機構因此傾向建設昂貴的機場來減少交通壅塞,而不是藉由改變價格去鼓勵人們使用不那麼擁擠的機場,或多利用離峰時段[9]。一項針對奧克蘭市政的研究顯示,只有基於其他理由做決策時,管理公共道路和工程部門的工程師才會考慮成本[10]。

　　儘管經濟學家可能比工程師更具政治影響力,但過去 10 年來,政治人物對公共政策的言論,往往讓工程師更得意地微笑。

　　歐巴馬(Barack Obama)在第一屆總統任期內,經常表達他對高速列車的興趣,希望打造長達 1.7 萬英里的高速列車網絡,連結美國東西兩岸,其規模可與現在的州際公路系統相媲美[11];喬·拜登(Joe Biden)在 2020 年競選總統時,也贊

同這項提議 [12]。然而布魯金斯學會經濟學家克利福德・溫斯頓（Clifford Winston）與其他經濟學家都抱持不同的想法，他們考量的不僅是速度和便利性，還包括減少高速公路壅塞、碳排放和交通死亡人數。然而他們的結論是，從經濟學的角度來看，建立一個全國性高速列車網是個說不通的提案 [13]。

在 2016 年競選期間，川普談到美國在基礎設施的支出需要超過 5,500 億美元。勝選後，他第一次演講時首先提到的政策就是基礎設施建設 [14]。美國土木工程師協會（American Society of Civil Engineers, ASCE）認為，川普總統承諾的數十億美元只不過是所需資金的頭期款。ASCE 將美國當前基礎設施的整體等級評為 D⁺，並表示未來 8 年內，需要再支出 4.5 兆美元才能使所有系統都達到「可接受的標準 [15]」。事情很明顯，工程師們將能從鉅額的投資中獲益。

美國目前正在進行的最大的基礎設施建設案，是連接洛杉磯和舊金山的高速鐵路系統。加州選民在 2008 年的公投中，同意州政府發行 90 億美元的債券。約 330 億美元的成本中，剩下的不足經費將由聯邦政府和私人投資者分攤。然而迄今為止，聯邦政府只提供了 35 億美元，共和黨的國會議員誓言阻止投入額外聯邦的資金；私人投資者則表示，如果不保證不會虧損，他們就不會拿出任何一分錢。

2018 年 3 月，加州鐵路局宣布高速鐵路系統的成本並不是 330 億美元，新的成本將落在 773 億美元至 981 億美元之間。預估還可能進一步上調，因為很難估算在加州南部山區建造 36 英里隧道的成本，不確定性太高了。民主黨的加州議會交通委員會主席吉姆‧弗雷澤（Jim Frazier）認為：「我們依舊沒找到切實可行的方式去支付該項目的費用。」共和黨人則更加嚴厲。一位州參議員就評論說：「這項專案最初只是一個老鼠洞，現在已是一個天坑，很快地它將成為一個無底洞，讓越來越多的納稅錢一去不復返[16]。」

即使必要的資金到位，高速列車帶來的收益是否能超過其高昂的成本？過去先例所表明的答案是：「不」。丹麥經濟地理學家班特‧弗萊伯格（Bent Flyvbjerg）研究耗資 10 億美元以上的大型建設案。他和其團隊環顧全球案例後發現，十分之九的大型建設案成本遭到低估；同樣也有十分之九的大型建設案收益被高估，且施工時程被低估。因此，只有極少數專案能夠以不超過原本計畫的預算按時完成，並實現當初承諾的收益。

第 4 章將提供經濟學家的論點，說明為什麼私營部門通常比政府更有效率。然而這理論可能不適用於大型建設案，因為私人出資的大型專案也常常很難成功。目前並沒有已發表的研究，將私人投資大型專案的結果與公部門的投資進行系統性的比較。不過無論如何，比起公部門的笨蛋，私人部門的笨蛋擁有一項優點：他們不會強迫不想參與的納稅人為他們買單。

在經濟學家拉斯‧羅伯茲（Russ Roberts）主持的《聊經濟》（Econ Talk） podcast 中，弗萊伯格解釋為何政治人物和工程師都喜歡大型建設案：政客們喜歡那些喜氣洋洋的剪綵照，因為這是再好不過的正面宣傳。曾有一位政治人物對弗萊伯格說：「你認為我比較想要在政治生涯結束時告訴人們什麼？我通過了某些法條，你們可以在圖書館某處的書架上找到這些條文；還是在開車經過某座橋梁或進入某條隧道時，告訴孫子說：『這是我蓋的，是當年我批准建造的[17]』？」

在《華盛頓郵報》一篇關於川普總統的報導中，印證了弗萊伯格對政客的描述。川普的助手告訴記者：比起其他議題，川普似乎對基礎設施更感興趣。他喜歡談論建築工程，並認為「在全國各地推廣新的建設案，對他的政治生涯大有幫助[18]。」

弗萊伯格對工程師的評價則是：工程師和技術專家最喜歡挑戰極限了。因此無論在任何領域，他們都想要打造更長、更高、更快的東西。試想如果你是一名工程師，你想進行哪種工程：搭出一座普通的橋，還是世界上最長的橋？任何工程師都不會有第二種答案：他們想蓋出世界上最長的橋。

經濟學家會惹怒政治人物和工程師，是因為他們在評估基礎建設案時，總是先問：「我們真的需要這工程嗎？」如果我們可以透過收費去為難在最壅塞時間開車的人們，也許就不需要在環城公路上多加一條車道。正如經濟學家暨交通專家溫斯頓所言：

> 我們人為打造出低收費的道路。駕駛人不必為交通
> 壅塞付費，所以他們會影響尖峰的容量。卡車對道

路造成的損害也沒建立起有效的收費機制。他們真的需要對這些損害付費，但目前也只是課以汽油稅。這種定價過低的現象，導致道路容量被填滿，並使道路設施磨損加快，而後產生對更多公共支出的需求[19]。

溫斯頓認為，美國所謂的基礎設施危機被誇大了。聯邦的「新起點計畫（The New Starts program）」顧名思義，只提供資金給新的交通建設案。此專案每年花費聯邦政府約 20 億美元，其中絕大多數資金流向非變軌的固定鐵路。然而各種成本效益分析都表明，改善公路客運服務所需的成本，大約落在每趟旅程 1 至 10 美元之間，新鐵路建設卻讓單趟旅程的成本高達 10 至 100 美元。在新鐵路不斷建設的同時，窮人更為依賴的公路客運服務，獲得的資金投注卻比較少。在洛杉磯、亞特蘭大和聖荷西都是如此。

除此之外，鐵路建設通常不會讓人們放棄開車，轉而使用大眾運輸。1980 年，奧勒岡州波特蘭市的公車系統承載了該地區 9.9% 的上下班通勤者。時至 2010 年，波特蘭已經興建了 5 條輕軌、1 條通勤鐵路和 1 條有軌電車，但大眾運輸在通勤中所占的份額卻下降到 7.1%[20]。一旦將鐵路建設過程所需的能源考慮進去，這些興建案聲稱能降低汙染等效益往往不切實際[21]。

經濟學家和政治人物的思維，甚至還存在進一步的衝突。前者通常希望將新的交通建設案集中在經濟表現良好的發展區域，因為那裡是交通會壅塞的地方；後者則希望把資金分散到全國各地 [22]。

這裡討論了浪費性的新興基礎設施建設案。其實基礎建設類的支出通常是用於修復舊有設施，但即使在修復與維護，此類支出的必要性依然遭到誇大與炒作。

舉例來說，歐巴馬和川普兩任總統對橋梁建設都情有獨鍾。2013 年國情咨文演講中，歐巴馬強調：「全國有近 7 萬座橋梁存在結構缺陷 [23]」；幾個月後，他在諾克斯學院的一次演講中又提及：「我們有超過 10 萬座老舊橋梁，老到符合聯邦醫療保險的給付條件 [24]。」引起哄堂大笑。川普在競選初期上了電視節目《早安！喬》（Morning Joe），提到基礎設施災難時，第一個舉出的例子是橋梁倒塌。川普宣稱：「我們的橋梁有 61% 處於危險之中 [25]。」

媒體也爭相呼應政治人物提出的警告。《華盛頓郵報》發表了諸如「數千座橋梁面臨在異常事故中倒塌的風險」和「美國有 63 萬座橋梁需要大修」等文章 [26]。2010 年，建築律師貝瑞・勒帕拿（Barry B. LePatner）寫了一本名為《大到不能垮》（Too Big to Fall）的專書，其封面是座斷成兩截的大橋。勒帕拿指出，美國的 60 萬座橋梁中，近四分之一若非「結構缺陷」，就是「功能過時」，因此我們所剩時間不多，若繼續忽視國家維護不善的基礎設施，其風險幾乎難以想像 [27]。他接受我的一位研究助理採訪時，似乎對這個問題更加警覺，聲稱美國有 8000 座橋梁是「正在倒數的定時炸彈 [28]」。

政治人物和其他有意為基礎建設案籌集大筆資金的人，會關注橋梁倒塌是很正常的事。演化論學者認為，人類心中根深柢固的懼高傾向，是出於數十萬年來，從高處墜落一直是結束人類生命的有效方法。呼籲美國人想像自己的同胞在腳下的橋梁倒塌時墜落死亡，大概比較容易引起關注。

不過，讓我們看看事實。

美國交通部路政署表示：「根據聯邦定義，一座橋梁被歸類為『結構缺陷』，並不表示它不安全。」繼續使用時，需要更頻繁地維護和修理，而且這些橋梁通常都還有載重限制。「功能過時」也不是「危險」的同義詞。一座橋梁「功能過時」，代表當初建造時的建築標準已不再適用於今日。這樣的一座橋梁類似一幢老房子，建於 1950 年的房子完全可以居住，但並不符合當今所有建築規範 [29]。

美國橋梁結構缺陷的比例一直在下降。1992 年，結構有缺陷的橋梁占所有橋梁的 20.7%，2011 年卻僅占 11.2%。過去 20 年來，功能過時的橋梁比例也出現類似的下降 [30]。

美國有多少人因為橋梁倒塌而死亡？最好的證據來自 2014 年猶他州一篇題為〈橋梁故障率、其後果和趨勢預測〉的博士論文。作者魏斯·庫克（Wesley Cook）表示，美國 60 多萬座橋梁中，每年約有 128 座發生倒塌事故，但其中只有大約 4% 的倒塌導致人員死亡。

人命關天時，依然要考慮機會成本嗎？

　　有些讀者會質疑：「你的分析表明橋梁確實會倒塌，人們也因而喪生。經濟學家難道認為我們應該接受這件事嗎？」這些持懷疑態度的讀者，找出許多政治人物的類似發言。威斯康辛州民主黨國會議員大衛・歐貝（David Obey）曾表示：「老實說，我相信處理與人類生命相關的問題時，經濟成本是無關緊要的[31]。」國會中有幾個委員會也表達了類似的觀點[32]。

　　1986 年，民主黨的前加州國會議員彼得・史塔克（Pete Stark）為《華盛頓郵報》撰寫了一系列社論，說明喝醉酒的 20 歲大男孩，在維吉尼亞州春田市發生的毀滅性車禍，如何將他的家庭拖入泥淖。史塔克希望能夠強制汽車製造商，在所有車輛上安裝安全氣囊和電子酒駕測試設備。

　　史塔克撰寫的這些文章，的確如他所預期地動人惻隱，但經過深思熟慮後，人們卻無法支持他最後提出的安全原則：汽車製造商應生產「其工程師可以設計的最安全車輛[33]」。工程師可以使汽車幾乎像遊樂園裡的碰碰車一樣防撞，但這些車的速度不會很快，也開不了太遠，並且會造成更嚴重的環境汙染。除了安全性之外，我們也在乎上述這些事。

　　若要廣泛討論高速公路的行車安全，道路工程師可以證明，在車道線和路肩設置會讓汽車震動並發出噪音的減速標線，可以減少交通事故死亡人數。另外，加強雙向車道間的障礙物也有相同的效果[34]。如果我們決定在繁忙道路上進行類似的改善工程，那麼不繁忙的道路呢？鄉村的道路呢？

　　每增加一筆支出，肯定都會挽救更多生命。如果政府決定為任何可以挽救額外生命的計畫付費，那麼醫生、警察、消防員、空氣品質專家、海巡隊、救生員、緊急救護技術員等，都將在國會門口大排長龍要提案：只要願意資助他們，就可以多挽救一些生命。

　　從法庭陪審團的裁決來看，面對把成本置於安全之上的企業，一般美國人並不比那些慷慨陳詞的國會代表更寬容[35]。舉例來說，一輛雪佛蘭的邁銳寶汽車遭追撞後起火，車內 6 名乘客嚴重燒傷。受害者提起訴訟。8 人的陪審團判給 6 名燒傷受害者 1.76 億美元的補償性賠償，和 48 億美元的懲罰性賠償。

　　這個懲罰性的重磅賠償裁決，是基於通用汽車（General Motors）自身車輛風險分析得出的結論。該分析顯示，邁銳寶汽車的油箱位置，可能會在某些事故中導致人員死傷。一名原告律師在庭審後的評論中總結：「陪審員想向通用汽車傳達一條訊息，即人的生命比企業利潤更重要。」陪審員的確贊同此觀點，並告訴記者：「他們覺得企業太輕視生命了。一位陪審員還提到：『我覺得自己對企業來說，就像無關緊要的數字。』」

　　通用汽車的風險分析確實存在嚴重缺陷。即使並非如此，受人尊敬的成本效益大師威廉・威斯庫西（William Viscusi）也在事後指出：通用汽車很難讓陪審員相信，企業必須進行風險與成本的權衡取捨。一位陪審員在議程中表達「零風險心態」。她說：「沒有證據顯示，他們拿出來賣的汽車是研發中可以做到的最安全版本[36]。」

如果國會議員們將安全置於絕對首位（正如陪審員所希望），就不會經常挪用公路信託基金來建設自行車道和綠化小徑，或資助景觀美化工程與垃圾場清除專案[37]。

公眾行為也顯示，大眾願意在安全和其他無形資產間做出取捨。美國大多數州的駕駛人可以在開車時使用手機，儘管這會提高 4 倍發生嚴重車禍發生的可能性[38]。選擇開車時使用手機的人顯然認為，愉快（或緊急）的談話可消弭風險。

更令人驚訝的是，一旦汽車加裝了安全功能，駕駛人反而會變得更加魯莽，從而使安全系統失去一部分的預期效益。多項研究發現，雙重剎車系統成功預防的事故比預期要少得多。具有自動剎車系統的駕駛人開車速度更快、剎車也剎得更猛烈。同樣地，裝備雪胎的人在雪地中行駛的速度也更快[39]。依然抱持懷疑態度的讀者，應該進行以下的思想實驗：假設你的汽車沒有安全氣囊或安全帶，反而在方向盤上插有一把尖刀，你開車會不會更小心？

在第 6 章中，將簡單解釋經濟學家如何估計因降低風險而被挽救的生命到底有多少價值。我想提出的論點是：在給定的支出下，若所有其他條件也相同，我們應該優先採用可以挽救更多生命的方案。1994 年，一組經濟學家比較各種干預措施的成本效益。總體而言，以醫療手段挽救生命，每年的成本中位數為 1.9 萬美元；以傷害預防挽救生命，每年成本的中位數為 4.8 萬美元；以毒物控制 [40] 挽救生命，每年的成本中位數為 280 萬美元 [41]。

如此看來，若將資金從毒物控制轉移到傷害預防，應該可以挽救更多生命。然而，當經濟學家深入探討該如何量化特定手段的成效時，其研究成果經常引起爭議。一項研究指出：蘇聯車諾比事故中，因輻射外洩而死的人數，只占核災地區可能發生癌症人口的一小部分。即使沒有 1986 年那場災難性事故，這些人依舊可能因癌症喪生。同樣地，將取代核能發電廠的燃煤電廠，每年造成的生命損失比車諾比電廠單次事故的傷亡還多。

自然資源保護委員會（Natural Resources Defense Council）的核物理學家湯瑪斯・科克倫（Thomas Cochran）認為，這種說法是「一種歷史悠久的手段，將有害健康的因素輕描淡寫……，是隱藏真相的常用方法 [42]」。然而許多經濟學家，甚至是物理學家，都不同意他的看法。物理學家理查・威爾遜（Richard Wilson）和愛德蒙・克勞奇（Edmund Crouch）在他們撰寫的《風險收益分析》（Risk–Benefit Analysis）一書中估計，如果每個美國人都接受一次胸部 X 光檢查，那麼 5 年內將有 1.5 萬人因 X 射線罹患癌症；如果所有美國人都生活在正常運行的核電廠 20 英里內，那麼只有 1 人會罹患癌症。

另一項比較則是：如果每個美國人住在高海拔的丹佛市，暴露在此地自然發生的宇宙輻射中，那麼 5 年內將有超過 2.5 萬人因此罹癌 [43]。

如果讀者能理解《風險收益分析》書中的訊息，我想會減少對核能的擔憂。這種能源有許多好處，更不會因燃燒含碳燃料造成空氣汙染而導致人員死亡。比起出於其他原因死於癌症的數千人所造成的傷害，因核電災難而死亡更強烈打擊了民眾的信心。儘管如此，美國從來沒有發生過如車諾比那般嚴重的核反應事故。因此，「避免核事故」就不該總是優先於其他打擊癌症的方法。

　　汽車監管機構深切關注汽車的安全、醫生專注打擊疾病、自然資源保護委員會對抗環境汙染，這些關注不僅自然也恰當。然而，我們必須將有限的資金分配給各種能夠挽救生命的措施，此時若擁有能著眼大局的團隊肯定很有幫助。經濟學家正是扮演這個角色，而他們在實踐其學術專業時並沒有「隱瞞真相」。

應該不計一切成本保護自然環境？

　　1972 年，美國政府問責署（Government Accountability Office, GAO）發表一份報告，評論華盛頓特區波托馬克河的清理專案，過去 10 年花費超過 10 億美元，其中 1.28 億美元被完全浪費在「規畫、設計和建造那些最終沒蓋成、不需要或極少被使用的設施[44]」。在波托馬克河周圍，沒有任何社區希望在此建立新的廢棄物處理廠，而相關政府管轄區之間溝通協調的效率也很差。這個專案是成本遠高於預期，收益遠低於預期。

此專案還有一個未解決的重大問題。為了淨化河流水質，必須清理出河川中的大量汙泥，但這些清理物卻帶來新的公共衛生風險。目前尚不清楚該如何處理汙泥，管理陸地棄置和焚燒行為的法規近年來也變得更加嚴格，更禁止將廢棄物棄置海洋。是否值得為改善處理廢水的方式，承擔因汙泥堆積帶來的公共衛生風險？問責署的報告表示：美國國家科學院（National Academy of Sciences）認為，如果無法為汙泥問題找到解決方式，就無法評估河川清理的效益。問責署的結論是：10 年來的清理成本已經遠超過收益，除非能有更明確的方式比較成本與收益，並解決行政上的協調問題，否則進一步的清理行動是不合理的。

　　《華盛頓郵報》專研戶外活動議題的專欄作家安格斯·菲利普斯（Angus Phillips）讀到問責署的報告時，顯得怒不可遏。他寫道：「問責署那些只會看資產負債表的男孩們，從不明白淨化後的河水已成為樂與美的磁鐵，能吸引數十萬人，包括釣客、野餐者、滑水者、橡皮艇運動員和獨木舟運動員。問責署的會計奇才們被數字沖昏頭，懶得抬頭看看更廣闊的局面。波托馬克河是人民的河流，很難想像有人會提議讓河流再次被破壞，只為了在扣繳憑單中省下幾分錢[45]。」

　　問責署的報告確實沒有提及清理河川帶來的娛樂和審美效益，但經濟學家也不太可能加入菲利普斯的行列。菲利普斯認為自己真正瞭解清理河川的益處，因此擁有較廣闊的視野。但由於拒絕認真考慮成本，他的視野實際上非常局限。

未來，協調不會變得更容易，也不會有司法管轄區願意在區域內建立廢棄物處理設施。處理汙泥的健康風險和其他成本又該怎麼計算呢？財務成本是否僅占華盛頓特區居民稅單中的幾分錢？從居民身上收取的費用，絕對不足以支付這 10 億美元。菲利普斯聲稱，波托馬克河水質改善後，有數十萬人能受益。假設有 20 萬人從更乾淨的河水中受益匪淺（我相信 20 萬是個慷慨的數字），那麼要證明 10 億美元的花費很合理，每個人得到的收益必須價值 5,000 美元。

　　動物保護也經常涉及被忽視的機會成本。2 位研究《瀕危物種法》（Endangered Species Act）的經濟學家指出，在這場關於自然世界的辯論中，他們的職業並不讓他們特別受歡迎。許多自然科學家和生態學家嚴重懷疑經濟學家的方法論和思維模式[46]。這是千真萬確的。2 位世界著名的生物學家，愛德華·威爾森（Edward O. Wilson）和艾薩克·埃利希（Isaac Ehrlich），建議人們停止開發任何相對未受干擾的土地[47]。他們完全支持《瀕危物種法》的原則，認為任何人類發展，都不應使任何物種在其自然棲息地遭受滅絕的威脅。經濟學家的工作就是權衡取捨，在所有目標間進行取捨。然而，受到大多數生態學家歡迎的《瀕危物種法》並不想討論權衡取捨，也沒有考慮機會成本，或必須在其他方面放棄的收益。

　　幾十年來，保存物種的絕對主義背後，其功利性的論據漸漸減弱。研究不知名的物種，確實促進人類藥品的開發[48]，但我們現在有能力保存受威脅物種的 DNA，然後省下將牠們保存在自然棲息地的成本[49]。 事實上，物種多樣性並不總是對人類有所幫助，整體而言多樣性也並未下降，譬如傳染病在物種最多樣化的熱帶地區，總是最為流行和致命[50]。演化本身就是消滅物種的過程，某些動物只有透過人類不斷的協助才能存活下來，例如紐西蘭許多不會飛的鳥類[51]。

生物學家威爾森和埃利希，曾論及在「保護自然」和「建造加州購物中心」的抉擇。我們有時的確得在兩種高尚的用途間進行取捨。1980 年代，亞利桑那大學想在格蘭姆山頂部放置 3 台望遠鏡，但生態學家認為這可能危及紅松鼠的棲息地。望遠鏡最終獲得置放批准，紅松鼠的數量曾有幾年上升，但多半都是下降的。亞利桑那州野生動物服務部門的一名田野巡查員認為，紅松鼠有朝一日依然可能在野外滅絕。

如果當地動物可能滅絕，是否就不應該允許人類開發？如果是這樣，就不應該建造望遠鏡。但人類探索宇宙的願望難道不是崇高的目標，值得與紅松鼠面臨的風險進行權衡嗎[52]？我們是否應該不計一切成本，來確保所有瀕臨滅絕的物種完全不會面臨風險？經濟學家比生態學家更可能採取以人為本的方法。

律師威廉‧巴克斯特（William Baxter）顯然受到經濟學研究的影響。他認為人們喜歡看到企鵝在岩石上漫步，這就足以證明企鵝的生存價值[53]，而大多數人對世界上 200 種毒蛇或愛滋病病毒沒有什麼好感，但巴克斯特認為，我們不應該因為缺乏興趣而覺得自己很自私。生物學家亞歷山大‧派倫

（Alexander Pyron）對此表示贊同。他指出，海狸築壩時會導致許多當地物種滅絕，因此人類應該像海狸一樣，不要為適應生存需求所做出的行為感到羞恥[54]。

社會的道德原則有時會發生變化，但我們至少應該清楚意識到變化，並確保自己喜歡這種變化。在與民主黨籍政治家史蒂芬·道格拉斯（Stephen Douglas）的辯論中，亞伯拉罕·林肯（Abraham Lincoln）堅持人類擁有其他動物所缺乏的尊嚴、可以做出道德選擇，並擁有特殊的才能和責任。他說：「造物主賦予他們某些不可剝奪的權利，……其中包括生命、自由和對幸福的追求。」

道格拉斯則認為，一個人是否想將一頭豬或一名奴隸帶入內布拉斯加州的領土，與其他人並無關連。但林肯指出，南方人民的內心深處，必然能理解奴隸制度的錯誤和黑人的人性。他說：「1820 年，你們幾乎一致加入北方，宣布非洲奴隸貿易是海盜行為，並應處以死刑。如果你們不覺得販賣奴隸是錯誤的，為什麼認為人們應該為此上絞刑架？……卻從沒想過絞死捕獵並販賣野馬的人。」林肯繼續發言，表示南方人民中有些土生土長的暴君，被稱為奴隸販子：「人們在必要情況下會與其打交道，但你們全然鄙視他，你的孩子不能和他的孩子玩耍。你的孩子可以和黑人孩子自由嬉戲，但不能與奴隸販子的孩子一同嬉戲。……這是為什麼呢？你不會這樣對待交易玉米、牛隻或菸草的人[55]。」

正如林肯所指出，也如同當代南方白人透過自身行為所承認的：人類與自然界的其他存在，有著根本性的不同。我們絕不應輕視動植物的健康，但也不應低估保護它們的成本，或不假思索地將其利益置於自己之上。

上述大部分論點當然不是既定結論。撇開林肯不談，我期望表達的核心價值是：無論什麼事情都要順從人類的偏好。我相信多數經濟學家都會滿意這項核心價值，但已故的哈佛大學經濟學家羅伯特・多夫曼（Robert Dorfman）認為這還不夠。他贊同哈佛大學法學院教授勞倫斯・特萊布（Laurence Tribe）對 1970 年代自然資源政策的看法。不過，兩人想法依然有所區別。多夫曼強調保護未開發自然野地的機會成本，特萊布卻不認同。兩人當時正在研究一項非常龐大的基礎設施提案，要在紐澤西州的托克斯島建造一座大壩。後續將詳述他們的爭論，因為其重要性在 50 年後的今天絲毫未減。

托克斯島擬定興建的大壩將提供防洪、供水、電力和新的娛樂設施，卻也同時會破壞當地社區。主要受到影響的是農村，但此時農村已市郊化。特萊布認為，幾世紀以來，西方政治思想的核心是超然存在 （transcendence）。譬如歐洲中世紀神學家多瑪斯・阿奎那（Thomas Aquinas）就認為：「人不是憑其力量超越所有動物，而是因為他能藉由理性思維參與天國。」天與地、靈魂與肉體的極端二分法，很容易將自然現象視為「適合人類操控的對象」。

特萊布認為，也應該考慮內在性（immanence）。環保主義者拒絕占主導地位的利己主義，要求人們擁有生態意識。特萊布要求我們結合內在性和超然存在，以執行人類作為「神聖觀察者」和「偉大操控者」的角色。他認為我們在這方面做得比以前更好。

虐待動物過去曾是種常態，現在我們卻覺得有義務防止這種行為發生，也訂定聯邦實驗室進行動物實驗的相關法律。他希望這種尊重生物的過程能繼續下去，並以某種方式制度化。「每一次與主流思想的攻防，都能使雙方互惠，並擴大彼此的身分認同。」我們理解到，一旦世界成為人類的遊樂場，並變成人類的鏡子，那麼除了人類自己，將無法檢驗其獨特與力量。反思這些問題，特萊布認為：「在我們將許多地方改造成迪士尼樂園和康尼島[56]，至少必須同時保留一部分真正的荒野[57]。」

多夫曼稱特萊布的思維是「向上摸索」，他基本上贊同這種哲學，也同意經濟學家約翰・史都華・彌爾（John Stuart Mill）的信念：任何公共事業是否應該興建，應取決於它能否增加人們的「良好特性」。多夫曼認為，托克斯島大壩不會創造另一個康尼島，反而會在拓展意識時，為更多人創造享受多種形式的戶外娛樂。

大壩工程將建造一個占地 4.7 萬英畝的水庫和公園，可容納 15 萬名遊客，也將創造一個 37 英里長的巨大湖泊，湖濱沙灘可容納 5.9 萬人。從紐約、紐華克和費城開車都很容易到達這裡。園區內將有自然步道，可租用獨木舟，並設有野餐區，甚至還有一個 900 英畝的野生動物保護區。多夫曼補充道：「家庭野餐本身就是許多人希望保存的美國傳統。」

多夫曼認為，他難以認定該如何利用托克斯島地區，才能提高民眾的「良好特性」。「無拘無束的荒野」反映了某種高尚的價值，但「城市居民可負擔的戶外休閒活動」也一樣崇高[58]。不過，多夫曼確實認為，特萊布沒有充分考慮在當前條件下保護托克斯島景觀的機會成本[59]。

進階思考

經濟學家喜歡用諸如「天下沒有白吃的午餐」等警語，激發大眾對機會成本的思考。他們的觀點是，每頓午餐背後必然有人在支付費用，即使那可能只是花時間準備，或為一盤生菜沙拉種植蔬菜。因此，在回答民調問題時，除非額外提醒，否則受訪者經常忘記：支持嶄新或新增的政府計畫，等於是支持更高的稅收或增加公債。

民調顯示，92% 的美國人支持強制警察佩戴隨身攝影機，但只有 55% 的人表示願意繳納更多稅金，讓當地 55 個警察部門購買隨身攝影機[60]；48% 的美國人支持全民基本收入計畫[61]，但在支持的人群中，有高達 54% 的人不願意為該計畫支付更高的個人所得稅[62]。即使在考慮基本醫療保險的問題時，也一再重複同樣的模式：77% 的人贊成《平價醫療法案》（Affordable Care Act，也就是所謂的「歐巴馬健保〔Obamacare〕」）中，要求保險業為任何申請者提供保險（即使此人已患有疾病）的條款，但若必須繳納更高的所得稅，只有 40% 的人贊成該措施[63]。

　　政治人物也傾向忽視機會成本，因為大力支持特定專案能帶來龐大的政治利益。他們當然特別重視自己選區的專案，但除此之外，也希望能藉由支持某些特定事物，獲得選民的支持和愉悅心情。他們希望在掌聲中建立各種正面形象，例如「太陽能先生」「老兵永遠可以信賴的人」「職場安全的可靠夥伴」。但牢記機會成本的國會議員，大概必須放棄其中大部分的承諾[64]。

　　許多讀者可能會贊同我支持經濟學家論述機會成本，除非談論的是減損企業利潤的成本。本書第 4 章將更全面探討經濟學家對企業利潤的正面態度。多數經濟學家（無論是中立偏左還是中立偏右），毫無疑問地都認為企業成本通常也是更廣義的社會成本。吉米・卡特（Jimmy Carter）總統任內的經濟顧問委員會主席查爾斯・舒爾茨（Charles Schultze）和經濟學家艾倫・克尼斯（Allen Kneese），要求讀者重新思考反汙染專案過於高昂的成本時，雖然帶點學院派口吻，卻將機會成本的概念解釋得非常完備：

　　這些成本不僅僅是會計師或經濟學家需要思考的數字。它們代表必須用於控制汙染的資源價值，而這些資源一旦被用於汙染防治，就無法用於滿足社會的其他需求。長遠來看，這些資源並非主要來自工業、企業的利潤，而是所有人未來都必須支付的更

高價格與更多稅金。因此環境保護並不僅是空氣有
多清新、水有多乾淨,或政府對特定行業有「多強
硬」這麼簡單。事實上,它包含了一系列複雜且困
難的抉擇。在最嚴格的汙染控制方案中,我們必須
在環境品質和其他生活福利之間取捨;若對前者要
求越高,對後者的要求就只能相應減少[65]。

02.

值得做的事，
都該做好做滿？

‖ 邊際主義 ‖ Marginalism

　　成長的過程中，也許某些事情你並沒有全力以赴。例如：你可能曾經翹掉壘球練習，練鋼琴的次數也比原本預計的少。老師、教練或家長可能會把你拉到一旁告誡：「任何值得做的事情，都該做好做滿。」如今你還是喜歡打球和彈琴，有時也希望當時聽進長輩的話，在這些活動上花更多時間。

　　然而，經濟學家認為這句格言毫無意義，你也不必因而責備自己。要瞭解經濟學家為何這麼想，就得探討他們對邊際主義的看法。

　　亞當‧斯密（Adam Smith）在 18 世紀撰寫他的經濟學著作時，一直努力思考「使用價值」與「交換價值」之間的悖論。為了說明，且讓我們比較水和鑽石。水是生存不可或缺的物品，具有巨大的使用價值；鑽石是浮華的裝飾物，顯然不是生活必需品。然而每盎司的鑽石價格（即其交換價值），遠高於水的價格。亞當·斯密想知道，是什麼原因造成這種差異？曾困擾亞當·斯密的問題，現在每位大學新生都可以在經濟學導論第一章找到解釋：他未能區分總效用和邊際效用（marginal utility）。這 2 個概念的洞見，在 19 世紀後期改變了經濟學。邊際主義帶來的革命性成果，時至今日已成為個體經濟學的基本框架。

經濟學家認為，我們在生活中做出的多數選擇，都是邊際上的問題。

你沒有鑽石仍可存活，但沒有水就會死。因此，經濟學家會說：「水的總效用或總體滿足感超過鑽石。」然而，我們很少會面臨這種全有或全無的選擇。除非身處即將渴死的情境，否則所有人都寧願獲得 1 盎司鑽石，而不是 1 盎司的水。換句話說，某物品的邊際效用，取決於我們已經擁有多少項物品。儘管我們消費的水，在第一個單位時具有龐大的價值，到了最後一單位時卻沒什麼價值。每額外增加一單位消費帶來的效用（也就是其在邊際上的效果），會隨著消費的增加而減少。

即使我們視鑽石為愚蠢和虛榮，仍願意獲得一顆鑽石，因為出售 1 顆鑽石可換取多過 1 桶的水。由於人們這樣想，因此每盎司鑽石的價格會比水高；再者，鑽石稀有又難以獲得。由於價格高昂，許多人選擇根本不購買鑽石，其他人則會買下一定數量後停止購買，即使他們仍舊非常想多擁有 1 顆鑽石。

因此，實際消費選擇不僅反映人們的核心價值觀或偏好（水比鑽石更重要），還反映了商品的相對稀少性。這些消費選擇顯示出人們如何權衡手邊機會的邊際效用和邊際成本（marginal cost）。

在經濟學中，邊際一詞通常會再搭配另一個詞：邊際收益或邊際效用，是增加一單位商品的消費或服務後，增加的滿足感；邊際成本，是增加一單位商品的生產或服務所需要的成本；邊際稅率，是一個人因增加 1 美元的收入，而必須向美國國稅局額外支付的金額；邊際儲蓄率，是在額外增加的 1 美元收入中，選擇要增加儲蓄而非支出的金額。

邊際主義和機會成本都來自相同的概念。生產某商品的邊際成本，即是其機會成本，因為機會成本是放棄其邊際替代方案能帶來的效益（或被放棄的邊際效益）。

儘管這 2 個概念密切相關，但**邊際主義更適合說明人性理論和大型公共政策下的某些錯誤**。經濟學家認為，多數人的私人決策都是基於邊際效用和邊際成本的比較，即使這可能只在潛意識中進行。但對人性進行理論建構時，非經濟學家往往會忽略邊際主義這項常識性的概念。

人類的需求中也藏著邊際主義

心理學家亞伯拉罕·馬斯洛（A. H. Maslow）對人類動機的研究，在工業心理學等領域產生重大影響。他認為，可以根據生成的動機、影響的行為這兩大因素的重要性,加以分類人類的基本需求。其中,水、食物、性和睡眠等生理需求,是最基本也最強大的。當生理需求得到相對充裕的滿足,就會出現一系列與「安全」有關的新需求;一旦人身安全、秩序和保護等安全需求有所滿足,就會出現愛、感情和歸屬的需求;當這些需求進一步獲得滿足,對「尊重」(成就、名譽、聲望)的需求就會占上風;當這些都滿足了,就會被「自我實現」的需求取代,渴望越來越能成為自己期待的樣子,在各方面實現最好的自己。

馬斯洛並沒有拘泥於上述各種需求的順序。他認為凡事都有例外,有時前一層需求還沒百分之百滿足,下一層次的需求就會出現。他明確指出,在任何時候,人類都會被更強大的未滿足需求支配。馬斯洛對自己的論點給出如下的總結:

> 我們可以看見,人類在動機支配的生活下,其主要的組織原則是按照優先性或效力高低去安排需求的層級。驅動這組織的動力原則是:在較強大的需求被滿足時,較不強大的需求會漸次出現。如果生理需求得不到滿足,就會支配人體,將所有能力都投入對它的追求,並組織這些能力發揮最大的功效。在生理需求得到相對滿足後,下一個較高層級的需求就會出現,進而支配和重組一個人的個性,以使他不再執著於飢餓需求,變為執著於安全感需求。

相同的原則也適用於需求結構中的其他層級，即
愛、尊重和自我實現[1]。

經濟學家理查・麥肯齊（Richard McKenzie）和戈登・塔
洛克（Gordon Tullock）利用自己對邊際主義的見解，進一步批
評馬斯洛的理論[2]。他們同意馬斯洛的觀點，也就是個人可以
排序自己的需求和願望，並採取能帶來最大滿足感的途徑。他
們也注意到，馬斯洛似乎接受了邊際效用的遞減原則：隨著飢
餓和安全的需求越來越能得到滿足，便不再提供驅動力，其他
需求則因而相繼出現。但馬斯洛未考慮滿足需求的相對成本，
誤認為可以藉由觀察需求的相對強度，來預測人類的行為。

在某種整體或絕對意義上，即使假設滿足基本生理需求
優先於歸屬需求，也不代表實現了較高比例的生理需求。在發
展中國家，滿足愛和歸屬需求的人，實際上比例高過於滿足生
理或安全需求的人[3]。

對於美國部分低收入家庭，或對士氣高昂的軍事單位成
員來說，基本上也是如此。追求尊重的人仍然感到脆弱和不安
全，擔心著自己的健康、核能造成的破壞、全球暖化或暴力犯
罪。即使這種擔憂相當強烈，也不至於主導行為，因為人們不
認為自己有能力以合理的成本減輕這些憂慮。

換句話說，要滿足需求也不代表完全不在意價格。不管
何時，我們會多努力滿足自身所有需求，都取決於這樣做得花
上多少成本、自身基本需求和信念。此外，這些不同層次的需

求也並非互不相關，而是相互連動。對歸屬的需求可能會引導你選擇猶太食品，或戴上芝加哥小熊隊的帽子。

在某些情況下，比較不同方案的邊際效用和邊際成本之後，我們可能會優先滿足總效用相對較小的需求，而非相對較大和強烈的需求，即使後者離完全滿足還差得遠了。如果滿足需求的成本發生巨大變化，即使基本需求和偏好沒變，我們的選擇和行為也可能會大大修正。

身體有點不舒服，就做個全身健康檢查？

邊際主義提供的深刻見解，可以幫助我們理解支持醫療需求的人，在公共衛生政策立場中顯現的某些弱點。

有些人深受馬斯洛影響，認為醫療需求高度支配人們的行為。醫生不像書籍或電影，不會帶給人們積極的愉悅，因此沒人願意沒事就跑去看醫生；但如果一個人身患疾病且需要就醫，基本上沒有什麼事能阻止他去看醫生。根據這種觀點，醫療需求完全不關心價格：有需要就是有，沒有就是沒有。因此醫療保險給付的費用比例、消費者應支付的共同保險百分比，不會也不應該限制醫療需求。

然而，現有證據很少支持這種立場。至少從消費者的角度來看，大部分醫療保健的需求只能帶來微小的效益。因此，總效用（即健康的重要性）很難說明白。

經濟學家已經觀察到保險政策對醫療保健需求的影響。

一項實驗要求加州的聯邦醫療補助（Medicaid）受益人，每月頭兩次就診必須支付 1 美元，對照組則繼續接受完全免費的服務。這小小的改變，能減少 8% 的看診量[4]。其他研究也發現，即使是時間成本的微小變化，也會影響人們的行為。舉例來說，大學的衛生保健設施搬遷，原本步行 5 到 10 分鐘的路程延長為 20 分鐘，學生就診的人數也跟著下降了 40%[5]。在這些案例中，人們所放棄的衛生服務是否真有必要，仍然是一個懸而未決的問題。但肯定的是，潛在患者的行為並非由他們的健康需求所主導。

持醫療需求立場的人還有更複雜的看法，如：某些基本商品（健康、教育、食物、住房和衣服）屬於「基本需求」，是人們應該享有的「制度化社會權利[6]」。哈佛大學法學教授查爾斯・弗里德（Charles Fried）清晰地闡述這種論點。他認為，經濟學家在探討倫理時，只談論個人是否有權利獲得社會決定的一般資源公平份額。這種觀點尚有不足之處[7]。他堅定地認為：

> 社會資源分配方案若只是平均分配金錢，將難以得到真正的平等（假設平等是公正分配的準則）。因為這些金錢雖然可以讓慢性病患者購買藥品，其他人則用於渡假、購買歌劇門票或奢侈品。良好的健康狀態是種需求，我們必須為其找到客觀的定義，並保證在這種定義下的客觀財（即客觀需求的滿

足），不會受到個人分配額的平衡條件所限制，或
被偏見所誤導[8]。

　　弗里德似乎不願意直言，健康和其他基本需求應該絕對
優先於其他商品。他也承認，自己的想法在執行時須顧及複雜
的細節。儘管如此，他仍認為定義健康需求並沒有想像得困
難。提及醫療需要和醫療支出時，弗里德似乎偏重在嚴重且可
透過藥物治療的疾病。某宗教協會會長也如此說道：「醫療
保健是不可或缺的社區服務，而它之所以至關重要，是因為需
要它的人除了醫療服務外，別無其他選擇[9]。」

　　然而，仔細研究過這議題的專家則發現，有大量醫療服
務支出的邊際效用，並不屬於基本需求。不僅在於患者濫用系
統中的大量補助，醫師也對健康需求存在與否出現意見分歧。

　　英國經濟學家暨衛生經濟學發展先驅邁克・庫珀（Michael
Cooper）發現，美國外科醫師轉診的患者數量是英國的 2 倍。
而在英國，要求患者住院或轉診給專科醫師的決定，也在不同
地區之間存有無法解釋的差異。庫珀將這些資訊寫在 1946 年
的《國家健康服務法》（British Health Service Act）評估報告中。
該法案認為，經醫師評估需要醫療服務的人都能得到照護，是
基本人權的一部分。庫珀則認為：「將疾病視為一種明確且
絕對的狀態，會導致人們錯誤地期待那些未獲滿足的醫療需求
也可以得到解決。然而，我們發現疾病是種相對狀態，潛在患
者和醫學專業人士能無限上綱[10]。」

事實上，從患者的角度來看，很多人都可以被評估為「具有醫療需求」。許多人常覺得自己不太舒服。英國研究發現，一個社區中 95% 的居民，在受訪前 14 天內認為自己身體不適；紐約州羅徹斯特市的一項調查則發現，在研究的 28 天裡，有 20% 的成年人患有至少一種疾病[11]。如果沒有金錢成本、等待時間或其他影響資源分配的機制，許多現在不看醫生的人反而會選擇去看病。醫生知道醫學中有許多不確定性，如果能夠不增加自己或病人的成本，許多醫生會願意多做一些處置，畢竟進一步的測試可能會有新發現，額外的住院天數也有助於預防併發症。

　　庫珀指出，對醫療的需要（demand）和需求（need）往往會隨著醫療資源的供應而成長[12]。擴充任何醫療供應，都會促使醫生調整對醫療需求的概念。針對急症護理醫院的研究發現，入院率和住院時間都隨著可用床位的增加而成長。因此，醫院床位的供應，永遠無法完全滿足醫生認定的需要[13]。

　　這裡討論的研究已有一段時日，但人性並沒有改變，邊際主義的深刻見解在今日的社會同樣重要。根據經濟學家羅賓・漢森（Robin Hanson）的說法，在健康與醫學之間，我們最多只能看到微弱的總體相關性，然而健康與許多其他因素（如運動、飲食、睡眠、吸菸、汙染、氣候和社會）之間，卻有明顯且強烈的相關性。刪減一半的醫療支出，帶給健康的代價似乎很小，卻能騰出大量資源，用於增加其他方面能帶來的健康和效用[14]。

2012 年，一篇文章發表於《美國醫學會雜誌》（*Journal of the American Medical Associations, JAMA*），估算美國醫療系統的總支出中，醫療浪費的比例中間值約為 34%，最高值則是 47%[15]。美國國家醫學院（The Institute of Medicine，現稱 National Academy of Medicine）曾將這種資源浪費與其他領域的總支出比較，表示：「不必要的醫療保健費用和資源浪費的總和，比 2009 年的國防預算高出 1,000 億美元。這筆錢可以支付美國全國所有第一線急救人員的薪水（包括消防員、警察和緊急醫療技術人員）長達 12 年之久[16]。」

2008 年，奧勒岡州決定擴大醫療補助計畫，但收到的申請數量遠遠超出預算範圍，州政府因此隨機選擇部分申請者給予聯邦醫療補助。這個做法等於進行了一次強而有力的自然實驗，讓研究人員可以針對醫療服務的使用狀況和健康結果，在抽中醫療補助的「贏家」與未被選中的人之間進行比較。

《新英格蘭醫學期刊》（*New England Journal of Medicine*）的一篇重量級論文表示，這些「贏家」使用的醫療服務，比未獲得醫療補助的「輸家」多出約 35%。贏家的財務壓力有所減輕，但健康狀況與輸家差異非常小。例如該研究便發現，醫療補助對高血壓或高血脂的患病率、診斷率，以及這兩種疾病的藥物使用都沒有顯著影響[17]。

許多人認為，通過《平價醫療法案》，會促使許多跑來急診室看病的患者，轉去初級醫療院所尋求協助。歐巴馬前總統本人在宣傳此項法案時，也經常提出這個論點。他在 2009

年的一次發言中提及，需要確保人們在生病前能得到所需的護理、健康檢查和篩檢——這將節省所有人的納稅錢，並減少全國急診室的壓力[18]。然而在奧勒岡州的這場自然實驗結果並非如此，醫保抽籤的「贏家」使用急診室的次數，比「輸家」多 40%。看來，當人們獲得醫療保險後，會更頻繁地使用各種醫療服務[19]。

截至目前為止，我的論點都不在於貶低醫療需求的概念。身體健康不僅是主觀的，也和水一樣，比鑽石更重要。正如弗里德所說，醫生可以有效協助重病患者時，患者的醫療需求會是明確且特定的，他們大多也都得到應有的照顧。因此在衡量是否應該對所有「身體微恙」的人提供免費且立即的醫療服務時，請不要在腦海中想像一群低收入的重病患者。除了貧困狀態之外，這些患者面臨的問題都是真實的，但醫療共同保險[20]也都能解決。

更典型的患者（如病情並不嚴重、暫時找不出病因、在成功治療後仍有些微後遺症），其醫療需求受到共同保險或基礎給付額的限制。年輕時，我就是這種病人，經常去看運動醫學科和物理治療師來治療我的網球肘。我接受電療和超音波治療，但從來不確定他們採取的這些措施是否真能讓我更快重回球場。我喜歡打網球，如果看一次病只需支付 10 美元（我的共同支付額）就能加速自然癒合，何樂不為呢？但如果要全額支付，我絕對不會為此去看病。我的基本健康狀態從沒出過問題。

許多醫生總想使用稀少資源，直到邊際效用為零（針對一切可能性做檢查），而不是在邊際效用等於機會成本前止步。事實上，只有當身體健康是美好生活的唯一要素，且獲得醫生服務是改善健康的唯一途徑時，才應該鼓勵醫生這樣做。

確定優先事項是有意義的嗎？

政府領導人和機構負責人經常提到，確定優先事項，才能為組織活動指明方向。儘管設置優先事項被視為常識，這種做法卻經常違反邊際主義的邏輯。

經濟學家認為，面對某些重大問題時，即使能找出好答案，也無法指導我們選擇理性的政策。到底是健康比較要緊，還是娛樂比較重要？是乾淨的空氣舉足輕重，還是經濟成長更為關鍵？我們該選擇自然環境，還是開發人造的娛樂機會？邊際主義告訴我們，選擇時應該考量各項因素間的比例（proportion），而非其等級（rank）。如果被迫選擇，每個人都會發現健康比娛樂更重要。但這並不表示少數人曾死於跳水意外，就應該拆除所有游泳池旁的跳水板。同理可證，我們想要更乾淨的空氣，也想要經濟成長；想要自然環境，也想要經過發展規畫的休閒活動。先瞭解我們當下在這些領域中的表現，以及可選擇的替代機會，才能有合理的政策選擇。

此外，也必須考慮成本。即使是現存最大的問題，也可能不值得額外投入資金。舉例來說，一位作家認為生命拯救議題中最大的癥結，就是年輕人的早逝。因此公共健康預算應該著重預防奪去年輕人生命的最大殺手，如意外事故和自殺[21]。即使接受這位作家的價值觀，也無法得出相應的政策結論。

我們可能無法以合理的成本預防事故和自殺，但醫學上的某項突破也許可以為年輕人第六大死因的某項疾病，找到低成本的治療方式。如果我們將更多資源用在這裡，而非第一或第二大致命因素，就能挽救更多年輕人的生命。邊際主義需要研究細節──研究特定機會的成本和收益。

社會科學家並不是經濟學家，他們希望社區的預算政策可以緊密跟從民意調查的結果，並針對社區面臨的主要問題、大眾認為財政緊縮時應該刪減的服務項目，做出相應的調整。但經濟學家對此抱持懷疑態度，因為向消費者提問時，幾乎從來無法提出各種選擇的影響以及成本等詳細相關資訊，因此受訪者的答案通常考慮的是總效用而非邊際效用。於是，警察和消防等救援部門的預算刪減案，幾乎從未得到民意支持。

1978 年，加州選民通過第 13 號提案，嚴格限制立法增加財產稅的幅度。而且當時的一項民意調查發現，只有 8% 的加州居民認為應該刪減警察部門的預算，也只有 6% 的人希望刪減消防部門的預算[22]。也許警察部門應對刪減預算的方式，可以藉由聘請成本較低的文書人員，代替從事辦公室事務的警察；而對消防部門則可以聘請後備軍人來代替全職的消防員（這些後備軍人受過培訓，只須按月支付津貼與出勤滅火任務的時薪即可）。但我們不能指望大眾意識到這些可能性，因此最常見的民意調查，很少能反映大眾的真實偏好。

1974 年，美國聯邦航空總署人事換血，新的領導階層亟欲採用不同的方式進行管理。因此，重新定義優先事項、設定並實現量化目標，以及系統性使用成本效益分析來決定專案金額。然而變革的過程中，優先事項卻和目標設定與成本效益分析結果發生衝突。就是因為由於他們忽視了邊際主義，導致這種矛盾一直沒有被發現。

航空總署先制定他們認為可以在未來 2 年內實現的目標，如減少 6% 飛安事故、10% 一般飛航事故、25% 班機誤點，以及 10% 噪音。但為了符合邊際主義的思維，要建立目標或優先事項，必須先權衡專案相關目標中每個項目的邊際收益和邊際成本，並與其他目標的邊際收益和邊際成本進行比較。只有充分瞭解被放棄的其他選項，才能知道該將目標設定得多高。

此外，認定某個目標的優先順序較高，根本沒有意義。回想一下馬斯洛的需求層級及經濟學家對它的批評。同時針對 3 個主要問題（飛航安全、機場壅塞和噪音）進行改善的各項專案，都必須提出邊際成本和邊際收益的比較。因此，遵循邊際主義思維原則的優先事項清單，必須對細節做出非常詳細的規畫。

舉例來說，淨收益最高的計畫（或收益與成本比率最高的計畫）可能是針對機場壅塞，第二高的計畫針對飛航安全，第三高的計畫可能再次針對機場壅塞，第四高的計畫則針對噪音改善。航空總署由此產生的優先事項清單將非常複雜：

首要任務是：減少約 0.4% 的機場壅塞（藉由實施淨收益最高的計畫，例如對尖峰時間起飛的航班收取高額的費用）。

　　第二優先事項是：將一般飛安事故減少 0.8%（藉由實施淨收益第二高的計畫）。

　　第三優先事項是：再度減少 0.9% 的機場壅塞（藉由實施淨收益第三高的計畫，也就是第二好的機場壅塞解決方案）。

　　儘管解決機場壅塞的次優方案，減少的量比第一優先的方案多出 2 倍以上，但由於其成本是最佳方案的 4 倍，只能排名第二。其餘計畫以此類推。

　　計畫目標確定之後，還必須不斷更新。假設依賴降落輔助設備的航班大幅減少，那麼機場設置這項設備的成本可能會超過收益。也就是說，這項設置變得不再合理。但如果放棄它，飛航安全與航班誤點的指標可能會下降，這時就得改變專案的優先順序，以配合放棄降落輔助設備。同理，如果計畫中的設備研發成本增加，整體目標和優先事項的順序也必須隨之改變 [23]。

　　經濟學家希望專案目標能夠隨著環境變化而靈活調整。然而，這對政治人物完全不具吸引力。因為對人民來說，不斷調整目標意味著軟弱、優柔寡斷。吉米‧卡特在他的總統任期之初，面臨高失業率和不斷飆高的通貨膨脹。他起初支持以退稅 50 美元來緩解失業問題的提案，但上任不到 3 個月，他的經濟學家更加憂慮通膨壓力，卡特於是決定放棄退稅政策。

　　發表這項決定的記者會上，記者注意到民主黨的國會議員因為政策逆轉而被砸「政治雞蛋」；曾屈服於壓力而表態支持退稅政策的議員，幾個月後也不得不向選民解釋自己為什麼改變立場。國會的共和黨人甚至一擁而上，提案支持永久性減稅，而非卡特提出的臨時性退稅。他們大肆吹噓自己不像民主黨那些軟弱的牆頭草[24]。但卡特做的卻是經濟學家希望政治領導人做的事情：願意隨著情況改變政策。

為邊際主義付出的代價

　　邊際主義對成本的斤斤計較亦有其代價。對於最深思熟慮的經濟學家來說，這種代價顯而易見。經濟學家肯尼思・博爾丁（Kenneth Boulding）曾經對非常不浪漫的邊際主義喟然嘆道：「沒有人會希望自己的女兒嫁給經濟人，一個會計算每一筆成本並要求每一筆回報的人，因為此人從來沒有被瘋狂的慷慨或不計後果的愛所折磨[25]。」

　　邊際主義也不怎麼有英雄氣概。軍人訓言：「不必質疑，赴湯蹈火，死而無畏。」這與經濟學家的世界觀相去甚遠。聖方濟各（Saint Francis）的祈禱詞也是如此：「付出而不計算成本，努力而不求回報。」博爾丁讓人想起威廉・華茲華斯（William Wordsworth）強力批評邊際主義的十四行詩《劍橋國王學院教堂內部》（*Inside of King's College Chapel, Cambridge*）：

　　　不要為虛幻的花費，打擾皇家的聖徒，

不要為違反初衷的目標，唐突這位擘畫者。

雖然只服務一小群白袍學者，

但他依然締造出，宏大且光榮的智慧之作！

盡己所能的貢獻；高尚的天國摒棄所有精打細算；

聖徒也作此想，

他為人心樹立了高聳的巨柱，搭建了堅實的穹頂，

並分隔出千百間斗室，

讓光影在此休憩、音樂在此佇足，

盤旋迴繞，不願逝去；

就像芬芳的睿智，

只為不朽而生。

原則上，經濟福利理論並不否定針對單一目標而不計後果的努力。

第 7 章將會提到，經濟福利理論並沒有特別批判個人追求一個或多個最佳目標。**只有在多個目標的情況下，邊際主義和機會成本才會展現它們的完整功能。**而對多數人來說，目標通常不只一個。由於經濟計算通常非常有用，儘管用途眾多，習慣採用邊際主義和機會成本的眼光看待世界，可能會讓我們忘記：專心致志雖然並不常見，卻可以產生巨大的成果。若社會中沒有全力以赴、矢志不渝的人，就容易忽視人類在各方面的高貴情操。

法國思想家亞歷西斯‧德‧托克維爾（Alexis de Tocqueville）

指出：一個民主、平等的社會，很快就會對全力以赴的人課徵不必要的稅款。在貴族社會中，關係緊密的工匠社群會尊敬最熟練的人；在齊頭式社會裡，卻沒有人會從優越的世襲地位中，學會怎麼欣賞極其精良、耐久的物品。許多人的欲望反而會超出自己能力所及，寧可感到不滿足，也不願放棄自己的物欲。工匠和藝術家很快就學會保留自己的力量，維持平庸，遠離自己藝術創造的極限 [26]。

美國夏洛蒂鎮的木匠大衛‧拉馬扎尼（David Ramazani）幸運地得到富有投資者的青睞，要求他打造一張漂亮的辦公桌。拉馬扎尼發現一塊約 180 公斤重的核桃木，寬 190 公分、長 274 公分、厚 5 公分。書桌製作完成後，他花了 50 個小時，在木頭表面親手塗上 23 層能製造出古董光澤的保護油。酸痛的肩膀使拉馬扎尼夜晚難以入睡，但能發現那深邃的美，讓他非常喜悅。他表示：「這張桌面是我見過最美麗的木製品，……我不可能做出更完美的作品了。為其他人工作時，最讓我無法忍受的事情是，他們總試圖限制我投入的程度。我只能偷工減料、匆匆忙忙地完成作品 [27]。」

一個完全獻身於哲學、藝術或上帝崇拜的人，不需要邊際主義。然而，他仍舊必須管理自己的時間和資源。食物對他而言並不是目的，只是必須滿足的需求，才能繼續他認為有價值的創造活動。托克維爾在談論法國神學家暨物理學家布萊茲‧帕斯卡（Blaise Pascal）時，曾經表示：

帕斯卡集結自己所有的思想力量，……以便發現造物主最隱微的祕密。我見到他彷彿把自己的靈魂，從生活的一切牽掛中抽離出來，全心全意投入到他的研究之中，因此過早切斷身體與生命之間連結的紐帶，不滿 40 歲便英年早逝。我感到無比嘆服，並意識到沒有任何平庸的事業能夠激起如此不凡的努力 [28]。

托克維爾懷疑這種「既罕見又富有成效」的熱情，在民主社會中是否依舊能夠如此容易發展。

進階思考

事實上，精打細算背後的代價告訴我們，良好的教育不能只有經濟學。對這些代價的反思，也可能對公共政策產生其他影響。有時，政治家也會希望不對某些專案錙銖必較，告訴負責的藝術家或專業人士不需思考成本，只要做出最漂亮的作品。

決定林肯紀念堂的規模時，我們不會覺得需要偷工減料。即使邊際主義對哲學家、藝術家和宗教團體成員的用處有限，它依然必須是政策分析家或政治人物視野的重要基石。政治家的藝術是審慎行事，運用理性和遠見，睿智地選擇最好的手段，來達到有益的目的。

對於和平時期的政治人物來說，施政目的不會只有一個。

政治仍是一門近似建築的學問。工程師、博物學家、圖書管理員、監獄醫療人員和交通安全專家，會不斷帶著對資源的競爭性需求上門，尋求政治人物的支持。學會區分邊際效用和總效用的政治人物，才得以更精準地在不同提案之間做出取捨。

其實很難區分邊際效用和總效用。在評估政府計畫時，大眾可能會忽略機會成本，並以總效用的視角來看待政策提案；人們會反對刪減警察和消防部門的預算；會認為環評標準不能提得太高，也會不計成本地支持環境改善專案。

選民不太可能深入瞭解公共事務，因此善於設定「優先事項」的政治家，只要能專注目標並有所成就，不僅會再次當選，還會提高大眾的士氣，讓人們對政治家控制事件的能力更有信心。**如果呈現的方法不多加修飾，邊際主義觀點的複雜性、隨著環境和技術變化而得重新評估與調整計畫的必要性，會使大眾因為政府的三心二意和優柔寡斷而失去信心。**邊際主義與政治之間存在的張力，要求政治人物從政時必須懂得修辭與婉飾。然而政治人物絕不能忽視邊際主義，若公共服務的品質嚴重惡化、稅金或物價大幅上漲，即使人民支持的某些目標得以實現，追求連任將會成為不可能的任務。

知識淵博的政治人物可以透過修辭技巧，讓邊際主義原則得以與公眾的成見相容。但迄今為止，政策規畫的主要問題並不在此，而是政治人物們本身對邊際主義的無知。不幸的是，原本有潛力克服這種無知的機構，卻不具足這些能力。

艾倫‧克尼斯和查爾斯‧舒爾茨指出，挑選國會多數工作人員的標準是其談判技巧，很少有人具備經濟學知識 [29]。而華盛頓特區的政治記者，對該主題也同樣知之甚少。

諾貝爾經濟學獎得主詹姆斯‧布坎南（James Buchanan）認為，經濟學家與非經濟學家的區別，在於對「任何值得做的事情，都該做好做滿」這句格言的反應 [30]；另一位經濟學家甚至進行民意調查，判斷一群經濟學家是否同意或不同意 5 則格言，而「任何值得做的事情，都該做好做滿」是迄今為止最不受歡迎的格言（74% 的受訪經濟學家不同意 [31]）。出於對邊際主義的敏銳理解，麥肯齊和塔洛克將書中其中一節命名為〈值得做的事情，並不一定值得做好做滿 [32]〉，仔細權衡邊際成本，指出我們必須善用投入在一項任務的時間和金錢。然而，我們卻很少做出相關專業人士認為必要的選擇。

回到本章開頭，你翹掉壘球練習可能是明智之舉。你的球技可能已經相當不錯，但鋼琴演奏還需要多努力。然而，你不能最大化自己投入到每項活動的時間。你可能還記得曾經愛上網球，而球友們希望你出現在網球場上，就像壘球隊希望你出現在球場上一樣。當你更喜歡網球，在網球場上多打 1 小時的邊際效用，將會大於壘球場上多花的 1 小時。

CHAPTER ## 03.

繳稅就能改善塞車嗎？

‖ 經濟誘因 ‖ Economic Incentives

與布魯克・韓德森（Brooke Henderson）合著

　　經濟學家可以就政策設計的 2 個主要領域提供見解。首先，評估某些法律或管制的效益是否大於成本（第 6 章將簡單討論）；其次，就是利用經濟誘因方案去實現政策目標的好處。

　　1976 年，查爾斯・舒爾茨在哈佛大學戈德金系列講座[1]中，展示了經濟誘因方案的里程碑，吸引剛當選總統的吉米・卡特注意，並聘任舒爾茨為他的經濟顧問委員會主席。此系列講座後來被改編成一本具有影響力的著作《私人利益的公共用途》（*The Public Use of Private Interest*），成功將當代經濟學家對當前政府系列政策的批評，整合為一個重要的主題。

　　舒爾茨在系列講座中表示，日益增長的工業化、城市化和社會的相互依存產生許多問題，因此需要一個比人類史上多數政府都更積極的大政府。為了完成這些新任務,我們通過許多詳細法律及縝密的公部門管理規章。在處理典型政府任務(如興建水壩或郵寄支票)時,這種命令和控制方案的效果良好,但拿來處理空氣汙染、水汙染等滲透性問題時,就顯得昂貴且無效。

舒爾茨指出,**人們其實高度忽略了另一種集體干預的方式,如稅收和補貼這種類似市場機制的經濟誘因方案,能使私人利益與公共目標更加一致。**我們知道,市場和經濟誘因的力量,能有效促進私營部門的效率和社會生活水準。然而,如果有人建議減少單位生產勞動力的最佳方法,是設立一個政府機構,專職規範每個產業投入的勞動力,人們大概會覺得可笑無比,但我們正是如此在減少環境破壞和工業事故[2]。

如何善用經濟誘因保護環境?

◉ 當前管制體系的弱點

1960 年代的環保運動,促使立法單位制定嚴格的環境標準和實施期限,並由 1970 年成立的美國國家環境保護局(Environmental Protection Agency, EPA)強制執行[3]。但從那時候開始,國會、法院和環保局一直無視或推遲針對機動車輛[4]、固定空氣汙染源[5]和整體空氣品質的規範方案。環境經濟學家萊斯特・拉夫(Lester Lave)和醫事專家吉爾伯特・歐門(Gilbert Omenn)指出:「國家空氣品質委員會得出了結論,我們應該繼續制定嚴格的標準，不必考慮成本或可行性，同時取消聯邦執行的最後期限，然而這不過就是做做樣子罷了[6]！」

為了說明透過立法和規範保護環境的複雜性，必須先了解以下背景資訊：

環保局成立 15 年來，其任務是管制超過現有 20 萬個受排放限制的固定空氣汙染源。在大多數情況下，這些企業會使用內部報告證明自己符合規範。在 20 萬個汙染源中，有 1,400 多個主要嚴重汙染源超過標準。這些未符合規範的主要汙染源則利用法院系統上訴，大力反對環保局訂立的法規[7]。

對於水汙染和空氣汙染，命令和控制的監管方法是一樣複雜的。政府立法將數百億美元用於建設城市中的垃圾處理廠，並和管制空氣汙染一樣，為個別汙染源訂立汙水排放標準。最初希望環保局可以為各產業制定國家標準，但國家水質委員會指出，現代生產過程太複雜，差異性和變化度也很大，不可能實現單一標準的理想。結果，環保局建立了一系列令人咋舌的技術區分和子類別，仍然不足以使這份規章成為立法者期望的法規，夠公平且不容挑戰[8]。

舉例來說，目前頒布的罐頭和醃製海鮮加工汙染來源類別指南中，包含傳統藍蟹罐頭、機械製藍蟹罐頭和非遠程阿拉斯加蟹肉等 33 個子類別，和鋼鐵製造業的 35 個子類別，以及罐頭和醃製水果和蔬菜的 66 個子類別。儘管已經如此詳細分類，環保局仍然不得不告訴其管制機構，應該針對產業中某些工廠適度調整這些限制[9]。

1970 年代，參議員埃德蒙‧馬斯基（Edmund Muskie）扮演了核心角色，促成美國國會通過第一項環境保護標準和隨後的修正案。在這個深具意義的年度中，作家伯納德‧亞斯貝爾（Bernard Asbell）隨身採訪馬斯基參議員時，就此經歷寫了一本書。

國會曾就是否應該對汽車業放寬環保標準進行談判。證據顯示，汽車公司的技術人員應企業內部決策人員的要求，隱瞞了部分資訊。

某次會議中，克萊斯勒一位副總裁出人意料地坦誠：「包括我們在內的所有公司，都希望可以告訴你們：我們正在取得進展。但我們很怕這樣說，因為一旦表達了樂觀進展，明天不知還有什麼該死的標準會落到頭上來。」

儘管馬斯基是位「強硬」的人，還可以拿到美國國家科學院和其他來源的報告，但他很明顯地認為，自己不如汽車公司高管瞭解汽車業的進展。在一次會議上，他對汽車公司的代表說：「你們這些業內人士必須審視自己內心，問問自己能做什麼？我們如何才能設計出好的制度，保證你們竭盡全力去做[10]？」

在必須做出的數千個較小決策中，環保局擁有的知識甚少，遠遠少於對汽車汙染問題的理解。

● 誘因的巨大力量

經濟學家建議 2 種控制汙染的方案，不管是哪一種，都可以避免原始的立法系統帶來的行政泥淖。

第一種方案是課徵汙染稅：國家可以對發電廠和其他產業的工廠排放的硫（或其他汙染物），按磅徵稅；也可以根據每輛汽車預期的排放量或實際排放量（藉由定期檢查判斷），乘以里程數來課徵汙染排放稅。許多經濟學家主張，課稅金額應該設置在與每一邊際排放單位對社會造成的傷害[11]。但稅金實際上可以訂得更高，如此一來就可以在管制的給定成本下，降低更多汙染，或讓企業用更低的成本處理等量的汙染物，而不會影響整個系統的經濟效率。

第二種方案是發放可交易的排放許可證，也稱為「總量管制與排放交易」方案。管制機構可以訂定在固定空氣柵範圍或河流流域內允許的排放總量，然後為排放量頒發許可證或執照。這些許可證能像工業產權一樣買賣。計畫建造新工廠的人，可以透過談判，從現有企業手上購買排放許可證，就像為工廠購買產權一樣。在這種方案下，管制機構仍然在為特定區域設定最高的汙染排放量，卻可以利用市場力量和誘因促使汙染物減排[12]。

比起 1970 年代建立的「命令和控制」系統，這兩種機制都具有壓倒性的優勢，因為它們能新導向私人的利益，使其與公共利益一致。對企業來說，汙染排放變得昂貴，是因為必須支付更高的稅金（根據第一種方案），或是因為購買了昂貴的排放許可證（根據第二種方案）。即使已經握有排放許可證的企業，仍有誘因減少汙染，因為他們能出售或出租未使用的排放許可來獲得額外收入 [13]。

在這類經濟誘因下，比起推遲清理計畫（藉由企業擁有的資訊優勢，在特定問題上與環保局抗爭），許多企業發現清理汙染更有利可圖。認知到這項益處後，環保局逐漸增加利用經濟誘因的方案。但是其官方網站上也承認，目前混合方案的效率不彰，並表示混合方案並不總是經濟上最有效的方案，因為無論其減少的排放量或政策成本，都不如以市場機制為基礎的經濟誘因方案 [14]。

美國鼓勵企業對管制事項進行訴訟，所以人們不該愚蠢地認為，徵收汙染排放稅或推出可銷售的汙染排放許可證，就能完全消除當前行政亂象中的所有訴訟成本，但至少情況會有所改善。就目前的態勢而言，如果延遲清理計畫為企業節省的費用超過訴訟成本，那麼即使企業認為自己最終會敗訴，也會在每個階段保有上訴的動機。但如果針對汙染課稅，輸掉官司的企業還是得面對欠稅問題。這倒是有助於減少訴訟。

在利用經濟誘因方案的情況下，環保局不會要求每家企業去滿足特定的排放標準，或限期實施特定的改善方案。因此，法院不必確定環保局對每家企業設定的標準是否合理，只須知道稅金顯示出環保局或國會確認企業排放的汙染已造成損害，然後就讓企業決定要減量汙染、徹底清除，或支付稅金。若在總量管制與排放的交易方案下，法院將發現國會已訂定可接受的空氣或水汙染排放標準，進而要求企業將排放量限制在規定的標準之上。如果一家企業認為清理費用高得不合理，而且與收益不成比例，法院可以讓企業選擇（從清理成本相對較低的公司手上）購買汙染排放的許可證[15]。

正如尼斯和舒爾茨所說，規定稅金或發放汙染排放許可證之後：

> 汙染處理成本較低的企業，其排放量下降的百分比
> 將比成本較高的企業多——這正好得以實現用最低
> 成本減少對整體汙染的訴求。企業傾向於選擇成本
> 最低的控制方法，無論是處理廢棄物、改善生產技
> 術，還是使用汙染效果較輕的原物料。此時，那些
> 在生產過程中會製造大量汙染的產品，不僅成本會
> 上升，價格也會比汙染較少的產品更為昂貴，從而
> 出現誘因，讓消費者購買前者商品[16]。

一些研究發現，若以經濟誘因方案去看空氣品質的改善，只需花費現有方案成本的 10%，就可以實現同等的效果。這是相當可以執行的。針對聖路易市的一項研究發現，去除某家紙製品工廠鍋爐中的微粒排放物，每噸成本是 4 美元；去除啤酒廠鍋爐的微粒排放物，每噸則須花費 600 美元。同樣地，某間發電廠以每噸 5 美元的價格減少排放，另一座發電廠的排放成本則為每噸 909 美元[17]。

在這種情況下，紙製品工廠和第一間發電廠，將有誘因以每噸 4 美元和 5 美元的成本購買汙染的排放許可證，以便將

其出售給啤酒廠和第二間發電廠。對後者而言,這些許可證的價值分別高達每噸 600 美元和 909 美元。相對地,在汙染課稅方案中,汙染減量成本較低的企業會認為減少汙染更划算,而成本較高企業則會發現繳稅更符合效益。最終結果是整體汙染減少,政府也收到可以用於其他社會利益的資金。再者,這 4 家公司也都能自行決定,不需要昂貴的政府分析、監管和法院裁決,也不需要將四者一視同仁的低效率授權方案[18]。

經濟學家進一步解釋:有證據顯示,企業不會在支付汙染稅後轉嫁給消費者,然後繼續像從前一樣排放汙染。汙染稅可以有效減少汙染[19]。事實上,汙染稅可說是最好的方式了。如果企業領導者能夠降低成本和價格,就能夠銷售更多產品、賺取更多收入;如果企業可以花費 200 萬美元更新技術,好避免每年繳納 100 萬美元的稅金,絕對就會這樣做,因為這項投資很快就會回本。

正如企業會絞盡腦汁減少必須支付的電費或原物料費用,也會想方設法減少處理汙染問題的費用。企業若輕率地將汙染稅作為費用轉嫁給消費者,即使清理汙染成本更便宜,卻很有可能輸在競爭對手更有效率、產品價格更低廉。而且,目前投資者做決策時,也越來越會考量環境永續發展[20]。

討論進行到此,我的學生經常會說:「那是因為你選擇的數字。假設技術更新的成本是 2,000 萬美元,而不是 200 萬美元。那麼稅金並不會促使企業降低汙染,企業只會繳納稅金然後轉嫁給消費者。」事實的確如此,但聖路易市研究中的關鍵洞見是：企業成本數據清楚地顯示，沒有兩家企業完全相同。因此，某些企業會符合我舉的例子，其他企業則可能遵循學生提出的道路，但稅金肯定會促使一部分企業減少汙染。

那些汙染清理成本較低的企業會選擇降低汙染。如果沒有夠多企業選擇改變，政府可以提高稅收。在課稅方案中，汙染處理成本較高的企業確實會像以前一樣繼續製造汙染，宛如買了一張「汙染許可證」。但即使按照目前的方案，企業也有權在排放標準內製造汙染，等於他們已經擁有汙染許可證。因此，經濟學家不免要質問：為什麼環保主義者反對讓企業為一直在排放的汙染買單，寧願讓他們繼續免費排放！

對於「立法和授權」方案的僵化，正好可以透過寶僑公司（Procter & Gamble, P&G）在紐約象牙港的工廠案例來說明。

1980 年，P&G 希望將原有鍋爐更換為可燃燒廢木料的鍋爐，以便每年節省 900 萬加侖的石油。由於難以證明該地區空氣中的一氧化碳含量符合國家空氣品質標準，環保局直到 1982 年 2 月才批准這項專案。無可爭議的事實是，儘管新鍋爐會排放更多一氧化碳，卻也同時減少排放硫氧化物和氮氧化物。偏偏環保局只盯著排放標準的門檻，思考卻不夠靈活，也不會計算節能可以產生的收益，或 P&G 因延遲專案（可節省超過 100 萬美元成本）所造成的損失[21]。這與其他案例都精確說明：「課稅」與「汙染權交易」這兩種立基於經濟誘因的方案允許靈活性，無需環保局的特殊裁量。

長遠來看，如果技術未能改善，汙染問題將變得不堪重負。在應對氣候變化方面，新技術非常重要；在「命令和控制」方案下，卻讓人沒有動機開發新技術，因為這麼做等於是讓管制機構對汙染工廠施壓，提高製造成本。現有方案允許老舊工廠排放更多汙染，因為控制汙染的成本比新工廠要高出許多。

由於這種管制上的差異，工廠老闆只願修復舊工廠，而不是建造新工廠，導致現有技術難以獲得改善。只要排放量在規定內，工廠老闆就不會想要進一步減少汙染。在經濟誘因方案下，只要汙染物繼續存在，課徵汙染稅或交易排放執照，反而能促使企業藉由減少排放汙染來增加利潤。再者，排放標準方案也會阻礙創新，因為它無法促使企業開發新技術，同時節省成本並降低汙染（雖然會增加另一種汙染）。**經濟誘因方案夠靈活，可以鼓勵企業繼續此類創新。**

經濟誘因方案並不容易執行。政府必須加強監測重要的汙染源，而根據地點和季節的不同，也應該能調整課稅金額、許可證總量[22]。當前的政治和管制問題，也阻礙了現行的排放標準方案。如果要計算機會成本，排放標準方案應該比過去更精準反映不同位置和季節的差異。

◉ 經濟誘因方案為什麼進展如此緩慢

企業界知道，某些環保主義者的行為並不能帶來純淨的空氣，反而更像是在推動法律。他們非常瞭解這些環保主義者及其支持者。

全國製造商協會的丹・坎農（Dan Cannon）在 1976 年一次國會研討會中侃侃而談：「製造業需要一套明確、精準的規範，讓我們知道必須遵守的環境品質標準，才能維護大眾的健康。你肯定不會想讓某人以納稅為由，繼續違反公共衛生標準吧 23？」當今政治氛圍中盛行政治正確，持續著低效率的決策。

《紐約時報》（The New York Times）在 2019 年的一篇報導中指稱，97% 的氣候科學家認為，燃燒化石燃料正使全球氣候加速暖化 24。許多環保主義者起而呼籲，迅速停止使用汽油驅動的汽車。英國、法國、印度和挪威都計畫在 2040 年之前（或更早），完全禁止銷售新的汽油或柴油車，至少還有其他 8 個國家也設立電動車的銷售目標 25。

經濟學家並不喜歡這類法律。與其他現行的排放標準方案一樣，這類規範沒有給予人們超越現狀的經濟誘因，也無法鼓勵企業或消費者在 2040 年前淘汰汽油車，而 2040 年到來時，電動車甚至可能不是減少汙染的最佳方式。這些政府應該針對汙染徵稅——人民關心的是汙染！立法者應該促使市場以有效的方式尋求減少汙染的方案，而不是讓政府官僚選擇方案再加以推廣。

同樣基於這種單一焦點的視角，舊金山有間「綠色」銀行，專門為具環保意識的企業進行融資，卻拒絕放貸給加油站安裝太陽能板 26。事實上，要求所有加油站立即停止運作的成本過於高昂，更不太可能執行。然而，使用太陽能替代部分引擎，倒是相對可行的改變。只要設置適當的經濟誘因，就能激勵更多公司進行這類的技術變革。

◉ 碳排放稅的政治可行性

2017 年初，氣候領導委員會（Climate Leadership Council）的代表與白宮官員會面，提議以國家課徵碳排放稅，取代歐巴馬總統執政期間制定的大部分氣候政策。在這項稅制中，每噸碳排放的稅金從 40 美元起跳，其收入將透過社會安全局（Social Security Administration）每季度的支票返還給美國人民。儘管氣候領導委員會中有 3 位前共和黨內閣成員詹姆斯・貝克（James A. Baker）、亨利・鮑爾森（Henry Paulson）和喬治・舒茲（George P. Shultz），以及 2 位前共和黨經濟顧問委員會主席馬丁・費爾德斯坦（Martin Feldstein）和葛雷格・曼昆，該項政策仍遭到國會共和黨人的強烈反對。他們拒絕任何增稅措施，出身共和黨的川普總統則公開支持增加開採國內的化石燃料[27]。

歷史上，民主黨和環保主義者一直反對汙染稅。多數環保游說者反對徵收汙染稅，其心態最能反映在他們語帶輕蔑的言論中：「我想擺脫的是汙染，而不是汙染許可證[28]。」1971 年，參議員馬斯基在參議院發言時，就提出這種觀點：「我們不能讓任何人付費來進行汙染[29]。」

哈佛大學公共管理學教授史蒂芬・凱爾曼在著作《價格誘因？》（*What Price Incentives?*）中指出：環保人士對於汙染

許可證的排斥，反映出他們心中難以藉由經濟學理論根除的直覺反應，然而這種直覺背後的邏輯並不完備。凱爾曼也注意到，環保主義者非常注重環境倫理的發展，也想要提高大眾的環保意識。出於這些原因，他們汙名化了汙染的行為，並竭力避免降低乾淨空氣和水源在大眾心目中的價值。事實上，一旦標出汙染的價格，可能會妨害汙名化的進行，因為這等於是向大眾表達：只要付錢就可以汙染，而人們再也無法將未受破壞的自然視為無價之寶 [30]。

　　凱爾曼極具說服力地表示，信念強大的環保主義者有理由對汙染稅存疑。然而他認為，「徵收汙染稅可能消除汙染的汙名」這個想法卻可能是錯的。在生活中，我們對許多正面或中性的事情徵稅或頒發執照與證明（如駕照、結婚證書），也對不令人完全贊同的事情課稅（如賭博、酒精、香菸）。人們不可能單單因為課稅，就對汙染改觀。某些環保主義者就表示，他們不會單純以徵稅解決謀殺、強姦、強盜和縱火；也有些人認為，汙染行為（危害自然的罪行）與這些刑事犯罪行為的罪行相等（「總有一天某位勇敢的地方檢察官，會以謀殺罪起訴這些汙染者 [31]」）。

　　機會成本在這個議題裡非常重要。如果不允許任何危害他人的汙染活動，工業社會就必須畫下句點，因為即使是最頂尖的工業技術，也可能導致患有嚴重呼吸道問題的人死亡 [32]。如果所有汙染都是危害自然的罪行，那麼這犯罪問題可真是無所不在：所有人都吸入含氧量 21% 的空氣，呼出含氧量 17%

的空氣；大家都飲用含溶解固體顆粒大約 200ppm 的水 [33]，並排出 20,000ppm 的水 [34]。

如果將機會成本納入考量，並權衡多項目標，人們就不得不重新考慮，是否真的要將汙染行為貼上汙名化的標籤。

汙染不是謀殺。如果所有凶手在殺人前突然願意遵循他人指示，我們一定會要求他們立即停止殺人；若所有工業汙染者也一樣好控制，那麼在理解後果之後，很少有人會要求他們立即停止所有汙染，因為我們的生活品質會大受影響。要是關閉提供醫院設備能源的發電廠，連我們的壽命都受到威脅。如果汙染必須與其他目標取得平衡，那麼無論是徵稅、排放許可證，還是非零排放標準，都不可避免地會降低乾淨環境的價值。

近年左派人士對課徵碳稅的支持略有增加。2020 年民主黨進行初選時，許多總統候選人都表達支持。

在 MSNBC 有線頻道的氣候論壇上，民主黨候選人楊安澤（Andrew Yang）表示：「我們可以相信，企業會為了保住財報上的數字做出正確的選擇，但這是企業唯一可以獲得信任的事情。他們只有單一誘因。」透過徵收碳稅，能促使企業主動減少汙染，因為唯有這麼做才能增加企業的利潤。楊安澤總結道：「如果想讓企業在氣候變化問題上朝正確的方向前進，就必須打在他們的痛點上——也就是口袋裡的錢包 [35]。」來自印第安納州的總統候選人、時任南灣市市長的彼得‧布蒂吉格（Pete Buttigieg）也肯定地支持碳稅。他說：「我認為需要確保整個經濟體,正朝著氣候正義和氣候行動的方向發展。」
不過他也承認,通過一項新的徵稅方案是困難的。他曾在某次
市政會議上提到:「我知道在政治中,只要牽扯到『稅』的
詞彙都是禁語[36]。」

影響民主黨無法統一支持碳稅的障礙,在於彼此對此項
稅金收入的處理方式各有主張。在華盛頓州,曾有一項碳稅未
能通過提案投票,因為有些支持者希望將稅金重新投資於清潔
能源或社會事業,有些支持者則希望將所有稅金收入返還給消
費者[37]。與此同時,領頭的中間偏左環保組織,如自然資源
保護委員會(Natural Resources Defense Council),則堅決反對以
任何形式的碳稅方案,取代歐巴馬政府制定的氣候規則[38]。

在聯邦舞台上,支持碳稅的保守派要求,施行稅法時必
須同步終止許多現有的命令與控制環境的法規。但也有部分保
守派,不喜歡以任何形式增加稅收,並且擔心碳稅會影響民眾
的實質所得(尤其是對中產階級)。保守派的美國能源聯盟
(American Energy Alliance)主席托馬斯・派爾(Thomas Pyle)
寫道:

> 碳稅將懲罰使用天然氣、石油和煤炭的人,而這些
> 能源占總能源消耗的 80%。這表示,所有美國家庭
> 都將面臨更高的電費和汽油價格。根據估計,領導
> 委員會提倡的碳稅將使汽油價格每加侖上漲 36 美
> 分。雖然每個人都會付出更多,但這些額外花費將

對貧困和中產階級家庭有著不成比例的影響，他們必須分出更高比例的收入，用於能源支出。

派爾假設不會還稅於民——尤其是還給貧困和中產階級的家庭。他很懷疑這種回饋是否真的會發生：

> 認為華盛頓政客們會將大量新增稅收退還給人民，是個非常天真的想法。……更有可能發生的情況是，政府最終會將這些新收入用於各種聯邦專案，讓美國人人背上又增添一項新稅，同時削弱美國的競爭力。對我來說，這聽起來就像是大政府的自由主義[39]。

曾任艾爾·高爾（Al Gore）環境顧問的卡莉·克雷德（Kalee Kreider）建議，支持碳稅的人應該注意這些稅金收入能為選民帶來的好處。她說：「人們對徵稅很敏感，但如果能看到其價值所在，無論是用以興建道路、醫院還是學校，人民就會支持課稅。我認為環保組織苦苦掙扎之處，在於他們以績效為標準，進一步衡量碳稅的定價。」因此，克雷德建議環保主義者進一步思考：「這些收入可以為納稅人提供什麼服務[40]？」部分州接受這些建議，成功通過天然氣增稅案，並將稅金收入定位為修復老化基礎設施的重要資金來源[41]。

2018 年，川普總統引發眾怒，因為他取消了歐巴馬時代訂立的平均油耗標準（Corporate Average Fuel Economy, CAFE）。這項標準旨在規定汽車製造商年度銷售的所有新車，都必須達到一定的平均燃油效率，以減少美國的燃油消耗[42]。歐巴馬政府將標準大幅提高到 2025 年每加侖汽油必須能行駛 54.5 英里。相比之下，2014 年標準平均值僅為每加侖 25.4 英里[43]。然而，川普的政策只是將 2026 年的標準，設定為每加侖約 40 英里[44]。

民主黨和環保主義者對川普的決定相當憤怒。民主黨參議員湯姆・卡珀（Tom Carper）在新聞稿中表示：「環保局持續不斷削弱或廢除環保規範。這些原本是用來減少或去除空氣中的溫室氣體、煤灰、汞和其他汙染。當所有國人日以繼夜地努力，以對抗和克服空氣汙染這種致命的呼吸道流行病時，川普政府的環保局卻帶頭散播汙染[45]。」

整體來說，降低油耗標準並沒有遭到經濟學家的大肆批評，因為他們多年來一直認為，課徵汽油稅才會真正大大影響燃料的使用。有超過 92% 的經濟學家認為，徵收汽油稅，遠比提高油耗標準好[46]。

經濟學家認為，訂定油耗標準有 3 項主要缺陷。

首先是造成反彈效應。當人們改用燃油效率提高 1 倍的車輛後，里程數就會增加約 10%。其次，提高燃油效率的技術也會提高新車的價格，導致人們晚一點再買更昂貴的汽車，從而延長現有舊車的使用時間。經濟學家發現，高油耗標準減少的 15% 排放量，會因為這些使用舊有標準、燃油效率較低

的車輛延後退役而被抵消。由於 94% 的美國車輛車齡超過 1
年，因此對所有車輛徵收汽油稅，將比設立僅適用於新車的規
範，更能有效解決消耗燃料的問題 47。最後，對已經購買汽車
的人來說，平均油耗標準並不會讓人想少開一點車；但課徵汽
油稅，每行駛 1 英里就會增加個人成本，會促使常開車的人去
購買更省油的汽車。

　　儘管提高美國所有汽車的燃油效率這想法聽起來很美
妙，這樣的規範卻缺乏產生巨大變化的強制手段。國會永遠不
會因為如福特這般的企業無法達到平均油耗標準，就讓底特律
停止運轉 48。

　　2013 年時，英國有 40% 的電力來自燃煤電廠。於是政府
決定，在歐盟碳排放許可證之上，額外針對企業課徵碳稅。到
了 2019 年 9 月，英國來自燃煤電廠的電力只剩 3%49！但是世
界上大部分地區的碳排放定價方案，卻並未產生顯著的影響。
全球 40 多個政府已經實施某種形式的碳排放定價，政治反彈
卻削弱了部分措施的效果，特別是在法國和澳大利亞；多數方
案定價太低，無法產生經濟學家和環保主義者所期望的巨大影
響力 50。

　　在美國，促使環境進步的經濟誘因方案中，最成功的計
畫是針對酸雨的總量管制與排放交易。2018 年，環境保護基
金如此敘述該計畫的成就：

　　本計畫要求將硫化物總排放量減少一半，但讓每家

企業自行決定如何減量。降低汙染程度超過要求的發電廠，可以將手中額外的排放配額出售給其他電廠。一個新商品市場因而誕生。硫排放量下降的速度比預期要快，而且只花費預期成本的四分之一。自計畫推出以來，酸雨總量控制和排放交易廣受好評，因為這個計畫能以靈活、創新的方式有效解決問題[51]。

許多經濟學家希望有朝一日，能夠透過採用市場機制的碳排放方案，減少人類對氣候變化的影響。

洪水一直淹，理賠領不完？

美國國家洪水保險計畫（National Flood Insurance Program, NFIP）創建於 1968 年，用以填補私人市場的空白。由於洪水的不可預測，以及其造成的大量經濟損害，私人保險公司拒絕賣保單給居住在洪水區的屋主。坦白說，私人企業認為在洪水區蓋房子的風險太大，因為當房產遭受洪水損害時，其他財產往往也蒙受損失[52]。然而為何某些屋主，選擇在危險的地方建造和購買房地產呢？答案很簡單：在平坦的氾濫平原上，土地價格更便宜、建築成本更低[53]。加上每次遭受洪水時，聯邦政府都會保證提供額外救助屋主。因此，有了政府保險計畫之後，洪水風險中的個人成本就低了許多。

私人保險中的保費旨在反映資產的風險。保險人會每年繳交保費來為等量的風險付費，因此屋主可以納入洪水高風險地區的生活成本。只有當風險和相關保費低到讓人認為值得居住時，屋主才會繼續在高風險地區購買和建造不動產。然而，聯邦政府推出洪水保險之後，屋主必須支付的保費遠低於私人保險公司的收費。這個現象會產生 2 種效果。

首先，洪水保險計畫每年都無法藉由保費獲得足夠的收入，以抵消洪水發生時必須支付的理賠，因此不得不從美國財政部借入 300 億納稅人的稅金 [54]。幾乎所有專家和該計畫主席本人，都表示永遠無法償還這些債務，只能回過頭來讓所有美國納稅人買單 [55]。其次，較低廉的保費也表示屋主在購屋時，不會充分考慮洪水的風險。根據經濟誘因對行為影響的邏輯來看，可以預見其結果：在有了國家洪水保險計畫之後，有更多人購買和居住在洪水高風險區。

看看佛羅里達州的案例。從 1851 年到 2015 年間，佛羅里達州遭受颶風襲擊的次數比美國任何州都多 [56]。2017 年，颶風艾瑪（Hurricane Irma）幾乎破壞了佛羅里達州所有主要城市，整個州都籠罩在颶風警報之中 [57]。由於海平面上升，佛羅里達州面臨的威脅將會增加：只要上升 15 公分，就會完全抵消廣布佛羅里達的運河網絡所提供的防洪效益 [58]。儘管這些威脅廣泛存在，佛羅里達州仍快速發展，人們似乎很少考慮洪水的風險。與其他州相比，佛羅里達州有更多人生活在最高漲潮線以上不到 1.2 公尺的土地上 [59]。

佛羅里達從 20 世紀中葉人口最少的南部州，發展為美國人口第三多的州 [60]。1926 年，颶風襲擊邁阿密，造成 10 億美元的損失（金額經通膨調整，以今日美元計算）；經過近一世紀的發展，如果今天邁阿密再次遭到同樣的颶風襲擊，將造成 1,240 億美元的損失 [61]。然而聯邦政府繼續在佛羅里達半島提供洪水保險折扣。為什麼全國其他地區要花錢，讓一些人繼續在洪災頻繁的佛羅里達州建造房屋和生活？

美國人民經常誤以為洪水可能發生在任何人身上。皮尤慈善信託基金 [62] 洪水風險專案負責人蘿拉‧萊巴蒂（Laura Lightbody）的看法與一般人相近：「只要會下雨的地方就會氾濫，所以這個國家沒有人與洪水絕緣。50 個州都和防洪休戚與共 [63]。」然而由於海拔、與河道的距離，以及周邊區域發展等因素，某些地區會比其他地方更容易發生洪水。

美國最嚴重的洪水往往發生在密西西比河與墨西哥灣沿岸的路易斯安那州、德州及大西洋沿岸的多數地區 [64]（包括佛羅里達州）。即使在這些廣闊區域內，某些社區和不動產所承擔的風險也比其他地區更大。傳統的防洪措施遭受批評，因為大壩和防洪堤提供了虛假的安全感，並將洪水問題轉移到其他財產之上 [65]。正如遊說團體美國河川協會（American Rivers）的前任主席凱文‧科伊爾（Kevin Coyle）所說：「整件事就像在進行班卓鬥琴式競賽 [66] 一樣。你建造了一座 6 公尺的堤防，對岸的人蓋到 7 公尺，洪水當然往你這邊來，所以你必須把堤防建得更高 [67]。」

回顧國家洪水保險計畫的歷史，其支付的理賠款項中，大約有 25% 流向固定的 1% 受保家庭 [68]。全國公共廣播電台（National Public Radio, NPR）在報導中談到一位名為珍妮佛・貝勒斯（Jennifer Bayles）的屋主，她在 1992 年以 8.3 萬美元的價格買下房子，截至 2017 年，總計已從國家洪水保險收到 40 萬美元的洪水理賠 [69]。在另一份報告中，NPR 訪問屋主比爾・潘寧頓（Bill Pennington）。他當初以 52.5 萬美元購買的房子，在哈維颶風侵襲前，就已經花費國家洪水保險計畫 87.8 萬美元。颶風過境後，這個數字增加到超過 100 萬美元 [70]。另一間位於休斯頓的房屋，目前價值僅為 7.24 萬美元，但過去已從國家洪水保險計畫獲得超過 100 萬美元的理賠 [71]。

國家洪水保險計畫並不允許以「風險太大」為由，拒絕為貝勒斯或潘寧頓這類屋主提供洪水保險。如果能夠提高保費來準確反映風險，不得拒保並不會成為問題。然而，保險費率是國會設定的。國會議員為討好不喜歡支付更高費率的選民，在連任的誘因和壓力面前，只好凍漲保費。自然資源保護委員會的資深政策分析師羅布・摩爾（Rob Moore）說：「沒有國會議員因提供廉價的洪水保險而落選 [72]。」

經濟誘因方案對當選政客的影響，還涉及另一個問題：拒絕向災難受害者提供援助。這無論在道德或政治上，都是令人反感的作為。在 1993 年大洪水之後，來自洪水肆虐地區的國會議員指責反對方對施捨受害者錙銖必較 [73]。民眾自動自發地在 1 小時的電視節目中，為抗洪救災籌集了 430 萬美元，強

烈表明希望幫助此類受災戶[74]。2011 年，在辯論是否應刪減
汽車補貼費用，以增加救災支出時，眾議院議長南希‧裴洛西
（Nancy Pelosi）說：「我們甚至不需要進行這樣的對話。事實
是，當自然災害來襲時，美國人民是需要幫助的。他們不必擔
心國會將對支付這筆費用進行辯論[75]。」2019 年，眾議員妮
迪雅‧委拉奎斯（Nydia M. Velazquez）將針對波多黎各的災難
援助，連結到美國的核心價值觀與道德，脅迫 34 名眾議院共
和黨議員支持該項民主黨的提案，並違背川普總統的意願，通
過 191 億美元的全國救助計畫。

　　面對洪水等災難時，政界人士和美國大眾都會向受災者
提供援助。生活在洪水好發區的人都知道這一點，而這種對援
助的期望，則會影響他們計算洪水財務風險。事實上在 1993
年，被強制要求購買洪水保險，以便取得聯邦擔保抵押貸款
資格的房產中，只有 20% 購買洪水保險[76]。每當發生嚴重
的洪災，聯邦緊急事務管理局（Federal Emergency Management
Agency, FEMA）仍然提供資金給沒有買洪水保險的人們，讓他
們重建房屋，只要他們在洪災後購買國家洪水保險計畫保單就
好[77]！有這樣的誘因存在，怎麼會有人願意在 2 次災難間支付
多年保費呢？

　　別以為國家洪水保險計畫主要是在服務窮人。美國審計
總署（General Accounting Office）稱國家洪水保險計畫為沿海開
發的「安全網」，但這些擁有沿海地區財產的人，其社經階
層往往高於繳稅補貼洪水保險的一般美國人[78]。能夠直接幫助

窮人的計畫，才會是有效減少經濟不平等的工具。

　　維吉尼亞小鎮的案例研究，能說明普通防洪措施的效率有多麼低。斯科茨維爾（Scottsville）是個位於詹姆斯河洪氾區的小鎮，曾在 1969 年、1972 年和 1985 年遭受嚴重的洪水侵襲[79]，隨著企業遷移、新移民又害怕在市中心置產或創業，市長亞瑟·柴克（Arthur Thacker）擔憂斯科茨維爾很快就會淪為一個「被徹底破壞、充滿沮喪居民的鬼城[80]」。若要獲得聯邦洪水保險的資格，人們必須在市中心重建前採取應有的預防措施[81]。然而，正如當地藥局老闆理查·薩格（Richard Sago）所說：「任何頭腦正常的人，都不會想在洪氾區蓋房子[82]」。

　　在完美的世界裡，這些意見足以顯示正是小鎮遷移到高地的時機，也許可以搬到北方的購物中心附近，有些企業已在此處落腳[83]。然而，在主導一項針對斯科茨維爾的研究後，建築系教授葛蘭·歐克隆（Garland Okerlund）提出截然不同的建議：

　　　在建造防洪牆之前，小鎮沒有辦法購買洪水保險。然而目前，聯邦政府似乎不太願意在只有大約 300 人的聚落上，花費 250 萬美元。但是如果該鎮重建成功，並且能吸引更多住房投資，就可以對聯邦資金和防洪牆的需求，提出更有說服力的論據[84]。

　　在此說明一下：針對洪水風險過高的地點，歐克隆提出的解決方案是引入更多房屋和企業，如此一來，洪水的潛在損害就會增加，聯邦政府也就願意投入大量資金。但事實證明，不用等到洪水淹沒平原上的建築，聯邦政府就已經撥款 400 萬美元來保護斯科茨維爾市中心[85]。

針對這個問題，經濟學家會給出什麼建議呢？其中一種解決方案是，提高分擔的費用，鼓勵州政府和地方政府採取措施預防洪災損害。根據美國國家建築科學研究所的數據，在防洪措施上每花費 1 美元，可以減少未來 5 美元的洪水損失[86]。由於聯邦政府的經常介入，並往往承擔 90% 到 100% 的救災費用，州政府和地方政府發現只要支出 0.5 美元，就可以減少 5 美元的洪災損失，比之前需要花費 1 美元便宜許多[87]。

如果聯邦政府降低洪水損失理賠的比例，州政府和地方政府將有更強烈的動機，在洪水氾濫前做好預防。2016 年聯邦緊急事務管理局提議在洪水保險中實施部分負擔，要求各州必須在聯邦援助介入之前，從自己的預算中支付這些理賠。這種機制同樣能增加州政府防洪的經濟誘因[88]。

另一項經濟學家廣泛支持的建議，則是優先遷移風險最高的房產。1993 年大洪水肆虐密蘇里州、愛荷華州和伊利諾州之後，聯邦政府斥資 1.21 億美元購買洪氾區房產、搬遷建築物，並對其他建築物進行防洪工程[89]。研究估計，後來洪災中因此舉減少了 6 億美元的損失[90]。在密蘇里州，1995 年與 1993 年的洪災區重疊度高達 85%。但由於搬遷和收購計畫，使 1995 年洪水造成的損失降低了 99%[91]。在密蘇里州查爾斯郡，1993 年的洪災損失是 2,600 萬美元，1995 年則降到 30 萬美元[92]。

政府出資購買的不動產不一定要放著荒廢，它們可以提供許多能和洪水共存的用途，例如規畫為河濱公園、濕地、生態保護區等，為當地社區帶來好處[93]。

被迫搬遷的業主，可能會因政府購買和補助搬遷計畫而心生敵意和怒氣，但其他人則會抓住這個機會，以避免未來的洪水繼續破壞社區。2012 年颶風桑迪襲擊後，住在紐約史泰登島邊緣約 500 名居民，提議要求政府買斷災區的不動產[94]。他們希望將這些遭到毀壞的房產恢復成濕地，作為洪水緩衝，讓史泰登島其他地區未來免受影響[95]。2017 年《華盛頓郵報》建議政府：若要為最高風險地區的屋主提供洪水保費折扣，前提是他們同意在未來發生洪災之後，接受土地買斷而不是房屋維修[96]。

繳稅就能改善塞車嗎？

現在是下午 6 點，你枯坐在自己的車裡。

每天有成千上萬名通勤者在同一時段下班回家，公路交通常常停滯不前。交通壅塞導致美國通勤者每年平均浪費 54 個小時[97]。光是 2017 年，這年的交通壅塞就浪費了 33 億加侖的燃料，並使美國經濟損失 1,660 億美元[98]。交通壅塞所排放的廢氣，也大大影響了公共衛生。2005 年，此類廢氣導致大約 3,000 人過早死亡，還有 240 億美元的公共衛生費用[99]。

儘管駕駛人也會考慮在尖峰時段開車對自己的影響——更長的通勤時間、走走停停的交通、更高的車禍風險——但他們並沒有完全考慮到：自己的決定也會影響到路上的所有駕駛。

舉個簡單的例子來說：假設下午 6 點在 A 路段有 999 名駕駛。如果第 1,000 號駕駛決定使用這條路，他的決定只會考慮到自己要多花費 30 分鐘。他沒有動機去考慮自己的選擇，會讓他之前的 999 名駕駛每人多花費 30 秒。所以，第 1,000 號駕駛在下午 6 點行駛 A 路段的成本，等於他自己必須花費的 30 分鐘，加上另外 999 名駕駛每人多花費的 30 秒，也就是總共大約 500 分鐘。

在私人市場中，定價策略可用來調節在一定時間內，使用特定商品或服務的消費者數量。然而，在美國大部分地區，最擁擠的道路並不是根據需求而定價的。政治人物和環保運動者喜歡提議增加大眾運輸，並視之為解決交通壅塞的黃金解方。但是道路使用費依然不合理的話，通勤者只會繼續選擇枯坐在車陣中。因為對他們來說，交通壅塞的私人成本遠低於社會的總成本。

以定價處理交通壅塞的問題，一開始往往非常不受歡迎。2019 年春季，63% 的華盛頓特區居民和 54% 的紐約市選民，反對在其城市實施尖峰時段的道路收費方案[100]。歐洲社會的輿論研究則表明，一旦能看見針對尖峰時間壅塞路段收費的好處，人們的態度就會改變。在倫敦，實施收費前只有 40% 的居民表示贊成；不到 1 年後，這個數字成長到近 60%[101]。在斯德哥爾摩，政策實施前只有 30% 的居民支持收費；政策實施後，其支持率上升至 52%[102]。

在倫敦、新加坡和斯德哥爾摩，這 3 座城市對壅塞路段的收費系統都很有名。駕駛人繳納的費用除了足以涵蓋實施該系統的原始成本，還為政府賺進數百萬美元的淨收入[103]。經濟學家會告訴你：除了收入足以支付額外擴建一條車道的費用，還需要道路定價系統，才能證明額外擴建的車道真正能造福社會。只要道路依舊不定價，駕駛人就會繼續做出效率低的交通決策。

進階思考

善用「私人利益的公共用途」，其好處絕不僅限於企業在營利上的應用。有力的理論和證據讓經濟學家相信：如果有價值的東西漲價，人們就會減少消費；如果價格下降，消費就會增加。因此，經濟學家花費很多時間，思考簡單的供需曲線在公共部門的應用。既然航空旅客、網球運動員和電力用戶都對經濟誘因做出反應，那麼在道路尖峰時段提高使用價格，也可以分散需求，避免投入昂貴的資本。對消費者而言，水的許多用途並不具有很高的價值，因此提高這類用途的價格，可能會對需求產生很大影響。然而，一項針對美國 9 大城市的用水預測研究卻發現，沒有一座城市曾考慮水價的變化會如何影響用水需求[104]。

政策制定者應該注意的是：不要只實施第一個想到的經濟誘因方案。因為這麼做，表示你可能會與義大利阿布魯齊鎮踏上同樣的命運。這座城市因毒蛇而困擾，市議會長老們決定獎勵居民殺死毒蛇。結果，毒蛇的量增加了——市民們開始在自家地下室養殖毒蛇[105]。

在嘲笑這個故事裡的粗俗無知前，不妨看看溫文儒雅的參議員亞伯拉罕·里比科夫（Abraham Ribicoff）對某項提案的看法。該項提案建議針對石油產品增稅，並大舉退稅以維持購買力。藉由透過提高其相對價格，誘導消費者和企業減少對石油產品的支出，節約石油用量，並將錢花在其他商品或生產要素上。這方案背後的概念是基礎經濟學第 1 章的內容。然而，里比科夫卻嘲笑此項提案，不認為提高稅收再把錢還給同樣的人，可以從中節省任何東西。首次提出此方案時，里比科夫還抱怨這一定是某位經濟學家「隨便夢到的」。經濟學家愛麗絲·利夫林（Alice Rivlin）表示，許多國會議員也對這項提案困惑不已[106]。

Government and Markets,
Efficiency and Equity

政府與市場，
效率與公平

PART. 2

CHAPTER 0**4.**

景氣蕭條，
政府該插手干預？

‖ **政府與經濟** ‖ Government and the Economy

　　當代的公共經濟學教科書，通常會從政府在經濟中的 3 項獨立職能（資源配置、所得分配、經濟穩定）開始討論。「資源配置」探討特定的政府稅收、支出和管制計畫，是否能改善經濟社會中的商品和服務；「所得分配」探討特定的政策，將使哪些人受益、哪些人受傷；「經濟穩定」探討政府的稅收、支出貨幣政策，對經濟總體就業、產出和價格的影響。

　　任何聚焦在其中一項職能的政策，都會影響到另外 2 項職能。例如環境政策旨在進行資源配置，好讓資源從製造產品轉向製造更清潔的空氣。然而，這樣的資源配置也會造成分配效應，因為一些企業股東和員工將從中得益，另一些則蒙受損失。同樣的，修建高速公路的決定將改變資源配置，卻也會帶給體力勞動者更多收入、減少失業率或增加通貨膨脹。

　　儘管政府的這 3 項獨立職能並非各自孤立，但經濟學家認為：不應讓特定的資源配置決策，過度受到另外 2 項職能決策的溢出效應 [1] 所影響。舉例來說，如果建造高速公路比其他公共或私人方案更能善用現有資源，那麼即使在嚴重的通貨膨脹下，仍應該建造高速公路；至於通貨膨脹，可以透過收緊貨幣政策、刪減其他支出或提高稅收加以應對。如果建造高速公路不是一項合理配置的計畫，不管它對失業率有何正面影響，也都不應該興建；至於就業目標，可以擴大其他政府計畫或透過減稅來實現，而不是浪費資源在優先等級較低的高速公路上。

　　穩定政策是總體經濟學的核心，此處不會討論。第 5 章將介紹所得分配，本章、第 6 章將聚焦於個體經濟學的核心：資源配置，以及經濟學家最常作為資源配置標準的經濟效率（economic efficiency）。

消費者主權 [2]、福利經濟學和功利主義

　　大多數經濟學家在面對資源配置問題時，都會從福利經濟學中尋找政府施政的指導原則。這裡的「福利」一詞，並非指特別針對窮人的公共福利計畫，而是更普遍的整體「社會福祉」。福利經濟學是古典功利主義 [3] 的產物，關注的是政策後果，而非政策訂定的過程或政治制度。

福利經濟學奠基於 2 個基本的規範性假設：首先，社會福利僅取決於個人的主觀滿足感；其次，讓個人的偏好決定社會資源的配置，才能最有效率地實現滿足感。福利經濟學不容許任何企圖限制或引導人類欲望的政策標準，因其基本出發點是個人，而每個人都有令人眼花撩亂的偏好。所以，福利就是擁有自己喜歡的東西。

　　現代個體經濟學最獨特之處，就在於這種激進的個人主義思維，不會只能用於探討狹隘的經濟目標或人類的物質需求。亞當・斯密的《國富論》（*An Inquiry into the Nature and Causes of the Wealth of Nations*）探索了國家富強的本質和原因，現代總體經濟學家更繼續進行這項工作。但是，福利經濟學家顧名思義就是關注福利，而不僅限於財富。他們關心的不是商品和服務的數量，而是它們（和其他事物）帶來的主觀滿足感。當然，經濟學家也注意到許多人似乎強烈偏好大量財富。本書第 7 章將進一步討論，有許多經濟學家確實過分強調金錢是人類的行為動機和幸福的源泉，但福利經濟學家基本上關注所有個人認為有價值的事物、願意為了交換而放棄的事物。實現人們對環境、審美、教育或慈善的渴望，與購買新車一樣都具有經濟效益。

　　福利經濟學並未聲稱能夠比較人與人之間的滿足感強度或福利水準。因此，它放棄使用基於享樂主義，又能明確計算「社會最優解」的計算方式。在福利經濟學中，個人偏好最重要。但正如下一章所述，福利經濟學無法告訴經濟學家，誰的偏好最重要[4]。

實現經濟效率，也不是所有人都受益

如果社會接受以主觀滿足感和消費者主權作為標準，經濟學家就會說：這個社會有興趣實現經濟效率。

「效率」一詞讓人聯想到製造業或工程師能投入更少、保持最低成本，卻獲得相同產出。就像「經濟」這個詞，「效率」的實際內容比一般人知道的還要廣，因此往往令人疑惑。效率也像「經濟」一樣，基本上包括任何人關心的一切。當營養學家讓・邁耶（Jean Mayer）提及穀物比肉類更能有效產生卡路里時，經濟學家提出反對的看法。因為邁耶忽略了經濟效率的主觀標準——比起 1 大卡的穀物，大多數消費者更重視 1 大卡的肉類[5]。

對經濟效率的理解，始於柏瑞圖最適配置（Pareto optimality）的概念。這是一種資源配置情況，在此狀態下，我們無法藉由重新配置資源來改善某人的福利，又不損害他人的福利；柏瑞圖增益（Pareto improvement）則是指一個或多個社會成員，想藉由改變資源配置來改善其狀態，而且沒有人會反對。這是一個極其嚴格的標準，幾乎從未達成過。顯然實務上很難找到這樣的改善機會。只要有一個人反對改變現狀，柏瑞圖增益就無法明確指導公共政策。現在的配置情況可能就是柏瑞圖最適，但還有近乎無限且無法比較的柏瑞圖最適配置。因此，這個概念在政策上幾乎沒有實際用途[6]。

具有經濟效率的資源配置情況，永遠都是柏瑞圖最適配置。但是如果最初的資源配置不具經濟效率，改善前就不會嚴格要求不能有人因此蒙受損失。**要改善經濟效率，只要提出的改變能以理論上可行的方式使用資源（譬如在獲得資源和失去資源的人之間，進行無成本的所得轉移），讓一些人變得更好，但不會使某些人變得更糟即可。**假設有種資源配置的改變，會讓多數人從中獲益，少數人遭受損失，只要這時的贏家獲得足夠收益，以金錢或商品充分補償輸家後，自己仍然有所改善，這種資源配置的改變就符合一些經濟學家所定義的「潛在柏瑞圖增益」。因為它可以提高經濟效率，即使贏家並未真的將收益轉移給輸家[7]。

於是，正如第 5 章將會提到的，提高經濟效率的這項改變可能無法達到公平，但這並非沒用的概念。政治人物都明白，變革從來就無法讓所有人都受益，但藉由這個概念也能瞭解：在資源配置改變後的贏家，能獲得足夠的收益去完全補償輸家，同時自己也得到生活改善。如果政治人物能想到辦法讓潛在的補償成為現實，就能全方位創造更好的局面。

大家都想要鉛筆，鉛筆就漲價？

經濟學家認為，在多數情況下，自由市場比其他替代性的制度安排更可能實現經濟效率。正如肯尼斯·阿羅和法蘭克‧哈恩（Frank Hahn）指出，對於沒有受過經濟學教育的人來說，由個人貪婪所驅動並受到大量代理人控制的經濟，只會讓人感到混亂[8]。但事實上，具有彈性價格的自由市場，以非凡的方式協調數百萬人在不同國家的活動。

以 1 支簡單的木製鉛筆為例。要生產這支鉛筆，人們必須砍伐樹木。光是這項工作就需要鋸子、卡車和繩索，而製造這些工具又需要開採鐵礦、煉製鋼鐵並將其打造成鋸子、斧頭和馬達；需要種植亞麻，再經過一系列的製程，將它變成沉重且堅韌的繩索；也需要在伐木營地提供床鋪和食物；更不用說伐木者喝的每一杯咖啡，背後都有成千上萬的人參與其中[9]。接著，還有木工廠必須將原木變成木條；也需要將來自斯里蘭卡的石墨製成鉛筆芯；更需要把鋅和銅煉製成黃銅，用來固定長得像橡膠的橡皮擦；而橡皮擦則是由印尼的菜籽油與二氯氧硫製成。

單獨行動的人，不可能有時間和知識在 1 年內做出與今天品質相等的鉛筆，甚至也許花上一輩子都做不到。然而，人們卻可以只花幾美分就買到 1 支鉛筆。

經濟學家解釋背後的原因：**市場透過資訊傳遞，實現了有效率的生產分工。**消費者想要購買更多鉛筆時，中央機構並不會告訴所有相關人員，但零售商會向批發商增加訂單，批發商又向製造商多訂購。製造商於是訂購更多木材、黃銅和石墨。正如經濟學家米爾頓和蘿絲‧傅利曼（Milton and Rose Friedman）所言：「能有效傳遞資訊的主要關鍵在於，必須確保每個使用此資訊的人都能收到，而不會堵塞在與此資訊無關者的收件匣裡。價格體系（也就是自由市場）能自動解決這個問題[10]。」於是，鉛筆製造商不必擔心自己究竟應該僱用更多伐木工？還是使用更強大、更昂貴的電鋸，去砍伐和加工新增訂單中所需的額外樹木？同樣的，即使知道菜籽油暫時短缺，木材生產商也不必決定究竟應該漲價但保持橡皮擦尺寸不變，還是凍漲但縮小橡皮擦尺寸。事實上，木材生產商可能根本不知道或不在乎，木材需求的增加與鉛筆產量之間有什麼關係[11]。

在自由市場中，彈性的價格不僅提供正確的資訊，還給予人們行動的誘因。經濟學家發現，對財富的渴望是相當普遍的目標，這能確保財務誘因發生變化時，資源會隨之轉移。

當消費者需要更多鉛筆，鉛筆的價格就會上漲，以因應有限的供應。高昂的價格讓最不熱衷（或較窮）的購買者退出市場，或讓購買者減少使用鉛筆；較高的價格也讓零售商想儘快增加鉛筆的供應量，以便從增加的需求和提高的價格中獲利。他們向批發商施壓，批發商向製造商施壓，製造商則向木材生產商施壓。如有必要，每個人都願意支付更多費用。看到鉛筆價格上漲，他們承擔更高的費用，也獲得更多的利潤。接著，木材公司開始支付員工加班費以增加產量，或減少對其他客戶的供貨（因為他們不熱衷其產品，不願支付漲價後的價格）。當消費者特別渴望產品，因而加速價格攀升，企業也希望可以滿足他們的需求，更快做出反應。

發展良好的企業通常並不拙於回應消費者的需求。在價格和品質上，製造產品時浪費稀有資源的企業，很難與生產效率良好的企業競爭；經營規模不具效率的企業，會面臨較適規模企業的壓力；誤判消費者更喜歡高價鉛筆或更小橡皮擦的企業，會在業務上輸給競爭對手。

　　消費者出價競標各種商品和服務，而企業代表消費者出價競標提供這些商品和服務所需的資源。鑑於資源的稀有性，沒有消費者能以低價得到自己想要的一切。但在市場上，資源會流向消費者投下最多錢的商品和服務。

　　如果消費者喜歡更多鉛筆、不想要牙籤，那麼鉛筆製造商便可以根據市場需求抬高鉛筆的價格。如此一來，鉛筆製造商能在必要時為木材支付更高的價格，但依然獲得正常利潤（或者暫時獲得比一般還高的利潤）。鉛筆製造商的規模將因而擴張，然後隨之增加的供給會消除大部分的價格漲幅（也可能全部抵銷）。牙籤製造商會重新簽訂合約，因為已經無法以過去的利潤，來支付使用稀有木材造成價格上漲的新機會成本。因此，為了製造產品，商品的成本會反映其他生產者的競爭性報價。

　　消費者透過自己的需求，決定哪些生產者可以提供商品與服務。當消費者將收入分配到不同的支出項目後，市場會在資源稀有性容許的範圍下，滿足消費者的各種需求。

當市場機制不能發揮，資源配置缺乏效率……

如果你喜歡消費者主權的概念，應該也會對實現經濟效率感興趣；如果你關心經濟效率，應該也會喜歡自由市場。幾乎所有經濟學家都認為這些命題基本上很有說服力，但是後者卻應該加以檢驗。**政府除了要承擔經濟穩定和所得分配的功能，還要糾正市場的缺陷，因為那會使得資源配置無法符合消費者的價值衡量。**市場缺陷包括市場力量的過度集中（獨占壟斷和強大的工會）、外部性和公共財。

政府對公共財的干預力道甚大。「公共財」這詞具有誤導性，因為它並不是指政府提供的一切，甚至不是政府應該提供的一切。「集體消費品（collective consumption good）」一詞，或許更能精準反映經濟學家希望探討的現象。

公共財或集體消費品的特徵在於其「非敵對性」，也就是許多人可以同時消費同一項商品，因而無法將消費這類商品的利益限制在特定個人身上。原因是這樣做的成本過於高昂，或者根本不可能做到。一客牛排，只有吃的人才會得到好處，他的鄰居無法從中受益；但個人修建堤壩以預防洪水，得到的好處也不會比他的鄰居多，因此，大家都會等待某位鄰居去建造堤壩，或在鄰居提議集資興建時假裝興趣缺缺。經濟學家稱這些人為「搭便車者（free rider）」。

於是，幾乎所有人從公共財享受的利益，都超過其承擔的部分成本。如果能讓其他人一起支付所有成本，那麼每人享受到的利益就會更多！因此，除非政府介入，並以強制徵稅的方式確保所有人都能公平支付其享受的份額，否則就有可能無法建成公共財。在類似國防和汙染減量的案例中，若沒有政府參與，人們自願達成協議的機會幾乎為零。也因為如此，類公共財的廣泛收益，遠遠超出承擔成本的社區所享受的利益[12]。

如果要獲得公共財提供的經濟效率，消費者必須集體願意支付超過其份額的機會成本（即消費者願意放棄從其他替代品中獲得的收益）。探討公眾支付公共財的意願，是經濟學成本效益分析的目標之一，本書第 6 章將簡單討論。

外部性或溢出效應是常見的市場失靈範例，也常用以論證政府干預的正當性。外部性是個人或企業經濟活動產生的附加效果，不會透過價格體系傳遞，卻會對第三方造成影響。

外部性既可能對他人產生正面影響（如教育），也可能產生負面影響（如汙染）。讓孩子受教育對孩子本人和父母都有利；如果孩子成為更瞭解社會的選民和更可靠的納稅人，其他人也會從中受益。然而，市場只能獲取父母或孩子願意為其教育支付的金錢，無法向眾多的外部受益者收費。因此，如果沒有政府補貼，市場機制下提供的教育機會，會少於整個社區想要並願意支付的費用。

負面外部性代表他人行動所造成的成本。例如汙染會傷害整個社區，但要是機會成本沒有出現在企業的損益表上，汙染就會遭到忽略，從而使此社區的整體汙染量超過預期。如同前幾章所討論的，對汙水徵稅可以使外部成本內部化，讓汙染程度更低、更令人接受。

外部性無處不在。流感疫苗、剛粉刷的房屋和剛種植的鮮花，除了直接參與的人受益，也同時讓許多人受益；蔓生的雜草、開得太大聲的收音機、想贏過或嫉妒鄰居而買的豪華跑車，都會為他人帶來附加成本。汽車喇叭、花俏的領帶和迷你裙，會為一些人帶來外部利益，也同時為另一些人帶來外部成本。外部性是非常有用的概念，但也可能帶來麻煩。這將在第 6 章進一步探討。這裡應該注意的是：外部性可以用來合理化政府在經濟中無所不在的干預。然而，大多數經濟學家卻認為，外部性不應該被拿來為無所不在的政府干預背書。政府失靈（government failure）的概念，有助於我們理解經濟學家的意見。

當政府決策欠缺能提高經濟效率的強大機制⋯⋯

60 年前有位經濟學家寫過關於市場失靈（market failure）的文章，卻少有人撰文討論政府失靈的問題，但今天的經濟學家已將兩者都考慮進去。

想像一個所有公民都參與、完全民主的新英格蘭地區城鎮會議。經濟學家表示，這樣的會議無論是否有其他優點，先天就無法以經濟效率配置資源。當公民以二比一投票反對在當地增設公立學校時，並不表示反方的損失（付出的總稅收）比支持方的收益（此處需計算淨收益）還要大，也不表示社區還沒有產生足夠的意願去支付增設學校所需的費用。

城鎮議會提出的問題是：「是否應將稅額提高 5%，以支付設立新學校的額外費用？」也許有少數人願意多付 15%，或者更實際的狀況可能是還有人願意多付 30% 或 10%，甚至部分反對者也願意多付 2% 來興建一間新學校。小鎮中可能有夠多人願意放棄購買其他商品來支付新學校需要的額外費用，然而當地報紙卻聲稱：人們已經表達意見，果斷地拒絕該項提案。

這裡的問題是，衡量大眾的偏好時，投票並非可微調的工具。它忽略了個人偏好的強度，可能導致政府過多或過少的開支。一項提案的投票結果是二比一贊成，但可能大多數人其實只是稍微支持，少數人卻是仔細考慮後認為這提案毫無用處，甚至不正當（如性教育）。

城鎮會議還可能會遇到第二個問題：選民傾向「理性地忽視」自己選擇造成的後果。大多數經濟學家認為：若與市場決策相比，選民有充分的理由對政治決策知之甚少。

由於獲取資訊需要時間成本，針對大部分的私人消費決定，消費者也未必會花力氣蒐集所有可能的資訊。但如果要決定是否購買新車或修理舊車時，就有強烈的動機去充分瞭解各種替代方案（因為這決定大大影響了他的潛在收益或損失）。然而，是否要汰換所有舊校車這樣的公眾決定，對個人的重要性就下降了，因為不論決定正確與否，其成本或收益都是由所有公民分攤。由於公眾決定與個人的利益相關較少，不覺得政治有趣又不具有特別公眾精神的人，就不會那麼瞭解情況。這種趨勢還會被進一步放大，因為個人即使花時間獲得好資訊，依然無法保證能從正確的校車決策中獲益。一個人決定買輛新車時，可以保證自己最終一定會買到車；但花時間決定是否該買輛校車時，並不能確保一定買得成，因為其他人可能對他的提案不感興趣。

暫且不考慮城鎮會議的經濟效率問題，現實的公眾議題是由代議制的政治機構和政府官僚機構所決定，而他們的經濟效率問題可能更大。經濟學的「公共選擇 [13]」學派研究了這個場景。他們假設人們在政治組織中，就像在自由市場一樣，也受到狹隘的自私動機驅使。其學者預測，政府官僚機構對經濟效率或滿足公民偏好幾乎沒有興趣。對聯邦政府官員而言，為手上的案子爭取到更多資金，並不會影響個人扣繳憑單上的數字，卻可以從其他方面為自己獲益。如果手握大筆預算或龐大團隊，那麼他的薪水、權力、聲譽和因工作而享有的特權（免費停車、便宜午餐等）都可能更高。既然如此，還有什麼動機去提高官僚體系的效率呢？

如果有人認為，選出民意代表正是為了確保官僚不會過於怠惰與浪費，那麼公共選擇學派的經濟學家就會指出：許多政府部門都處於壟斷地位，使得民意代表在審核公共預算時，難以得知是否還可以更精簡些。更重要的是，民意代表甚至沒有獲取更多資訊的動機。政治人物知道自己可以藉由批評政府的效率來獲得選票，也知道很少有選民能知道他們批評之外的行動。候選人若能與自己選區的在地團體保持良好關係，就容易獲得更多選票和競選捐款，因此，他們不會花時間在華盛頓特區仔細研究各機構的預算。政治人物喜愛支持那些看得見、有立即需要、收益集中且成本隱藏不顯的計畫；他們會迴避那些收益分散、長期執行且成本集中又明顯的計畫。

在現實世界，「理性選民的無知」比城鎮會議的例子還嚴重許多，導致經濟效率低下的計畫成為政治人物競選連任的最佳選擇。一般選民不會有興趣研究政策提案可能對自己造成的影響，所以選舉時候選人要是對多數議題有不同意見，選民也不會因某項提案出現新資訊而改變自己的選擇。他們認為，自己的一張選票和拉票行為肯定不會對選舉產生決定性的影響，自己選出的民意代表也不會在立法機關的投票中具有決定性作用。

《理性選民的神話》（*The Myth of the Rational Voter*）一書廣受讚譽，作者布萊恩·卡普蘭（Bryan Caplan）對選民的象徵性投票提出一些證據。由於選民相信自己投下的單張選票決定不了結果，因而傾向投票支持那些「讓他們感覺良好」的政策。

人們會支持「拯救失業」計畫，因為那讓他們覺得自己具有同情心；人們會支持不計成本的環境政策，那讓他們感覺自己具有道德情操。卡普蘭表示：「腦中若只思考正確答案，會讓人覺得麻木不仁、不愛國；口中若說出正確答案，會讓人覺得自己像隻人人喊打的過街老鼠。理解經濟學的內在動機，可說就像理解該出門倒垃圾的內在動機一樣，沒什麼太大的意義 [14]。」

公共選擇學派只是經濟學的一個分支。他們將人類行為動機假設為「狹隘自利」，第 7 章將談到這樣的看法過於簡單，無法解釋許多政府行為。這些學者們自己也承認，很難解釋為什麼人們會去投票、為什麼某些計畫比其他計畫成長得更快。不過，公共選擇經濟學家的研究產生許多有用的見解，並且影響了經濟學家的角色。大多數主流經濟學家普遍認同公共選擇學派的核心信念：**政府決策程序中，欠缺像市場那樣能提高經濟效率的強大機制。**這信念已獲得許多實證研究的證實。

政府與私人企業的效率差很多嗎？

許多非常有趣的研究比較了政府與私人機構的相對效率。公共選擇理論預測私人機構的效率更高，因為其經理人從有效率的行為中獲得回報的能力更強，面對的市場競爭壓力也更大。

有項研究針對都市居家垃圾處理的效率，進行系統化的比較。結果發現：超過 5 萬人的美國城市若僱用私人企業來清運垃圾，平均費用會比市政機構執行相同服務便宜大約 30%。造成差異的原因包括，市政府員工的缺勤率較高（12%，相對於私人企業的 6.5%）、市政府清潔隊的規模較大（3.26 名清潔工，相對於私人企業的 2.15 名），以及市政府清潔隊為每個家庭提供服務所需的時間較長（每年 4.35 小時，相對於私人企業的 2.37 小時[15]。）

1975 年，美國審計總署進行了一項研究，對比聯邦機構與私營企業的效率，發現政府處理每項醫療理賠案的成本，幾乎是私營保險公司的 2 倍，且政府支付理賠的速度也比較慢。

該研究對政府營運成本較高的解釋是：聯邦雇員的薪資較高，而且政府單位的生產力比較低。

舉例來說，聯邦會計師和審計師的平均薪資加上附加福利後，總計是 2.16 萬美元，但芝加哥藍十字醫療保險公司（Blue Cross of Chicago）為 1.8 萬美元、馬里蘭藍十字（Blue Cross of Maryland）為 1.73 萬美元、旅行者醫療保險公司（Travelers）為 1.38 萬美元、奧馬哈互惠人壽公司（Mutual of Omaha）為 1.37 萬美元。

類似的薪資差異也存在於保險理賠審查員和護士身上。儘管薪資更高，聯邦雇員平均每年只處理 2,500 份理賠申請，相比之下，旅行者醫療保險的員工每年案件量為 3,900 份、奧馬哈互惠人壽為 4,200 份、馬里蘭藍十字為 5,700 份，而芝加哥藍十字則為 6,600 份[16]。

其他聯邦政府的調查也顯示，各種服務（餐廳員工、機械維護人員、保全人員等）在外包給私營企業後，平均可節省30%的費用[17]。除了垃圾清運，地方政府將其他服務（如消防、收水電費、稅收評估和城市運輸）外包，也可以節省成本[18]。

開放競標公部門的職務，能有效提升效率？

1980 年之後，公共財私有化的趨勢有所增加。1982 年和 1992 年間，在可取得數據的 596 座城市中，公共業務的承包案增加了 121%。即便如此，這些城市外包公共市政服務的比例也僅有 27%。魯迪‧朱利安尼（Rudy Giuliani）擔任市長期間的紐約市、史蒂芬‧戈德史密斯（Stephen Goldsmith）當市長時的印第安納波利斯市，都是將市政服務外包的先鋒 [19]。

從政治角度考量，由於城市工會是民主黨非常重要的選票來源，因此民主黨比共和黨更難進行公共服務私有化。即便如此，艾德‧倫德爾（Ed Rendell）擔任費城市長時，依然推動大量的公營事業私有化 [20]。我的家鄉夏洛蒂鎮雖然由民主黨執政，也在 1999 年開始將垃圾清運服務外包，每年節省了 8 萬美元 [21]。在私有化的運作中，保持承包商之間的競爭是非常重要的。**政府包案若只進行一次競爭性標案，而讓某家特定私人企業往後數年長期壟斷，對經濟效率就不可能會有所幫助。**

市政當局往往會試圖藉由訂定數字指標去提高市政服務的效率，但有些指標反而使施政成果變得更糟。舉例來說，維吉尼亞州費爾法克斯的官員認為，過去提供的公務車標準過於寬鬆，於是頒布新的標準，要求每年駕駛里程數小於 4,500 英里者必須繳回公務車。在一名消防部門中隊長的仔細紀錄中，可以發現接近年底時，曾安排住家離消防總部較遠的隊員與住在附近的隊員換車，以便讓 2 輛車的里程表都能超過 4,500 英

里 [22]。紐約市早期曾經實施某項效率提升方案，規定公路部門的績效獎金必須與工人鋪設的瀝青噸數相關。這項措施讓政府支出的瀝青噸數在 1 年內急遽上升，因為工人們鋪設的瀝青都厚於施工標準，有些工人甚至直接將瀝青傾倒在空地上 [23]。

1980 年之後，聯邦政府的私有化措施也有所增加。在柯林頓（William Clinton）政府期間，國防部長威廉·科恩（William S. Cohen）發起一項重大改革，將部門中的清潔服務、薪資核算、人事服務和財產管理工作開放競標。與許多曾進行公共服務私有化的城市一樣，政府的公營事業單位也可以與私營企業一起競標。這些公營事業在降低成本之後，成功贏得數個標案 [24]。在小布希總統任期內，共開放競標 2 萬到 4 萬個公部門職位，或直接轉手私人企業營運 [25]。

公共服務私有化運動也曾在國際上掀起過重要浪潮。我在政治學系的同事赫爾曼·施瓦茨（Herman Schwartz），有篇文章出色地解釋為什麼在 1980 年代，瑞典、丹麥、澳大利亞和紐西蘭都採取重大改革，以削弱「反應遲鈍的官僚公共服務提供者」的權力，成功使國家機構和地方政府接受市場法則 [26]。

為什麼政府要花大錢改善沒人坐的列車？

經濟學家對許多政府機構的多數活動都抱持反對意見。舉例來說，美國國家鐵路客運公司（Amtrak，簡稱美鐵）擁有

44 條路線，其中 41 條路線營運虧損 [27]。這有一部分是國會的錯，因為國會要求美鐵花錢改善使用率較少的長途路線。經濟學家戴爾德麗・麥克洛斯基（Deirdre McCloskey）和亞特・卡登（Art Cardin）指出，美鐵的紅雀號列車（Cardinal Amtrak）從紐約經過華盛頓特區到芝加哥，一共停靠 31 個車站，其中超過四分之一的車站位於西維吉尼亞州。他們想知道這與來自該州、美國史上任職最久（共 51 年）的前參議員羅伯特・伯德（Robert Byrd）有什麼關係 [28]？

花費數十億美元替使用率不高的路線購買新列車、改善基礎設施，並無法給予納稅人相應的公共利益。這種浪費性支出，反而排擠了改善交通繁忙路線所需的資金，更無法支應在恐怖主義發生後，繁忙路線所需的高昂安檢費用 [29]。

在西部各州，美國墾務局（Bureau of Reclamation）實施的水資源專案成本遠高於收益。農民是這類專案的最大受益者，可以從中獲得遠低於市場價格的水（通常是市場價格的10%）。然而，人為造成的低價等於變相鼓勵過度用水，結果導致西部的水資源短缺和水源加速枯竭。國會與行政單位對此結果也有責任。「每位參議員都希望能為自己的州爭取到專案補助，每位眾議員也同樣希望能替自己的選區爭取，但他們都不在乎這些專案在經濟學上是否合理 [30]。」

服過兵役的人都知道，在財政年度接近尾聲時，軍隊花起錢來有多麼浪費。這是因為如果該年度沒有將預算用完，立法單位就會認為可以刪減此機構明年度的預算。相對的，若能花完，隔年就可以請求編列相同的預算金額，有時甚至可以要到更多。在 1978 財政年度即將結束時，美國住房和城市發展部（Department of Housing and Urban Development）訂購了一批價值 6.5 萬美元的家具，之後再每月花費 800 美元「儲存」這些多餘的桌椅 [31]。《華盛頓郵報》隔年報導了一則二手家具經銷商的故事，許多免費貨源是揀挑來自聯邦機構丟棄在垃圾掩埋場中的物品 [32]。然而，這些問題都沒有簡單的解決方案。

公家單位有多麼浪費公帑？

某些公家機構花用政府資金的方式更是令人難以置信，甚至想到就令人難過。20 多年來，國防、農業、司法、勞工和商務等部門，一直重複支付費用給專業地毯服務公司：這些政府部門寄出的第一份帳單，往往拖延幾個月都沒有付清，該公司於是寄送第二份帳單提醒，沒想到這兩份帳單政府部門都支付。公司負責人很誠實地退回重複款項，但有次終於憤怒地把 21 張重複支付的支票寄給美國行政管理和預算局（Office of Management and Budget）局長，並且聯絡媒體。其實她很擔心誠實披露重複付款一事，會傷害到自己的公司。她表示自己並沒有因為誠實而獲得感謝，反而有許多部門收到她寄回的支票時，反應很奇怪。「就好像他們不希望我點出真相……我覺得他們可能不會再讓我們服務了 [33]。」

再看看聯邦能源管理委員會（Federal Energy Regulatory

Commission, FERC）怎麼浪費公帑。委員會需要印刷聽證會紀錄，並定期開放廠商投標。在資訊量龐大的聽證會紀錄中，有很多利益相關方（能源公司、公用事業公司、管道公司、工業客戶、環保主義者、州政府和無數律師）想取得的內容，印刷公司於是向他們出售聽證會紀錄，狠狠賺上一筆。也因此，該投標案的價格一年比一年低。甚至有一年，某家印刷公司表示可以免費印刷聽證會紀錄。接著，其他競標企業也跟進，還有一間名為艾斯聯邦書記社（Ace-Federal Reporters, Inc.）的印刷公司，願意在 5 年內支付委員會 125 萬美元，只為了獲得印刷所有委員會文件的特權。

委員會採購主管表示不會接受這種逆向操作。他指出這筆錢對委員會「不構成任何誘因」，因為依照聯邦法律，這筆收入必須納入美國財政部，委員會無法留下這些錢。委員會發言人更進一步解釋，管理這筆錢其實也很麻煩。於是，他們在新發出的招標文件中，闡明不允許進行所謂的「紅利投標（bonus bids）」。艾斯聯邦書記社於是一狀告上法庭，最終法官居然要求委員會接受資金 [34]。

有些事情甚至比這 2 個例子還要令人難以置信：國會代表和參議員在被判重罪後，仍得以逃避支付罰款。舉例來說，賓州民主黨眾議員邁克・麥爾斯（Michael J. Myers）因賄賂和陰謀罪入獄。出獄後，他仍然欠繳 2 萬美元的罰金，卻沒有任何單位追討這筆罰金。「每個人都指著別人……聯邦法官表示該由法院收取罰款，法院則說這是美國檢察官的工作；律師聲稱監獄局必須更努力，監獄局卻將矛頭指向美國假釋委員會[35]。」一般來說，罪犯的地址是收繳罰金的關鍵資訊，但在麥爾斯的案子裡，法庭書記員甚至沒有在判決文件上填寫他的地址。一位對此案緊追不捨的律師凱瑟琳・哈格蒂（Kathleen Haggerty）發現，麥爾斯早已回到原本居住的社區，即使他定期向當地法院的假釋官報到，透過聯邦政府的資源卻無法找到他[36]。

這些案例無疑都是政府效率異常低下的鐵證。第 1 章也曾討論過未被充分利用的城市輕軌系統，但這些都只是比較普通的效率問題。

如果本書的討論可以無限延長，我甚至可以舉出更多政府單位效率不彰的案例。譬如美國審計總署曾發現，美國國防部曾長達 6 年從未要求航空公司退回其未使用的機票款項，而這些機票總金額高達 1 億美元。國防部有些員工使用公款購票，更改行程時卻申請私人補償，五角大廈也照價付款。這團亂帳相當複雜[37]。

還有美國國稅局，經常放棄催繳數十億美元的稅金。財政部某位副部長曾聲稱，其實許多逃稅者只要接到一通電話，就會把錢吐出來。他因此提倡利用私人催繳服務來提升催繳系統的效率[38]。

如果媒體也對私人企業進行同樣的調查，會不會發現一樣多的資源浪費？我覺得應該不會。民營企業經理人若是發現部門內有資源浪費的現象，通常能得到獎金或是升職的機會。

因為企業整體資源的利用效率要是不好，就無法跟上競爭對手的步伐，很可能被能力更好的投資人接管。

產業振興政策會淪為政治手段嗎？

「產業政策」一詞並沒有明確的定義，多半是指政府實質涉入的某些措施，能將資本投資引導至某些企業或廠商，並遠離其他企業或廠商[39]。基本上，經濟學家是反對這些措施的。

產業政策的倡導者經常視自己為資本主義制度的支持者。他們認為政府沒有理由不協助企業振興蕭條地區，並發展具未來導向的工業；他們主張政府應該將新的資本投資，引導到最能實現上述 2 項目標的企業、產業和城市。在近期所有民主黨總統競選活動，和當選後的民主黨政府政策中，此類型的政策尤為突出。然而，主流經濟學家一致反對這類產業政策。著名的民主黨經濟學家，亦曾尖銳批評著名民主黨政治人物的產業政策。本書將簡單討論政府的失敗產業政策，並解釋經濟學家的反對理由。

卡特總統成立了合成燃料公司（Synthetic Fuels Corporation, SFC），並稱其為美國能源政策的「基石」。1980 年，國會授權撥 170 億美元給 SFC，讓其扮演投資銀行的角色，資助企業將美國豐富的煤炭和頁岩轉化為石油和天然氣。卡特預測它將會是美國和平時期最雄心勃勃的工業動員計畫，因為其投資總和比州際公路系統、馬歇爾計畫[40]或太空計畫都還要高[41]。然而，截至 1985 年 7 月，SFC 只對 3 個專案投注 12 億美元，但這些專案的產量總和不到國會設定 1987 年產能目標的 2%。SFC 在 1986 年關門大吉之前，共花費 20 億美元[42]。在過去 30 年裡，空氣汙染和全球暖化的隱患急速上升，合成燃料的高環境成本絕對不容忽視。

柯林頓總統對於產業政策亦充滿想法。《華盛頓郵報》的一名記者指出，柯林頓在 1992 年的競選活動中，提到要持續利用政府補助來「組織」美國經濟；在一次費城的演講中，他說當選後，每年將花費 500 億美元「投資」新的環境系統、新的交通系統、新的通訊系統[43]。他在任期的第一年提出一項政府與汽車產業的聯合專案，期望在 10 到 15 年內生產出汙染更少、成本更低且每加侖燃料可行駛 70 英里的新車。柯林頓表示，那將會是「一項前所未有、雄心勃勃的技術冒險[44]」。

以上內容和以下討論都表明，**經濟學家並不認為應該讓政府「組織」我們的經濟。他們認為，市場自己就能組織得非常好。**柯林頓執政已經是 30 年前的事，但從那時以來，產業界不斷推出每加侖能行駛 70 英里且汙染量更低的高價汽車，迄今卻依然沒有什麼市場。許多經濟學家並不贊同聯邦政府向購買特斯拉的人（幾乎全是有錢人）提供 7,500 元免稅額的政策，然而大多數州政府甚至強迫特斯拉必須透過經銷商交易，即便特斯拉希望能以較低的價格把車直接賣給消費者[45]。

歐巴馬總統非常重視清潔能源的產業政策。目前尚未看到針對他這些政策所進行的成本和收益系統評估。然而，其中某些失敗的政策卻是廣為人知。譬如已被深度剖析的太陽能公司 Solyndra。

該公司於 2009 年獲得一筆 5.36 億美元的擔保貸款，卻於 2011 年宣告破產。其失敗的部分原因是運氣不佳，例如大多數競爭者所需的關鍵原物料「多晶矽」價格驟然下降 89%。但是該公司耗資 7.33 億美元興建的新工廠，也確實浪費許多資源（例如會吹口哨的機器人及水療淋浴間[46]）。美國能源部的監察員認為，Solyndra 銷售契約內容的解說有所誤導[47]。再者，該公司成立之初，就遭指控為裙帶資本主義[48]。負責替歐巴馬募款的重要人物喬治‧凱澤（George Kaiser）就持有 Solyndra 的重要股份，而且在申請公司貸款期間，2 名高階主管更造訪白宮 20 次，答辯時卻援引防止政府濫用權力的第五修正案，而不是回答眾議院能源和商業委員會提出的質疑[49]。

同時也是億萬富翁的企業家彼得‧提爾（Peter Thiel）指出，光是在 2012 年裡就有 40 家太陽能公司倒閉。他認為一間成功的科技公司，其專有技術必須比最接近它的替代品好上一整個量級。然而，Solyndra 的新型圓柱太陽能電池的效率，卻低於原本的扁平太陽能電池[50]。提爾表示：

> 綠色能源並不是所有潔淨技術企業一視同仁的巨大商機。……偉大公司必有其祕密，其他人往往看不到他們成功的具體原因。……嘗試做些不同的事

情，才能真正對社會有所助益。⋯⋯最好的提案很
可能被忽視，而非受眾人吹捧；最應該解決的問
題，往往是其他人沒想到要嘗試解決的問題 [51]。

除了 Solyndra 破產外，花費美國能源部 360 億美元的清
潔能源補貼貸款計畫也遭受廣泛批評。立場中間偏左的《華
盛頓郵報》，在社論中稱整個計畫為「醜聞」。他們批評此
計畫的口吻，聽起來簡直就像經濟學家：「你可以稱其為裙
帶資本主義或風險社會主義，但無論稱呼為何，能源部的貸款
擔保計畫都將利潤私有化、損失社會化。」文中更引用 2010
年美國行政管理和預算局的一封電子郵件：「『可怕的是，』
一位專案人員寫道，『在看過其他即將實行的計畫後，我開
始覺得 Solyndra 好像沒那麼糟，糟糕的還在後頭呢 [52]。』」
　　《華盛頓郵報》的批評得到能源專家丹・卡羅爾（Dan
Carol）的支持。卡羅爾曾參與歐巴馬 2008 年的競選活動，與
歐巴馬政府關係親近。他寄給白宮高階官員一封「十分憤怒」
的電子郵件，指責美國能源部提供太多貸款，給歐巴馬背後金
主表現不佳的能源專案 [53]。事實上，美國能源部急於在財政年
度結束前（也就是發放貸款的權力到期前）核可貸款，因此
在補助案到期前幾小時，就已經發放出 47 億美元的貸款 [54]。
　　相較於民主黨，共和黨的政治人物更習慣在政治哲學上
反對「挑選贏家」。舉例來說，雷根總統（Ronald Reagan）指
責合成燃料公司的章程，補助私人企業的營運達到商業規模，

而這與自由市場原則背道而馳 [55]。雷根政府增加國防開支的政策自然對國防產業有益，但他並沒有設立任何公司或推出補助某種產業的政策。

小布希總統是共和黨政治人物中最偏離保守主義理論的一位，主張不應提供特定行業補助。他在 2003 年的國情咨文中，呼籲國家做出新的承諾，全力開發氫動力汽車，以便讓「我們的科學家和工程師能夠克服障礙，將這些汽車從實驗室帶進展售會場」。從 2004 年到 2008 年，聯邦政府在氫燃料汽車專案上花費了 12 億美元。美國審計總署後來發現，其中大約有四分之一的資金用於非技術研發的「國會指定項目」。該專案生產的汽車成本高不可攀，也就從未進行商業銷售 [56]。

另一方面，即使研究表明對鋼鐵課徵關稅會影響美國國內就業，小布希仍然支持課稅 [57]。他的父親老布希（George H. W. Bush）在 1992 年競選連任時，決定增加對小麥出口的補貼，也不再反對傾旋翼戰鬥機的研發與 M-1 坦克的現代化。1991 年，獨立委員會審議「勉強保留」位於佛羅里達州的霍姆斯特德空軍基地。審議下達後不久，佛羅里達就遭到颶風襲擊，該空軍基地遭受重創。此時重建基地，意味著把錢花在即使能完好如初也已不具意義的地方。由於佛羅里達州是老布希的重要票倉，因此他決定支持重建案 [58]。

川普以關稅為中心的貿易政策並無任何經濟理論的支持，只是左一個、右一個隨機選擇贏家。他利用關稅豁免政策分配利益。舉例來說，在阿拉斯加捕撈並在中國加工銷售鮭魚和鱈魚的企業，以及透過水力壓裂法 [59] 生產化學品的公司都獲得關稅豁免，但其利益輸送過程並不透明。川普本人有時甚至會直接參與政策，更一直在幫助「選戰關鍵州的企業和工人」，以便在 2020 年的連任大選中獲勝 [60]。

經濟學家幾乎一致認為，貿易活動對所有交易參與國都有利，因為它能讓各方將資源投注在對自己比較有優勢的生產活動。藉由規模經濟和競爭，貿易能促使商品種類多樣化並降低生產成本。因此，無論是右派的葛雷格・曼昆（小布希的經濟顧問委員會主席）或是左派的保羅・克魯曼（諾貝爾獎得主、《紐約時報》專欄作家），都是自由貿易的倡導者 [61]。

以上資訊明確解釋，美國政府的產業政策並沒有取得顯著成效。同時，經濟學家也認為歐洲產業政策的經歷是可怕且明顯失敗的 [62]，因為其政策扶植的目標產業都表現極差，如英國航空業、法國電腦產業和德國核子工業。日本有段期間的成長率明顯優於美國，但經濟學家發現那時的成功原因並非出於政府投資，不過日本近幾十年的經濟表現也明顯落後美國 [63]。

在過去 10 年左右，中國的經濟成長非常驚人，但這些成就源於中國邁向自由市場體系。然而，中國的經濟體系裡依然存在中央計畫，牽涉到金融資本如何分配給政治關係企業時更是如此。保羅・克魯曼和羅賓・威爾斯（Robin Wells）合著的《經濟學》（Economics）一書廣受歡迎。其中討論中國的章節裡，在最後表示：「許多經濟學家認為，如果中國要維持其快速的經濟成長，就必須解決這類低效率的問題 [64]。」

有本經濟學百科全書指出，1980 年代初期至中期美國對產業政策的討論最為蓬勃。當時民主黨總統候選人認定國家處於長期經濟衰退之中，若政府無法更積極地參與經濟重建，美國經濟將無法重獲新生。1984 年民主黨總統候選人華特・孟岱爾（Walter Mondale）就是堅定的產業政策支持者，他認為雷根總統的政策是「摧毀產業，而非建設產業[65]」。

　　值得注意的是，針對這個問題，許多左派的民主黨經濟學家並不認同孟岱爾的看法。

　　麻省理工學院的諾貝爾獎得主保羅・薩繆森（Paul Samuelson）就提過：「產業政策不是好的總體經濟學思維，我也不認為這是站得住腳的社會哲學[66]。」卡特總統的經濟顧問亞佛烈德・卡恩（Alfred Kahn），一生都是忠誠的民主黨員，也曾公開表示他擔心產業振興政策會淪落成為一種手段，使政府成為企業與勞工背後的保護者、補貼者和獨占利益支持者；華特・海勒（Walter Heller）擔心民主黨總統候選人追尋的是「新奇而非穩健」；卡特總統經濟顧問委員會的成員威廉・諾德豪斯（William Nordhaus）認為，民主黨候選人與雷根之間最明顯的區別，就在於政府是否藉由產業政策進行經濟干預。在這個議題上，諾德豪斯表示自己站在雷根那一邊。

　　曾擔任經濟顧問委員會主席的查爾斯・舒爾茨則表示：「我想讓所有民主黨候選人擺脫那些關於產業政策的想法，因為那都是一派胡言。」舒爾茨認為，儘管美國存在一些經濟問題，但無法從舊產業轉型到必要的新興產業，卻並非問題之

一 [67]。最近，柯林頓和歐巴馬執政時的著名經濟學家勞倫斯‧薩默斯（Larry Summers）也表示，政府是個「蹩腳」的風險投資者 [68]。

相對地，共和黨政府（特別是小布希總統領導下的政府），通常支持建立產業園區，讓低收入地區的企業獲得稅收減免，有時還會獲得其他援助。若與產業政策相比，經濟學家原則上更看好這類型的政策，因為經濟援助會流向低收入地區的所有企業，而不僅是政府選定的產業。歐巴馬政府也支持產業園區（並將其稱為「承諾特區」），但範圍僅限於政府指定的低收入地區。多項研究發現，產業園區在刺激低收入地區就業方面的效果依舊不佳 [69]。川普政府稱這些產業園區為「機會特區」，並在 2017 年的減稅政策中，為這些地區提供「無上限」的稅收優惠 [70]。這項政策是否會有成效，還必須等上一段時間才能判斷。

本章曾指出，經濟學家非常支持政府擴大基礎科學知識的研究，因為這些研究很可能會帶來有利可圖的創新。舉例來說，我認為大多數經濟學家都會支持能源高等研究計畫署（Advanced Research Projects Agency–Energy）的專案。該機構所需的資金並不多，但不幸的是，川普總統提出的 2021 年財政預算藍皮書中，卻計畫關閉能源高等研究計劃署。由於這類型的財政支出不會顯著創造就業機會，對政治人物的吸引力往往較小 [71]。

產業政策為什麼無法成功？

哥倫比亞大學經濟學家理查・尼爾森（Richard Nelson）指出，私人技術創新基本上是無法預測的。許多看似有希望的創新研究最後都沒有成功，一些重要的突破卻往往出人意料地出現，並且該領域多數專業人士也不太願意給予支持[72]。他發現，在多數追求技術進步的產業中（如化學產業和電子產業），只要有人提出更好的解決方案，那些糟糕的點子很快就會被拋棄，而優良的新想法往往有多重管道可以讓它受到關注。但在另一方面：

> 這與 50 年代中期以來的軍事研發計畫、民間核反應計畫和超音速飛機計畫形成鮮明對比。在這些領域中，早期的試驗都很糟糕。然而，即使有越來越多的證據顯示那些都不是好計畫，卻偏向必須堅持下去[73]。

尼爾森認為，由政府制訂的技術發展計畫只會使事情變得更糟，因為技術進步並不是「一項明確且可規畫的活動。……事後看來，正確的研究方法似乎顯而易見；然而在研究過程中，有的只是令人眼花撩亂的一系列選擇。至於哪些選項最後可以收效或可行，都是遠遠無法預測」。

尼爾森贊成政府積極地支持基礎科學研究與應用知識的

發展，因為這些研究與發展可能創造出不限定於特定產業的公共利益；他反對政府輔助那些預期可能造就出商業贏家的產品研發。他發現這類政府創投的歷史紀錄都是「明確且極其負面的[74]」。尼爾森的研究表明，基本上政府不可能「規畫技術進步」，而其他關於科學進步的研究結果也贊同他的看法。有份研究表示：「我們若仔細觀察每一位諾貝爾獎得主，就會發現他們在研究進程中的關鍵事件都會出現『驚喜』[75]。」

許多最偉大的發明家對自己的成就一無所知。馬可尼（Marconi）認為他發現的無線電波，主要可應用於輪船航行；貝爾（Alexander Graham）的電話專利被描述為「對電報技術的改進」；證明「詭異的傳染性蛋白質」可能導致狂牛症的科學家，得到諾貝爾獎前一直遭同行嘲弄了幾十年；在證據出現前，胃潰瘍是由細菌引起的想法也遭到調侃[76]；美國重量級科普作家以撒・艾西莫夫（Isaac Asimov）如此描述這類不可預測性：「在科學中聽到最激動人心的、預示著新發現的短語不是『尤里卡！（我知道了！）』，而是『這很有趣』[77]。」

某項醫學創新大賽的主題是：研發出價格親民，並可診斷 13 種健康狀況的輕量級醫療工具包。該大賽的獎金高達 260 萬美元。許多參賽團隊背後都有大企業的支持，但最終獲得首獎的卻是一位急診室醫師。他的親戚資助該項產品的研發，而且他是在家裡的書房完成一切研究。亞軍頒給一個 50 位醫生、科學家和工程師組成的團隊，由一位履歷長達 29 頁的哈佛醫學院外科名醫領銜。誰能想到最終獲獎的是一位單打獨鬥的急診室醫師呢[78]？

倫斯勒理工學院（Rensselaer Polytechnic Institute）的一位學生，在成長過程中在野外採摘過蘑菇。他認為用真菌製造絕緣材料是可能的，並且在畢業前的一堂課上證明了自己的想法。之後，他創立材料公司 Ecovative Design，為大眾市場設計生產一種比聚苯乙烯發泡塑膠更加環保的有機絕緣材料（聚苯乙烯發泡塑膠用於包裝和運輸，不可經由生物降解，是碳強度高的材料）。如今，電腦產業巨頭戴爾公司就使用這新材料包裝產品，瑞典的宜家公司和許多其他企業也正在探索該材料的使用方式。這項研發不需要聯邦政府撥款，一位倫斯勒理工學院大學部的學生也不可能獲得任何聯邦補助[79]。

在類似的發明中，最重要的是喬治‧米歇爾（George Mitchell）研發的水力壓裂法，能有效地從油頁岩中釋放天然氣。水力壓裂法在 1940 年代後期首次嘗試運行，直到 1970 年代才得到能源部的研究補助。即使 15 年來不斷失敗，米歇爾依然無視所有懷疑者，堅持自己的研究，直到發現注入水、沙子和化學混合物，可以使水力壓裂法達到商業化的運行規模。

由於鑽井會影響當地環境，政府有必要管制水力壓裂法的過程。但天然氣釋放的二氧化碳量是煤炭的一半（而美國火力發電依然廣泛採用煤炭），水力壓裂法依然有利可圖。2012 年 8 月，《華盛頓郵報》的標題大肆宣揚美國的二氧化碳排放量降至 20 年來新低。在美國開始以水力壓裂法開採天然氣的前 5 年，其二氧化碳排放量減少了「過去 20 年《京都議定書》和世界上所有其他氣候相關協議總體效果」的 2 倍。水力壓裂法也顯著降低了能源的生產成本，並使美國成為能源出口國 [80]。2018 年 7 月 14 日，美聯社表示：「美國可能再次成為世界最大石油生產國的想法，在過去可說是荒誕不經」。石油業專家丹尼爾‧尤金（Daniel Yergen）補充：「10 年前，人們只會問美國的石油產量會以多快的速度下降 [81]。」

即使科學進步可能預測，經濟學家也引用證據表明，政治人物並不會將公眾的資金用於資助這些技術。模範城鎮計畫 [82] 和美國經濟發展局（Economic Development Administration）原本都只應該對選擇性目標地區提供資金援助，但模範城鎮試驗點很快就從 6 個變成 150 個，而經濟發展局所援助的經濟蕭條地區，也很快就擴及美國所有郡縣的 87.5%。當政治措施必須先定義贏家產業和輸家產業時，通常會給予輸家企業更多資源，因為這些是多數選民多所依賴的產業。因此，鋼鐵產業的景況會備受關注，生物工程產業就乏人問津 [83]。

即使聯邦政府能將資金投資在私人企業上，也獲得不了多少收益，因為失去聯邦政府資金禮包的企業，會懷疑其中藏有政治偏袒（無論其為事實與否）。我們不需要對政治有過多的憤世嫉俗。

但誰會相信產業政策背後沒有政治考量？《華盛頓郵報》專欄作家採訪了獲得聯邦補助、歐巴馬總統也曾到訪的清潔能源公司，以及其他許多未獲此殊榮的企業。兩方陣營都認為，歐巴馬在工廠裡演講的形象宣傳可以吸引所有人的關注，這對試圖籌集資金、打敗競爭者的公司非常有利。威斯康辛州的獵戶座能源系統公司（Orion Energy System），花了 2 年打通政治關係，才順利邀請到歐巴馬來訪。該公司執行長表示，對他們的客戶而言，這帶來巨大的信譽。位於喬治亞州（共和黨大本營）的庫珀照明公司（Cooper Lighting）總裁表示，他們公司銷售的節能照明設備，比獵戶座能源系統公司多出 6 倍。他很樂意接待總統，卻不覺得自己會雀屏中選[84]。

經濟學家在擔心什麼？

經濟學家當然擔心所得不平等的加劇和男性勞動力供給減少等問題。這些在下一章都會更仔細地討論。然而：

◉ 緩慢的經濟成長和糟糕的統計數據，使景氣看起比實際情況更糟

政治人物在競選時最常提出的口號是：「就業！就業！就業！」當失業率高升時，經濟學家自然也喜歡這口號。失業增加會降低經濟成長，但失業者最喜歡的卻是錯誤的藥方，導致經濟陷入蕭條。即使失業率正處於歷史低點，也常聽到政治人物高喊「就業！就業！就業！」的口號。川普總統認為，美國正把良好的製造業就業機會拱手讓給墨西哥人。24 年前，商人羅斯・佩羅（Ross Perot）也曾以政治素人之姿競選總統，把焦點放在墨西哥貿易造成的傷害。他呼籲人們把手放在耳朵

後，仔細聆聽工作機會南移而發出的「巨大吸吮聲」。值得注意的是，儘管工作機會在數十年來看似不斷流向墨西哥，但美國本土的失業率並沒有上升，一般工人的經濟福利水準甚至有所提高（讀者可能聽說一般工人的經濟生活沒有取得進展，但請參見下文和第 5 章的討論！）

對於經濟學家來說，「就業！就業！就業！」這個口號最大的問題是：政治人物通常會許諾保留現有的工作機會，因為選民就身在這些產業工作。因此，川普總統非常重視煤礦工人和鋼鐵工人。經濟學家希望人們明白，如果想繼續作為世界上最富有的國家之一，就必須從事尖端產業的新工作。舊式產業中的許多工作機會，都不可避免會被替代（藉由發展能夠節省勞動力的新技術，或者將產業外移到工資較低的國家）。因此，當經濟學家看到工人們不願意向好的工作機會移動時，就倍感焦慮 [85]。

我認為大多數經濟學家更喜歡的口號是「成長！成長！成長！」而非「就業！就業！就業！」官方統計數據顯示，美國數十年來的實質工資 [86] 幾乎沒有成長。政治人物認為這情況很糟糕，並承諾會做得更好。

皮尤基金會在 2018 年發表了一篇文章，標題為：對大多數美國工人來說，實質工資幾十年來幾乎沒有變化。文章內容以慣常手法呈現一系列令人沮喪的事實，結論則是：「經過通貨膨脹調整後，……今天平均每小時的工資與 1978 年的購買力相差無幾。」但皮尤研究中心也承認，美國社會的福利（尤其在醫療保健方面）在近幾十年來有大幅提升[87]。官方公布的經濟成長率低估了實際的成長，那是因為他們低估了產品改進所產生的價值，以及新產品的價值。最新的手機不僅僅是台手機，人們在購買 iPhone 之後，就不再需要購買相機、GPS 或 CD 播放器。官方統計數據無視於這類產品改進後所提供的利益，也無視許多帳面上「免費」的服務，如臉書（Facebook，後文以原文稱之）、維基百科和 Google 等搜尋引擎。

經濟學家們試圖採用不同的計算方式，藉由詢問人們「願意支付多少錢，以避免這些免費產品從生活中消失」，去替代直接粗糙估計這些產品的價值，以確實瞭解它們對消費者福祉的增益。他們發現，消費者為避免搜尋引擎消失，願意每年支付的中位數金額是 17,530 美元；為保有電子郵件服務，願意每年支付的中位數金額是 8,414 美元；以及每年支付 3,648 美元，以便可以輕鬆使用線上地圖[88]。這些數字高得不確實，因為其總和幾乎就等於美國個人收入的中位數。不過，這表示人們確實認為這些產品具有很高的價值。

布萊恩‧卡普蘭在他的書中批評一般選民的理性，其中一項批評是選民對市場經濟的運作過於悲觀[89]；皮尤基金會報告中的誤導性陳述，只會增加人們非理性的悲觀情緒。如果人們認為經濟景氣非常糟糕，他們就更有可能轉而支持極左或極右的民粹主義政治人物。這兩種類型的政治人物，都不受主流經濟學家的歡迎[90]。

經濟學家也擔心一些使經濟成長率減緩的趨勢。舉例來說，新創企業是經濟成長的重要來源，但近幾十年來數量一直在下降[91]。工人為更好工作遷移的意願下降，也會減緩經濟成長率[92]。但我相信大多數經濟學家都同意卡普蘭的觀點：綜觀全局，大眾對經濟表現普遍過於挑剔。市場機制和資本主義制度在推進歷史時所催生出的現象，經濟學家們都是印象深刻；對於官方統計數據應該如何調整，才能反映上文提及被忽略的一般消費者經濟利益，經濟學家們卻尚未達成一致的看法。即使不計算人類自近期技術奇蹟所創造的利益，官方數據也未能對一般產品的改進做出完整的評估。

1970 年，我花了 350 美元買了一台 19 吋的彩色電視機；今天搜尋引擎可以馬上告訴我，家電零售商百思買（Best Buy）店裡有一台 19 吋的彩色電視機，售價僅為 69.99 美元，這還沒把通貨膨脹計算進去。今天的電視機在色彩、音效、遙控等方面都比過去好很多，可以不用為了轉台而必須從舒服的沙發上起身[93]。

經濟學家馬克・派瑞（Mark Perry）將 1956 年家用空調的成本與今日成本進行比較，但他的計價單位並非美元，而是一位工廠工人必須工作多少小時才能購買一台空調。在 1956 年，工人必須工作 164 小時才能購買一台空調；而在 2014 年，只需工作 11 小時。更何況現代空調的功率是 1956 年的 3 倍以上[94]。

◉ 錯誤批評某些市場特質

與大多數學術界人士不同，經濟學家認為追求利潤的執行長是值得讚許的，即使這位執行長可能和業界同仁一樣貪婪，甚至有過之而無不及。今天的經濟學家與亞當・斯密的看法相同，**認為追求利潤的商業領袖雖然沒有打算促進公共利益，依然會透過「看不見的手」推動公共利益的提升**[95]。

更高的價格和更高的利潤會促使鉛筆製造商為消費者提供更多商品，損失則會迫使牙籤製造商放棄，改讓鉛筆製造商接手那些資源進行生產。如果消費者對鉛筆的需求一直維持在高於正常的價格，高於正常的利潤將吸引新的企業進入市場，投入生產。於是，鉛筆價格因產量增加而下降，使得鉛筆的利潤率不至於高過其他製造業。鉛筆製造商背後的投資人於是賺得「正常利潤」──這是他們願意延遲消費（也就是進行儲蓄）並承擔投資風險的回報。延遲消費和願意冒險的心態，促進了投資活動。投入的資金將提高工人的生產力和工資，從而在整個社會中傳播利益。這些都是正常的市場機制。只有當某企業的利潤持續高於正常利潤，卻未承擔較高風險或擁有較高效率時，經濟學家才會感到困擾。

對經濟學家而言，賺取利潤並不是任意把原本應該給予工人的金錢，轉而分給企業主和管理者的決策過程。良好的管理者能夠刪減成本、改進商品和創造新品，並準確預測消費者的需求[96]。一位經理人在這些任務上若表現不佳，後果不僅是利潤低，還可能導致企業倒閉。具有競爭力的企業維持著市場的競爭壓力，讓所有人必須表現良好。

在一項調查中，大眾認為市場投資人的平均投資報酬率為 32%，而當時真正的報酬率只有 13%[97]。這 13% 的投資報酬率，是政府經營並提供相同商品或服務也無法避免的（機會）成本。政府超出稅收的額外支出，通常會以公債的方式支付（美國聯邦政府的支出便占公共支出總額的絕大部分），而拿出資金購買公債的人會期望獲得回報（就是「利潤」）。某些市政債券利息的免稅政策，讓市政當局的借貸成本低於產業的借貸成本，也等於是放棄一定數額的稅收。這也表示，市政府最終必須提高其他稅收[98]。

有些讀者可能會疑惑：經濟學家怎麼解釋「企業從實際生產商品的工人身上榨取利潤」這類不公正的行為呢？看看農民，他們辛勤工作，卻只獲得商品的一小部分利潤，而期貨投機者做了什麼，卻能賺得荷包滿滿？炒作者在中東戰爭後哄抬汽油價格，賺取超額利潤，這樣合理嗎？現在的企業越來越常利用盈餘回購自己的股票，這對經濟有什麼幫助？上市公司的股票由富人持有的部分不成比例地高，這類回購股票的手法會加速財富的不平等。

經濟學家為這些飽受詬病的群體提供合理的辯護。在美國，甚至連總統都對經銷商有所抱怨。高通膨率時期，為卡特總統服務的傑出經濟學家亞佛烈德・卡恩曾告訴我，卡特是位很好的傾聽者，卻仍對經銷商滿懷敵意。卡特總統曾是位花生農，認為自己在田裡努力工作，但大部分的利潤都被經銷商拿走。農民不一定需要經銷商，有些農民在全國各地蓬勃發展的小農市場，直接銷售自己的產品。但大多數農民認為，若讓其他人幫忙儲存和運輸他們的產品，並進一步在零售店裡販售，反而能賺到更多錢。促進財富增值的分工過程中，經銷商是更進階的發展。他們如果無法提供與其收費對等的服務，不僅零售商會讓這些經銷商關門大吉，市場機制甚至會淘汰掉使用這些劣質經銷商的零售商。

　　某些企業確實發現自己可以藉由減少經銷商來賺進更多利潤，線上銷售就是最好的範例。不幸的是，政府有時會阻止人們淘汰經銷商，譬如迫使特斯拉必須透過成熟的汽車經銷商銷售。然而，經銷商並沒有隨著網路的興起而消失，在我看來，他們甚至有所成長。我喜歡 TripAdvisor 和 OpenTable 這兩家經銷商平台，許多新娘甚至似乎喜歡聘用新娘祕書來策畫婚禮。

　　如果投機行為是為了壟斷或阻斷市場，那的確該受譴責；但在一般情況下，投機行為對社會是有利的，因為它們有助於在消費者和生產者之間穩定價格。當惡劣的氣候條件影響隔年的咖啡收成時，國會議員常對市場中的「操縱」行為憤怒不已，因為投機者與零售商會爭奪咖啡庫存，導致當年的咖啡價格大幅上漲。然而投機者今年這看似傷害消費者的行為，卻在明年轉變為對消費者的幫助。想想，投機者今年搶購咖啡，是他們認為明年的價格會比現在高得多。如果投機者預測正確，表示明年的咖啡價格會高於今年；如果沒有投機者，那麼今年我們能喝 3 杯咖啡，明年或許只能喝 2 杯咖啡，2 年之間的咖啡價格波動只會更大 [99]。

2012 年油價大幅上漲，歐巴馬總統覺得有必要向人民保證，他的政府會保持警惕，確保油價不會受到投機者的「人為操縱」。新聞記者羅伯特・薩繆森（Robert J. Samuelson）以其平衡的經濟評論頗受經濟學家尊重。他撰寫了一篇專欄文章，標題為「對石油投機者的謬誤指責」，引用歐巴馬的發言開場，並引經濟學家的言論說明：近期油價飆升只不過是供需變化的結果 [100]。

價格投機者有時只是運氣好。加油站老闆並沒有預測到伊拉克會在 1990 年入侵科威特，但他們已握有的汽油合約（預先約定了當前和未來的汽油進貨價），其價值在當時瞬間暴漲。加油站隨之因應國際石油漲幅而提高價格，從而獲取「暴利」。若我們認為應基於公平理由禁止這種「暴利」，是否也該補貼那些倒霉的、合約價值慘賠的汽油交易商呢？經濟學家傾向探討投機者為經濟體系帶來的好處：當汽油價格大幅上漲，人們將更少開車、鑽探公司將開採更多石油、煉油廠將提煉更多原油為汽油。面對哄抬的物價，經濟學家會強調那是克服物資短缺必經的過程。然而一切都會好轉，因為價格哄抬得越高，就有越多人會節省物資或投入生產 [101]。

美國參議員查克・舒默（Chuck Schumer）和伯尼・桑德斯嚴厲批評越來越常見的股票回購行為。他們提倡立法規範：除非企業首先將盈利投資於「工人及其社區」，否則回購股票將是非法行為。他們似乎認為，股票回購增加的財富將會花費在奢侈品上；經濟學家則認為，有時最好的投資機會很可能並非自己的企業。下一章將討論：飽受詬病的前 1% 富人，事實上更可能將其邊際收入用於投資，而非花費[102]。

正如以上例證，大多數經濟學家認為：政府許多原意在提高效率和經濟成長的干預性政策，結果往往是弊大於利。

留意這些個體經濟政策

◉ 過度管制職業許可和商業生活

經濟學家認為，政府對盈利企業的管制過多，其中最重要的是對工作自由的限制。1970 年代，美國大約只有 10% 的工作需要執照；到了 2015 年，需要持有執照才能工作的職位占總勞動力的 30%[103]。根據經濟學家的推理：如果從事某種行業需要門檻，勞動力供給就會減少，從業者的收入則會增加。許多人認為，美國日益嚴重的文憑主義[104]是既得利益團體為保護自身利益而設下的屏障。

牙齒美白劑若是只允許牙醫使用的處方藥，便沒有證據顯示這樣能保護到民眾。在北卡羅來納州，「主要由牙醫內部選舉產生」的牙科醫師委員會，就試圖阻止口腔衛生師[105]和牙齒美容師為顧客進行牙齒美白。直到聯邦貿易委員會出馬，加上最高法院審理的相關案件結果出爐，才讓他們打消主意[106]。仔細審核過去的文獻後也發現，沒有研究顯示執業護理師提供的護理服務品質堪憂，但是美國許多州仍規定，未經醫生批准，護理師不能為糖尿病患者開立購買特殊鞋材的診斷書；在加州，護理師更必須在醫生監督下執業，且每位醫生監督的執業護理師不得超過 4 名，加州醫學協會甚至還極力反對改革這項法律 [107]。

由律師組成的美國律師協會，導致在美國成為律師比在其他國家更困難。舉例來說，他們堅持大多數法律服務的提供者需要獲得 3 年制的法律學位，使得法律服務變得更加昂貴。世界正義工程 [108] 在評估獲得司法正義的管道和負擔時，將美國列在 113 國中的第 96 名 [109]。在美國收入最高的 1% 人口中，約有四分之一是醫生和律師。這些職業在美國得到的報酬，比在其他富裕國家要高得多 [110]。

許多人出於好意，認為這些管制「是為了保護公民免受更強大力量的侵害」，也就是不被「有影響力且追求利潤的非民選實體」所侵害 [111]。然而，經濟學家越來越反對並認為法律就是律師們所設置的管制，以便設下門檻，保障他們的既得利益 [112]。

從業者擁有執照，或許能提供客戶更安全的服務，卻不一定能帶來更安全的結果。經濟學家與往常一樣提醒人們：行為動機很重要。以電工為例，一項早期研究發現，對電工執照規定最嚴格的州，發生觸電意外的比例竟然比其他州高出 10 倍 [113]。這很可能是因為門檻的提高，使電工可以提高服務價格，人們因此傾向自己解決問題。如果電工服務價格降低，人們多半樂意讓他們處理問題。

美國許多州對收入較低的行業，也提出耗時、昂貴且不必要的規範，說是為了讓消費者無須進一步監督，可以判斷其服務品質。這些職業包括花店人員、導遊、舞蹈教練、髮型師、美甲師、室內設計師和室內裝潢師。放寬這些執照的規範，可以擴大中低收入工人的就業機會，並降低所有人必須付出的價格，也能增加從業者創業的機會[114]。

多數政治家同意經濟學家的觀點，認為許多對工作自由的限制，未必能增加公共利益。事實上，歐巴馬和川普政府都鼓勵各州縮減繁重的職業許可規定[115]。

不過許多管制的對象是企業，而非職業。1970 至 2008 年間，在民主黨與共和黨輪替執政下，聯邦管制的規定性法規如雨後春筍般湧現。在此期間訂定的法規中，「應該」「必須」等規定性詞語的數量暴增，從原本的 40,300 次增加到 963,000 次。無論其優點何在，《平價醫療法案》和《多德 — 法蘭克金融改革法案》（Dodd–Frank financial reform bill，也稱華爾街改革與消費者保護法）都寫滿了長達數千頁的全新規則。

前面提到，**經濟學家追求的是經濟成長，但加強管制是減緩經濟成長並阻礙新業務擴張的主要因素之一**。當大企業和小企業都要求員工記錄遵守法規的情況時，小型企業的管制成本在總成本中的占比會高過大型企業。針對小型企業的調查便發現，五分之一的人認為「符合管制規定」，已成為他們日常運作中的最大問題[116]。

經濟學家路易基・辛格勒斯（Luigi Zingales）決定從義大

利移民到美國，是因為他不想生活在義大利的經濟社會。在義大利，一個人的成功與否往往取決於他的人際關係，而非能力與成就。辛格勒斯和其他許多經濟學家都擔心，透過分派補助款給特定企業、救助某些銀行和金融家，以及向特定職業發放許可證，美國將漸漸走向類似義大利的裙帶資本主義[117]。

在解除許多基礎設施產業的管制上（如卡車運輸、鐵路、電信、水電公用事業和飛航運輸），經濟學界曾起到帶頭作用。經濟學家伊麗莎白．貝利（Elizabeth Bailey）認為：「1930 年代的管制運動，反映了大眾認為市場失靈普遍存在的觀點。……1970 年代末和 1980 年代初的鬆綁管制運動，則反映了相反的觀點：從價格和進入門檻的經濟管制即可看到政府的失靈[118]。」

政策鬆綁的效果很好。在州際商務委員會（Interstate Commerce Commission）解除對卡車產業的管制後，卡車的運輸費率下降了約 25%，也增加對小規模社區的服務，托運人的投訴更有所減少[119]。在機票價格鬆綁之後，票價平均下降了約 30%[120]。由於各項管制鬆綁成功，州際商務委員會和民用航空委員會（Civil Aeronautics Board）這 2 個政府機構相繼遭到裁撤。

航空業的管制鬆綁不僅獲得經濟學家壓倒性的支持，甚至連自由派和保守派的政治人物也幫忙爭取。這一面倒的浪潮，來自 1970 年代州際航線（由民用航空委員會管制）與州內航線的票價價差。若與飛行里程接近的德州或加州州內航線相比，州際航線的票價高出 70% 以上。當時州內航線的市場集中度相當高，從洛杉磯到舊金山的航線（這是加州最頻繁的航線之一），有 70% 的航班由兩家航空公司飛行。這裡存在著市場力量的表現。因為在這種低競爭的環境下（若票價提高，競爭有可能更劇烈些），航班票價依然低於政府管制下的州際航班[121]。根據這些證據，經濟學家只能懷疑政府並沒有改善不完全市場的能力。

至今經濟學家仍然站在推動管制改革的前線。舉例來說，他們反對許多地方政府阻擋 Uber 和 Airbnb 的服務進入市場。芝加哥大學布斯商學院對著名經濟學家進行了一系列的訪談。這些經濟學家都認為：「政府應該讓 Uber 或 Lyft 等汽車服務與計程車服務在安全和保險方面公平競爭，但不應該限制其價格或路線，才能提高消費者福利[122]。」毫不意外地，想要阻攔 Uber 和 Airbnb 的團體，主要是現有的計程車服務產業和旅館業，而非一般大眾。

我想許多讀者都同意，許多人對航空業今日的表現都不敢恭維，對飛航體驗的投訴更是無處不在。在撰寫本書的過程中，蒐集到最多的投訴資料是抱怨機位尺寸：乘客的膝蓋幾乎貼著前座的椅背，整個人被擠得像沙丁魚一樣。當前的飛機座位肯定沒有以前那麼寬敞，因為自 1978 年以來，每排飛機座椅間的距離減少了約 8 公分，座椅的寬度縮小了近 4 公分，然而大約有一半男性乘客的肩膀比經濟艙的座椅更寬。

美國聯邦航空總署表示，他們只干預安全問題，然而根據他們的研究報告，較擁擠的飛機座位並不會增加疏散的時間。如果讀過本書第 1 章，這些官員可能還會補充：飛機很少失事，而且只有在極少數的墜機事故中，較短的疏散時間才會影響乘客的存活機會。

非營利組織飛行者權利（Flyers Rights）表示，他們將對航空業提起訴訟。美國某間航空大學的院長表示：「我必須很抱歉地說，航空公司幾乎是不擇手段地在賺取每一分錢。」她憤怒地說，「航空公司的定價系統會把你放在最差的座位上。如果想坐到『舒適經濟艙』，就必須『留下買路錢』。」代表田納西州的民主黨議員史蒂夫・柯恩（Steve Cohen）：則提到：「眾議院交通委員會已通過推動一項修正案，要求美國聯邦航空總署對座位尺寸設下標準[123]。」

以上資訊來自於國家公共廣播電台和《華盛頓郵報》的報導，說出這些故事的人，幾乎和報導中提到的抱怨人士一樣，對當前的情況極其憤怒。他們似乎認為，讓聯邦航空總署負責航空公司的座椅設計會更符合公眾利益[124]。

2018 年末，一篇《華盛頓郵報》文章引述了美國聯邦航空總署國會撥款法案，提到這項法案將允許美國交通部長管制航空公司增加費用的方式，例如加掛行李、機票退換、坐在走道位置，或擁有更多的腿部空間[125]。《華盛頓郵報》的新聞報導也以同樣的視角，探討國會最終究竟會按照大眾或航空公司遊說者的意願立法。也就是說，記者似乎認為管制飛航費用和座位大小，就可以改善乘客利益。

針對這一點，經濟學家則希望機票的定價能透明，讓想購買機票的乘客能得知所有可能的額外費用。但除此之外，我認為經濟學家對目前航空公司的定價體系很是滿意。想要更多空間的乘客可以支付更高的價格去購買空間，想要省錢的乘客可以選擇坐在較小的座位、中間的座位或飛機尾端。

市場定價的美妙之處，就在於它允許所有人不必購買相同形式的產品。就航空公司票價的案例來說，請想像一位身高 160 公分的母親帶著一個 3 歲的孩子旅行。她並不需要寬敞的座位或腿部空間，而是想放棄這些空間以節省一些旅行開支。在這個定價體系中，想要節省大量資金的乘客和想要獲得大量便利設施的乘客，可以從彼此的選擇中受益，因為他們共同分擔了航空公司的固定成本 [126]。

我認為，如果航空公司依照要求，提供更大的座位並同時提高價格，那麼原本抱怨的國會議員和其他人依然會繼續埋怨。航空公司亦有其競爭對手，而且他們每年的淨利潤並不高。以下是《華爾街日報》在 2018 年揭露的事實：

> 航空公司的平均利潤率為總收入的 9%，這大約是美國企業的平均水準。……但對於一個從 1979 年到 2014 年間累計虧損 350 億美元，並在 2000 年代遭受 6 次重大破產的產業來說，9% 的利潤率可說是飛躍式的進步。航空公司去年的利潤受到燃油和勞動力成本上漲的擠壓，……而來自廉價航空日益激烈的競爭，也使得票價上漲的空間很微小 [127]。

如果減少每趟航班的承載人數，航空公司的成本會上升，票價也會隨之漲高。本書第 3 章關於汙染定價的分析可應用到此議題。美國交通部長曾被告知，應該要判定航空公司收取的超額費用是否不合理，或與所產生的成本不成比例。但交通部長究竟該如何能以理性或公平的方式做到這一點？票價成本取決於航空公司對飛機艙內的配置，因此管制機構必須採行先前提及的汙染管理方式，深入瞭解每家航空公司各架飛機大小等因素，才能瞭解其成本結構。否則最終只會庸人自擾，陷入另一個任意管制的泥淖。

　　目前市場上有些飛機座位的腿部空間比其他飛機大，如果航空公司認為可以用較便宜的機票配上較小的座位吸引到更多乘客，市場會讓他們知道這項策略是否可行。如果他們判斷錯誤，乘客就會拋棄他們，轉而搭乘其他航空公司。沒有人會抱怨大塊牛排的價格高於小塊牛排，因此經濟學家想知道，為什麼人們對於飛機上大座位比小座位貴這件事會如此憤慨？

　　我的年紀夠大，還記得過去的美好時光中，飛機上的空位較多，座位之間也不那麼擁擠。那時，民航局禁止航空公司低價競爭，他們於是邀請名廚設計空膳菜單作為競爭賣點。我記得過去那些航程，但也試圖提醒自己，當前雖然失去這些樂趣，卻可以節省大量金錢。如果需要的話，我會在長途航班上購買豪華經濟艙，讓自己擁有多一點空間。然而，我當前支付的整體費用仍然比 40 年前要少得多 [128]。

◉ 我們需要更強勢的反壟斷政策？

反壟斷政策也是管制的一種形式。幾十年來，政府以反壟斷為由進行的干預，曾得到一些經濟學家的支持。一般而言，經濟學家希望市場能有更多更新的新創公司和小型企業。因此，尤其在看到蘋果和亞馬遜等科技公司擁有巨大的市場力量，人們可能認為經濟學家也會支持強勢的反壟斷政策[129]。

不過，經濟學家對強勢的反壟斷政策仍是意見分歧。有的經濟學家認為，亞馬遜、Facebook 和 Google 等科技公司的市場力量過於強大，可能會拿走市場中最大塊的餅，因而主張應該打破這種現象；另一些經濟學家則認為，人們對未來市場力量的預測，在歷史上是一再出錯。美國政府控告美國鋁業公司（Alcoa）的壟斷案，從 1937 拖延至 1951 年。在這段期間，美國鋁業公司在鋁業市場的占額從原本的 90% 下降到 55%。針對 IBM 的壟斷案則是從 1969 年一直拖延至 1982 年。在這段期間，電腦模組歷經了整整兩代的演進，美國電腦產業遭遇日益強大的國外競爭者，而且這些（能夠滿足基本運算需求的）小型電腦開發和銷售，也已經全是小型企業的天下[130]。

加圖研究所（Cato Institute）研究員艾倫‧雷諾茲（Alan Reynolds）投稿在《管制期刊》（*Regulation*）的文章中，提出以下幾個案例。

iTunes 是網路音樂領域的先驅，曾以近乎「掠奪性」的競爭，威脅當年的音樂 CD 產業。但在 2011 年，來自斯德哥爾摩的 Pandora 和 Spotify 在美國推出服務，其母公司 Savage

Beast 也隨之上市，直接威脅 iTunes。單一企業握有極高市占率的另一個範例是 Google。在 2016 年中期，Google 大約占據全球整合檢索量的 72.5%[131]。Google 並不是第一家進入市場的搜尋引擎平台，之前曾有 AltaVista、Lycos、Infoseek、HotBot、Excite 和 Yahoo，而它們都曾經絢爛一時。然而，這些早期贏家很快就被 Google、Ask 和 Bing 取而代之。雷諾茲也指出，整合檢索引擎只是搜尋引擎中的一個類型，還有專題化的垂直搜索引擎，例如預訂餐廳的 OpenTable、旅遊參考資訊的 TripAdvisor、約會用的 Match、評論商家的 Yelp 和居家裝修設計的 Houzz，更不用說智遊網 Expedia 以及亞馬遜、拍賣網站 eBay、比價網站 PriceGrabber 與 NexTag，以及比價購物的 Shopzilla 等搜尋引擎[132]。

強勢支持反壟斷政策的人特別愛關注亞馬遜，因為它試圖主導許多領域的商業模式。更為特殊的是，其競爭對手經常必須使用亞馬遜的購物平台。譬如，當亞馬遜決定讓西爾斯百貨的電器上架時，西爾斯的股票大幅上漲。許多小型零售商覺得自己別無選擇，只能使用亞馬遜的平台去接觸客戶。

而強烈否定反壟斷政策的人則指出，亞馬遜實際上並沒有在新市場中占據主導地位。舉例來說，亞馬遜的服裝銷售雖然占線上銷售的 20%，但在整體服裝銷售中的占比卻不到7%。再者，亞馬遜雖然將很快就取代百思買，成為消費性電子商品的最大銷售商，但在市場整體份額中也只有 20%[133]。我曾認為亞馬遜的網路購物服務效率超高，其他公司難以望其項背，不過沃爾瑪卻認為自己在網購服務上足以和亞馬遜一較高下。

　　就經濟之外的政治觀點來談，我們是否希望出現像亞馬遜和 Google 這類強大的單一企業？這是公平性的問題。這些企業巨頭的政治權力，是否不可避免地讓人們倍感威脅？這是《華盛頓郵報》經濟學編輯史蒂文・珀爾斯坦（Steven Pearlstein）所擔憂的。他撰寫的文章〈亞馬遜是否已變得太大？〉，簡述了長久以來的爭辯。他主張政府要採取更多反壟斷的干預措施，卻也在文中引用一位反壟斷的前任官員，認為反壟斷案件非常複雜且容易引起爭論：「不受約束的反壟斷政策，可能會招致『政治和意識形態的損害 [134]』。」亞馬遜創辦人傑夫・貝佐斯（Jeff Bezos）擁有《華盛頓郵報》，而該報一直以來都對川普總統採取批判立場。這導致川普以「巨大的反壟斷問題」威脅貝佐斯，因為貝佐斯利用《華盛頓郵報》作為反對他的政治權力工具 [135]。總統政治權力的濫用甚至比亞馬遜濫用市場權力更令人擔憂 [136]。不過，雙方都同意一件事：只有存在競爭，市場才能良好運轉。

　　經濟學家泰勒・科文（Tyler Cowen）認為，市場競爭的確存在。他不否認製藥產業和醫院的市場力量太大，但除了這些領域之外，其他大型企業的行事作風並不像壟斷者。壟斷者會限制他人進入市場，並同時提高商品價格。然而 Google 並沒有這麼做，而是免費提供搜尋服務和電子信箱 Gmail。同樣地，亞馬遜的網路購物平台提供比以往更多的資訊，讓不同的商品和服務在價格與品質上相互競爭。再說，Google 和亞馬遜的員工薪資都高於小型企業（甚至連看門警衛都是）。由於中國的大型企業現正與美國的大型科技公司競爭，科文認為，如果美國大公司的經理人需要擔心反壟斷和公共關係，將無法專注於商業行為的競爭，未來可能會輸給中國[137]。

◉ 政府強迫企業對員工友善，可能帶來副作用

經濟學家的內心話，肯定會引起許多中間偏左的政治評論家憤怒：「我早就說過，這些經濟學家痴迷於市場，根本不在乎經濟成長的收益是否只落入最富有階層的口袋裡。」

為了避免此類怨言，經濟學家通常不會直接反對政府為幫助普通勞工而進行的經濟干預，但也無法投下贊成票。大多數經濟學家寧願選擇對高收入群體徵收更高的稅金，然後進行收入再分配以嘉惠窮人（和中產階級），而非使用針對性不強卻破壞力大的政策直接干預市場[138]。

此處的論點可能重新喚起讀者對經濟學家「無情又不人道」的刻板印象。但請記住，經濟學家始終在意的是消費者的福祉。他們也知道，提升消費者主權往往也代表著某些人會失去工作。消費者希望商品精良且價格便宜，而企業為實現消費者的期待，就必須降低生產成本。勞動力是生產成本的重要部分，而降低勞動力成本的方法之一，是改進設備或業務程序，以便用更少的勞動力製造相同產量的商品。

這表示企業必須解僱部分員工，但解僱並不是唯一的解

決方式。舉例來說，有些勞動力需求下降的企業，會發放大筆獎金給同意提前退休的長期員工。雇主也無法忽視工人的士氣：若無法在勞動市場中提供有競爭力的工資、附加福利和愉快的工作環境，就很難吸引和留住優秀的工人。舉例來說，一家在華盛頓特區開業的新餐廳，其經理可能會經常光顧鄰近的餐廳，並將自己的名片遞給優秀的服務生（這種競爭的存在很重要，某些州已經針對可能簽下「禁止挖角」協議的餐廳進行調查[139]）。

無論如何，**經濟學研究顯示：要求企業對員工更友善，並不一定能增進一般勞工的福祉。**許多歐洲國家要求雇主為員工提供許多附加福利，例如法國的正職員工每年至少有 5 周假期，加上 10 幾天的國定假日，另外還有帶薪的產假、陪產假和 4 天婚假等。

在法國，雇主很難解僱一名正職員工，尤其是規模大於 50 人的企業。如果企業知道自己在業務量下滑時無法解僱員工，一開始自然就不會願意僱用正職人員[140]。一位經濟學家發現，法國擁有 49 名員工的企業數量異常地多，只有 50 名員工的企業數量則出乎意料地少[141]。許多具有成長潛力的企業會將員工規模刻意凍結在 49 名，以規避繁瑣的解僱規則。限制企業解僱員工，或強制企業提供大量附加福利的國家，往往具有較高的長期失業率。

法國的失業率通常落在 10% 左右，遠高於美國的正常水準[142]。更糟糕的是，法國的長期失業率占總失業率的百分比遠高於美國（法國 1998 年至 2018 年平均為 40%；美國 1987 年至 2017 年平均為 13%）。短期失業很少會造成社會危機，但近 10 年來，法國失業超過 12 個月的人口已占總失業人口的 40%，實在令人難過[143]。大多數人往往認為，社會應該善待那些願意工作但幾個月來還找不到工作的失業者。然而，要求企業對員工友善，反而會導致最需要被善意對待的人面臨更多的困難。

甚至連中間偏左的經濟學家也加入反對歐式商業管制的行列。舉例來說，經濟學家羅伯特・法蘭克（Robert Frank）偏好大政府，並主張對富有階層實施高稅率，但他也表示：「我們國家有大量的管制性規定，而我有充分的理由擔心它們弊大於利。」法蘭克鄙視許多歐洲國家對私人聘僱契約的拜占庭式規定，並稱那些是「歐洲大陸居高不下的 2 位數失業率背後的重要成因[144]」。柯林頓執政時期的經濟顧問委員會主席約瑟夫・史迪格里茲表示：「歐洲人似乎在說，『雖然我們沒有創造任何新的就業機會，不過只要新的就業機會出現，一定會是美好而完善的[145]。』」曾擔任柯林頓政府財政部長及歐巴馬政府濟顧問委員會主席的勞倫斯・薩默斯在 2012 年表示，一旦歐洲從金融海嘯中復甦，就必須加以改革其「引發社會硬化症」的法規[146]。

從經濟效率的角度來看，政府往往對勞工過於仁慈。曾與美國勞工部工會談判的政府主管告訴記者：「我不認為管理層與工會之間必須處於對立。」然而，工會談判代表卻告訴同一位記者：「我們表現得像一個工會，在該自私的時候必須要夠自私，才能贏得成果。」

1962 年，約翰‧甘迺迪總統（John Kennedy）發布了一項行政命令，把勞資集體談判帶進聯邦政府。美國勞工部負責人亞瑟‧戈德堡（Arthur Goldberg）想要讓自己的部門，成為第一個簽訂勞資協議的聯邦機構以彰顯政績，便指示勞工部的談判代表做出任何必要的讓步，盡快實現簽約目標。於是，勞工部在談判中做出不同尋常的讓步。後來一位經驗豐富的管理談判代表抱怨道，這些早期做出的讓步，使勞工部在日後的談判中一直屈居下風[147]。

雷根總統提出的預算刪減計畫，則包括裁撤國務院裡 1,270 個職位。國務院員工抗議的口號是：「刪減物品，留下員工！」然而，副部長層級的一位管理人士充滿歉意地指出，早期刪減預算時的確集中在設備和車輛，但今日的情況不同，這種「省吃儉用」的措施已不再足夠[148]。我居住的維吉尼亞州政府也過度保護勞工，歷任州長在經濟艱難時期都曾自豪地表示，任何機構的州政府雇員都不會失業[149]。

在我的課堂上，曾有位非營利組織的員工憤怒地反駁本課程中，認為政府和非營利組織效率較低的內容。她說：「我們的工作亟需效率，因為撥款一直被刪減，工作量卻沒有減少。」同樣的優先順序也出現在奧克蘭市的預算刪減計畫：圖書館決定減少購買書籍，而非減少圖書館員工的數量。始終將就業保護放在首位並不具有經濟效率，因為這不是一項最能滿足消費者或大眾願望的政策。

　　當然，私人企業也會盡量避免解僱員工，但常常確實需要進行人事縮減。美國汽車產業面對來自日本汽車製造商的巨大競爭，從 1979 年開始，5 年內共裁員超過 20 萬人[150]。福特裁撤了 25% 北美員工[151]。整個產業的裁員計畫繼續進行，通用汽車於 1991 年宣布，計畫在未來幾年內裁員 7 萬人[152]。這種裁員規模在聯邦機構幾乎是聞所未聞。普林斯頓經濟研究所的研究證實，公部門的工作比私人企業更具有保障，尤其是在經濟衰退時期[153]。

　　我理解公部門對員工之所以較私人企業更為通融的原因。想像一下，如果我那位在非營利組織工作的學生解僱了員工，會受到什麼樣的責難。「喔，瓊斯太太，我希望你覺得這針對效率的行動很不錯。但我知道誰覺得不好，可憐的艾格尼絲。她是位單親媽媽，真的需要這份工作，但效率小姐說她必須離開。」留下來的員工可能因此士氣陡降。然而，私人企業的主管可以告訴對裁員不滿的人：「你看，通用汽車這個部門正損失數百萬美元，如果不裁撤，我們最後全部都要喝西北風。」

　　試圖挽救被裁員的同事是種仁慈的同胞愛。但是經濟學家表示，長遠來看，這反而會阻礙經濟成長，並傷害大多數員工。人們口頭上往往說自己不贊成「為創造工作而創造工作」，但出現能節省勞動力成本的技術時，人們卻會想盡辦法阻擋它以便保住工作。

2017 年，經濟學家勞倫斯・薩默斯譴責比爾・蓋茲（Bill Gates）對機器人課稅的提議。比爾・蓋茲希望藉此紓緩解僱潮並限制不平等，薩默斯卻認為不該單單找機器人麻煩，因為還有許多也會節省勞動力的新技術，如可以印出登機證的自助登機服務、網路銀行科技、加速文件流程的文字處理軟體等。這些科技提高了工業生產力，促進經濟成長，能把整個產出大餅變得更大。我們應該要享受科技帶來的額外經濟產出，並建立適當的稅收和財富分配機制，以保護失業工人[154]。

比爾・蓋茲的觀點在一般市民中相當常見。一項研究訪問 250 名經濟學家與 250 名以上的一般民眾，想知道他們認為經濟之所以沒有表現得比現在好的可能原因。選項之一的「勞工正在被科技取代」，可以選擇回答「根本不是原因」「次要原因」「主要原因」。研究發現，絕大多數經濟學家表示那根本不是原因，但一般大眾卻不這麼認為，其中多數人覺得那只是「次要原因」而非「主要原因」。對於企業為了增加利潤而解僱員工的行為，大眾評價這對經濟不好，也有些經濟學家認為相反[155]。

《經濟展望期刊》（*Journal of Economic Perspectives*）編輯提摩太・泰勒（Timothy Taylor）認為，政治上的種種言談會讓經濟發展開倒車。在一個自然秩序的經濟社會，私人企業會進行它最擅長的事情——引進新產品和新管理技術以促進經濟發展，並讓政府透過失業保險和低收入戶所得稅抵免等措施來照顧勞工。但現在情況正好相反，我們鼓勵政治人物談論能夠促進經濟成長的減稅措施和產業政策，並讚揚那些向慈善機構提供大量資金、即使收入逐年下降也從不裁員的企業[156]。前文提到，經濟學家認為私營部門能夠更有效率地發現並糾正資源的浪費，但我們沒有討論的是：公部門那種長期而持續的低效率運作方式從未得到糾正。

美國聯邦政府自 1930 年代以來，一直在為低收入戶建造住房[157]。自 1974 年以來，低收入補貼住房通常由私人企業負責建造：建商從租戶手上獲得租金，同時從政府手上按租戶人數得到補助（通常是稅金抵免）。然而這項政策並不公平，其主要原因有二：首先，低收入住房計畫與美國其他透過經濟狀況調查而進行財富轉移的福利政策不同。福利政策要求符合條件且需要幫助的家庭在等候名單上排隊，因此有許多最貧困的家庭無法獲得援助。其次，這個計畫對許多想加入的建商也不公平，因為只有少數建商能參與並享受聯邦租金補貼。這些幸運兒沒有經過公開競爭，卻從中獲得超額利潤。

因此，經濟學家問：為什麼不發給所有低收入戶一張代金券，以支付部分的住房費用？如此一來，可以讓他們利用手上的錢（包括自己和政府的錢），找到最有效率的住房方案。為什麼要告訴低收入戶，只有參與特定住房計畫才有可能得到政府補貼？

美國住房和城市發展部的確有一項代金券計畫，但它的資金規模少於效率較低的建商補貼計畫。經濟學家們幾十年來不斷為代金券發聲，並提供研究證據證明建築補貼計畫效率不佳。一項出色的研究發現：「就一項規模最大的低收入住房補貼計畫來看，租戶收到相同金額的補貼並得到相同品質的住房，在這樣的條件下，政府與建商合作的補助計畫成本，至少比代金券計畫高出 72%[158]。」

為什麼使用代金券系統會這麼困難？原因之一是參與建築和修復計畫的建商大力遊說，並在競選時捐款。這個現象在密蘇里州尤其醜陋：共和黨籍的眾議院議長和幾位民主黨參議員，都從該州最大的建商手上收受政治獻金[159]。

進階思考

60 年前，許多經濟學家曾樂觀地設想，只要能建立公共財政的原則並向大眾傳播，聯邦政府便能以選擇性干預政策糾正市場缺陷[160]。但今天很少有人會抱有這樣的願景。

一部分問題在於，即使是有意義的經濟管制政策也很容易被濫用。授予專利權給一項新技術的發明人是有意義的，因為如果 A 企業發明新的生產方法後，會馬上被 B 企業照抄，那麼人們創新發明的動機將大大減弱。然而，現在市場中卻有一些老牌企業會從發明者手上購買有前途的專利，然後把這項專利束之高閣，以避免新技術的出現干擾到他們現有的盈利程序。

智庫研究員布林克・林賽（Brink Lindsey）指出：「現在每年頒發的專利數量，是 1980 年代初的 5 倍。」在專利法的領域中，法律的主要功能只是畫出一個地雷區，讓那些「專利巨鱷」大口吞食發明家。他們購買一系列的專利組合，只是為了將其變成訴訟武器。因此，本應支持創新的政策卻反而成為律師賺取利潤的工具 [161]。

更大的問題是，政府會推行某些經濟學家絕不會支持的政策。某項調查訪問擔任過政府高層的頂尖經濟學家，發現國家多數政策的制定，都只是為了因應政治需求，而且往往在巨大的時間壓力下匆促成事，很少經過仔細的分析 [162]。柯林頓政府的經濟顧問委員會成員艾倫‧布林德後來曾擔任美聯儲副主席，他便提出「燈柱理論（lamppost theory）」來解釋此現象：「政治人物希望獲得經濟學專家的支持，而非啟發 [163]。」

在政府機構中，事務官和經政治任命的政務官都會對經濟學家這樣說：「請給我最好的經濟理論和證據來支持我的立場。」然而，經濟學家往往會這樣回應：「沒有好的經濟論據可以支持你的立場。」因此，政治人物經常認為自己需要聘請不太熱衷於市場機能的經濟學家。不過時間證明，很難找到這類經濟學家 [164]。

懷疑政府效率的不僅是保守派經濟學家。讀者會注意到，我經常引用中間偏左的主流經濟學家來證明。經濟學家喜歡自由市場，因為自由市場能刺激競爭。經濟專欄作家羅伯特‧薩繆森說得好：

因為技術變革非常不可預測，所以市場可能會是最有能力推廣它的地方。在人民之間飽受詬病的「市場」，其實只是一個允許多樣性的系統。市場使企業與個人可以做出各種猜測與嘗試，……然而，正是可能失敗的威脅和得以獲利的前景等不確定性，推動人們不斷探索與改進產品[165]。

市場不僅能帶來更好的商品和服務，還會刺激新的制度創新，進而良性循環地帶來更好的商品和服務。舉例來說，Kickstarter 是一個募資平台，依賴大量投資者的小額投資來募集資金。至 2018 年為止，這個平台已經籌集了 39 億美元，並協助成立數千家公司[166]。

X 獎基金會[167] 的所作所為也同樣令人興味盎然。他們為重要的創新專案提供豐富資金，曾開出 140 萬美元的獎金，用於尋找能夠快速清除海洋漏油的方法。比爾及梅琳達・蓋茲基金會（Bill & Melinda Gates Foundation）現已加入這個行列，並出資提供獎金；Netflix 公司也採用這種創新模式，提供 100 萬美元徵求大眾改進 Netflix 向訂閱用戶推薦影集的演算法。共有來自 186 個國家的 5.5 萬人參加比賽，而獲勝團隊的 7 名成員一直都透過網路共事，直到 2009 年上台領獎時，才第一次在真實世界會面[168]。NASA 為徵求太空人手套的新設計開辦了一個獎項，最後的獲勝者不是一家航太公司，而是一位持續在創業的失業工程師[169]。

經營 X 獎基金會的企業家彼得・戴蒙德博士（Dr. Peter Diamond）表示，他確信這個獎項藉由改變人們對「可能」的認知，進一步改變世界[170]。經濟學家喜歡這類的制度創新。這些制度正從市場中湧現，利用經濟動機與獎勵，鼓勵人們打造更美好的世界。

對於許多沒有研究過市場的人來說，市場的力量並不明顯，但有一群人是例外：那些在人生後期才嘗到市場滋味的人，可能會像經濟學家一樣對市場充滿熱情。然而，即使是他們，也常將自己見到的豐沛選擇歸功於某間商店，而非市場機制。

我的同事艾倫‧林奇（Allen Lynch）研究蘇聯和俄羅斯，他告訴我：「1980 年代，蘇聯代表團訪問美國時，要求參觀百貨公司 Kmart。他們相當震驚日常消費品的種類如此豐富，許多蘇聯遊客（通常是菁英階層）和移民走進任何一家普通的美國雜貨店時，都會經歷心理甚至生理上的衝擊[171]。」

參觀完 Kmart 之後，來自東歐的訪客有時會得出這樣的結論：回去後也要開一家。某些讀者可能並不熟悉 Kmart，因為它曾經歷 2 次破產（最近一次是在 2018 年）。當年的蘇聯和東歐遊客無法理解，產生出豐富商品的是資本主義中的市場競爭，而非他們眼前的巨大商店[172]。

Podcast《聊經濟》的主持人路斯‧羅伯茲，曾講述他和一位俄羅斯遊客去採買日用品的故事。那位俄羅斯人想買一些酵母，但貨架上是空的，羅伯茲於是詢問店主是否還有庫存。店主從倉庫取出酵母遞給羅伯茲時，這位俄羅斯客人的眼睛亮了起來。這件事讓他以為羅伯茲是位有權有勢、有影響力的人，而不是接受日常服務的普通客戶[173]。

有些讀者可能難以理解，為何絕大多數主流經濟學家懷疑政府配置資源的效率。主流經濟學家並不是無政府主義者，他們確實希望政府在市場體系的法律框架下提供重要的公共財、糾正外部性，並在其他市場缺陷方面發揮積極作用。然而許多主流經濟學家還希望政府積極改善教育體系、解決總體經濟穩定問題，並將收入重新分配給窮人。在一個自由放任的經濟社會[174]，經濟學家期待政府進行一些干預。但在 21 世紀的美國卻非如此，經濟學家已經見證到政府干預的糟糕結果，並且找到理論依據，理解政府的干預效率在未來並不會改善。

讀者可能以為許多中間偏左的主流經濟學家，會對市場抱持懷疑態度，但兩位最傑出的美國經濟學家約瑟夫·史迪格里茲和保羅·克魯曼（他們都是諾貝爾經濟學獎得主）並非如此。我在本書引言中引用了史迪格里茲的觀點：「容許私人企業的市場，是所有成功經濟體的核心。」克魯曼對此也表示同意[175]。威爾斯和克魯曼在他們合著的《經濟學導論》中曾提到：「市場是組織經濟活動非常有效的方式。」兩人隨後討論了市場失靈，例如外部性和公共財，但最後仍以對市場經濟的高度評價結束其討論，「即使有這些顧慮，市場運作依然能最大限度地提高貿易收益[176]。」

有時經濟學家被批評是在製造一種名為「市場」的宗教。我認為以「了不起」「令人讚嘆」這些詞彙稱讚市場，還沒達到宗教層次，不過這的確是相當強烈的讚美。非經濟學家的人或許需要瞭解：為什麼經濟學家對市場經濟有此共識？

中國走向市場經濟的過程顯得緩慢且不情願，因為這樣做似乎與共產主義的意識形態背道而馳。一直要到他們得出結論，認為毛澤東的「大躍進」是場可怕的災難之後，「市場經濟」這種戲劇性的轉變才出現在中國社會中。

美國的政治人物也面對同樣的問題：為了提高效率，需要轉向市場，但這麼做意味著必須放棄某些舒適的政治立場。2008 年某日，《華盛頓郵報》的頭版標題寫著：「參議院投票通過，倒閉的參議院餐廳將改為民營。」15 年間，參議院餐廳損失了 1,800 萬美元，2008 年預計將再損失 200 萬美元。為避免納稅人拿出更多稅金補貼，由民主黨控制的參議院決定將餐廳的經營權交給承包商，而這將幾乎可以保證餐廳新員工的工資和福利。代表紐澤西州的民主黨參議員羅伯特·梅南德斯（Robert Menendez）在一次會面中提到：「你不能在參議院裡譴責公部門民營化的行動，然後轉身將參議院自己的勞工私有化，讓他們自生自滅。」

參議員黛安·范斯坦（Dianne Feinstein）是餐廳委員會主席，多次在民營化一事上被民主黨議員質問刁難。范斯坦將餐廳糟糕的財務狀況歸咎於「明顯低於標準」的食物和服務。但資料指出，參議院工作人員經常穿過國會大廈，跋涉到眾議院地下室的民營自助餐廳用餐，即使必須排上很長的隊伍也無所謂；眾議院的工作人員則幾乎從不到參議院這邊吃飯。眾議院的餐廳食物不僅更好，每年還會支付 120 萬美元的租金給眾議院。范斯坦參議員警告同仁，不進行民營化，將意味著參議院餐廳的食品價格將全面上漲25%。最後，參議員同意讓餐廳民營化 [177]。

CHAPTER 05.

富人減稅，全民都獲利？

‖ 經濟學家與公平性 ‖ Economists and Equity

　　上一章解釋了為什麼經濟學家認為市場是優良的資源配置機制。當我們從事市場交易時，的確可能傷害到其他人。譬如亨利・福特（Henry Ford）銷售他的 T 型車[1]時，馬車鞭子的製造商就無法從中獲益。在市場不存在缺陷的情況下，這交易的確實現了潛在的柏瑞圖增益（也就是贏家獲得的收益超過輸家的損失）。亨利・福特和所有購買福特汽車的人都有能力補償馬車鞭子製造商的損失，同時還能改善自己的生活。

　　但如果補償並沒有發生（就如一般生活中發生的情況），這問題又該怎麼看呢？消費者以金錢投票，市場對投票結果做出反應，但許多人認為這些投入市場的金錢並沒有公平分配。購買鉛筆（或 iPad）的人可能是最渴望擁有這些物品的人，有時剛好也是最富有的人——因為購買意願取決於支付能力。

如果都更建商想向地主購買市中心的一塊土地，而此處補貼低所得居民的住房，不論成交價格為何，都會是有效率的交易。此時，代表新住戶的土地開發商願意支付給地主的錢，高過低所得居民為保住房子願意支付的錢。但我們也許應該阻止都更建商，因為低所得戶特別需要幫助。

經濟學家解決公平性問題的方法之一，是在更大的背景下思考。

在一幢出租大樓中，如果因為房東想把店面租給電腦銷售與維修商，以便收取更高的租金，導致樓下的三明治餐廳被迫關閉，餐廳經理就會失去工作。這結果符合潛在的經濟效率：電腦店預期迎來更多客戶，有能力比三明治餐廳支付更高的租金。但請考慮市場未來可能發生的所有變化。如果「讓贏家贏得比輸家輸得多」是市場在大多數情況下的決定性標準，要是其他市場也改變，這位前餐廳經理也可能是新的贏家，所得也能完全補償輸家並改善自己的生活。如果在任何情況下，潛在柏瑞圖增益都是決定性的市場標準，經濟將會不斷成長，餐廳經理也會隨著時間推移獲得更高的所得。就算他個人沒從中受益，他的孩子也因出生在更為繁榮的經濟社會而受益。這樣的思維與論述很完備，但無法說服許多關注公平性的人。

批評經濟學家公共政策的方法時，經常是指責他們只在乎經濟效率。經濟學家在運用其專業知識時，比起討論公平性，討論效率時會更有信心。因此，他們寧願談論效率，也確實更常談論效率。不過，經濟學家還是花了許多力氣在討論公平性和所得分配。有篇經濟學文獻曾討論不同種族、男女及年齡層的所得分配是否公平。此處無法援引過多細節，只能簡單地說，經濟學家最常關注的一個特定分配問題是：不同所得階層握有國家資源的相對占比。在討論所得再分配之前，應該先解釋一個運作良好的市場會如何分配產出。

在市場經濟中，一個人的所得取決於他人使用他的勞動力、土地和資本而獲得的報酬 [2]。然而，對這些生產要素的需求，則取決於人們對其最終產品的需求。市場若非不完善，個人的所得取決於他的勞動力，和他擁有的生產要素能對市場提供的商品與服務。市場競爭的壓力會推升工資，直到它能反映邊際勞動者（雇主願意多僱用一位勞動者）對生產的貢獻，而這邊際貢獻就是這位勞動者在此處工作（而非他處或根本不工作）所能獲得的工資。許多經理人的確只想支付相當於員工生產能力一半的工資，但他們會面臨來自同業的競爭壓力，因為其他經理人會試圖挖角這些員工，願意支付稍微多一點但仍低於其生產力的工資。這位經理人仍可以獲得額外的利潤，但也同樣面對勞動市場的壓力，因為還有其他經理人願意再多付一點工資。

個人在勞動市場獲得的所得是機會和選擇的結果，而機會和選擇則取決於他出生的家庭、成長的社群、他的智力和其他能力，同時也取決於他的努力和遠見。懶惰的天才不會與勤奮的天才賺得一樣多，卻可能賺得比勤勞的一般人多一點。某些才華橫溢又勤奮的人，要是沒遇到識貨的伯樂（例如馬車鞭子製造商），其所得也可能不如他人。

柏瑞圖最適再分配‧財富版

關於「所得是否應該重新分配」這核心價值的問題，經濟學家聲稱他們的專業知識並不比普通公民高明，但他們的確有能力解釋：為什麼政府為了所得再分配而採取的某些強制措施，會具有經濟效率？對富人和窮人而言，幫助窮人的再分配，可以看成是私人慈善機構提供，但數量仍嫌不足的一種公共財。

在缺乏公共福利計畫的情況下，許多非貧困人口會支持以社會自發的方式減少貧困現象。某些人可能覺得自己有責任透過慈善機構捐贈，也因此獲得了個人的滿足感。但也有些人理解到，只憑個人的貢獻無法減少國家的貧困現象，因而傾向讓其他人捐款幫助窮人，就可以在不花自己錢的情況下，享受貧困現象減少的好處。如果有太多人這麼想，經由重新分配給窮人的金錢，就會比非窮人所希望的要少。但如果非窮人認為自己的捐獻也能夠有所貢獻，就可能會樂意捐獻。當政府要求所有經濟情況相似的人得捐獻相同所得時，可以確定其捐獻能夠產生實質的效果。因此，強制性的政府稅收可能是唯一能使非窮人願意掏錢的計畫。

關於財富再分配的柏瑞圖最適理論，並無法處理當今的問題。我們已經花了很多錢幫助窮人，對於是否應該再花更多的錢，非窮人間並沒有共識[3]。有許多非窮人（儘管並非多數人）認為自己口袋裡的錢流向「有需要的人」，或覺得「使用福利的人」已經太多了。這並不表示這些人的感受是對的，而是意味著：額外的財富再分配已不再符合效率[4]。經濟學家承認，社會大眾認為富人應該以錢相挺才公平。如果這是一種社會共識，大多數經濟學家也會接受這樣的要求：富人應該掏出超過其意願的金錢並重新分配給窮人。

所得和財富分配多平等？

在我開始認真閱讀有關所得分配的文獻之前，我曾以為相關數字應該簡單明瞭，問題的爭論點也該落在：是否應該改變這種分配？以及如何改變？不過我大錯特錯，針對財富分布數字的爭議，與該如何分配一樣多。閱讀越多的文獻，越不確定該如何下結論之後，我決定依靠 2 項主要的資訊來源：《經濟學人》（The Economist）和城市研究所（Urban Institute）學者史蒂芬・羅斯（Stephen Rose）的著作。顯然，對媒體偏見進行評級的網站「AllSides」認為他們立場都稍微左傾，但並不非常左。

《經濟學人》發現：在 1979 年至 2014 年間，個人所得中位數（經通膨調整）的成長估計範圍，從「下降 8% 到增加 51% 都有[5]」。當期雜誌封面故事標題為「不平等幻想」，內容則稱那些較低的數字「不太可信」，並指出數十年來的科技創新為社會大眾提供了手機、串流影片和降膽固醇的史達汀類藥物（Statins）。

羅斯進行了一項統合分析（結合許多研究發現的分析）並指出，在 1979 年至 2014 年間，經通膨調整後的個人所得中位數成長了約 40%。期間，表現最好的前十分之一企業盈利成長了 45%，而最富有的前百分之一人口所得僅成長 3.5%。另一項針對 1967 年至 2018 年間收益利得的研究中，羅斯發現中上階層（年所得在 10.8 萬至 38 萬美元之間的人），其收益利得的成長最顯著。在 1967 年，美國只有 6% 的人屬於中上層階級，2018 年這比例上升到 33%。中產階級縮小了，主要是因為人們在經濟階層中有所攀升而非下降[6]。

《多德 — 法蘭克金融改革法案》要求許多公司公布其執行長與員工的薪資比率。在 2020 年美國總統的競選活動中，參議員伯尼‧桑德斯提議，針對執行長與員工薪資中位數比率非常高的企業，大幅提高公司稅率[7]。假若 A 公司執行長的所得是普通員工的 50 倍，B 公司執行長的所得卻只有 10 倍，背後可能有充分的理由。舉例來說，B 公司可能有 100 名工人，其中大部分是熟練工；A 公司可能有 2,000 名工人，其中大多數是非熟練工。這樣的狀況下，A 公司的執行長必須負責管理更多資本和更多工人。這更大的責任，能解釋 A 公司執行長的相對薪酬會比 B 公司執行長要高得多。如果有人認為前 1% 的富人所得太高，為什麼要將焦點放在努力工作的執行長身上，而不是去挑剔其他根本不工作的富人呢？事實上，執行長只要將低薪資的勞動工作外包出去，就能降低自己相對於員工的薪酬比率[8]。

經濟學家亞歷克斯‧埃德曼斯（Alex Edmans）指出：無論公司表現是好是壞，人們都會抱怨執行長的薪水和獎金總是保持不變。的確看似如此，但這敘述具有誤導性。事實上，執行長的所得和財富是與公司業績掛鉤的，如果公司業績不佳，執行長持有的股票就會貶值。「如果股價下跌 10%，《財星》500 大企業的執行長平均會損失數百萬美元[9]。」

儘管經濟學家批判許多限制執行長薪酬的法律，但他們並不認為執行長的薪酬能夠反映其對公司的貢獻。芝加哥大學布斯商學院曾進行一項針對頂級經濟學家的調查，要求受訪者對以下敘述表示同意或不同意：

美國典型上市公司執行長的薪酬，高於其對公司價值的邊際貢獻。

表示「同意」的經濟學家人數，是表示「不同意」的 4 倍之多，約等於「不確定」的人數。許多經濟學家認為，董事會對執行長的監督不足。其中一位持此看法的經濟學家補充：「執行長若很糟糕，會對公司造成巨大損害[10]。」

大多數經濟學家都同意：財富分配比所得分配更不平等。美國聯邦準備理事會（Federal Reserve Board，後文簡稱聯準會）於 2018 年的一項研究顯示，最富有的十分之一美國人擁有 70% 的家庭財富 [11]，高於 1989 年的 61%。在這段期間，最富有的百分之一美國人，其擁有資產占全美財富的比例，從 24% 上升到 31% [12]。不過這些數字最近受到一篇論文的挑戰。這篇論文將社會福利作為一種財富形式，重新計算得出的結論是：在過去 30 年裡，財富不平等的程度並沒有增加 [13]。不過，中產階級擁有的股份則急劇增加：在 1960 年，美國退休金帳戶中只持有 4% 的美國股票市場股份，到了 2015 年，該數字增加到 50% [14]。

然而，若將最富有的美國人對私募股權和對沖基金所增加的投資也一起計算進去，財富和所得分配的不平等程度則又變大。專門評論金融產品與投資機會的網站 Investopedia 所下的結論是：「儘管每年都賺得荷包滿滿，但頂尖對沖基金和私募股權還是得到豐厚的稅收減免優惠 [15]。」

人口不流動，經濟體的成長也快不了

與 60 年前、甚至是 30 年前相比，經濟學家已不再把貧困視為嚴重的社會問題。官方公布的貧困率並未大幅下降，但經濟學家表示，官方發布的貧困率並未考慮撫養兒童的補助金和其他所得稅抵免，也沒有計算任何的非現金補助，包括醫療補助、歐巴馬的平價醫療法案、補充營養援助計畫（從前的食品券）、對有需求家庭提供的暫時性住房補助、學校午餐和低所得家庭能源補助。因此，消費方面的貧困更不再是嚴重的問題。芝加哥大學的布魯斯・邁耶（Bruce Meyer）就主張以消費情況來衡量貧困，因為消費可以表現出一個「家庭能在食品、住房、交通和其他商品和服務方面購買的東西」。根據他的評估，消費貧困率已從 1980 年的 13%，下降到 2016 年的 3%[16]。

近半個世紀以來，布魯金斯學會研究員伊莎貝爾・索希爾（Isabel Sawhill）一直在研究貧困和所得分配的問題。立場中間偏左的她也發現，近年來貧困人口已顯著減少。她將這現象歸功於所得稅抵免政策（earned income tax credit，EITC）。該政策不論這些低所得戶是否需要繳稅。都讓低所得工薪階級能獲得聯邦政府的工資補貼，其未成年子女每月也能獲得津貼。「2017 年，這些所得稅抵免補助讓 830 萬人脫離貧困，其中包括 450 萬名兒童[17]。」

保守派經濟學家雖然也認同這些政策對減少貧困的效果，但更多學者強調經濟成長和福利改革帶來的功效，尤其是後者讓許多母親願意參與勞動市場。保守派經濟學家還強調：貧困之所以能大幅減少，主要是政府的財富重分配計畫奏效，而非詹森總統（Lyndon Baines Johnson）對貧窮作戰所宣稱的「透過工作實現自給自足[18]」。

過去 10 年，歐巴馬總統與共和黨重要人士，如前眾議院議長保羅・萊恩（Paul Ryan）都曾表示，美國的經濟流動性已經下降。在他們發表這些言論之後，一些研究卻發現事實並非如此。在過去半世紀以來，每 10 年經濟階層上下之間的流動性大致相等[19]。

　　不過，美國的經濟流動性的確不如加拿大和西歐大部分地區那般強大。在丹麥，個人擺脫貧困的機率大約是美國的 2 倍。但在財富分配的另一端，美國最富有階層的流動性反而很強。根據《富比世》（Forbes）的美國 400 富豪榜，企業家上榜人數從 1982 年的 40% 上升到 2011 年的 69%。在這 30 年間，1982 年之後含著金湯匙出生的富二代比例幾乎減少了一半[20]。

　　勞倫斯・薩默斯等溫和的中間偏左經濟學家也指出，每年度的《富比世》美國 400 富豪榜替換率相當可觀。但他和大多數經濟學家一樣，都認為在過去這一代人，所得和財富的不平等程度仍有所上升。薩默斯提出一系列減少不平等的方法，例如打擊富人的逃稅和洗錢行為、增加能創造就業機會的基礎設施投資、為中產階級提供就業培訓服務。儘管如此，他似乎認為造成不平等的巨大力量並不會消失，因為機器人將會取代人類勞動力。「當前經濟環境中的基本事實是，技術和全球化為那些具有非凡創業能力、運氣或管理才能的人士，提供了更大的發展空間[21]。」

　　近年來，經濟學家相當驚訝美國不同地區的經濟階層流動性也有所不同。儘管整體上仍比不上歐洲，但美國某些地區的流動性幾乎可以和西歐流動性最強的國家相媲美。亞特蘭大和西雅圖的平均所得很接近，但前者流動性遠不如後者；波士頓、鹽湖城和匹茲堡的流動性都很高，孟菲斯、印第安納波利斯和辛辛那提的流動性卻很低。

　　經濟階層流動性高的城市具有哪些特點？一個城市的大學數量並不會提高流動性，極端的財富分配也不會顯著削弱其流動性。但是，當貧困家庭生活在混合所得的社區、當學校教育品質提升、當社會中的公民參與度提高（包括參與宗教和社區團體）時，都有助於流動性的改善。其中與流動性最高度相關的因素，是高比例的雙親家庭[22]。

　　許多經濟學家在研究這些證據後表示，當前經濟流動性的最大問題在於：貧困的人們離鄉背井至更繁榮地區的意願大幅下降。這損害了他們的所得前景，因為在繁榮發展的城市，即使所得較低的服務業（如理髮師和服務生）也能獲得更高的工資。

　　經濟學家一直反對以城鎮為對象的補助政策，認為政府應該補助的是窮人而非貧困地區。這個想法在過去有其道理，因為從前的低所得者往往會遷移到就業機會較多或工資較高的地方，但現在人們不願意為了更好的經濟機會離鄉背井。於是，3 位哈佛大學經濟學家勞倫斯・薩默斯、班傑明・奧斯汀（Benjamin Austin）和愛德華・格萊澤（Edward Glaeser）為布魯金斯學會撰寫了一份報告，建議需要進一步思考補助整個貧困地區的效果[23]。但他們的報告和研討會並未改變政府補助貧困地區的熱情。該報告的摘要指出：增加具有針對性的所得稅抵免，可以「合理地減少痛苦，並實質性地改善經濟表現」。所得稅抵免政策，確實可以幫助一些低所得人群在加入勞動市場之後，持續留在裡頭。但是，根據政治學家勞倫斯・米德（Lawrence Mead）的研究，所得稅抵免政策提供的激勵措施，仍不足以吸引不工作的窮人進入勞動力市場[24]。

格萊澤認為：既沒有工作也不想工作的壯年男性（25 歲至 54 歲）迅速增加，是 21 世紀美國的重大危機。在 1950 年代和 1960 年代，25 歲至 54 歲男性的失業率是 5%，然而在過去 10 年間，這些「黃金年齡」的勞動力中有 15% 的人失業超過 12 個月。格萊澤在他所謂的美國「東部心臟地帶」，研究此類型的一個小群體。他們主要是與他人住在一起（有時是伴侶，但更多的是父母）的失業男性。這些人的個人所得每年只有 8,000 多美元，其中大部分來自殘疾補貼。然而，他們的家庭年度總所得平均超過 4.2 萬美元。

格萊澤與其他經濟學家都認為，男性非勞動力人口的增加，主要是受到低技能男性工作職位減少的影響。他認為，不找工作的男性人數迅速增加，帶來更大的問題。這些人並不快樂[25]。格萊澤認為他們的生活缺乏成就感與目標感[26]，因此建議政府從防止阻礙就業的計畫中提取資金，運用到鼓勵就業的計畫（如所得稅抵免專案）[27]。

就經濟學家的觀點而言，幫助低所得人群的專案中，最受好評的就是所得稅抵免專案。它為低薪工人提供所得補貼，同時鼓勵他們更積極地加入勞動市場。但我們也將在下文看到所得稅抵免專案中「不當付款」的比率很高（通常是遭到詐欺）。上文所述的勞倫斯・米德研究也表明，所得稅抵免專案對於鼓勵人們邁出就業的第一步來說，效果不大。

米德因此建議，將就業參與列為領受其他政府福利（如食品券——現稱補充營養援助計畫）的條件。他認為政府可以強制應該投入勞動市場的男性（像是從監獄假釋、拖欠贍養費者）開始工作。然而，大多數失業男性往往可以從父母、祖父母、伴侶和朋友身上得到幫助，沒有必須找工作的迫切壓力。

正如第 4 章所討論的，大多數經濟學家強烈支持充滿活力與成長的經濟體。有更多人願意為尋找經濟機會搬家時，這個經濟體的成長會更加快速、更有活力。因此，當低所得階層的活動性不如以往，經濟學家泰勒・科文不免感到失望：「我們似乎正在投資『穩定』，努力讓自己過得四平八穩。」他將著作《自滿階級：弄巧成拙的美國夢》（*The Complacent Class*）獻給「每個人心中的反叛因子[28]」。不過，我們應該記住，在規模較小且經濟成長率低於社會平均值的社群中，失業可是特例。雖然這些社群的人們未必沒有工作，但確實應該讓他們認識到離家更遠的更好機會。

經濟學家的研究通常假設：更高的所得意味著更多的商品和服務，從而可以帶來更大的滿足感與幸福感。某些經濟學家似乎暗示，苦苦掙扎的工人階級應該「起身行動」，遷移到發展中的城市。這對於工人自身利益和整體經濟都將有所幫助，但專注於研究幸福相關因素的經濟學家則對此抱持著批判態度。

蓋洛普[29]的首席經濟學家喬納森・羅斯威爾（Jonathan Rothwell）也質疑這些經濟學家的遷移主張。他承認在繁榮發展城市工作的人們，對自己的工作會更滿意。但蓋洛普的數據顯示，生活在小城市的家庭，為人父母者的生產力會較高。在住房更便宜的好社區中，為人父母者更有可能贊同以下的正面敘述：「我居住的城市或地區對我而言是完美的。」「我居住的房子或公寓非常適合我和家人。」在較小的城市中，種族融合和志願性服務的效果也更好；生活在繁華城市的人們，某些社會指標確實得分較高，但總體而言，生活在大城市的人對社區的滿意度最低。羅斯威爾認為，為孩子尋求經濟流動性的家庭，很有可能選擇居住在小城市中相對條件較好的社區[30]。

　　蓋洛普的地區研究更認為，經濟學家往往忽視了健康因素。大城市的交通可能更擁擠、綠地也更少。據調查，高血壓與交通壅塞有關[31]，居住在綠樹成蔭的社區或公園附近，則可以降低壓力和罹患心血管疾病的風險[32]。

　　綠地對人類的好處，可透過一項精心設計的實驗獲得到證實。541 處費城的空地被分成 3 組：一組空地的垃圾被清理乾淨，另一組除了清潔外還種植了草木，第三組為維持原狀的對照組。接受測試的 342 位居民（大部分所得較低）也相對分為 3 組。居住在有清理的空地附近，其居民的心理健康沒有顯著改善；居住在綠化空地附近的居民，與對照組相比，憂鬱情緒減少了 40%、認為自己一文不值的感覺也減少了 50%。該研究的作者認為，再進一步研究可能會發現：綠化還可以提高社會凝聚力、人際互動和安全感 [33]。

所得再分配

　　經濟學家往往是功利主義者。他們認為快樂與幸福構成了生活的目標，而每個人都應該平等地獲得幸福。消費者主權能使消費者的幸福或效用最大化（這也作為普遍的規則），大多數經濟學家相當滿意這樣的假設，但也有不少經濟學家認為，我們應該最大化社會中每個人的綜合效用，並假設富人從邊際所得中獲得的效用，低於那些不太富裕的人。經濟學家認為我們無法科學地衡量和比較人際之間的效用 [34]，不過很少有人會懷疑窮人收到額外的 100 美元時，所增加的幸福感會比富人更多。換言之，經濟學家原則上支持所得再分配。

　　然而，經濟學家也警告，稅收亦有其不利的那一面 [35]。無論窮人還是富人，知道自己不能保有賺到的全額工資時（也就是工資會被課稅），往往會減少工作量。領取食品券和住房補助的低所得工人，甚至可能會減少工作或根本不工作，以免失去這些福利。富人不太可能辭去工作，但他們可能會提前退休並避免超時工作——譬如醫生除了會在周三下午請假去打高爾夫球，還可能決定周五下午再來請個假。

　　稅收會降低創新和投資，更高的稅收則會降低更多的創新和更多的投資。一些潛在的創業家不認為值得為這些剩下的稅後報酬去冒風險，因而轉向到現有企業去尋求管理職位。一些打算攻讀高等學位的工程師可能也認為，即使自己學成後的生產力和所得會提高，卻也會面臨更高的邊際稅率，所以覺得不值得為此付出代價[36]。

更重要的是，隨著邊際稅率的提高，富人更有動力想盡辦法避稅。自由派和保守派經濟學家一致認為，高邊際稅率對附加福利[37]和其他未課稅所得需求的影響，比對勞動力供給的影響更大。經濟學家亞瑟・奧肯指出：「高稅率往往使聰明人想盡各種辦法逃稅，就像下雪後，小男孩必定拉著雪橇出門一樣[38]。」此外，這可能引發更多的以物易物，以及地下經濟中的現金交易；也可能導致企業提供高階管理人員昂貴的可抵稅汽車、在加勒比海渡假地區開會；甚至能幫助富人找到逃稅漏洞的律師，荷包賺得滿滿滿。

奧肯的核心價值是強烈的平等主義：「若能避開成本和可能的後果，我希望所得能更加平等，甚至最好是完全平等。」但他也認為，無論貧富，所有人都應該能「保留絕大部分自己賺取的任何額外所得」。

身為經濟學家，奧肯充分理解經濟誘因的力量。他一直關注整體經濟大餅的規模，同時主張以更平等的方式去分配這塊餅[39]。自由主義經濟學家認為，降低對企業和富人的稅收並不會使他們中止逃稅的行為，但收緊的法規仍然會有顯著的成效[40]。保守派經濟學家則認為，最高邊際稅率適用的課稅所得只占稅基非常小的一部分，此一事實即可證明高稅率基本上是沒有用的[41]。

本書第 4 章提供的資料顯示：近年來經濟成長率確實有所下降，只是降幅被多數媒體誇大了。

1950 至 60 年代，美國國內生產毛額（Gross Domestic Product, GDP）的平均年成長率在 4% 以上，1970 和 80 年代大約下滑到 3% 左右，近年來則一直低於 2%[42]。即使是每年 2% 的經濟成長率，10 年後也會使人均實質所得提高 22%（經通膨調整），而每年 4% 的經濟成長率則會提高到 49%。**自由派和保守派經濟學家都同意，就歷史經驗來看，經濟成長帶給社會和民眾的物質進步，遠比工會或政治改革的貢獻重要得多。**

保守派經濟學家湯瑪斯・索維爾（Thomas Sowell）認為：

> 如果你曾迷戀歷史並聽取很多關於社會問題的討論，可能會認為人們今日不再衣衫襤褸或為飢餓所苦，乃是許多崇高的改革者拒絕接受這種生存條件並努力改善生活的結果，或認為 GDP 在這段時間翻了 5、6 倍只是純屬巧合。但是，如果你真的想知道為什麼 19 世紀的窮人衣衫襤褸，20 世紀的窮人卻不缺衣服穿，那是因為一個名叫辛格（Singer）的人改進了縫紉機，使工廠生產的衣服首次在人類歷史上唾手可得[43]。

自由派經濟學家亞佛烈德・卡恩在 1981 年發表的文章

中，也完全同意索維爾的看法：

> 沒有經濟成長，自由主義永遠不可能取得勝利。自
> 1930 年代以來，羅斯福總統所謂的「三分之一個美
> 國[44]」在物質福利上得到長足的進步，這要歸功於
> 所有美國人享有的物質進步，而非重新分配前面三
> 分之二的人享有的資源[45]。

　　**經濟生產力（即人均 GDP）的高成長率，其背後原因極
其複雜，但經濟學家一致認為，關鍵因素是創新和投資造成的
資本積累。**若工人能使用更好的設備和機器工作，工作效率就
會有所提高；若勞動力市場具有競爭性，就會使工人的實際所
得增加[46]。投資需要儲蓄，而富人的儲蓄占其所得的比例遠高
於其他人。整個社會都能從富人（和其他人）的儲蓄中獲得
一些好處。大多數經濟學家認為，經濟繁榮的「下滲理論」
或「涓滴理論[47]」有其道理。自由主義者也是美國第一位諾貝
爾經濟學獎得主保羅‧薩繆森表示：「被這麼多非經濟學家
蔑視的理論，涵括非常重要的歷史真相[48]。」亞佛烈德‧卡恩
則呼籲：

> 非經濟學家的自由主義者該重新思考，自己是否真
> 的該反對那些被認為會產生「涓滴」性質的任何社
> 會福利政策。生產力進步最強大的引擎是，技術進

步的背後必須有研發經費的支持，而結果會體現在資本財[49]的累積，以及管理技術的改善之上。這些政策藉由涓涓細流為所有人帶來好處[50]。

立場中間偏左的政治人物和政治評論員，近年來常蔑視涓滴經濟學，又同時支持「中間外擴經濟學（middle out economics）」。這是曾替比爾‧柯林頓撰寫演講稿的創投家提出的總體經濟理論。希拉蕊‧柯林頓（Hillary Clinton）在與川普進行總統選舉辯論時，也曾 2 次提到這個概念，而民主黨2020 年的競選活動中也有它的身影。中間外擴經濟學認為：充分就業和經濟成長來自於中產階級的支出，因為「公司不會在利潤豐厚時僱用額外員工，只會在面對大量客戶時才願意增加人手[51]」。當失業率很高時，社會可以藉由增加消費者的花費降低失業率。為了滿足不斷成長的需求，企業就會僱用更多員工，而更多員工會帶來更高的經濟成長。

主流經濟學家會說，在企業倒閉或工人尋找新就業機會的過程中，總會有一定數量的過渡性失業。但他們會問：假設去除某年度其他類型的失業，如果從事相同工作的工人，在相同工廠中使用相同設備，隔年他們的生產力會不會有所成長？答案是否定的。實現人均 GDP 的成長必須依靠新的業務流程、新發明、新技術和新投資。

富人只能在自己身上花費一定數額的金錢，他們的邊際儲蓄傾向遠高於其他經濟階層的人。當富人投資新技術和新設備，所有人都會受益。因此，當報紙刊登富人從減稅政策中獲益時，這資訊就帶有一定程度的誤導性。**事實上，我們都會從富人的減稅中獲得好處，因為他們節稅省下的大部分金錢，往往用於新的投資，而新投資帶來的產品改進會使中產階級受益。**

讀者可能會想：「但中產階級不也儲蓄和投資嗎？為什麼需要為富人減稅？」也許我們並不需要這麼做。在川普施行減稅政策之前，富人早已進行大量的儲蓄和投資。此處的論點只是：富人的儲蓄和投資，比其他階級要多很多。大多數中產階級是為了買房而存錢，當然這也是對國家及其經濟的投資，只是不會帶來技術上的突破；有些中產階級會為其他目的存錢，例如存錢送孩子上大學，而這的確也有助於未來的經濟成長。但大多數為創業而儲蓄的人，其所得不太可能低於平均水準，但稅收會耗盡他們手上的儲蓄。這些打算創業投資的企業家，往往希望能夠準備一定數量的自有資金以承擔風險。

經濟成長多一點，還是所得再分配多一些？

是否應該提高稅收，以將資源重新分配給貧困人口？這問題的主要爭議，在於稅收對經濟成長的負面影響程度。

支持低稅收的經濟學家指出：某些高稅收的負面影響很難具體觀察，但肯定存在。舉例來說，即使不會影響工時，額外的稅收也會影響工作的投入程度和品質，因為在高稅收下，工人對升遷不會有太大的興趣。這些經濟學家還指出：提高稅收對勞動力供給，短期來說影響不大，但人們可能會在未來幾年內提前退休或移民，也可能轉到生產力較低而壓力較小的其他工作。還有，人們也可能會認為辛苦工作後，增加的稅後所得並不多，不值得去創業和承擔壓力與風險。

許多民眾不知道所得再分配是有成本的，經濟學家卻瞭若指掌。然而，大多數經濟學家基於功利主義的理由，仍認為這些成本值得付出。我們現在採用累進的所得稅制，並給予低所得家庭相當多的所得再分配，但這樣足夠嗎？

在這個問題上，經濟學家、政治人物及一般大眾一樣，存在著嚴重的意見分歧。雙方都提供了各自的論點和證據。

左派經濟學家認為，對富人課徵更高的稅率，對經濟成長幾乎沒有影響。他們以證據指出：更健全的福利政策和更平等的所得分配，與較弱的總體經濟成長之間不存在相關性。法國等國家的累進稅制所課徵到的政府收入與美國相似，但其分配則更為公平。他們更認為：對最富有的千分之一人口課徵70%的所得稅，所獲致的大量稅收可提供所得最底層者所需的經濟資源。億萬富翁幾乎不會在乎這筆所得，但這筆錢卻能為中低所得家庭提供重要的經濟援助[52]。

一些立場中間偏左的經濟學家則認為：更高的稅率不會導致企業效率低下和執行長表現不佳。他們主張，高階主管的薪酬主要取決於企業內部的政治運作。因為不夠投入的董事會，很容易被這種要求高薪的自私論點所影響，一般股東也沒有足夠的資訊和能力來防止這種情況發生。因此，美國高階主管的薪酬遠高於在勞動市場上購買其服務所需的金額，更是遠遠高於其他已開發國家。然而，這問題不僅在於企業高管的薪酬是否高於應有的水準，如第 4 章提到的，左右兩派經濟學家都一致認為，真正的問題是：對職業門檻設下的管制障礙既不公平又有害於經濟效率。許多高薪職業的成員（如醫生和律師）常設置門檻，以限制行業之外的人執行某些非技術性的工作。

布林克．林賽（Brink Lindsey）和史蒂芬．泰勒斯（Steven Teles）在他們的著作《占領經濟》（*The Captured Economy*）中，詳細討論此類型市場的缺陷，並提出一個普遍性論點：一般而言，更多的公平性並不至於（如大多數經濟學家所認為地）降低經濟效率和經濟成長；擺脫不必要的證照，不僅能提高經濟效率和經濟成長，也能改善社會公平性[53]。所以，此處的問題不僅是中產階級在致富道路上，被富人設置了障礙（例如限制法律助理和醫學助理可以執行的業務種類），而是更廣泛存在的管制行為。舉例來說，許多人藉由經營餐車從低所得翻身為中等所得，但就算是經營餐車，也必須克服重重的管制障礙，有些州的法律就禁止餐車停靠在現存餐廳附近營業[54]！再者，美容沙龍業者也常主導州美容委員會向執法人員施壓，要求他們逮捕非裔美國女性，因為她們沒有美容師執照，卻替人編辮子賺錢[55]。

然而，批評政府主導所得再分配的學者，懷疑這些不合理的低效率行為（無論是企業高層還是專業人士的薪酬）是否真的廣泛存在。本章稍早提到，一項針對頂級經濟學家的調查顯示，他們多數認為執行長的薪酬高於其對公司價值的邊際貢獻。但大多數主流經濟學家也認為，企業高層並沒有像左派經濟學家所指稱的那樣，能夠隨意提高自己的薪酬。在非上市企業中，執行長的薪酬甚至比在上市公司中更高，但聘用執行長與決定其薪酬的，則是企業所有人（通常是私募股權投資者[56]）。

雖然有些人認為法國是個運轉良好且不斷成長的經濟體，但我相信大多數經濟學家不會認同。第 4 章介紹過，經濟學家批評法國僵化的勞動力市場和失敗的工業政策，此處不再贅述。法國的經濟社會與美國存在重要的差異：美國的人均所得大約高出法國 30%，因為美國人的工時比法國人更長。經濟學家愛德華・普雷斯科特（Edward Prescott）認為，工時長度的差異來自於法國較高的稅率。他發現，如果法國將其稅率降低到接近美國，其勞動力供給的情況也將與美國相似[57]。

右派經濟學家則反對大幅增加富人稅賦。以公平為主要訴求的政治人物曾大力批評 2017 年的企業減稅政策，但大多數經濟學家支持對企業減稅，因為與美國企業競爭的他國企業，其企業稅相對低得多。勞倫斯・薩默斯尖銳批評川普的大部分減稅提案，但也支持企業減稅：因為這將提供國內製造業生產的動機，並「能適度提高工資所得及整體經濟規模[58]」。

此外，如果政府支出急劇增加，稅率也必須及時上調。

根據穆迪分析[59]與支持伊麗莎白‧華倫（Elizabeth Warren）參選 2020 年總統大選的加州大學經濟學家所提供的數據，《華盛頓郵報》指出：兒童托育和幼稚園計畫的成本在 10 年內將達到 7,070 億美元、取消就學貸款產生的債務將為 6,400 億美元；公立大學的免學費計畫將舉債達 6,500 億美元，國宅計畫也將花費 5,000 億美元[60]。

第 4 章列出了經濟學家認為政府相較於企業效率低下的證據，經濟學家安德里亞‧貝格（Andreas Bergh）和馬格努斯‧亨利克森（Magnus Henrekson）在 2011 年發表的一篇論文中估算：富裕國家的政府規模每增加 10%，其 GDP 年成長率就會下降 0.5% 至 1%[61]。

總而言之，「從頂端所得階層，重新分配所得給較低層的人」「降低所有人的稅率，並追求經濟成長」，經濟學家針對這兩者之間的意見南轅北轍，一般民眾也是如此。一位知識淵博、政治傾向溫和的經濟學家告訴我，有各式各樣的數據可以支持不同的論點。只要知道怎麼挑選，就可以輕易找到支持左派或右派的數據。

應有的公正在哪裡？

葛雷格‧曼昆是哈佛大學著名的經濟學家，也是同行中的異類。他同意保守派經濟學家的低稅收觀點，但提出與右派不同的理由。

曼昆在相當程度上同意左派經濟學家的觀點。他不反對累進稅制，也認為相較於一般人，富人更能從完善的道路、良好的機場、培養熟練工人的良好教育系統中，獲得更多收益，尤其是從良好的法律制度中得到好處。因此，他主張富人應上繳其所得中更高比例的稅收，以支持基礎設施，並為窮人提供補助的社會計畫。但他也認為：不幸的是，許多美國人沒有意識到富人已經付出了許多（尤其從比例上看）：

> 所得最高的 1% 美國人，平均支付的聯邦稅超過其所得的四分之一；如果將州稅和地方稅計算進去，其稅率大約是三分之一。為什麼這些稅收不足以提供政府基礎設施所需的資金？事實之一是，隨著時間推移，越來越多政府支出用於轉移支付[62]，而非購買商品和服務。雖然政府增加了它在經濟中的占比，卻沒有提供更多更好的道路建設、法律機構或教育系統，而是越來越常利用其稅收權力，從彼得那裡拿走錢以支付保羅的帳單。探討政府服務的優缺點時，應該充分瞭解這件事[63]。

曼昆相信，許多人認為富人沒有支付他們應承擔的稅收，是因為億萬富翁華倫・巴菲特（Warren Buffett）曾說，自己支付的稅率比祕書還低。曼昆認為這只是反常個案，因為國會預算辦公室的報告聲稱：2009 年美國最貧窮的五分之一人口，其繳納的聯邦稅金只占其所得的 1%，中間五分之一人口的稅率是 11.1%，最富有的五分之一人口的稅率是 23.2%，最富有的 1% 人口，則將其所得的 28.9% 繳給聯邦政府 [64]。

然而，曼昆與立場中間偏左的經濟學家（甚至是大多數經濟學家）之間的爭論更為根本，因為他並不認為對富人徵稅的標準，是政府可以在不導致富人減少工作和投資的前提下，將富人所得盡可能轉移給較不富裕的人。許多經濟學家通常滿足於這種功利主義的框架，曼昆卻不以為然。他認為富人的所得應該取決於他們應得的份額。

歐巴馬總統和華倫參議員都曾表示：小型企業的創辦人應該與所有納稅人一樣，分攤造橋鋪路、興建機場、提供良好教育的成本，曼昆卻對此表示反對。他可能會說：「你看，那是個有想法的人。他努力開展業務、吸引投資者。他是個創業家。人們應該認定此人的所得是他應得的報酬。」

2008 年，歐巴馬在某次競選集會的演講中提到，他希望能夠「均勻散布財富」。曼昆撰寫一篇題為〈捍衛 1%〉的文章，其中提到「政治左派和右派之間唯一且最重要的區別在於，是否（以及多大程度上）認為『均勻散布財富』是政府的適當職能」。在曼昆「應得的公正」稅收哲學中，他認為那並不是政府應該做的。

曼昆認為所得應該反映個人的貢獻。在 1950 年代，美國最高稅率多半是 91%，曼昆表示：「即使得到了大多數公民的認可，利用政府的力量奪取他人如此大份額的勞動成果，依然不公正[65]。」曼昆在論述中引用了一篇文章，表明即使是年幼的孩子，也認為與他人共享資源時，應該考慮那是否是對方「應得」的東西[66]。

大約與曼昆撰寫文章的同時，擁有哲學學士學位的社會心理學家強納森・海德特（Jonathan Haidt）出版了《好人總是自以為是》（The Righteous Mind），提供更多論據，支持曼昆「應得的公正」。

海德特和他的社會心理學家同事擁有在美國和歐洲以外國家生活的豐富經驗，特別是在印度、巴西和日本。他們開始相信，西方政治立場屬中間偏左的人士，對「公平」只是片面的理解。他們建立了一項包含 30 個基礎道德問題的網路測驗，共有超過 12 萬名受訪者填寫。在這個研究中，他們對「公平」逐漸形成更新、更廣泛的理解。

測驗結果如下：政治上的自由主義者往往過於強調「平等性」和「強烈的同理心」，這使他們相信，「公平」意味著擁抱和支持「似乎受到壓迫、戕害或以其他方式被強者支配的群體」。相較之下，保守派認為均等和同情心可能並不公平，因為它經常破壞「努力工作、自我控制、個人責任」與「金錢、尊重、其他獎勵」之間的連結。保守派的公平觀念側重於得到其應得的相稱性（proportionality），而不是平等（equality）。「人們應該收穫自己播種的東西，努力工作的人應嚐到自己的勞動成果，懶惰和不負責任的人則應該承擔自己行為的苦果。」

海德特受到人類學家克里斯托弗‧勃姆（Christopher Boehm）的影響，認為：「道德起源於一個贊同懲罰、道德主義的八卦社群。……語言和武器的出現，使早期人類有可能消滅惡霸，並以共享的道德規範取而代之。就這樣，社群出現了。」他還認為贊同懲罰是「大規模合作的關鍵」。在實驗中，人們願意花錢懲罰自私的人，即使自己從中一無所獲。人們花錢贊同懲罰，是因為這麼做的感覺很好。「人們希望看到作弊者和偷懶者『得到應有的下場』；人們希望因果報應順其自然，也願意協助實現。」

保守派認為我們不能放任「騙子、偷懶者和搭便車者」，否則社群中的其他人終將停止合作，社會將因此瓦解。海德特似乎同意這樣的看法：「懲罰促進美德，使群體受益。」。他以自由主義者的身分開始寫《好人總是自以為是》這本書，書寫完了，他的身分轉為政治溫和派[67]。

福利國家如何懲罰作弊者和偷懶者？實際作為並不多。在福利國家裡，有很多人獲得他們無權獲得的福利。2014年，美國審計總署的報告指出：聯邦機構整體創下不當付款的新紀錄，共支付了 1,250 億美元的可疑福利，而這些審計中的數字甚至還只是低估。正如審計總署所承認的，通常審計報告不會覆核政府機構提供的數據，但其中有時會有官僚錯誤，例如已離婚的父母都為同一個孩子申請兒童稅收抵免。

貝柔‧戴維斯（Beryl Davis）是美國審計總署中，財務管理和保證團隊的負責人，負責監督進行財務和績效相關審計，並定期出席國會作證。2015 年 11 月 13 日,我有機會採訪戴維斯。她表示聯邦政府無法確定不當付款的總額有很多原因:如法律上聯邦政府無法要求各州估算新的福利計畫(貧困家庭臨時援助)的不當付款。又如在某些特定年分,根本不會報告有欺詐風險專案的不當付款估計值。問責署的摘要中,並不包括其他機構的不當付款估算,因為其估計方法尚未得到管理和預算辦公室的批准。另外,聯邦機構監察員也反映,有些其他機構使用的估計方法在統計學上實屬無效。

美國國家雇員名錄[68]內的資訊,通常被各州用來追蹤沒有監護權的父母,並蒐集兒童撫養令等相關資訊。勞動部事實上可以使用這份目錄,去確定申請失業保險的人何時獲得聘用。由於先前失業補助不當支付率太高,美國勞動部於 2011 年指示各州失業保險機構加強審查。勞動部指出:不當支付的主要項目,是仍支付已經重返職場的人失業保險金。但加州和部分州一直未按照勞動部的規定,使用國家雇員名錄進行交叉比對,時間長達 6 年。2018 年,失業保險的不當支付率為 13%,導致政府多付了 35 億美元,比 2010 年勞動部警覺到長期不當支付時的超額支付還要高(2010 年的不當支付率為 11.2%[68])。

並非每次的「不當支付」都屬詐欺行為,但其中肯定有很多案件並不誠實。俄亥俄州政府徹底研究了食品券專案中的詐欺行為,讓州審計員開始意識到有人出售電子福利卡,之後聲稱弄丟了再申請新的。2011 年的一項審計發現,重新核發了 31 萬張電子福利卡給俄亥俄州的福利接受者，其中有 1.7 萬人曾申請重新核發超過 10 次。我們懷疑這些卡片不是真的搞丟了，而是被拿去轉賣。州審計員的評估也發現，發放福利的系統中，並沒有機制識別和打擊詐欺行為 [69]。

幾年前，緬因州開始在電子福利卡印上持有人的照片，以打擊詐欺行為。歐巴馬政府認為這項政策可能會引發「寒蟬效應」，因而威脅要刪減緬因州的食品券資金來源 [70]。但緬因州仍繼續推動改革。該州的福利機構發現，有近 4,000 名福利領取者曾經中了總計 2,200 萬美元的樂透，卻還繼續領取食品券 [71]。另一方面，領取聯邦殘疾福利的人數，每 15 年就成長一倍，而且領取者的平均年齡持續下降。事實上，一旦人們開始領取殘疾福利，就很少會重返職場。

各州政府也有充分的動機濫用殘疾福利，因為殘疾人士的福利津貼百分之百來自聯邦政府（相較於領取一般福利的人花的是州政府的預算）。美國全國公共廣播電台的調查發現，各州甚至僱用私人承包商來呼籲居民領取殘疾福利，試圖「幫助人們發現和登錄自己的殘疾 [73]」。

經濟學家很少討論政府支出中的浪費、詐欺和濫用，反而比較常取笑那些關注這些議題的政治人物。他們認為糾正詐欺，並不足以彌補預算赤字。從大局來看，詐欺金額與整體赤字相比的確是九牛一毛。然而，經濟學家最喜歡的扶貧專案之一──所得稅抵免專案，在美國審計總署開列的政府機構不當付款名單中，其違規金額位居前三名。2014 年，所得稅抵免專案支出 660 億美元，其中有 180 億美元是不當付款，錯誤率為 27%[74]。

海德特在著作中表示，打擊各種福利詐欺會得到民眾的大力支持。但我認為，政府若可以同時打擊富人的濫用行為，將會獲得更多政治支持。美國國稅局在已確定的稅收債務中，發現有 60% 從未進行追繳。不繳稅的騙子中許多是有錢人，但國稅局缺乏追蹤稅務拖欠者的資料。年所得超過 10 萬美元的違規者中，有 56% 逍遙法外。第 4 章討論政府官僚機構的不佳效率時，也曾提到這類行政癱瘓[75]。

勞倫斯．薩默斯呼籲美國國稅局增加資源，以提高遵守現有稅法的程度。他估計到 2020 年，美國國稅局無法徵收的稅收負債將超過 6,300 億美元，這也就是所謂的「稅收缺口」。薩默斯在與娜塔莎．薩林（Natasha Sarin）合作的研究中，預估 70% 的稅收缺口來自：所得前 1% 的富裕人口繳交稅款不足，而這個現象助長了人們的合理擔憂，認為不公平的稅收制度對菁英階層有利[76]。薩林與薩默斯認為：

> 更有針對性的審計作業、提高美國國稅局的執法到從前的最高水準、投資在資訊技術上、擴大收益申報，這些措施可能在未來 10 年內籌集超過 1 兆美元的資金。這些錢主要來自所得非常高的納稅人。這麼做能增加的稅收，超過將個人所得稅最高稅率提高到 70% 能增加的稅收[77]。

打擊浪費、詐欺、濫用並不能讓福利政策收支平衡，但至少可以為政府省下一大筆錢。更重要的是，這麼做可以讓美國的稅收與福利系統在社會上建立起公信力，才對得起公眾的道德標準。

美國開國元勳會怎麼說？

人們對所得分配的意見分歧似乎根深柢固。

那麼，看看美國開國元勳留下的制度，以及他們對社會分歧意見的觀點，或許可以給予我們一些啟示。

對我們這一代人來說，向開國元勳尋求政治指導，可能比過去任何時候都容易引起爭議。南方各州的元勳都蓄奴，只有喬治·華盛頓（George Washington）在臨終時給予他們自由。奴隸制是美國開國元勳在名譽上的重大汙點，美國憲法甚至有對奴隸制妥協的部分。但在美國終止奴隸制這方面，最受讚譽的亞伯拉罕·林肯對開國元勳卻非常尊重，儘管他本人認為奴隸制在道德上是錯誤的。他意識到，美國制憲會議如果沒有在奴隸制問題上妥協，就不可能建立一個可以持續和繁榮的聯盟。林肯為了柯柏聯盟學院（Cooper Union）演講而費心進行的法律研究，顯示美國憲法允許法律防止奴隸制在美國領土蔓延。林肯相信，藉由阻止奴隸制的蔓延，可以促使奴隸制走上華盛頓、湯瑪斯·傑佛遜（Thomas Jefferson）和詹姆士·麥迪遜（James Madison Jr.）為其制定的道路，……也就是一條逐漸

滅絕的道路 [78]。

美國憲法允許聯邦政府從 1808 年起禁止國際奴隸貿易。經由美國國會通過，傑佛遜總統簽署了一項禁止奴隸貿易的聯邦法律，在 1808 年 1 月 1 日（憲法允許該法案生效的第一天）起生效。

儘管近年來美國開國元勳的個人生活面臨新的審視和譴責，但他們為美國政府制定的框架，似乎比以往任何時候都更受重視。川普總統對三權分立的不尊重，讓許多人憂慮，因為分權制度正是為了監督總統職權。人們也受惠於憲法保護的新聞自由，即使川普常常高喊「假新聞」，但新聞業依舊發展蓬勃。公民生活也仰賴美國聯邦制度的保護，因為各州有很大的權力可以抵制聯邦政府破壞其獨立性 [79]。

對於我們現在面對的問題，開國元勳可能會怎麼說？馬克‧普拉特納（Marc Plattner）在研究美國開國元勳的經濟思想時發現：

> 所有美國憲法時代的政治思想家，似乎都接受財產權的不可侵犯性，其中包括反聯邦主義者、憲法支持者、農業、商業和製造業的支持者 [80]。

傑佛遜在第二次就職演說中表示，權利平等意味著「不論財產分配平等與否，都是個人經營其產業或從其父輩所繼承而來的 [81]」。麥迪遜在《聯邦黨人文集》（*Federalist No. 10*）的

第十篇（美國建國時期最重要的政治理論著作）中提到：自由與個人能力的多樣性會導致經濟不平等，但富人永遠是少數；因此，對公眾來說，最大的危險是窮人以多數聯合的方式，欺騙或掠奪富人合法獲得的收益利得 [82]。

這種對財產權的基本支持，並不表示開國元勳不關心財富過度集中。這可從他們反對長子繼承權的態度中見到端倪。美國當時的法律和習俗要求所有財產都留給長子，但大多數開國元勳譴責，認為長子繼承制會延續菁英階層的世襲，並破壞民主和自然平等。傑佛遜率先終止維吉尼亞州的長子繼承制，並認為這項改革的成功，像斧頭砍在假貴族的根基上 [83]。

傑佛遜曾擔任駐法大使，震驚於他在法國社會的見聞，並將原因歸咎於長子繼承權。他說：「我忍不住自問，在一個多數土地尚未開墾的國家，為什麼能允許這麼多願意工作的人流落街頭乞討 [84]？」看到這種不平等的後果，他認為財產權已經走得太過頭，正在侵犯其他自然權利。除了廢除長子繼承制外，傑佛遜也支持對財產課徵累進稅率。

儘管在財富不平等方面，麥迪遜的態度比傑佛遜溫和，但他依然支持廢除長子繼承制，並認為那是利用「法律的沉默運作，將極端富裕視為平凡，並將極度貧困說為舒適」。麥迪遜對健康的中產階級保持善意，而富蘭克林則稱中產階級為「快樂的平凡人 [85]」。

在其他開國元勳中，亞當斯認為實現美國國內和平最好的方式，是將土地分成小塊，並且讓每位社會成員都能輕鬆獲

得 [86]；華盛頓也支持大量分割美國西部土地。他認為美國可以成為「勤勞節儉」人士的樂土，這也同時有利於最底層民眾的幸福，因為他們可以從許多空置的土地平等地分配到財產，也能便利地採購生活必需品 [87]。美國建國時期，公部門和民營企業都努力為窮人提供援助：傑佛遜帶頭起草福利法案，亞當斯也簽署了一項資助生病和殘疾水手的醫療保健法案。

透過廢除長子繼承制來控制財富的繼承，美國開國元勳也希望發展出健康的中產階級，並為窮人和殘疾人士提供福利。然而歸根結底，他們仍支持自由。鑑於「個人能力的多樣性」，如果一個人想要擁有自由，就必須容忍財富和所得方面的巨大不平等。

與開國元勳相反，經濟學家亞瑟・奧肯表示，從市場產生的所得不能被認為是「公平的」或「應得的」。奧肯請大家這樣看待所得再分配：想像一個裝滿富裕者所得或財富的水桶，然後想像這個桶子開始漏水（如前文論點，因為高稅率導致工作和投資的動機較弱）。若要更平均地分配所得，能分配的這塊餅就會變小。奧肯認為，我們應該思考自己能忍受漏多少水，而不是完全放棄重新分配。

奧肯寫作的年代是 1974 年，當時占人口五分之一的底層家庭，平均所得為 5,000 美元，而所得最高的 5% 家庭，平均所得為 4.5 萬美元。奧肯表示，他贊成對前 5% 的富有家庭徵收 4,000 美元的附加稅，以便為底層家庭增加所得。但因為洩漏效應，底層家庭將無法得到完整的 4,000 美元。奧肯表示，在洩漏率達到 60% 之前，他都支持這種所得轉移政策。也就是說，如果底層家庭能夠分享到 1,600 美元，奧肯願意從富有家庭手上拿走 4,000 美元。

隨後，奧肯探討了另一種可能的轉移：把資源從上層中產階級手中，轉移給下層中產階級。他依然贊成這種再分配，但沒有在面對最貧和最富時那般強烈。他提出的具體範例是，從家庭所得位於百分位數 80 之前的家庭手中，轉移所得給位於百分位數 37 的較低所得家庭，但前提是洩漏率必須小於或等於 15%[88]。

奧肯給出的第二個範例顯示，對所得再分配的衝動，會影響社會中每個人的所得。**幫助窮人是項合情合理也合法的公共政策，富人也的確應該支付更高比例的所得稅，以因應社會需求。**這與美國建國時期的某些思想相合，**但若將稅收負擔視為所得重分配計畫的一部分，這就侵犯了財產權，**也超出了美國開國元勳認定的公正範圍。

政策背後的理由很重要。美國是個福利國家嗎？是的。美國是個支持所得再分配的國家嗎？不是。正如馬克·普拉特納所言：

> 只有在最初賺取所得的人並非合法獲得收入的情況下，政府所得再分配的行為，在道德上才是合理的。若讓政治過程（而非私人經營產業的合法性）仲裁個人所得，所得再分配會破壞私有財產的

概念。……一旦每個人的所得將直接依賴政府的慷慨捐助，公開的再分配政策必然會導致社會兩極分化，並使所有公民都成為政府的資助者或福利接受者[89]。

明確的再分配目標會加劇富人和窮人之間的衝突，而政策制定者應試圖減少這些衝突。正如奧肯提醒我們的，衝突不僅會發生在貧富兩極之間，也會發生在上下層中產階級之間。

事實上，支持所得再分配的國家中，與公平性相關的衝突不會只發生在不同的經濟階級，也會蔓延到其他對立的群體。由於在歷史上，美國曾實施奴隸制，問題很可能就從此處浮現：非裔美國人應該獲得額外的所得再分配嗎？只有祖先曾是奴隸的非裔美國人才應該擁有資格嗎？美洲原住民的祖先呢？鑑於性別歧視的歷史，是否應該給予女性工人特殊的優惠？從此，問題和衝突將無止盡地增加，使美國社會走向政治化。

儘管如此，所得再分配的衝動仍節節竄升。2020 年美國總統競選中兩位較有實力的候選人伯尼‧桑德斯和伊麗莎白‧華倫，都主張對極端富有者的財產徵收前所未有的聯邦稅，而不僅是他們的所得。其他國家也曾嘗試徵收財富稅，但效果不佳。1990 年有 12 個富裕國家徵收財富稅，到了 2017 年只剩下 4 個國家仍然這麼做，其中法國也取消了大部分稅收，因為 2000 年至 2012 年間約有 4.2 萬名法國百萬富翁外流[90]。

薩默斯認為，桑德斯和華倫的提案嚴重低估了行政和合規成本。財富可以隱藏在海外，財富稅也可以透過複雜的法律結構規避。大多數經濟學家認為：若與財富稅相比，對所得、贈與和遺產徵收更高的累進稅金，能以更少的成本產生更多稅收[91]。

　　華倫提議對財產超過 5,000 萬美元的美國人，每年徵收 2% 的稅金。隨著競選活動開展，她提議對億萬富翁徵收 4% 的額外財富稅。她在造勢活動中表示：若政府不徵收這些稅金，千萬富翁和億萬富翁就會把錢花在鑽石、遊艇、名畫[92]。

　　不過超級富豪的大部分支出，事實上是在更有用的地方。拉斐爾．巴齊亞（Rafael Badziag）是位企業家，撰寫《有錢人與你的差距，不只是錢》（*The Billion Dollar Secret*）前，曾採訪 21 位億萬富翁。他發現億萬富翁更喜歡賺錢而不是花錢：許多人有節儉的習慣，因為這些人把錢看作用來投資和創造的資源。大多數億萬富翁的特點都是：花得比賺得少[93]。

　　超級富豪也是滿懷職業道德。執行長的工時非常漫長，2 位哈佛大學教授在一項研究中，請 27 位企業執行長在為期 3 個月的時間內，以 15 分鐘為單位記錄自己的活動（每天 24 小時、每周 7 天）。這些執行長的公司平均年收益為 131 億美元，執行長每周平均工作 62.5 小時；相對地，美國人平均每周工作 44 小時[94]。

　　對投資所得徵收更高的稅，是在鼓勵社會中最富有的公民多花錢、少投資。在任何情況下，大部分的合法所得應歸屬於賺取所得的人，然而高於 49% 的聯邦稅率明顯違反此一原則。

傑夫・貝佐斯、史蒂夫・賈伯斯（Steve Jobs）和 J・K・羅琳（J. K. Rowling）這樣的人已經證明：他們知道如何創造大眾認為有價值的產品，而由此獲得的利潤，是取悅消費者的結果。如果這些利潤被課稅，國會有能力進行更好的投資嗎？2018 年，喬治城大學的一項調查表明，民眾認為國會做不到。這項調查詢問受試者對 20 家機構的信心，其中包括著名的銀行、工會、大學、大企業、慈善機構和宗教機構。軍方贏得了民眾最大的信任，其次是亞馬遜和 Google，政府行政部門排在第 17 位，而國會慘澹墊底[95]。

討論到是否該規範富人將全部（或幾乎全部）財富留給子女時，再分配似乎是更為切身相關的問題。我們可以合理懷疑：商業巨擘的孩子是否有父母的能力和精力，能否以繼承到的巨額財富發展出成就？道格拉斯・霍爾茨－埃金（Douglas Holtz-Eakin）、大衛・朱爾法安（David Joulfaian）和哈維・羅森（Harvey Rosen）曾研究遺產對職場道德的影響，他們發現：「獲得 15 萬美元遺產的人離開勞動力市場的可能性，大約是獲得 2.5 萬美元以下的 4 倍[96]。」

美國建國時期很少有人贊成課徵遺產稅，前面也指出：當代經驗表明遺產稅難以執行。因此，許多國家已經放棄徵收遺產稅。不過《經濟學人》雜誌仍認為：若與財富稅或高資本利得稅等替代方案相比，遺產稅對經濟成長的損害較小[97]。

再者，遺產稅將有助於減少巨富家庭的財產代代相傳，而這也是大多數美國開國元勳所樂見的。

共和黨稱遺產稅為「死亡稅」，有意將其完全廢止。2015 年，由共和黨控制的眾議院通過立法廢除聯邦遺產稅，但參議院並不同意 [98]。在廢除遺產稅的過程中，共和黨的論述是：遺產稅造成小型家庭農場和小型企業額外的負擔。由於單一繼承人享有 550 萬美元的遺產免稅額，因此 2017 年，只有 80 家小型家庭農場和小型企業積欠聯邦遺產稅。同時，允許繼承人在數年內分期繳納遺產稅的做法，也可以降低繼承人失去家庭住宅和企業的風險 [99]。

我認為，現今美國社會最富有階層擁有巨大且非常不平等的財富——已超過許多開國元勳的警惕。在美國建國時期，最富有的前 1% 人口擁有全國總財富的 8% [100]，而今天最富有的前 1% 人口，已擁有近 20% 的全國總財富 [101]。若處於當今環境，開國元勳會認為更需要有遺產稅。

此處關於遺產稅的論點，並非要質疑第 4 章支持資本主義的論點。資本家攪動所得和財富的結果帶來了創新，也帶給所有階層物質面的利益。開國元勳們會對我們今日擁有的財富感到吃驚，卻不會驚訝於憲法保護財產權的資本主義制度能夠創造財富。

本書認為：**經濟學基本上有益於國內公共政策的辯論，但在最大的公平問題——所得再分配，經濟學家間的分歧如此之大，以至於與其他經濟領域相比，無法為政策制定者提供足**

夠的建議。事實上，我認為經濟學家討論再分配時，他們的功利主義框架阻斷了嘗試其他競爭框架的可能性。

不過，經濟學家在公平性的部分也有達成一些共識。這些共識至少是政治人物應該更用心處理的。接下來將探討其中的 2 項共識。

誰獲益？誰受損？

我們不應該只關注經濟學家們在面對效率與成長，或幫助低所得人口時的意見分歧，因為這麼做會忽略他們在公平性等其他相關問題時達成的共識。首先，經濟學家一致認為，必須判定現行與研議中的政策裡，各項措施的獲益者和受損者。

撰寫本節初稿時，正值美國總統大選初選。某些民主黨總統候選人提議讓公立大學免學費。許多支持學費減免的人意識到：多數大學生來自中上階級家庭，並不需要別人幫忙支付學費；免學費政策的受惠者，多數是那些即使必須付費也會就學的學生；只有少數大學生才因學費過高而無法就學。然而，支持「人人免學費」政策的普遍論點之一是：所有人都能受惠的社會保障才受歡迎，如果免學費政策能適用於所有大學生，那也會受歡迎。

對於這番論點，經濟學家提出質問：「為了讓人們負擔得起大學教育，我們是否應該制定獎學金計畫，提供富裕家庭學生最多的經濟獎助？」制定一項受歡迎的政策，卻主要是在幫助小康家庭子女，這有何公平之處？關注公平性的經濟學家指出，大學生在住房、食物、電力等方面的花費超過了學費。因此，他們問道：為何不將中高所得家庭在免學費政策下省的錢，用來補助低所得家庭的子女，以支持他們在大學期間的生活費用[102]？

關注公平性的經濟學家也明白：任何政府福利政策的資金都來自稅收，這會使未來所有階層都受益的經濟成長有所減少。他們還發現，從社區大學輟學的學生比畢業的人多。於是，許多這一派的經濟學家轉而支持以經濟成長為導向，認為政府花太多錢補貼大學生，學校也因接受政府補貼而欠缺提高效率的誘因。許多經濟學家仍不能理解：政府為何不像資助大學一樣資助技術培訓？大多數經濟學家相信消費者主權，認為能以現金的形式（而非參加特定培訓）幫助貧困人口，效果會更好[103]。

免學費政策對許多人（甚至大多數人）來說好像很不錯，因為大家可能會認為，鼓勵更多人繼續接受教育顯然對國家有利。但我懷疑大多數民眾是否理解，為什麼左右兩派的多數經濟學家都反對為所有人提供免學費教育。事實上，經濟學家是在研究誰獲益、誰受損之後，才決定反對此項政策。

經濟學家更加反對伊麗莎白·華倫提出的提案：為家庭年所得低於 25 萬美元者免除最多 5 萬學貸。布魯金斯學會經濟學家亞當·魯尼（Adam Looney）經過計算後得出：華倫的提議會使 66% 的學貸減免，落在五分之二的富裕家庭身上，而只有 4% 的減免可以幫助到約五分之一的底層家庭。換言之,沒有人會接受額外的教育,富裕的貸款人則會得到大部分的政府補助 104。

不過,對大眾、媒體和許多政治人物來說,經濟學家所主張的許多政策理念,往往聽起來都非常糟糕。

美國受薪階級可以從應稅所得中,扣除由公司支付的健康保險金。數十年來,經濟學家一直試圖為這筆扣除額設定上限。以下是美國健保專家詹姆士·卡普雷塔(James Capretta)對此的觀察摘要:

> 人們繳交的所得稅是根據其現金工資計算,公司提供的健康保險價值不會被計入。因此這種稅收差異,鼓勵雇主將薪資轉化為慷慨的健康福利。然而,過於充裕的健康保險會鼓勵消費者使用過多的醫療服務,進而提高健康保險的成本。根據 2008 年的一項研究,若對薪資中的健康保險課稅,可平均為雇主節省 35% 的成本 105。

在健康保險的案例中,誰獲益而誰受損呢?「享受這種附帶福利的,主要是所得高於全國平均的企業員工和管理階層,而非底層員工 106。」曾在卡特政府擔任多個高階職位的經濟學家亞佛烈德·卡恩,主張對極其慷慨的醫療保險徵收「凱迪拉克稅 107」,但遭到另一名政府高層反對;對方憤怒地指責卡恩是「要求窮人首當其衝，承擔醫療費用上漲的苦果[108]」。

歐巴馬競選總統時，批評約翰‧麥肯（John McCain）提供就業機關健康福利徵稅的建議。但隨著時間推移，歐巴馬政府也開始支持，並對每人花費超過 1.1 萬美元，或家庭花費超過 3 萬美元的健康保險徵收「凱迪拉克稅」。此計畫原訂於 2018 年開始施行，但在保險公司、工會、健康團體和消費者團體的壓力下，被推遲到 2022 年才可能實施。另一份不同版本的「凱迪拉克稅」，曾獲得雷根總統與小布希總統的支持，2018 年也被共和黨掌握的眾議院將施行日期推遲到 2023 年。

許多人懷疑這類徵稅計畫是否真的會上路，因為反對的遊說團體非常強大。更重要的是，如第 2 章所提到的，選民很少會支持刪減與健康有關的「基本需求」，除非他們能清楚看見提供這些基本需求所需承擔的機會成本。歐巴馬政府的「凱迪拉克稅」不會讓窮人承受最大的壓力，因為它是平價醫療法案的部分規畫，主要是為未投保健康保險者提供福利的立法[109]。

著名的哈佛大學經濟學家馬丁‧費爾德斯坦在雷根政府內任職時主張，將失業保險福利納入所得稅稅基計算。在 1982 年秋天傳出這項改革提案的風聲時，瞬間引起政壇騷動，雷根總統不得不迅速出面否認。媒體和兩黨國會議員則稱放棄此次提案的行為是「感恩節火雞」。然而，普林斯頓大學經濟學家艾倫‧布林德卻認為，該提案事實上是一項「可能得到絕大多數經濟學家同意的健全改革[110]」。由於失業保險金的金額與失業前的所得相關，因此高薪員工享受到較高的福利——即使這些高薪者只失業幾周、即使他們的配偶所得相當高，依然能夠領取這些福利。布林德指出，美國有超過一半的失業保險福利發放給所得高於中位數的家庭，甚至有 15% 的失業保險金是發放給所得為全國中位數 2 倍以上的家庭[111]。

費爾德斯坦的失業保險福利徵稅提議，獲得左右兩大陣營的經濟學家支持（一派較關心公平，另一派較關心經濟成長和效率）。注重公平的經濟學家認為，對失業福利徵稅會改變現行的福利分配，有利於低所得的美國人——因為根據現行的累進所得稅法，最貧窮的失業者支付的稅金很少或甚至完全不支付，而最富有的失業者將支付高額稅款；以經濟效率為導向的經濟學家則認為，改革提案將讓人們不想再繼續失業[112]。正如布林德指出的：「這是一個藉由刪減富人福利來改善經濟動機的案例，與大多數福利方案相比，這是令人耳目一新的點子[113]」。

正如這些案例所顯示，政府政策帶來的財富分配結果並非如表面上那樣，因為政策通常會以微妙形式改變發想時的動機。舉例來說，需要支付某些福利或稅收的企業，會設法調整政策的細節，以將實際負擔轉移到其他地方。儘管國會議員花了很多時間，決定在雇主和雇員間的社會保障和醫療保險支付比例分配，但他們的決定實際上對經濟的影響可能不大。布魯金斯學會一項研究指出：「經濟學家普遍認為，名義上由

雇主支付的薪資稅最終仍是由雇員承擔。透過給付低於原本
應得的工資或調漲產品價格，讓雇員仍是最後的負擔者[114]」。
企業所得稅也可能出現類似的效果，儘管有些經濟學家抱持
不同見解，但哥倫比亞大學的經濟學家格倫・哈伯德（Glenn
Hubbard）表示：「最近的研究發現，勞動力承擔了企業大部
分的所得稅[115]。」

　　因此，經濟學家對稅負的最後歸宿一直存有爭議和疑
慮。經濟學家能提供良好資訊時，往往可以幫社會解決棘手的
問題。但對如此複雜的稅負歸宿問題，在難以讓大眾理解的情
況下，候選人仍可藉著煽動和混淆視聽的手法獲取政治利益。

公平措施真的公平嗎？

　　經濟學家的第二項共識是：反對許多政治上流行的公平
措施，因為它們干擾了原本靈活的市場出清價格[116]。租金管
制就是這類型的措施。許多（甚至是大多數）經濟學家反對
的最低工資法也是，因為它以政治力將低所得者的工資提升到
遠高於市場水平。

　　近年來，許多城市實施租金管制[117]。經濟學家認為這些
措施幫不了經濟有所困難的人。幾十年來，紐約市對租金實施
管制，許多著名藝人，如歌手辛蒂・露波（Cyndi Lauper）、米
亞・法羅（Mia Farrow）、碧安卡・傑格（Bianca Jagger）和艾
爾・帕西諾（Al Pacino）都居住或曾經住在租金管制的公寓。

1990 年代初期，當米亞‧法羅的公寓被排除在租金管制範圍時，租金從每月 2,300 美元飆漲到 8,000 美元[118]。

住在租金管制公寓的低所得家庭會從此政策獲得利益，但正在尋找住房的低所得家庭卻會蒙受損失。1990 年的一項民意調查顯示，93% 的經濟學家同意「租金上限會降低可用住房的數量和品質[119]」。當住房供給出現短缺，最貧窮的公民將居住在品質低劣的住房，甚至無家可歸。租金管制誘使房東減少房屋維護以維持收益。若有朝一日該處的房地產價值和稅基下降時，這些依賴公共服務的窮人將會受到嚴重打擊。

執行租金管制法的行政成本也同樣重要。假設一幢公寓原本僱有管理員，當租金受到管制，房東會考慮辭退管理員，然後以（較低的）租金管制價格出租房屋；若管制機構規定不能辭退管理員，房東就會改僱用比較便宜的管理員（可能經常遲到或缺勤，有時還會喝得不省人事）。也許房東原本出租的是間附家具的公寓，租金受到管制時，房東會考慮改為出租空房；若管制機構不允許房東出租空房，房東就會停止更新家具。換言之，政府需要很多管制措施才能促成實施租金控制，因為房東有很強烈的作弊動機，而且由於住房供給短缺，租客往往不敢舉報房東的不法行為[120]。

租金管制同時也會惡化住房歧視。在租金管制下，住房的供給數量通常會呈現短缺。如果房東不喜歡非裔美國人，就可以撒謊說公寓已經租給其他人。由於房東知道住房短缺，也清楚還有其他種族的人排隊等著要租，就會果決地拒絕非裔美國人。如果沒有租金管制，市場上就可能會有待租的公寓，有時一空就是幾個月。在這種狀況下，房東心理有數，不敢按照自己的偏見行事，否則就可能損失好幾個月的租金。因此，房東此時比較可能接受非裔美國人的房客，以免白白蒙受損失。

經濟學家好奇：一般來說，如果低所得家庭需要更好的住房，為什麼要房東犧牲所得？房東很少是真正的富人，他們經常要維護與修繕自己出租的房屋。討論最低工資政策時，大多數經濟學家也同樣認為：要讓陷入困境的家庭獲得收入，比起大幅提高最低工資，還有更好的政策可以執行。許多經濟學家反對某些城市快速將最低時薪調漲到 15 美元。

提高最低工資是否會減少低技術工人的就業？經濟學家為此爭論了數十年。所有經濟學家都同意：調漲最低工資後，獲益的工人會比受損失的還多，但受損失的工人往往會失去所有收入。

西雅圖市於 2015 年實行 15 美元的最低時薪，並聘請華盛頓大學經濟學家來評估新政策的結果。受邀學者蒐集了個別工人的資料，並在改進早期的研究方法後發現：實施新政策後，低薪工人每月平均損失 125 美元（這群學者在論文的修訂版中，將工人每月的損失改為 74 美元 [121]）。這份損失來自於雇主減少工作，並延遲聘用新員工 [122]。然而，其他研究則顯示：因最低工資調漲而消失的工作機會，卻完全被工資略高於最低規定的新增工作機會所抵消 [123]。

媒體喜歡聚焦於工資調漲和失業率增加的取捨，但工資調漲也有其他的正面影響。一項研究發現：將最低工資提高10%，可以讓高中學歷（或以下）成年人的自殺率降低3.6%。但另一項研究發現：將最低工資提高50美分，可以降低2.8%的人在出獄1年內再度入獄[124]。

擔心物價大幅上漲的人士則指出，提高最低工資會使物價逐漸上漲，讓經常光顧速食店和沃爾瑪的低所得顧客蒙受損失。大多數經濟學家預測：長期來看，最低工資上漲的幅度越大，雇主就越有可能以減少工時或減少人工的方式控制勞動力成本。於是，有些人便想知道：為什麼政府需要設定全國最低工資？研究顯示，如果最低工資不超過當地每小時工資中位數的一半，最低工資政策就不太會影響到就業機會。由於地方之間的工資中位數差異很大，因此，最低工資政策最好能因地制宜[125]。事實上，聯邦政府已允許州和城市可以立法訂定高於聯邦要求的最低工資。

正如房東被迫遵守低租金政策時會改變行為，雇主也會在必須支付低技能工人高於市場價格的工資時，調整勞動力的僱用成本。如果雇主之前提供工人廉價的保險或部分幼兒托育補助，現在則可能取消這些非工資福利；更重要的是，雇主甚至可能取消在職培訓。雅各·維格多（Jacob Vigdor）是受邀參與上述西雅圖研究的華盛頓大學經濟學家。他擔心最低工資政策在損害初級工人的就業機會後，也將讓他們無法往更高薪的工作升遷[126]。

美國的建築業就印證了他的擔憂：

業內許多雇主發現他們以低工資僱用沒有特殊技能的工人，並在工作中加以培訓，反而可以降低成本。非熟練工人接受較低的工資來換取在職培訓，以便增加自己未來的預期所得[127]。

著名的自由主義經濟學家艾倫・克魯格（Alan Krueger）也擔心，最低時薪上漲至 15 美元的速度太快。克魯格曾擔任歐巴馬總統經濟顧問委員會主席，他在 1994 年與他人合著的一篇文章中提到，紐澤西州提高了最低工資，並未增加餐廳員工的失業率[128]，但他認為將最低時薪提高到 15 美元是「不值得的冒險[129]」。

克莉絲汀娜・羅默（Christina Romer）也曾任歐巴馬經濟顧問委員會主席，認為提高最低工資對低所得工人的好處，遠小於提高所得稅抵免額度[130]。

有些論點認為雇主必須為雇員提供「適於生活的工資」，但可以用反對大幅提高最低工資的經濟論點加以駁斥。這 2 項政策都無法大幅度改善貧困人口的處境，而許多福利最後是落到中產階級家庭的第二所得者或青少年身上。美國勞工局統計發現，領取最低工資的雇員中，約有 32% 的年齡落在 16 至 19 歲之間[131]。因此，以養家活口作為最低工資的論點並不成立。

提高最低工資是否剛好提供雇主降低勞動力成本的新誘因？會不會這個新誘因才是問題的重點？經濟學家尚未對此展開爭議。第 3 章已討論過他們的共識：若最低工資提高到每小時 25 美元，即使支持提高工資的經濟學家也會擔心失業問題。

　　如果篇幅足夠，我真希望能與讀者詳細分享 1970 年代的能源價格控制案例。

　　價格上漲通常會消除短缺，但如果法律禁止提高價格，那麼任意的行政作為就會主導市場。表面上來看這些不可能任意進行，結果卻難以避免。在 1970 年代的石油危機中，政府決定按照各地區上一年度的使用量減少一定比例配給。乍聽之下很公平，但都市人開始放棄到鄉村去度周末，因為他們擔心無法加到汽油回家。結果造成城市裡的加油站大排長龍，鄉村則充滿未使用的多餘汽油。

　　在經濟學家看來，價格控制的公共政策辯論太過片面。然而，經濟學家的知識卻很少能夠跨出學術的象牙塔——真的很少。當政府考慮在聯邦層級調漲最低工資時，諮詢了數十位專家，經濟學家卻只占少數，其他多半是肉販聯合工會、全國教會理事會、南卡羅來納州餐廳協會、美國男裝零售商協會的代表。這也是為什麼國會議員會把基本工資的調漲問題，單純認定為企業和勞工之間的公平性問題。

　　作為一門學科，經濟學是有其弱點，但其對市場運作的理解則遠勝於其他學科。如果經濟學家確信，與工資補貼或住房代金相比，價格控制政策的成本更高、效果更差且更不公平，那麼我相信，其他人若能檢視經濟學家的論據，也一樣會被說服。

CHAPTER 06.

沒人坐的火車，
還要花大錢維修嗎？

‖ 外部性與政府職權 ‖
Externalities and the Government Agenda

　　對於關注公共政策的人而言，經濟學家工具包中最重要的概念就是「外部性」。這被視為是最普遍的一種市場失靈，使政府干預獲得正當性。經濟學家在討論理想的政府規模時，使用的核心概念就是外部性[1]；經濟學家討論政府在經濟中扮演的合理角色時，也會使用外部性去確定應該承擔責任的政府級別。

外部性無法證明政府干預的合理性？

　　在第 4 章中，外部性被定義為會影響交易第三方且尚未定價的效應，是他人或企業活動的副產品，但其效果並不透過價格體系傳遞。正如第 4 章提到的，外部性無處不在：外部收益可以來自教育或剛種植的花朵、外部成本則來自嚴重的空氣汙染或四處蔓生的雜草。平行的政府失靈概念有助於解釋：為什麼經濟學家不認為政府需要干預所有的外部性。外部性理論文獻中的其他論述，也贊成必須謹慎利用政府干預來糾正外部性。這論述簡單列舉如下。

首先，若產權界定明確且涉及人數不多，私人行動就可能在沒有政府參與的情況下解決外部性問題。舉例來說，如果大賣場覺得附近一家商店的破舊外觀會影響來客，可以買下這間店，或提議支付部分整修費用[2]。

其次，許多對第三方的影響（無論有益還是有害），事實上都可以透過價格體系傳遞。這些影響並非經濟學家所定義的真正外部性。真正的外部性發生在市場價格體系效率過低或崩潰時──也就是說，此時的市場價格體系沒有考慮到某些人的偏好。譬如工廠將有害汙染物倒入河流會產生外部性，因為工廠的投資者、經理和購買公司產品的客戶都沒有優先考慮到下游的用水者，下游用戶的生活成本也無法影響該工廠的利潤或產品價格。市場價格體系在此出了紕漏。然而，假設一間製造商擴大產量，壓低價格來傷害他的競爭對手。因為它對競爭對手的影響屬於市場效率考慮到的範圍內，所以這種影響不算外部性。

製造商增產的影響會透過價格體系，以較低價格的形式傳遞，而不是落在價格體系之外。如果這位擴大生產的製造商被迫降低產量，並重新提高價格以彌補對競爭對手的不利影響，那麼當其競爭對手每獲利 1 美元，其客戶就會至少損失 1 美元[3]。

亨利‧福特的汽車事業使馬車鞭子製造商倒閉，對其影響甚鉅，但這並不是市場效率不良的表現，因為福特和其客戶獲得的收益，比馬車鞭子製造商損失的要多。食品口味和技術的變化，不斷對雇主、員工、股東，甚至是消費者產生各種有好有壞的影響（如：一家受歡迎且擁有許多潛在客戶的大型連鎖餐廳，收購了一家擁有忠誠客戶但經營不善的小餐廳）。這些影響絕大部分可以含括在價格體系之內，因此這也不是經濟學家定義的外部性[4]。

再者，政府不見得有合理的理由干預外部性。第三方會受到噪音的負面影響或教育的正面影響，然而政府已經訂定了噪音管制條例並實施教育補助，可在一定程度上處理這些外部性。但如果政府的管制再嚴格一點，其邊際收益也許就會小於邊際成本。

最後，政府通常難以做到恰當的微小外部性干預。許多屋主對於鄰居疏於整理庭院感到非常困擾。肯塔基州參議員蘭德‧保羅（Rand Paul）的鄰居正是因為這個問題揍了他，打斷他幾根肋骨[5]。小時候，我的一位鄰居顯然對從我家飄到他家院子裡落地生根的幾根馬唐草非常生氣。天氣好的時候，他會在自家前院草坪上舉辦槌球比賽。為了讓比賽更順利進行，他必須常常跪在花園裡，除去可能是從我家院子飄過去的蒲公英和馬唐草。我家有個可以玩兒童棒球的大院子，根本不在乎有沒有馬唐草。如果政府通過一項法律，要求清除草坪上的馬唐草，對我們來說會是不必要的負擔，人民也必須負擔執行這條法律的稽查員和法院成本。

因此，只有當干預措施的收益超過成本時，政府才得以出手糾正外部性。但對這些收益和成本的估計不應太過理想化，因為政府可能會像第 4 章探討的一樣出現失靈狀況[6]。

政府出手拯救營運不佳的鐵路，是合理的干預嗎？

但在某些情況下，外部性的概念為政府干預的必要性提供相當明確的指導原則。舉例來說，外部性的研究顯示，企業自願清理汙染的意願很低，也難以遵守汙染排放標準。

1980 年代，化學品製造商協會曾進行許多宣傳，意圖使民眾相信政府不需要強迫化工產業清理環境，因為他們已經盡其所能保持環境清潔。

在一則報紙廣告中，化工產業的水質專家肯・菲切克（Ken Ficek）開心地微笑，他的妻子和 2 個孩子在背後釣魚。菲切克告訴讀者，自己用 2 種方式控制水汙染。首先，他參與研發政府和工業使用的淨水化學物，淨化飲用水並處理廢水；其次，他努力確保自己公司排放的廢水「對河流來說是安全的」。他還補充，化工產業內有 1 萬名專門控制汙染的專家，而甚至早在聯邦政府訂立主要水質法案前，他本人就已經從事汙染防治長達 20 年，化工產業也早已在環保專案中花費 153

億美元。

他想傳遞的訊息很簡單：化工產業的經營者和員工關心的事情與公民一樣，因為他們也必須生活在自己創造的環境中。「我努力改善全國各地的水質。在我自己的社區裡，……我們的工作是改善所有人的環境。」根據菲切克的說法，因為「所有人」都想要乾淨的環境，因此政府沒有必要強制產業進行汙染減量，產業會自願進行清理，因為我們都在同一條船上[7]。

安妮・伯福德（Anne Gorsuch Burford）是雷根政府的第一任環保署署長，她似乎被菲切克說服了，不斷對身邊的資深官員強調產業的自願措施。1982 年，伯福德執掌的環保署因推動「自願遵守環境法規」有功，受到總統辦公室私營企業創新專案小組（The President's Task Force on Private Sector Initiatives）表揚。即使伯福德在 1983 年 3 月被迫下台，她的法律顧問羅伯特・派瑞（Robert Perry）仍對媒體表示：「最終還是自願遵守法規的機制，才會把國家清理乾淨[8]。」

伯福德的繼任者威廉・洛克肖斯（William Ruckelshaus）沒有被菲切克的論點說服，他認為世界上不可能存在自願主義，因為只要有一家公司不遵守規定並藉此節省資金，其他競爭的公司也就不會遵守規定。

　　讓企業自由心證的制度能成立的唯一方法，是必須
　　定義一個競爭框架，對所有人提出大致相同的要

求，以保護空氣、水和土地免受外部性侵害。……
因此政府必須提出有效的國家層級管制方案[9]。

外部性的概念，說明我們為何應該贊同洛克肖斯的看法，而非伯福德和菲切克的觀點。化工產業的老闆（和其員工）與其他人的利益並不完全相同，許多傾倒在我們河流中的化學物質，最終會流入其他人的社區，遠離化工廠員工的家。即使化學物質造成的所有汙染都留在化工廠周圍的社區，工廠老闆和員工的利益依然與鄰居不同。正如菲切克所言，所有人都能共享乾淨水資源的好處，然而化工廠的清理成本比鄰居高得多。如果化工廠努力減少製造過程中的汙染，其成本將顯著增加，並迫使他們提高產品價格，導致市場減少對其產品的需求，其利潤也會隨之下降。一部分員工會隨著工廠業務下滑而失去工作，另一部分的員工則可能失去加薪機會。如果採取自願制，化工廠可能會認為某些汙染控制的成本超過收益（這些成本主要由其管理階層、股東、員工和客戶承擔），而且清理汙染的總體收益遠超過化學廠相關人員所享有的收益。相對地，相關社區並不需要在清理成本和乾淨河流之間做選擇。

由於汙染的大部分成本和清理汙染的收益都發生在整個化工產業外部，因此在產業決策過程中，大眾的利益很可能就被忽視。若計算減少汙染對整個社區的好處，強制性的汙染控制可能是有效且合理的。

只要稍微利用外部性概念思考，就可以知道自願清理絕不可能達到預期效果。早在伯福德上任前，就有充分證據證明這項推論。1960 年代初期，汽車產業向美國民眾保證會限制廢氣排放，但成效遲遲沒有顯現。1963 年，加州政府決定不再白白等待，於是成立委員會查核並認證汽車產業提出的廢氣控制系統。州政府在認證兩套實用且成本合理的控制系統後，隨即通過一項法律，要求在加州銷售的所有新車都必須配備廢氣控制系統。這項法案為設備製造商提供創新的動機。到了 1964 年 6 月，加州政府認證了 4 種由獨立零件製造商生產的廢氣控制設備，於是要求 1966 年出廠的汽車必須安裝上述設備。

經濟學家勞倫斯・懷特（Lawrence White）曾寫道：

> 這個結果令人吃驚。3 個月前，也就是 1964 年 3 月，汽車廠商告訴州政府，最早只能在 1967 年的車型安裝廢氣控制裝置（值得一提的是，10 年前他們告訴政府官員，最早可以在 1958 年配置這樣的裝置），然而 6 月認證的新裝置，奇蹟般地加快了他們的研發計畫。1964 年 8 月，汽車廠商宣布可以在 1966 年的車款上安裝廢氣控制裝置，而且是他們自己製造的裝置[10]。

如上所述，並非所有對第三方的有害影響都是低效率的外部性。**瞭解政府干預外部性合適範圍，可以幫助我們辨認某**

些團體在請求政府行動時，所提出的虛假的正面外部性。

打著「通用航空 [11]」的利益團體，為爭取政府繼續補貼航空設施，雖不用經濟學術語，卻仍使用正外部性作為論據，聲稱其活動對不愛飛行旅行的民眾也有好處。該團體列舉的好處包括：互補產業將得到的收益（也就是對 GDP 的貢獻）、戰時的防禦能力、郵務服務和救災行動等 [12]。然而，經濟學家認為這些正面效應都不能證明現有補助政策的合理性，只會讓民眾因國家航空系統對通用航空的補助，付出許多成本。當然，某些不坐飛機的美國人確實受益於航空郵件和新鮮的夏威夷水果，但那些享受好處的人應該要自己為此付出代價（當我享受夏威夷水果或寄快捷信件給我母親時，你並不會受益）。雖然夏威夷水果生產商因航空運輸而享有更大的市場，但在地冰淇淋製造商的市場卻被排擠了 —— 兩者對 GDP 都有貢獻，且雙方都不應該期待運輸補貼 [13]。發生戰爭時，擁有運作良好的機場和空中航線的確對民眾有益，但正如一位政府經濟學家所說：

> 我們沒有理由相信，這些好處在物質或數量上與其他產業的次要好處有很大的差異（例如鋼鐵、化工、電子產品等），但其他產業並沒有讓聯邦政府用納稅人的錢替他們的營運買單 [14]。

除此之外，目前航空系統的服務範圍已經夠廣泛，在考慮是否補貼航空業的進一步擴張時，應該評估的是不搭飛機旅行的民眾，可能在國防和救災上增加的福利。這些邊際收益基本上都非常微小，甚至可能小於民眾將承受額外噪音汙染所帶來的外部成本[15]。

美國政府也給予鐵路乘客高額的補貼。美國國鐵的東北走廊路線收支平衡，但其他 22 條長度不到 400 英里的路線，以及 18 條超過 400 英里的路線卻沒有辦法自負損益。美國國鐵網絡中最長的兩條路線（西南酋長號〔Southwest Chief〕和加州和風號〔California Zephyr〕）在 2011 年各別虧損超過 6,000 萬美元[16]。加州和風號的補貼甚至高達每位乘客 130 美元[17]。如果不僅考慮營運成本，還計算固定成本的攤提（如更換鐵軌），那麼損失將更為可觀。

雷根和小布希政府都提議取消對美國國鐵的補助[18]。川普政府在 2019 財政年度的預算提案中，試圖將美國國鐵的預算從前一年的 14.95 億美元減至 7.38 億美元。然而，國會最終沒有刪減補助款，甚至還略微增加[19]。

支持鐵路客運旅行補貼的人，提出假設的正外部性作為論點。州際商務委員會在 1996 年被裁撤前，曾列出許多正外部性來支持政府的鐵路補助，如今許多國會議員依舊如法炮製。1978 年，州際商務委員會表示：「補助展現了人類需求可以超越簡單的損益標準。因此即使必須消耗更多聯邦資金，依然應該繼續提供城際鐵路客運服務[20]。」在其他場合中，州際商務委員會也提出具體的理由，聲稱補助鐵路客運旅行可以減少能源消耗、緩解高速公路壅塞、減少汽車空氣汙染。對於特定路線的補助，他們提出更加鉅細靡遺的理由。譬如：應該保留芝加哥到舊金山之間的鐵路客運服務，因為火車路線駛過壯麗的美景，通過「洛磯山脈的心臟地帶」與「白雪皚皚的內華達山脈」。加州和風號是美國國鐵旗下第二長的路線，全長 2,438 英里，總旅程超過 51 小時。美國國鐵網站上以其沿途風景優美來宣傳 [21]。經過佛羅里達州坦帕和聖彼得堡的鐵路也必須繼續營運，因為這 2 個地方是「大量特別依賴鐵路服務的老年人和退休人士」的家園；開往墨西哥的路線要繼續營運，則是因為美國對拉丁美洲的睦鄰政策 [22]。

外部性的概念可以幫助我們檢視這些論點。大眾強烈抗議裁撤鐵路服務，不表示我們評估損益的方式一定有所疏漏，只能表明：火車的使用者只須支付 20% 的費用，就能繼續從服務中受益。如果大多數乘客支付更高的費用仍能從其服務中受益，美國國鐵早該調漲票價。某些乘客的確願意支付 5 倍費用，但他們發揮不了決定性的影響。大多失敗的企業在倒閉前都還有一些忠實客戶，只是這些企業最終仍無法達到收支平衡。

減少能源消耗、緩解交通壅塞和減少汙染，都可以為不搭乘火車的人帶來好處，然而此處的外部性並非來自鐵路本身的正面效果，而是來自減少其他旅行方式的負面效果。如果將補貼鐵路旅行做為減少能源消耗、緩解交通壅塞和減少汙染的手段，政府會把大部分社會資源投到效率低下、票價低於邊際成本的鐵路客運中。然而，補貼鐵路旅行並非適當的政策，而是應該對各種旅行形式帶來的負面效果予以徵稅。

即使作為次優政策，也無法以外部性為理由，證明補助美國國鐵的合理性。國會預算辦公室的一項研究發現，除了東北走廊的路線，美國國鐵客運列車的能源效率實際上低於汽車，更遠低於巴士。然而，得到最多補助的路線都在東北走廊之外，而這些路線也無助於緩解高速公路的壅塞。所以，鐵路運輸不太可能降低汙染。即使城際鐵路旅行增加 1 倍，仍不到城際旅行總量的 1%。就算有更多人更頻繁地搭乘火車，他們從減少汙染獲得的利益，也絕不會超過搭車者從補助中獲益的 4 倍。

從加州和風號上可以看到的優美風景並不構成正外部性。享受美景的是火車上的乘客，而非不搭乘火車的多數民眾。峽谷風光不會因為裁撤鐵路而消失。美景有助於銷售美國國鐵車票，但加州和風號需要 2 天多一點，才能走完芝加哥到舊金山的 2,438 英里。對於大多數人來說，這條路線無法與飛機競爭。飛機可以更快抵達目的地，又不需要補貼，成本還低廉得多。

我有些學生起初非常同情坦帕與聖彼得堡那些「特別依賴」鐵路服務的退休人士，但即使倡導實物移轉（in-kind transfer），也找不到贊成鐵路補助的理由。鐵路補助惠及火車上的每個人（無論老少、貧富，從紐約出發的列車上，每位乘客享受超過 100 美元的補助）；然而火車上多數乘客都不是老人，車上的老年乘客多數也並不貧窮[23]。

　　最貧窮的美國公民很少會在退休後搬到佛羅里達，並乘坐州際火車旅行。只要公路客運服務仍舊存在，那些搭乘火車的人也就談不上對鐵路「特別依賴」。最低限度的食物、住所和醫療保健，是每個美國人與生俱來的權利，但如果考慮機會成本，我認為必須把行經坦帕與聖彼得堡的列車排除在外。

　　對非經濟學家來說，國鐵路線與睦鄰政策的關係是所有理由中最站不住腳的。但此處卻衍生一項貨真價實的外部性。

　　假設停止到墨西哥城的火車服務會引起墨西哥的敵意。由於不僅是搭乘列車的乘客，所有美國人都受益於與墨西哥的良好關係，因此在考慮是否繼續補貼美墨火車路線時，經濟學家會詢問國會是否可以找到相應的替代措施——這些措施必須對美墨關係有同樣的助益，但成本低於鐵路補貼。如果有替代措施，補貼將不再合理；如果沒有，則必須進一步判斷鐵路補貼的機會成本與美墨關係的成本何者更高。

　　外部性概念為上述案例中的政府干預必要性，提供了判斷的指導原則，但在許多情境中，外部性的利弊得失卻不那麼清楚。不難看出市場失靈對環境汙染的影響，遠大於對職場安全的影響：減少汙染，大部分的受益者是企業以外的人；改善職場安全，受益者多在企業內部。儘管如此，人們仍然可以提出職場安全的正外部性：職場不夠安全，除了讓員工親友受損，也可能因意外率升高，導致社會上其他人必須付出較高的醫療保險與人壽保險費用。此外，也有些人會因陌生人的職場意外而倍感壓力。

負責審核汽車安全裝置的機構指出，外部性可以幫助他們判斷汽車需要哪些安全裝置。舉例來說，配備一個可潰式方向盤[24]，不如配備雙制動系統或優質輪胎，因為後者可使其他駕駛與行人受惠，前者反而讓駕駛感覺過於良好，而做出更高風險的駕駛行為，給他人帶來負外部性。

當然也有積極正面的外部性，例如職場安全專案的外部性。一般來說，經濟學家希望用較具針對性的政策，去處理與財務和心理相關的外部性。例如，有些經濟學家主張對超速重罰，或對酒精飲料課徵重稅[25]。其他經濟學家則反對政府使用外部成本（如更高的健保費），去強迫個人進行不符合自身利益的事情（如購買可潰式方向盤或吃更多蔬菜），因為這導致個人喪失自由[26]。不過可潰式方向盤的正外部性也不應該被否決。透過分析，可以知道它的緊急程度雖不如其他措施，依然不能將其排除。

在探討職業安全與健康管理局（Occupational Safety and Health Administration）或國家公路交通安全管理局（National Highway Traffic Safety Administration）的職權時，經濟學家傾向先評估市場中自然出現的安全改善措施。因為即使沒有政府參與，工人也會想待在安全的工作環境，消費者也會想駕駛安全的汽車。在說明這一點之後，經濟學家會進一步引用前文談到的正面外部性。不過由於這些機構幾乎不可能被裁撤（無論其背後理論依據為何），因此經濟學家提出的討論通常都非常簡短[27]。無論如何政府都會進行干預，經濟學家決定將大部分精力用於提出更好的干預方法。

不同問題由不同級別的單位處理

多數思考過外部性問題的經濟學家，似乎都支持政府採用聯邦制。在這種制度下，聯邦、地方和地區機構共享權力。儘管一般來說，人們認為聯邦制有時候是為了維護地方政治權力，但經濟學家關心的是聯邦制涉及的外部性或外溢效應。

路燈和警察服務可以帶來外部收益，火災、噪音和垃圾則會帶來外部成本，但這些外部收益和成本很少超出地方層級，因此應該歸屬地方行政單位管理。某些社區可能更在意路燈和警察服務，某些社區更希望減少噪音和垃圾。公民對公共財有不同的偏好，通常希望生活在與自己偏好相似的社區中。因此，相較於中央政府為所有社區提供統一的服務，人們對地方法規的滿意度會更高[28]。

儘管地方政府提供警察服務，但像水質管理這類共享利益廣泛的服務，應該由州政府或地區政府提供；至於國防、太空探索和癌症研究的服務，則應由聯邦政府提供[29]。與水質管理不同，國防、太空探索和癌症研究等公共財提供的好處超過單一地區的範圍，但每個州或地區在決定是否投資時，只會考慮其居民能享受的好處。這些計畫在地方層級的收益通常小於成本，到了聯邦層級卻會變得划算，因此如果沒有聯邦政府的參與，這些公共財不太可能獲取足夠的資金。

　　大多數經濟學家認為，中央政府應該負責所得再分配的福利政策，但理由並非出於外部性，而是經濟動機。

　　某些經濟學家指出，人們比較喜歡將資源分給鄰居而非陌生人，且每個人對理想的再分配程度，會因州和地方而有所不同。因此，三個級別的政府在所得再分配計畫中各自有其角色[30]。但大多數經濟學家強調，州政府或地方政府的任何實質性再分配政策，都會導致一些富人搬走（以避免高稅收），以及一些窮人選擇性的遷入（以享受更好的社會福利）。為了避免當地人均所得下降，州政府和地方政府會傾向制定較不慷慨的福利計畫，以抵銷民眾遷移的經濟動機[31]。

　　這種以經濟動機為論據的敘事，在許多心胸開闊的自由派城市引起共鳴。這些城市居民不滿市政府處理無家可歸者的方式，眾多新聞標題說明了這個問題：

　　　「無家可歸者表示，蓬勃發展的城市剝奪了他們睡眠、
　　　　乞討，甚至是坐下的權利[32]。」
　　　「舊金山對無家可歸者的態度強硬[33]。」
　　　「隨著街友數量增加，這個城市對無家可歸者越來越嚴
　　　　厲[34]。」
　　　「城市如何繼續成為加州天堂：逮捕無家可歸者[35]。」
　　　「被激怒的城市採取行動約束或驅逐無家可歸者[36]。」
　　　「滾！：美國如何轉移無家可歸者[37]。」

福利政策另一面的問題是富人選擇搬走，而西雅圖的近況證明了此一效應。市議會通過新法案，針對大企業每位員工徵收 275 美元的人頭稅，並將稅金收入用於補助街友。亞馬遜是西雅圖最大的企業雇主，創始人兼董事長傑夫‧貝佐斯是世界上最富有的人之一，淨資產約為 1,900 億美元。通過增稅法案之後，亞馬遜立即暫停總部附近的一項高樓建案，並暗示政府如果不取消稅收，他們將採取其他行動。市政府於是選擇妥協。媒體報導的標題是：「亞馬遜瓦解了原本可以幫助無家可歸者的小額稅收[38]。」

　　在其他時候，民眾居住遷徙的流動性可以增進經濟效率，但在所得再分配層面上卻適得其反。因此，**再分配必須由國家層面著手，才能免受經濟動機的影響，否則人們將會藉由越過國界，來增加自己的福利或減少稅收負擔。**

　　這類權利分配方案很複雜，因為幾乎所有政府服務的好處都會外溢到城市或州的邊界之外。警察服務的大部分好處可能由當地納稅居民享受，但如果一個城市抓到小偷，其他城市也可能會跟著受益；如果城市的嚴格治安迫使小偷搬家，就可能對其他地方造成外部成本。南達科他州為了報復加州拒絕引渡一名被通緝的男子，允許 93 名被控偽造、入室竊盜和偷竊的人在不遭受起訴的狀態下搬到加州——這無疑會對加州人造成損害[39]。除了這些實質的外部性，有些人因聽聞外地的野蠻犯罪而倍感壓力，甚至願意付出代價以減少此類犯罪的數量。

　　若此類管轄權外溢效應微小，經濟學家則建議忽略。因為涉及 2、3 個司法管轄區的問題，只要城市間自願訂定消防和交通協議，往往就足以解決問題。但是外溢效應龐大而影響到許多司法管轄區，那麼聯邦政府或州政府的配套撥款計畫將有助於提高效率，並依舊保有地方服務的好處。經濟學家通常建議州政府或聯邦政府，根據其下級政府對其他司法管轄區提供的服務價值，補貼其產生的利益。反過來說，如果一個城市享受了垃圾處理廠 70% 的收益，市政當局就應該負擔 70% 的成本 [40]。

一項政策是否存在顯著的外部性，往往難以明確定義；一項服務的益處是否外溢到邊界城市和州，也常令經濟學家爭論不休。儘管如此，**運用外部性概念，依舊可以幫助不同級別的政府劃分職權與責任** [41]。舉例來說，哪個級別的政府應該管制環境汙染？根據外部性分析顯示，這必須取決於汙染的類型。州政府或地方政府很難制定應對酸雨的措施，因為酸雨具有跨越州界的龐大外溢效應；但大多數的噪音汙染具有強烈的地方性，而聯邦政府在 1970 年代對噪音汙染的干預就很不合理 [42]。

即使只是大概瞭解美國政治的人，也會注意到共和黨人通常想要一個規模較小的聯邦政府，民主黨人則想要更大的政府。利用經濟學家的外部性概念，可以輕易看穿雙方論點中的薄弱之處。

史考特 · 普魯特（Scott Pruitt）是川普任內的第一任環保署長。他表示，希望國會停止風能和太陽能的稅收減免。正如

第 4 章的建議，我認為多數經濟學家會同意普魯特的觀點，表示應該取消對第一代綠色能源的生產補貼（經濟學家也會大力支持停止對化石燃料的稅收補貼。近 10 年內補貼總額高達 410 億美元[43]）；然而經濟學家可能會支持創新的綠能計畫，讓新一代的技術效率更高，成本更低[44]。

　　除了第 4 章討論過的缺點，經濟學家也希望透過外部性觀點進一步提醒人們。舉例來說，風力發電不會給予大眾外部利益，事實上它還會產生外部成本：用於捕獲風力的巨大葉片醜化了海岸風景，並殺死鳥類。事實上，我們想要的不是更多風電，而是減少會產生汙染的石化燃料發電；就像我們想要的不是州際鐵路旅行，而是減少汙染排放。要實現這個目標，有許多手段並不需要任何形式的政府力量。舉例來說，我們可以更常使用 GPS，從而減少開車轉錯彎的次數，並同時減少開車外出的頻率。

　　普魯特主掌環保署的最大問題在於，他似乎無意強迫汙染產業進行清理。他有時會建議風能、太陽能、煤炭和石油在市場上公平競爭。但唯有政府停止補貼煤炭和石油，並且規定汙染產業為其外部成本買單，才可能形成真正的公平競爭。

　　普魯特還表示，他奉行的行政原則是聯邦制：「我們將再次把焦點放到全國各州。我相信奧克拉荷馬州、德州、印第安納州、俄亥俄州的居民都關心自己呼吸的空氣、自己喝的水。我們將成為各州居民的夥伴而非對手[45]。」普魯特表示，他同意本書前面提到的那些化工產業廣告詞，但他希望聯邦政府尊重的是各州而非私人企業。美國各州的民眾想要乾淨的水和空氣，所以聯邦政府應該讓各州有更大的權力制定環境標準。然而，被普魯特點名的這些州，卻是許多汙染產業的所在地，因此環境清理成本在州政府政策中的權重將更為顯著。

　　小布希政府希望與各州環保局合作更多管制與干預的政策，然而當時汙染嚴重的俄亥俄州依舊維持「自願制」的清理政策。這項政策顯然沒有奏效。一項研究顯示[46]，接受調查的俄亥俄州工廠和煉油廠中，72% 違反《淨水法案》、33% 違反《空氣清潔法案》，因為美國環保局並沒有認真執行法案中的「友鄰條款[47]」。

　　拋開汙染問題不談，經濟學家還認為，共和黨普遍希望由州政府和地方政府進行預算分配，而非交給聯邦政府。然而如前文論證，從消費者的角度來看，除非聯邦政府深入參與，否則所得再分配計畫難以獲得充足的預算。

　　保守派和共和黨往往希望聯邦政府將權力下放到州和地方，但這麼做難以解決汙染和其他問題造成的大量外部成本。另一方面，自由派和民主黨看到了聯邦政府的力量，因此希望高層出面干預所有問題，卻很少考量外部性外溢的範圍。

　　雷根總統在 1986 年提出的預算縮減案造成軒然大波，正是說明這個現象的最佳例證。

　　當時美國政府赤字很高，部分原因是雷根決定大規模減稅，並大幅縮減許多政府專案的預算以減少赤字。預算縮減案中，某些政策令經濟學家難以苟同。舉例來說，雷根提議聯邦政府縮減對各州的醫療補助計畫，而醫療補助主要的受益對象是低收入公民。由於補助計畫牽涉到所得再分配，經濟學家認為聯邦政府應該提供大部分（甚至全部）的資金。不過這項預算案也有一些恰當的措施，如減少聯邦政府本來就不應該負擔的責任。舉例來說，雷根希望在 3 年內徹底取消聯邦所得分享計畫，因為此計畫，聯邦已向州政府和地方政府提供 740 億美元的多用途財政援助[48]」。《紐約時報》指出：「這些錢經常被地方政府用於學校、警察、公共衛生基本服務。」經濟學家則指出：這些服務幾乎無法對當地居民以外的人產生好處，聯邦政府並不應該參與其中。

這樣分割政府責任，激怒了許多民主黨政治人物和知名的自由派專欄作家，紐約州州長馬里奧・庫莫（Mario Cuomo）就表示：「這等於是告訴州政府和地方政府，聯邦救生艇上沒有多餘的空間！」庫莫隨後反諷地質問，「紐澤西州的居民應該花錢補貼愛荷華州的農民嗎？為什麼愛荷華州要出錢補助紐澤西州的大眾運輸[49]？」

《華盛頓郵報》專欄作家瑪麗・麥格里（Mary McGrory）也有同樣的思維：

> 我們的基本假設是各地區有不同的需求，如密西西比州需要防洪、加州需要水、東部各州需要警察、西部各州需要護林員、北方需要掃雪機、南方需要燃煙器。雖然所有人都會抱怨，但大部分的需求依

然能夠得到滿足。我們是一個大國，所有需求最終可以在內部自我平衡[50]。

經濟學家會說，沒有人應該補貼愛荷華州的農民，當然也不該補貼新澤西州的居民。燃煙器是一種放置在果樹之間的柴油加熱裝置，可以防止不預期的霜凍，但為什麼各級政府要以這種方式支持果農？北方「需要」多少掃雪機？如果讓地方政府都自掏腰包，購買的掃雪機數量大概在下雪後數小時內，就可以把主要幹道清掃乾淨，並在 1、2 天內完成偏遠道路的清理；如果聯邦政府資助掃雪機，地方政府負擔的成本幾乎為 0，何不乾脆多要幾台，以便在下雪後馬上清理所有道路呢？

所謂的「自我平衡」並不存在。資深的國會議員比起菜鳥，更能從聯邦政府手上撈到更多好處，擁有強大遊說者的專案也往往能夠得償所願。如此一來，大眾對政治的冷嘲熱諷也只會有增無減。

進階思考

外部性的概念可以揭露利益集團提出的公共政策立場弱點。**外部性思維告訴我們，在面對明確的外部成本時（如汙染），自願主義和市場力量是不可靠的；但在其他情境中，正確理解外部性能揭發以虛假外部利益為論點的福利補貼（如**

航空和鐵路運輸）。即使外部性的概念無法成為政府角色分級的終極指導原則，卻往往可以幫助我們澄清問題，建構確實的論據。

外部性的概念非常有用，卻也非常麻煩。由於外部性無處不在，而且往往無聲無形，因此我們必須培養良好的判斷力，以區分外部性的重要程度。

在政策領域中，適當的分析框架不是地方、州或聯邦，而是國際。全球暖化正是一個典型的案例。國際組織沒有能力透過管制或稅收強制各國執行減碳政策，因此到處都有搭便車的問題。如果美國人大幅減少碳排放，就必須為減碳付出代價，然而其他國家無論是否實施減碳政策，都能夠分享該政策的收益。因此，如何讓其他國家履行承諾是個大問題。短期內，我們必須減緩全球暖化造成的損害，並鼓勵投資能大幅減少暖化效應的新技術（請參見第 1 章結尾處的註解，以瞭解全球暖化和機會成本的相關性）。

你願意花多少錢消除工作中的死亡風險？

這一章重在討論經濟學家如何利用外部性概念界定政府職能，但政府在花錢之前，還需要更多輔助工具。任何要減輕外部成本的政策提案，都應該通過成本效益測試（或稱成本效益分析）。

評估政策收益通常包括 2 步驟：首先，估算政策會帶來的影響（例如可以挽救的人數或節省的旅行時間分鐘數），然後將這些影響換算成美元。在計算成本效益時，重要的是邊際數據而非平均數據。舉例來說，考慮擴大州際公路系統時，決策者應該問的不是現有州際公路每 1,000 英里可以挽救多少生命、節省多少旅行時間，而是額外增加 1,000 英里可以帶來的效果。由於州際高速公路（或是警察或緊急醫療單位的服務）的貢獻，通常已經優先考慮，因此增建的邊際收益，通常會低於現存設施曾產生的平均收益。

成本效益分析有時並不複雜：「對我們的機構而言，到底是租用一間辦公室比較省錢，還是買下並維護一間辦公室比較划算？」但多數時候，情況複雜得多。讀者可能會問：「經濟學家到底怎麼評估 1 美元可以買到多少乾淨的空氣？或是政府機構能挽救的生命？經濟學家怎麼計算每起可避免的死亡的價值？」

幾十年來，經濟學家一直在研究這些問題，也提出一些巧妙的想法去估算 1 美元的汙染究竟有多少。以空氣汙染來說，對建材、植被和能見度的損害，可以藉由房地產的價格來評估。因為汙染會降低房價，城市中單一區域的房價會隨著汙染程度起伏、城市中不同區域的房價也與其汙染程度有關。正如經濟學家所預期的，控制其他變因之後（如到達就業中心的便利性、社區人口等特徵），汙染較不嚴重的地方，房產的價值也較高。

除了統計學上的問題，這些估計過程中的另一項不確定性是，健康的價值是否也包含在內。某些由汙染造成的健康影響很容易察覺（像是眼睛受刺激和呼吸急促），也能反映在估價中。但有幾種主要汙染物無色無味，汙染地區的購屋者可能不知道此類汙染物對健康的長期影響。但因為大多數影響都能夠感知，所以若直接將降低汙染對死亡率的影響，加到對財產價值差異的影響上，會有重複計算的問題[51]。

減少汙染對降低死亡率有什麼影響？如何進行評估？首先，我必須強調，經濟學家在談論拯救生命的價值時，並非像是談論拯救 A 或拯救 B 的價值。新冠病毒造成大量死亡，但美國所有醫療機構一開始採取的政策，都是試圖迅速確保有死亡風險的人能獲得呼吸器和病床。

大多數醫療機構的拯救生命專案，都只能略微降低廣大人群的死亡風險。經濟學家特別喜歡一種計算死亡風險價值的方式：詢問工人願意支付多少費用，來消除工作中的死亡風險。假設有 1 萬名工人從事某項工作，每人都有萬分之一的機會在工作中死亡，並再進一步假設這 1 萬人中，每人都願意支付 900 美元永久消除風險。1 萬名工人每人支付 900 美元，總和是 900 萬美元，因此降低職場風險計畫的收益將是 900 萬美元。

讀者可能會認為，工人並沒有意識到工作中的風險。但關於高風險工作中的工資溢價研究顯示，各種職業中的溢價現象大致相同，這表示工人有意識到風險，並在從事高風險工作時要求加薪。舉例來說，訓練大象是動物園裡最危險的工作，費城動物園裡承擔這項任務的員工會獲得 1,000 美元的獎金[52]。至 2016 年為止，美國交通部採用的統計生命價值（value of statistical life）略低於 1,000 萬美元，這與當前經濟學文獻中的數據非常吻合[53]。

美國聯邦航空總署、國家公路交通安全管理局和美國食品藥物管理局等聯邦機構，也已經採用統計生命價值貨幣化的概念[54]。

著名的哈佛大學法學教授凱斯・桑思坦（Cass Sunstein）是歐巴馬第一任期內的資訊與管制事務辦公室負責人，專職監督聯邦政府機構提出的成本效益分析。退休後，他寫了一本關於成本效益分析的書。

桑思坦堅定地支持這種經濟學的計價方式。他採用這個方法評估擬議中的法規，也在法規實施後重新評估其價值。綜觀全局，他指出共和黨政府（雷根、小布希）與民主黨政府（柯林頓、歐巴馬）都贊成成本效益分析，兩黨對此的支持足夠強大。他認為成本效益分析「已成為美國作為管制型國家[55]非正式憲法的一部分[56]」。

美國最高法院的法律意見書中，也頻繁出現對成本效益分析的支持。2015 年，法院宣布行政機關在決定是否及如何管制時必須考慮成本；自由派大法官艾蕾娜・卡根（Elena Kagan）表達反對意見時，也堅持成本效益分析的重要性：「我同意多數人的觀點，且此事毋庸置疑：如果不考慮成本，環保局對發電廠的規範就不具有合理性[57]。」

《成本效益革命》（*The Cost–Benefit Revolution*）出版於 2018 年，桑思坦在書中對川普政府的成本效益分析表現，抱持著謹慎樂觀的態度。他不喜歡川普每實施一項新規定，就應取消 2 項舊規定的原則，但川普依循了歐巴馬強烈支持成本效益分析的行政命令，甚至特別提倡追溯性成本效益分析，以刪減收效甚微的昂貴法規。

該書出版後，川普撤銷歐巴馬政府某些已經得到商界共識的規定，桑思坦於是怒稱川普的管制專案是項「恥辱[58]」。這是個公允的評價，因為川普政府竟然把過去更改業務系統的成本（也就是沉沒成本，請參見第 1 章），視為與未來決策相關！此外，川普政府的分析考慮了間接成本，卻沒有考慮間接收益，因此一位評論家將川普的成本效益分析稱為：有成本無效益分析[59]。

我認為桑思坦書中有很多正確的見解。他強烈反對表現主義，也就是人們藉由支持（或反對）所有環保議題來顯示自己的價值觀。桑思坦認為：對具體政策的支持，必須基於事實而非意識形態，人們必須思考政策的收益是否超過成本。下一章將會深入探討，桑思坦認為採用成本效益上有利的政策，並不表示一定能增加社會福利。

此外，即使身為中間偏左的民主黨支持者，桑思坦也承認，當左派當權時，成本效益分析尤為重要：

左派當政時期，某些類型的管制干預，如職場安全、食品安全或環境保護可能會乘勢而上。政府高層官員傾向以「我們」與「他們」的二分法看待問題，好像管制就能將收益從壞人（企業）手中轉移到好人（民眾）身上[60]。

桑思坦回應本書第 3 章提到查爾斯‧舒爾茨的論點：

激進管制措施的受害者，反而可能是工人（失去福利甚至失去工作）、消費者（必須為商品支付更高額的費用，或者可能完全無法獲得某些商品）或小型企業（管制對他們而言可能形成嚴厲的稅收政策、甚至是進入市場的障礙[61]）。

不過，桑思坦書中的論點也存在嚴重缺陷：它沒有提及經濟學家對重要的福利衡量有著極大分歧。

桑思坦的論調像是在指責利益集團和政治家（特別是國會），單方面阻礙成本效益的運行；然而，事實是，新的效益評估方法在過去 10 年開始嶄露頭角，知名的成本效益理論家和實踐者，卻一直強烈反對這些新方法。

購買高效能電器是個陷阱？

當今研究擬議中的重大聯邦法規者，都會碰到「法規政策影響評估（regulatory impact analysis, RIA）」——這是一套由聯邦機構編製的正式成本效益分析，用以評估具有經濟意義的法規可能造成的影響，並幫助政府機構有效設計法規[62]。有些人質疑它的效果，因為提出法規的機構在編製分析內容時，只會關注自己的立場，並沒有經過授權的外部組織審查。因此，這些成本效益分析往往無法擬定出最佳政策，只會變成「例行法律文件」，由處於防禦姿態的政府機構準備，以長達數百甚至數千頁的篇幅備來應對訴訟[63]。不過，政府機構的成本效益分析本來就是份未經審查的自我防禦性文件，其最終目的是保證順利立法。相關的抱怨遠在柯林頓 1993 年頒布法規政策影響評估行政命令前，就早已充斥政壇。

從歷史上來看，消費者主權一直是成本效益分析背後的指導原則。經濟分析師盡力釐清美國公民與消費者，願意為預期收益付出多少成本。然而現狀已有所改變，正如第 4 章提到的，「行為經濟學」是經濟學中蓬勃發展的新學派[64]，其研究表明：在某些情況下（例如評估遙遠的未來利益時），人們的表現似乎不符合經濟理性。從歐巴馬政府開始，這類研究結果被拿來當作證據，以證明經濟分析師對消費者利益的推斷，勝過消費者對自身利益的選擇。此外，歐巴馬政府又以同樣的方法，計算和比較美國人與他國人民的收益。一般來說，這兩種的變化都令人感到相當遺憾。

　　沒有證據顯示，美國人會認為應該平等對待自己與他國人民的利益。2019 年，皮尤研究中心的一項公開調查，詢問是否應該增加 13 個不同政策領域上的花費。其中「幫助世界上有需要的人」這項政策領域排在第 12 位，只有 35% 的人贊成增加支出，卻有 28% 的人認為應減少。這是最多人認為應該縮減的支出領域 [65]。

　　下一章，我將向讀者說明：演化心理學 [66] 和大多數消費者都不認為，消費者行為可以展現出人們在暴飲暴食和退休儲蓄的真正偏好。但近期行為經濟學的成本效益分析所假設的非理性，已遠遠超越這些領域。著名經濟學家泰德‧蓋爾和威廉‧威斯庫西就因此批評這項趨勢：

> 不理性現象的存在，並不表示它在所有經濟情況中都「普遍存在」且「重要」。面對汙染的負外部性時，大眾會想要評估其重要程度。但如果行為異常可以成為政府干預的理由，就必須記錄和研究何時出現這樣的行為與其重要性 [67]。

　　很多時候，消費者的非理性行為被用來證明法規能帶來巨大的好處，但法規政策影響評估卻沒有提供證據，加以支持其假設消費者的行為是非理性的 [68]。舉例來說，烘衣機和室內空調的能源效率規範認為，分別有 79% 和 70% 的管制收益來自於「矯正」消費者的非理性行為[69]。這些法規禁止銷售經濟分析師認為不應購買的低能源效率產品，進而限制了消費者的選擇。

柯林頓總統在 1993 年發布的聯邦管制行政命令中，就曾譴責這種干預：

> 聯邦機構頒布的法規，應該僅限於法律要求、解釋法律所必須、或因應公眾迫切需求。例如在私人市場出現重大失靈時，維護或改善公眾健康、公共安全、保護環境與美國人民的福祉[70]。

聯邦機構如何得知什麼產品適合消費者？一部分在於它執行的是對「平均消費者」（或消費者的平均消費行為）最有利的政策，但消費市場並非由平均消費者組成；相反地，每位消費者各自都有偏好，所以超市貨架上才會擺滿幾十種麥片和牛奶。消費者似乎也希望對耐用消費品[71]能有多樣的選擇。

蓋爾和威斯庫西進行的一項調查顯示，超過 85% 的消費者反對政府管制洗衣機的能源效率。即使在政府解釋能源效率和較低的運作成本之後，仍有超過 70% 的消費者反對這項規定。事實上，美國能源部的分析中假定的洗滌量，遠高於許多消費者的實際使用量。因此，對這些消費者而言，購買高能效洗衣機所節省的成本，遠比政府設想得要少[72]。

設想一名消費者每年只造訪他的度假小屋 3 個禮拜，他想買台洗衣機放這裡，理性的選擇將會是一台便宜、低能效的洗衣機。46% 的美國信用卡持有人也抱持同樣的想法：他們必須為前一年未結清的卡債付出利息 [73]，而 2019 年信用卡平均利率大約落在 17%，因此經濟壓力較大的消費者會選擇購買更便宜、能源效率低的洗衣機是完全合理的 [74]。不幸地，專門研發高價節能洗衣機的製造商遊說國會，堂而皇之地立法禁止販售低效電器 [75]。

經濟學家自古以來就反對強制規定，並提出能夠保護消費者主權的資訊處理方式。研究證據表示，節能資訊確實會影響消費者的決定，聯邦機構法規政策影響評估在計算法規的潛在益處時，往往沒有考慮以不同方式處理資訊，也沒有考慮補救現有資訊的影響。

有 2 項聯邦專案試圖透過資訊傳播，進一步提高消費者對節能電器的興趣。能源之星（Energy Star）是一項自願性專案，將節能星形標章張貼在比同類型產品更節能的電器上 [76]（甚至連建築物也可以申請認證）。

研究證據顯示，這些資訊專案已促使美國、歐洲和韓國的消費者進行節能消費 [77]；在美國，在高電價的州裡，能源標章的效果更為顯著，由此證明部分消費者在購買耐用消費品時會考量長期成本 [78]。

總體而言，數十年來在制定和評估潛在政策選擇時，成本效益分析一直很有幫助。美國的政治運作充斥著各種狹隘觀點的擁護者，經濟學家們提出的成本效益分析久經考驗，並且證明其利大於弊。

然而在過去 10 年間，情況已有所不同。川普總統對於冷靜分析收益和成本不感興趣，而是選擇利益對企業一面倒的許多成本效益分析。更令人驚訝的是，儘管凱斯・桑思坦對客觀的成本效益分析感興趣，但他和繼任者的施政卻令人失望。歐巴馬政府的經濟分析師不太關心經濟學家的核心原則（消費者主權）。研究顯示，美國人不同意「他國人民和本國人民一樣，有相同的權利索取美國納稅人的錢」；美國消費者也覺得，在能源資訊充分透明的情況下，購買電器時自己可以做出合理的決定。

過去即使某些政策可以「乘勢而起」（借用桑思坦的話），但成本效益分析往往可以減緩、甚至抑止成本遠超過收益的專案，然而好景不再。

泰德・蓋爾是當今成本效益分析領域最受尊敬的學者之一，他對歐巴馬執政的總結是：行為經濟學的新成本效益方法，將成本效益分析見血封喉 [79]。

The Limits of Economics

經濟學的局限

PART. 3

CHAPTER 07.

如果提高菸稅，
你會戒菸嗎？

‖ 經濟學家眼中的消費者與個人福祉 ‖
The Economist's Consumer and Individual Well-Being

　　經濟學通常假設消費者主權可以使個人福利最大化：消費者會權衡各種機會，並選擇能夠最大化自己效用的選項。但市場提供的資訊，是否足夠讓消費者最大化自己的福祉？消費者是否會臨時改變心意，喜歡上別的商品？消費者是否渴望擁有一些與當前選項不同的商品？

餐點標示熱量有助減肥？

　　許多經濟學家覺得，企業藉由巧妙的廣告誘使消費者做出不明智的選擇；還有些經濟學家認為，消費者的確做出不明智的選擇，但過失應該算在他們自己頭上。本章稍後將討論這些行為經濟學家的論述。

多數經濟學家猛然意識到，現行市場其實並不缺乏資訊，公開且良好的資訊量非常大。許多製造商努力宣傳自家商品，甚至提供與其他廠牌的優劣比較及相對的價格訊息；聲譽良好的廠牌和在乎名聲的百貨業者，也間接提供優良品質商品的相關線索。這些都是市場行之有年的公開資訊[1]。

數位革命使資訊量瞬間膨脹數倍。有了網路搜尋功能之後，人們不用走進商店就可以獲得充足的商品訊息。譬如我最近在尋找合適的行李箱，幾個購物網站提供了關於尺寸與重量的資訊、羅列產品的優缺點，還有先前買家對特定型號箱子的評論。如果在 Google 搜尋中輸入「行李箱評價」，一下子就會跳出《消費者報告》（*Consumer Reports*）、《漫旅》（*Travel + Leisure*）、《好管家》（*Good Housekeeping*）、《今日美國》（*USA Today*）、《商業內幕》（*Business Insider*）、家電網（Wirecutter）、集點網（Upgraded Points）等提供的資訊。

儘管可靠的資訊來源比比皆是，消費者仍舊無法窮盡所有資訊。**經濟學家認為消費者的確「不應該追求完全的知情」，因為搜尋資訊與消費資訊都需要投入時間和金錢。**因此，對擁有部分資訊的消費者而言，只有未知資訊的預期價值超過獲取資訊的成本時，才值得追求更多資訊。另一方面，即使市場的競爭壓力迫使廠商提供大量的商品資訊，還是依然沒有揭露許多重要、與安全相關的訊息。

舉例來說，曾有廣告商建議布朗威廉森菸草公司（Brown and Williamson Tobacco Corporation）在宣傳旗下新商品時，強調新配方能降低引發心臟疾病的有害氣體，然而這項建議並未被接納。一份內部文件顯示，該公司高層認為：「在特定有害氣體對心臟疾病的影響獲得政府證實且廣為人知之前，貿然在廣告中提及這種氣體並不具有策略性價值。」由於廣告商極其堅持，該建議最終遭到菸草公司斷然拒絕。該公司認為，提及這些氣體只會適得其反，因為這麼做，反倒公開揭露吸菸對心血管的不良影響[2]。

當市場競爭機制無法為消費者提供重要的資訊時，政府的干預才具有價值。政府公開揭露與吸菸相關的資訊，確實能降低一部分的吸菸率，也會促使廠商降低香菸中的焦油和尼古丁含量。企業有時也沒有測試自家產品的動機，因為他們發現：消費者不認為廠商的內部測試具有公信力。

在美國，大約有三分之二的成年人和三分之一的兒童超重或肥胖，政府因此提出許多規範，例如要求餐廳必須在菜單上明確標示餐點的熱量。然而研究顯示，新的菜單資訊規範並不能有效保證人們會選擇健康的食物。更有一項大型研究發現：紐約市在強迫餐廳必須在菜單標示熱量之後，有四分之一的客人表示，自己注意到此項資訊並選擇熱量較低的餐點；然而，他們實際上攝取的總熱量並沒有顯著改變[3]。另外還有一項針對 30 座城市菜單的大型研究也發現，熱量資訊對於改善肥胖的效果微乎其微。舉例來說，在菜單更新前後，身高 178公分的男性，平均體重只從 86.2 公斤減為 86 公斤[4]。

即使政府利用廣告和其他方式宣傳，美國的肥胖率仍繼續在增加[5]。於是，許多公共衛生專家就鼓勵政府，禁止會對消費者造成潛在傷害的行為，譬如有證據顯示，縮小商品包裝可以有效減少消費。以熱量極高卻不含任何營養的碳酸飲料為例，2012 年紐約市長麥克‧彭博（Michael Bloomberg）便提議禁止銷售超過 473 毫升的碳酸飲料[6]。

經濟學家相當懷疑此類政府計畫的成效。一方面，商家仍會採取如買一送一的促銷方式；另一方面，經濟學家重視消費者主權，比較喜歡提供誘因而非強制執行。在碳酸飲料的案例中，課稅會比行政命令更為有效。

許多金融機構被要求提供消費者大量的資訊。大約 10 年前，我曾在一間新設立的投資機構開戶。他們寄給我一本羅列重要資訊的手冊 —— 厚達 500 頁，裡頭塞滿密密麻麻的小字（開立一個新戶頭，就會收到 4 本這樣的磚頭書）。有間銀行懷疑：這些按照法律要求寄出的重要資訊手冊，是否真的能向客戶提供有用的資訊？於是，他們在手冊某處加上一行字聲明：只要讀者在明信片寫上「規則 E」並寄回銀行，銀行會提供 10 美元的獎金。然而，收到這份手冊的 11.5 萬名客戶中，沒有一人寄回明信片[7]。

政府要求揭露資訊的規範，有時百害而無一利。在加州，連鎖咖啡店必須在紙杯上標示致癌警語，因為先前在一項訴訟案中，非營利組織起訴連鎖咖啡店，法官站在環保團體那邊。於是加州 65 號法案要求企業公布產品中的致癌物，世界衛生組織（World Health Organization, WHO）的一個分支機構亦曾指出，咖啡中含有丙烯醯胺（Acrylamide），是一種可能的致癌物。與此同時，2017 年一項針對 201 份研究的審查報告卻指出，喝咖啡至少能降低 5 種不同癌症的風險[8]。

在編寫本書初版時，經濟學家曾就聯邦政府是否應繼續出版《汽車手冊》（*The Car Book*）而爭論不休。這本手冊中羅列不同車型的燃油效率、耐撞性和維護成本等資訊。如今政府不再出版這樣的刊物，因為類似的資訊唾手可得，而君迪公司[9]和《消費者報告》網站提供的資訊更加豐富。

如果政府想要出版新的《汽車手冊》，裡頭大概也不會有我朋友需要的核心資訊。前幾年，他想要買部無須倒車就能在無尾巷調頭的汽車，迴轉半徑必須小於 11 公尺。他在辦公桌上按按鍵盤，就找到一個以迴轉半徑大小排名的汽車資料庫。至於其他消費者買車時需要的詳細資訊，對我這位朋友或對其他人，是沒有意義的。

如今，提供給消費者的許多產品資訊主要來自企業廣告，讓當代經濟學家有充分的理由支持廣告。他們發現，雖然廣告可能造成企業壟斷，卻也同時有助於打破壟斷。另外，來自新產品的大量廣告，也可以提升生產和銷售的規模經濟，進而使商品價格下降。即使是成熟的產品，也可以透過廣告幫助中型企業實現規模經濟。

有些廣告看似會增加消費者的成本，例如阿司匹靈、洗衣精和早餐麥片，但實證研究發現，這些廣告成功降低商品價格。由於廠商藉由廣告達成初期的銷售門檻，讓許多商店得以用「低服務、低價格」的方式繼續營運[10]。1970 年代出現了大量的玩具廣告，使玩具銷量上升，但零售價格和邊際收益卻雙雙下降。針對眼鏡廠商的研究也指出：廣告盛行時，商品價格會下降。

幾乎所有經濟學家都贊同政府立法禁止不實廣告，但判定廣告是否「不實」的方式則意見分歧。家樂氏因聲稱 Kashi 系列麥片成分為「純天然」而遭到罰款，因為其實只是 3 種「純天然」成分的合成物[11]。某款穀片可能聲稱含有「12 種人體必需維生素和礦物質」，但其含量可能只占人體所需非常小的一部分[12]。

資訊經濟學的研究大部分只停留在理論，尚未見到對於實際政策的成本效益研究。舉例來說，一篇論文名為〈資訊和管制政策的福利比較〉，結論指出：「必須獲得消費者品味和偏好的大量資訊，才有辦法正確進行評估。但不管在理論上或實際操作上，這條件都難以實現[13]。」

如前文所述，經濟學家希望能提供商品相關的風險資訊給消費者，而非完全禁止銷售商品。但要是期望消費者能自行決定要不要攝入所有危險的食品添加劑，則是不明智的想法。學者史蒂芬‧凱爾曼提醒：

> 大眾對某些食品成分的安全特性知之甚少。讀者可能也會懷疑自己是否真的知道，在下列 4 種食品添加劑中，哪一項對人體的風險最大：六偏磷

酸鈣（calcium hexametaphosphate）、對羥基苯甲酸甲酯（methyl paraben）、苯甲酸鈉（sodium benzoate）、或三氯乙烯（trichloroethylene）。……如果讀者確實對此有所認識，又是否知道與添加量有關的風險數據？百萬分之五的六氯化苯算不算過量？如果冷凍雞蛋中的細菌量為每公克 100 萬隻，我們是否應該對此感到不安[14]？

任何詳細標示風險數據的標籤或資訊包，都會提高商品的價格，而閱讀這些說明也會占用消費者的時間。因此，經濟學家理查·尼爾森同意凱爾曼上述的說法，並批評經濟學家：

> 我想所有人都會認同，在一般情況下，編寫和閱讀完整食品風險標籤的成本太高。或許我們也認同，如果只提供能簡易且快速閱讀（但不是完整食品風險資訊）的標籤，就必須限制某些商品的銷售。然而，為了不限制商品銷售所造成的成本，會抵銷簡易標籤系統帶來的好處[15]。

明明節目很無聊也不關掉電視？

經濟學在評估消費者的福祉時，遇到一個重要的問題：無法找到滿意的方法來處理品味的變化。經濟學家普遍接受的研究方法（被引用了 1.3 萬次），就是將消費者品味的變化定義在處理範圍之外。經濟學家凱爾文·蘭開斯特（Kelvin Lancaster）認為，商品的效用來自商品內蘊的特性，而非來自商品本身：

> 這模型的處理過程非常簡單。新產品就等於是在現有消費技術中，加入一項或多項新活動。因此，在給定的消費技術（或此消費技術的一部分）之下，只要將新產品與其相關活動的給定特性放入消費技術內，就可以預測出結果。

蘭開斯特繼續指出：消費者以新商品替換舊商品，會因為可以更有效獲得自己喜歡的特性組合，進而提高其福利[16]。然而，蘭開斯特並沒有說明這個模型實際運用的方式。當我們嘗試用它來進行預測時，很快就會發現困難。

舉例來說，個人電腦算是哪一種「消費技術」？許多消費者買電腦是為了玩遊戲（有些人認為電腦是《大富翁》的替代品），其他人則認為電腦可以取代老舊的音響系統，還有些人把電腦當作電影院的替代品，更有人覺得電腦是給孩子的教育工具，或是可以拿來取代老舊的紙本檔案系統。這些消費者顯然對電腦的「特性」，給出不同的定義。

經濟學家偏好透過不威脅經濟學基本假設的方式，去解釋世界上的所有事件。因此，典型的經濟學家會馬上提出解釋，說明一個人的品味看似發生變化，但可能只是改買別的商品，更符合自己沒有改變的基本偏好。

如果經常消費 A 產品的人突然停止購買，並開始頻繁購買 B 產品（例如放棄酒品，改買宗教文獻），經濟學家認為，那是因為此人現在擁有更多資訊和經驗，能夠更準確地購買符合自己不變基本偏好的產品[17]。如果人們堅持認為自己的品味確實發生變化，而不僅僅是商品資訊或特性改變其選擇，經濟學家可能會勉強承認這一點，但也會馬上補充說明：自由市場體系的優點之一，正是它可以激勵生產者快速且全面地對消費者的品味變化做出反應。

對於這點，經濟學家可能還會說：「看！把消費者『當前偏好』當『真正偏好』是有道理的，以舊有偏好為基礎做分析是愚蠢的！」的確，我們沒有辦法知道消費者未來的偏好會是什麼。但令人不解的是，許多經濟學家假設，消費者當前的偏好會在市場行為中顯示出來，只因消費者沒有辦法在市場中直接觀察到「顯示性偏好[18]」，所以才會考慮他們自己聲稱的偏好。

除此之外，社會上還有各式各樣的成癮行為，但有成癮症狀的消費者並不認為這些行為能夠代表自己真實的偏好。我們的內心常在掙扎：往往認為理性思考的自己是較好的一面，而食慾或動物性激情的誘惑是較壞的一面。較好的一面會支持某些高尚的情操，例如讓人們根據愛和同情行事，而非囿於自利的算計。由於這些舉動通常經過思考，因此也顯示了理性並不只是單純的算計而已[19]。

　　許多經常沉迷於食物、酒精、香菸、毒品或賭博的人非常厭惡自己的行為，希望自己能夠不再沉迷其中。就以賭博為例，戒賭匿名社群估計美國大約有 700 萬至 1,000 萬名衝動型賭博者，其中許多人清楚認知到賭博行為會摧毀自己與家人的生活。某位前賭徒曾在妻子流產時，說自己沒時間開車載她去醫院，但當天晚上卻有時間開車去賽車場。他回憶道：「我可以開到時速 150 公里從阿靈頓殺去查爾斯鎮，好趕上第 8 輪和第 9 輪賽車的下注時間。我欠下的賭債必須在 30 天內償還，而那筆錢得花我 6 到 9 個月才存得到[20]。」

　　如果這樣的人會反思的話，就無法說外部的某種干預會侵犯他們的消費者主權。一位性騷擾女兒 2 年的父親說：「我知道這是錯的。每次犯行後，我都憎恨自己，發誓不再犯，但是我沒有足夠的意志力[21]。」

　　相較之下，吸菸是比較不聳人聽聞的例子。大多數的癮君子依然視吸菸為惡習。美國有 3,400 萬名吸菸者，其中 55% 的人在 2018 年試圖戒菸，但只有 7.5% 成功[22]。我在研究所時代進行的一項非正式調查顯示，大多數戒菸者並不介意自己是因為經濟脅迫才戒菸的。我曾在伊薩卡和費城詢問過 50 名吸菸者以下問題：

　　　如果聯邦政府必須增加收入，並在提高所得稅或提
　　　高菸稅之間選擇，且（假設）這 2 種增稅案從全國

課徵到的稅收總額相同，你願意提高哪一種稅收？

回答願意提高香菸稅的有 30 名、願意提高所得稅的有 11 名，而 9 名沒有意見。在支持提高菸稅的人之中，有 10 名自發性地提出自己的觀點（很具啟發性的說辭）。他們之中有 4 人表示：「如果對香菸增稅，那麼我會戒菸。」或「人們會戒菸。」；另 6 人的說法是：「我又不是不抽菸就活不下去，少抽一點也無妨。」「又不是一定要掏錢買菸。」「我總是想著有一天要戒菸。」「抽菸是錯的，提高菸稅的話，我可能就會戒菸。」

麻省理工學院經濟學家喬納森・格魯伯（Jonathan Gruber），對於吸菸者在這些回應中顯示出的真實偏好相當警覺。他指出：試圖戒菸的人有時會將戒菸的決定告知他人，讓自己為避免被抓包的尷尬而停止吸菸，但人們還是可能說謊和偷偷抽菸。因此，他希望經濟學家能明白，課徵更高的菸稅會使吸菸者獲得好處，政府也會幫助吸菸者抵制一時的快感，而這是無法透過私人市場實現的自我控制[23]。一篇使用歐洲數據的論文發現，餐館和酒吧禁菸可以促使吸菸者戒菸，而這些人在戒菸成功後更快樂[24]。

許多人希望擺脫的另一項強迫症是——購買欲，他們往往花費超出自己能力範圍的金錢。已故美國記者歐文・克里斯托（Irving Kristol）便曾經回憶道：「我年輕時，當時唯一比分期付款更被譴責的，就是推銷分期付款：分期付款鼓勵人們逃

避責任 [25]。現在，時代已經不一樣了。市場上有些顧問公司專門為負債累累的人提供建議，但他們的提案往往與這些人的好朋友給出的建言大相逕庭。1970 年代的基礎利率為 16.5%，當時夏洛蒂鎮一家廣播電台播放了一則廣告，推銷一間金融公司的整合貸款，承諾客戶在走出公司大門時，口袋裡會有幾百美元的現金。廣告最後的結語是：「你值得去度一趟夢寐以求的假期。」

雖然大部分企業生產最快也賣得最好的商品，多半不是來自廣告，但人們依然相當懊悔自己容易屈服在物質的誘惑之下：84% 的美國人認為多數人購買的物品數量，遠超過自己的需求；49% 的人認為自己確實如此；79% 的人認為應該教導大眾如何以更簡單的方式生活，而非追求更高的生活標準（只有 17% 認同後者）；76% 的人認為應該學習從非物質體驗中獲得快樂，而非滿足對更多商品和服務的需求 [26]。

在物質過剩的社會，「滿足於自己的生活方式」已成為一種自責。許多人並不滿意於自己購買行為所「顯示」的個人偏好，渴望自己能成為更好的朋友、更好的父母、更好的老師、更好的丈夫。歌手克里斯・揚（Chris Young）的歌曲《我想成為的人》（*The man I want to be*）好好闡述了我的論點：

雙膝跪地，
這是我最後的機會。

他在歌詞中向上帝祈求：

我想成為祢的好子民；
我想成為她的好男人；
我想做個好人——
一個盡己本分的人；
我想成為能直視自己鏡中倒影的人。

　　這首歌是 2010 年的熱門單曲，作詞者之一布雷特・詹姆斯（Brett James）曾表示：「我認為這是一首所有人都該偶爾聽聽的歌曲，以便讓自己重新聚焦在生命中重要的事情。」

　　人們總希望自己能變得更好，所以會減肥、花更多時間閱讀、出門旅行，而不是窩在家中、癱在沙發上。美國人平均每天花 2.8 小時觀看電視和電影、50 分鐘滑臉書[27]。幾項針對電視觀眾的研究顯示，事實上許多人覺得節目內容很無聊，其中一項調查的作者甚至稱大部分觀眾患有「強迫症」。研究的受訪者在被問及：「當你看電視時，是否覺得自己寧願做點別的事情，但又無法離開電視？」24% 的受訪者回答：「偶爾會這樣覺得。」12.5% 的受訪者則回答：「幾乎總是這麼覺得。」然而，他們還是繼續看電視[28]。

　　本節討論的是：如果一個人認定「偏好」對自己最有利、可以最大化自身福祉的選擇，那麼個人的行為就不全然表現出他的偏好。**在市場中觀察到的行為，有時與人們認為最有益於**

社群福祉的行為相去甚遠。諾貝爾獎得主詹姆斯·布坎南是自由市場的堅定支持者，但他也承認：

> 個人在社會選擇中的參與感，會深刻影響他的行為。當代表人物意識到自己正在為群體做選擇（而非為自己）時，就非常可能按照不同的偏好標準行事。⋯⋯他的認同感會擴及他人，而他的價值觀也會影響他對不同選擇的先後排序；相對地，他在市場環境中的選擇，往往是由「品味」所決定[29]。

前述提及的行為（如看電視和吸菸）並沒有反映人們更深層次的偏好。某些正向的偏好（如為退休生活儲蓄和減肥），往往並未反映在人們的行為中。演化心理學的研究則提供了一個有說服力的框架，讓我們能夠理解這些異常。

演化心理學的研究證據顯示：人類的行為方式讓我們在狩獵採集社會中取得成功，卻不見得適用於當今社會。舉例來說，人們在狩獵採集社會根本不需要為退休做儲蓄規畫，因為當時的預期壽命很短，也沒有任何機制和金融機構可以讓人們存錢，等幾十年後再連利息一起拿回來。

人類現今的社會模式存在時間很短，因此，我們的心智還未演化出最適合現代社會的思考模式，當下還是傾向以獲利為主。在實驗中，許多受試者寧可當場獲得 1,000 美元，也不願意等待一周後再拿走美金 1,100 元。一項研究顯示，只有 1%

的企業員工表示自己的退休金帳戶饒有餘裕，31% 的員工表示自己的退休儲蓄水準尚可，而 68% 表示自己退休金的儲蓄額不足 [30]。

演化心理學家也認為，現代社會的多數人吃得太多。在狩獵採集社會，人們沒有充足且穩定的食物供給，最好的策略就是眼前有得吃就盡量吃。如今，在已開發國家中的食物供給豐足，但依然難以克服想要吃掉面前所有東西的食欲。因此，已開發國家的民眾多半肥胖。許多企業（如 Nutrisystem、Weight Watchers 等）就此研發飲食計畫，幫助人們對抗暴飲暴食的傾向。

哈佛法學院教授凱斯·桑思坦和諾貝爾獎得主暨行為經濟學家理查·塞勒（Richard Thaler），兩人聯手尋找讓人類更適應現代生活的方法。他們在得獎的著作《推力》（Nudge）中表示，企業應該鼓勵員工將提撥退休金列為預設選項。員工當然也可以選擇停止提撥增加當前收入。但研究證據顯示，如果提撥退休金是預設選項，不須動手註冊，就會有更多人選擇繼續提撥。員工也會被這「推力」導向更豐厚的退休儲蓄。不論企業是否提供了推力，這都是大部分員工希望看到的結果。同樣的道理，在員工餐廳中，水果和蔬菜沙拉應該放置在餐廳入口、視線最容易觸及的高度，蛋糕和餅乾則應該被放在最裡面、較不顯眼的位置。如此一來，這「推力」會讓人們自然而然地選擇較為健康、可以減重的飲食，這也是大多數人希望的結果 [31]。

塞勒和桑思坦認為自己是自由主義父權派[32]。他們認為自己是自由主義者，因為讓人們保有選擇的權利；他們認為自己是父權派，因為希望可以影響人們的行為，以延長預期壽命、增進健康、提高生活品質……但這一切由人們自行判斷。哲學家威爾．威爾金森（Will Wilkinson）對《推力》有詳細的評論，對本書大部分內容也不以為然。他不認為塞勒和桑思坦是父權主義者。他認為真正的父權主義者，是不會允許接受幫助者在被幫助的情況下還能保有自己的選擇[33]。

有些人認為，行為經濟學家完全放棄了經濟學的核心價值：消費者主權。第 6 章所批評的當代成本效益分析就是一個例子。然而，塞勒是行為經濟學家的帶頭者之一，並在《推力》中設法維護消費者主權。

無論各界對《推力》的看法如何，演化心理學不斷影響著經濟學。經濟學家大衛．傅利曼（David Friedman）是米爾頓．傅利曼的兒子，也是一位自由意志主義者。他相信演化的力量事實上正在輕推著人們前進，與他們判斷較好的方向背道而馳[34]。

與演化心理學家相比，行為經濟學家如塞勒等人，對於人們為何嚴重低估未來、為何節食的意志力薄弱並不感興趣，但他們非常清楚地認知到人們的這些傾向。這就解釋了為何與傳統經濟學家相比，許多行為經濟學家並不那麼重視消費者主權。

不過，行為經濟學家對這類短視近利傾向的政策意涵也很感興趣。舉例來說，美國儲蓄率之所以節節下降，部分原因來自於新興金融機構的成長，讓不動產貸款（如家庭住房貸款）變得比之前容易許多[35]。儘管如此，消費者在儲蓄上並非完全不理性。景氣低迷時，人們更擔心自己的未來因而增加儲蓄[36]。在新冠疫情初期，美國家庭儲蓄率從 7.5% 增長到 33.5%（2020 年 4 月[37]）。

人性本自私？

另一項對經濟學的嚴正批評，是它使人們更加自私自利。證據顯示的確如此。但另一方面來說，經濟學家或許不是在課堂上才學會自私，會選擇研讀經濟學的人可能本來就比較自利。這麼說吧，如果你認為人生最大的價值是自由，大概不會選擇主修經濟學。認為經濟學家是後天學會自私，和認為他們是天生就自私的兩派，都各自提出了統計學證據[38]。

不過這兩派有個觀點倒是一致的：他們都認為經濟學家比普通人更自私。隨機抽問 1,000 多名大學教授，詢問他們每年捐款給慈善機構的金額，其中一毛錢都沒捐的經濟學家大約有 9%，是其他學科教授的 2 倍之多。此外，儘管經濟學家的收入普遍較高，但以向大型慈善機構（如美國聯合勸募〔United Way〕、依賴觀眾捐款的電視頻道）捐贈額的中位數而言，經濟學家也是最不慷慨的一群人[39]。

經濟學文獻中有許多論述認為，所有人在多數情況下都是自私的。已故經濟學家戈登‧塔洛克曾表示：

> 大部分的經濟學家花時間觀察市場和政府的運作，
> 傾向認為多數人多半都有條需求曲線，而這曲線裡
> 的壓倒性元素，就是自私的欲望[40]。

　　許多人認為，這些自私欲望中最重要的部分，就是獲得收入及運用此收入購買商品。

　　經濟學家有時指出，某些明顯看似非自私的利他行為，可能只是某種相當間接的自利：人們行善，只是想要自我感覺良好。但經濟學家也意識到，這種對自私的定義可以拿來解釋可想像到的所有行為[41]。因此，有些經濟學家為了研究不那麼高尚的行為，就收窄自私的定義。

　　經濟學家威廉‧伯烈特（William Breit）指出，對富人的惡意，就如同對窮人的憐憫，可以輕易解釋為對所得重分配的欲望。不過，在討論這兩種原因及其他因素後，伯烈特依然認為：中產階級希望對富人的財產進行重分配是出於自私，為的是避免走投無路的窮人做出暴動、搶劫、縱火等其他罪行[42]。經濟學家布魯斯‧博尼克（Bruce Bolnick）也指出：慈善活動使人們能夠避免諸如社會壓力、心理不愉快，以及宗教上的良心痛苦。他認為慈善行為中「明顯的非理性」，可以被視為消除這類成本的努力[43]。

　　如果金錢是生命中最重要的東西，那麼個體經濟學就是

一門最強大的學問。企業主最關心的是利潤，而經濟學家可以針對他們在價格上漲時的反應做出有用的預測。**假設人們最關心金錢的利益，經濟學家的確可以輕易地評估政府專案的收益。另一方面，如果人民投票是為了公共利益或為他人提供利益（而自己不會直接受益），那麼經濟學的預測和計算就會變得非常困難** [44]。

戈登‧塔洛克想研究「竊賊」是否為明智的職業選擇。為了完成該研究，他假設金錢是人們生命的核心，也假設人們對非法收入與合法收入的感受相同。經濟學家有時會將良心或聲譽的成本稱為「不可量化的因素」，這些因素絕少影響經濟學家的結論。

對於逃稅這樣的犯罪行為，塔洛克認為可以完全忽略其中的非金錢成本。他提出一條公式，用以推導其條件，讓個人決定是否應該針對所得中的特定部分逃稅。這條公式表明：「被發現的可能性乘以因逃漏稅而受罰的金額，如果乘積小於標準稅率下應繳納的稅款，逃稅就是明智的嘗試 [45]。」

只要假設金錢是人們最關心的事物，在評估政府專案的外部性時，就容易獲得較好的結果。舉例來說，經濟學家威廉‧布萊恩‧亞瑟（W. B. Arthur）在著名的期刊《美國經濟評論》（*American Economic Review*）中提出一個核心觀念：現今評估為了生命願意付出多少錢的方式是不健全的，因為它沒有計算這些救生計畫對他人帶來的外部性。但亞瑟也沒有考慮到：當人們知道落難同胞獲救時，心裡所產生的喜悅。他對此不置一詞，因為他所考慮的是：

按照目前的解釋，只要救生計畫的對象和其親屬願
意支付額外的價格，他們的生命就能從 70 歲延長到
80 歲。然而，我們忘記考慮的是，對於廣大社會民
眾而言，延長壽命並非毫無成本。壽命更長的人，
消費的時間也會更長，而他們的消費必須仰賴年輕
勞動力的努力生產來支撐。因此我們質疑，適當的
計算方式應該包含這些在跨世代間轉移的成本。就
此案例而言，延長老人生命會加重年輕人對社會保
險的負擔。

在這裡，亞瑟看到了一個重要的公平性問題：

當死亡率風險不均衡地攻擊各年齡層，或者死亡率
突然急劇變化，有些人會因生命的延長和商品的增
產而獲益，但其他人則在承擔消費的成本。舉例來
說，死亡率的突然下降，對老年人無異是天上掉下
來的恩賜。他們可以享受額外的歲月，又可以不必
養活前一代的老年人[46]。

經濟學家約翰‧莫雷爾（John Morrall）在分析美國職業安
全與健康管理時，也提出相似於亞瑟的思路。他認為：預防職

業災害和死亡，也對受害者和其家屬以外的人有利。他會抱持這觀點，是因為他發現發生職業災害和死亡之後，社會整體必須付出更多社會保障、福利、工傷賠償、醫療保險和醫療補助費用。

莫雷爾進而提出耐人尋味的政策建議：由於棉紡織工人罹患的非致命性呼吸道疾病所帶來的外部成本，高於建築工人因事故致命的外部成本，因此減少前者的發生率，可以為整體社會帶來更大的財務利益。但我們該怎麼衡量非財務利益？也就是這些原本可避免的職場事故和死傷，帶給一般善良民眾的心理痛楚？

非經濟學家的人，往往認為這些非財務的外部成本非常重要，但莫雷爾卻認為：「無論是與職場健康和安全計畫的直接受益者（工人）的感受相比，還是與整體社會減少職業病和職場傷害帶來的社會成本財務設算相比，這些心理痛楚的量化意義都還有待釐清。」就他的個人意見而言，這些心理的外部性若非微不足道，就是模稜兩可[47]。

習慣假設人性的自私自利，已成為許多經濟學家的第二天性。經濟學家相信金錢是越多越好，因為這樣才可以購買越多服務和商品。舉例來說，幾十年前，我和一位收入很高的經濟學家一起觀看兒子們踢足球。這位經濟學家對我說：「有些鄉下小店的收銀台旁邊會有個放零錢的小碟子，上面貼著紙條：『若有需要，請自取；若有贍餘，也請分享。』我總會拿些錢走。到底誰會把錢留下來呢？」

以「科學中立」避免爭議

　　為了建立一門科學，經濟學家無法全然拒絕亞瑟和莫雷爾等人的分析；若開始區分個人偏好的差異，就等於是丟出一個複雜難解決的問題。於是，人們會爭論不休，也無法展開成本效益分析。

　　爭論偏好，就像爭論價值一樣。這樣是不可能建立經濟學，或任何其他社會科學的。

　　我在公共行政學課程中，會花幾個星期談論基本經濟學原理。我使用的教材之一是理查・利普西（Richard Lipsey）和彼得・史坦納（Peter Steiner）合著的經濟學入門課本[48]。他們在一開頭便說明該如何分辨「基於事實的實證陳述」，和「基於價值判斷的規範陳述」。

　　兩位作者在書中給了很好的例子，解釋許多的價值判斷是建立在可驗證的事實假設上。例如許多人認為租金管制政策是好的，因為它能以更實惠的價格提供窮人更多體面的住房。

　　不過利普西和史坦納也舉了一個無法認同對方價值的例子，說明「理性的人」也有可能必須「同意對方的不同意」。文中表示，某人可能認為我們應該對所有人慷慨慈善，包括中國人；但另一人可能會說：「你不應該對中國人慷慨，因為我的道德原則要求慷慨的對象必須是基督徒。」利普西和史坦納表示：「如果雙方都堅持自己對慷慨慈善的看法，同時也都非常理性，沒有任何的文明方式可以迫使其中一方認輸[49]。」

但為什麼第二個人會說，慷慨慈善的對象必須是基督徒？有可能因為那是他的信仰，他也明白自己的慈善觀是對基督教義的「正確解釋」。若真是如此，接下來該做的就是研究基督教教義，或許教義並非真的認為人們應該只對基督徒慷慨。那麼，理性的人就不必「同意對方的不同意」，而是同意第二個人的價值判斷並不合理。

諾貝爾經濟學獎得主阿馬蒂亞・沈恩（Amartya Sen）是這個領域最深思熟慮的學者之一。他認為價值判斷只有在適用於所有可能情況時，才能被稱為基本判斷。大多數的價值判斷都是非基本的，可以透過證據和論辯轉化為實證。此外，即使某些價值判斷可論證為非基本的，卻沒有任何價值判斷可證明為基本的。A 永遠都可以找到某個論點或某種假設情境，讓 B 知道自己所謂的基本價值對 B 而言並非基本。因此，沈恩的結論是：「看來我們可能無法對價值判斷進行有效的科學討論 [50]。」

經濟學家希望用最直觀的方式處理偏好，以避開各種棘手的問題。這背後的潛台詞似乎是：只要拒絕價值判斷，就可以避免爭執價值判斷啦！然而，經濟學的做法並無法真正做到這樣。

假設威廉・布萊恩・亞瑟確實找到大量的年輕工人，相信老人死後，自己的福利會增加；再假設要對一項健保專案進行成本效益分析，而且這項專案可有效降低 65 歲至 75 歲人群的死亡風險；健保計畫相當昂貴，但老年人、其親友及廣大善良群眾的支付意願足以承擔費用。加入亞瑟提出的社會福利損失計算後，這專案的整體成本超過收益，於是專案被迫放棄。這麼做難道沒有爭議嗎？

假設無法延長壽命的人並非對健保有貢獻的一般納稅人，而是貪婪且希望長輩早死的繼承人，或是對政府補助治療鐮刀型貧血而忿忿不平的白人種族主義者，是否就可以如此判定：能夠救命的健保專案基本上有助於大眾利益，但這些過度貪婪的富二代或帶有歧視的種族主義者反對動機夠強烈，這項健保專案就不再符合所謂的大眾利益？

也許某些富二代和種族主義者認為，自己從他人死亡中能獲得的利益，不該影響造成這些傷亡的公共政策。舉例來說，有些人可能覺得：若富有的叔伯們去世，自己身為繼承人的福利會增加，卻並不希望自己的叔伯因此而死。有些人的確暗暗希望自己有錢的親戚去世，卻同時認為自己的願望與大眾事務無關。

刑事司法專案則提供另一種視角，讓我們看見無法做價值判斷，有可能比願意做價值判斷更容易引起爭議。一項研究認為：

> 美國青年職訓計畫（Job Corps program）能有效減少被竊盜財產，這效果應該也讓計畫外的人受益。然而，這效果一部分被視為職訓者的損失，因為他們不能以偷竊獲得收入；因竊盜案下降帶來的社會

收益（也就是整體社會得到的好處減去職訓者的損失），來自於被偷竊財產價值的減少，如減少圍牆柵欄的設置、被竊財物品的損毀、合法所有權的消失[51]。

也就是說，因為贓物再賣出去可能遭到損壞，所以在犯罪分子手上，不如在受害者手上來得有價值，要不然財產竊盜根本不會衍生任何社會成本[52]。以竊盜金錢為例，成本效益經濟學家並不認為這會產生任何社會成本。在維吉尼亞州的夏洛蒂鎮，曾有一名盲人曾在 3 個月內被偷了 3 次錢包，他的損失被視為與小偷的收益相平衡。其他應用研究也以同樣的方式處理這類問題，而這樣的方法論也獲得一些最優秀的經濟理論家支持[53]。

這些經濟學方法論，在應用上通常就抱著「事實就是如此」的姿態，一點也不認為背後的思路可能存在爭議[54]。 這些經濟學家按照課堂上學到的方式操作，以不偏不倚、不加評判的方式處理人們的偏好。但世界上多數人認為：在處理不道德的行為時，若試圖採取非評判、甚至非道德的立場，就等於是罪犯的同路人。政治學者傑佛瑞・塞吉維克（Jeffrey Sedgwick）觀察到，古英文稱犯罪者（criminal）為「法外之徒」（out- law）。觸犯法律的人將自己置於法律之外，犯法的同時也就等於自外於社會。因此計算社會福利時，應該忽略不法分子從非法活動中獲得的收益[55]。

部分經濟學家似乎無法理解善意和良好品格能帶給擁有者愉悅感受。前文曾經提到，戈登・塔洛克認為一旦偷竊的利益超過成本，竊賊就應該行竊；但他也承認，進行個人思想灌輸，能夠增加其觸犯法律時的良心成本，這對整體社會有所好處。塔洛克進一步表示，只有能夠證明在降低犯罪率上，思想灌輸比警察和監獄的成本更低，才應該加強思想教育[56]。

　　然而，請思考以下案例：某人掉錢包後，若有陌生人把錢包完好無損地送還，這會比起接到警察打來的通知電話（抓到竊賊、找到錢包），更能讓我們感覺良好，因為後者證明我們與誠實友善的人一起生活。這位陌生人（或任何一位陌生人）也認知到自己高尚的舉動，因而得到真切的收穫。塔洛克的理論完全忽略了這些。事實上，他認為過度依賴思想灌輸造成的主要問題是：面對被灌輸良好思想者，被灌輸不良思想的人反而大大地占了便宜[57]。塔洛克認為，只有思想灌輸能造成良心成本，但他在討論人們何時應該逃稅的案例中，卻忽略了良心成本。他雖然認為良心成本在社會上非常有用，但依然是非自然或非理性的。

　　對人類這種會臉紅的動物來說，良心的痛苦不能說是不自然的事情；相對地，人類是社交性動物，做了正確的事情而心情愉悅本就是理所當然。亞里斯多德（Aristotle）所描述的紳士並非大愛無私之人，而是一個願意和自己一起生活的人。他很樂意這麼做，因為他從過去行為獲得的經驗是愉快的。這樣的紳士能夠感知到自己的善意，而這份感知也帶給他愉悅的

感受 [58]。

可以肯定的是，某些經濟學家對於自己提出的模型在刑事司法領域導致的結果，感到相當尷尬。舉例來說，理查·尼爾森便指出，這種犯罪成本的觀點對多數人來說是「顯而易見的荒謬」。不過，他對這種立法益處的偏見，也只列舉寥寥幾項 [59]。經濟學家以斯拉·米尚（Ezra Mishan）在成本效益論文後附有一條註釋，認為因嫉妒他人的好運，或不想與其他民族有所關聯的行為而造成的損害，不應該被納入成本計算。

米尚認為，社會不言明的倫理系統，有時應優先於效用的計算。但是，即使像米尚這樣願意並有能力判斷品味高下的經濟學家，也不願意讓他的註釋影響其正文的大方向。舉例來說，在提及可拯救生命的專案時，米尚認為還是應該計算「會因他人死亡而在財務上或心理上受益者的偏好」——此處他就沒有顧及那條註釋的內容 [60]。

廣告中的資訊偏誤

前面提到，評估公共專案時，不應該考慮某些希望他人死亡或犯罪的偏好。那麼，一些看起來更高尚、更優質的品味呢？是否應該以某種方式突顯或鼓勵？大多數當代經濟學家似乎都認為：不必。

前面提到，企業提供許多有用的資訊，幫助消費者選擇自己想要的商品與服務。但主流經濟學的文獻很少提及另一個大問題：大量商品和服務的廣告，可能帶來潛在的資訊偏誤和福利損失。畢竟幸福有多種非經濟性來源，例如要好的朋友、幸福的婚姻、受過良好教育的孩子、生活環境的改善、在健康的人際關係中獲得尊重等。

追求利潤的企業幾乎很少鼓勵消費者注意這些非經濟性的幸福泉源。他們以各式各樣的廣告，將這些幸福泉源的價值壓低到僅作為商品交易的基礎。舉例來說，在一則廣告裡，退休的美式足球球星東尼‧羅莫（Tony Romo）坐在美麗的沙灘上告訴觀眾，可樂娜啤酒（Corona）可以為一群酷炫朋友的派對帶來愉快；另一則抗皺面霜廣告則告訴觀眾，只要選對面霜品牌，就會獲得各種派對的爭相邀請。

我還看過一則醜陋的網路電視廣告。影片開頭拍攝一個富裕的社區，在田園詩歌般的夏日，情侶在鄉間小道慢跑、小女孩在家中車道上用粉筆塗鴉、父親與小男孩正在玩投球遊戲。突然一陣轟鳴，小女孩手中的粉筆與小男孩手中的棒球同時掉落，一部鮮亮的紅色賓士從社區中呼嘯而過。這廣告暗示這樣平靜美好的生活還缺少一項重要元素：一部能夠向鄰居炫耀的新車（以及隨之而來的每月貸款[61]）！廣告最後還丟下重磅訊息：賓士汽車——不是最好的就不要！

以斯拉‧米尚在他的著作《經濟成長的代價》（*The Costs of Economic Growth*）中表示，商業廣告挑逗人們的感官，反覆挖掘人性中的貪婪、虛榮和欲望。商業宣傳強調世俗性和物質性，因而需要「非商業性的元素」來平衡，鼓勵人們追求「更高尚的」品味 [62]。

　　經濟學家在回應類似論點時往往特別情緒化。經濟學家羅伯特・索洛（Robert Solow）表示：「在創造需求時，廣告所採用的分析式陳述，不同於一個人認定自身品味優於中產階級的吹噓，兩者間的界線是很清楚的 [63]。」經濟學家威廉・鮑莫爾（William Baumol）則表示：「我必須強烈反對提勃爾・西托夫斯基（Tibor Scitovsky）的觀點（與米尚觀點類似），因為在最壞的情況下，他的觀點在為那些傲慢且自以為是的人背書，讓他們將自己定義的良好品味和行為標準，強加在他人身上 [64]。」

　　諾貝爾經濟學獎得主威廉・維克里（William Vickrey）曾參與一個主要由神學家組成的研究小組。在他們出版的研究成果中，維克里似乎為以下問題所苦惱：

> 廣告幾乎無可避免地會改變個人的基本偏好。……在廣義討論價值時，該如何看待那些為了改變個人觀點、偏好和理想而設計的活動？舉例來說，一個社會很難放手讓願意給予經濟支持的出資者（無論是出於商業或情感原因），去決定我們應該投入多少資源在各種教育活動和政治宣傳。
> 因為這麼做就表示，一項觀念或一個專案吸引資金的能力，是該社會在傳播上的首要因素。這樣的命題在絕對標準上是站不住腳的，只有在沒有替代方

案的情況下，才能做為實際操作的標準。然而，幾乎可以確定的是，沒有替代方案，除非我們能夠走出經濟學領域，用其他方式定義部分或全部的社會價值[65]。

比起維克里的心理矛盾，民眾更容易接受經濟學家狄恩・渥瑟斯特（Dean Worcester）的觀點：「無論是否在乎消費者利益，由於政府單位堅持提供超過最適數量的公共服務，導致廣告和娛樂能占用的時間通常都太少[66]。」經濟學家羅伯特・阿亞南（Robert Ayanian）也表示：「在美國社會，大多數的廣告都明顯針對民眾既想要又需要的商品[67]。」

當有人提及商業廣告使消費者誇大商品和服務對人類幸福的重要性，經濟學家常會以高度防衛的方式質疑。為什麼？原因有很多。首先，那些具有潛力的菜鳥經濟學家很快就會理解，最能為一項政策背書的經濟學話語就是：消費者想要。大多數無法認同這種世界觀的人很快就會轉行。於是，多到不成比例的經濟學家會接受消費者主權是公共政策的最高標準。

其次，經濟學界的人士也發現，若假設消費者的喜好穩定且真實，經濟學家就可以輕易證明自己對政策制定者的用處；相反地，如果經濟學家放棄這個假設，就必須質疑競爭市場的價值，以及許多經濟學的專業工具。

如果我們相信消費者主權，就應該慎重處理經濟學家認為效率低下的地方；**如果消費者的品味因片面的宣傳而扭曲，**

經濟效率的重要性就會大為降低。這時,它的意義也會變得模棱兩可。兩位思維廣博的主流經濟學家,將現今經濟學處理消費者品味的方式稱為:新古典經濟學的阿基里斯腳後跟——致命弱點 [68]。所以,經濟學家如此拚命掩蓋此弱點,實在不足為奇。

第三,前文談論經濟誘因時就假設,自私的行為可以打造出優良的公共政策。查爾斯·舒爾茨在他的書中提出可以有效降低汙染的妙計,其做法便是正確調整人們的經濟誘因。然而,他在書中以哲學式的語調讚揚經濟誘因,表示它使人們無須利用同情、愛國心、同胞愛、文化凝聚力等就可以改善社會。舒爾茨繼續表示:「利用物質利益的『基本動機』來促進共同利益,也許是人類社會迄今最重要的發明 [69]。」他認同肯尼斯·阿羅的觀點,也就是:利他主義是稀缺資源,社會應避免肆意消耗。

然而,如羅納德·夏普(Ronald Sharp)所言,自私的經濟誘因模式並不適合人類的社交生活。

> 不能將出於友誼的消費理解為支出,這也不會消耗某些有限的供給(如恩惠、善意、情感,甚至友誼本身)。相反地,這類行為是一種給予,其中並不包含對自我資本增減的考量,而其結果往往是友誼資本的增加。友誼不會因細細品嚐而減少,反而是更加濃醇。羅馬哲學家西塞羅(Cicero)曾說:「沒

有什麼比善意的回報更能產出快樂 [70]。」

　　研究成果也支持西塞羅的看法。回報他人可以帶來快樂，甚至比得到他人的回報更令人愉悅 [71]。

　　雖然我們無法仰賴愛國主義、同胞情誼和文化團結來拚經濟，但也不必因此吝於展現這些情操。有充分的證據顯示，這些正面情操會引發良性循環，進而更加壯大。舉例來說，如果我們近期曾見到有人協助爆胎的車輛，遇見他人爆胎時就更有可能下車幫忙 [72]。

　　阿羅表示，經濟學家將自己視為「理性的守護者」，認為他人是理性的，也覺得社會應該是理性的 [73]。但經濟學家並不認為理性無所不能。舉例來說，理性無法定義生活中的美好事物，因為其定義取決於個人獨特的偏好。若真是這些驅動著我們，其根源絕對不會是理性，因為理性並不是獨特且怪異的東西。

　　品味並不只是一組隨機又無法解釋的不同偏好（比如你喜歡香草巧克力冰淇淋，而我喜歡巧克力）。在某些情況下，確實可以針對品味加以評價。雖然某些品味有時會被說是「低級」「粗魯」「野蠻」或「惡毒」，這卻不見得公平；其他品味也不見得就有多「高級」「文雅」「有教養」或「開明」。在許多情況下，類似的差異並不存在。某人可以認為某項品味「既野蠻又惡毒」，其他人卻認為「既開明又文雅」，兩者不一定有所高下[74]。

許多人希望自己的品味可以改變。我們常會提到：「我希望當時能更認真學習鋼琴，並真正學會演奏的技巧。」「我希望能學會讀懂並喜歡莎士比亞。」「學會」這個動詞在此意義非凡。閱讀莎士比亞很困難，但如果幸運地遇到一位好老師，就能夠理解莎士比亞文學的深度；如果非常幸運，甚至還可以理解到為何莎士比亞是位全世界公認的天才。

舉例來說，文學評論家保羅・康托爾（Paul Cantor）在參加世界莎士比亞大會時，描述一位捷克學者在東京對來自不同國家的聽眾，以英語講述斯拉夫世界對莎士比亞的接受度。其論述不僅深具道理，甚至還對《馬克白》（*Macbeth*）的影響力提出極為精闢的洞見[75]。康托爾表示：「據我所知，今日只有英語世界的文學教授會質疑莎士比亞戲劇的不朽。」

要參與並享受各種活動都需要知識，無論是一般活動或藝文活動。朋友們喜歡和約翰一起去高檔的中式餐廳，因為他熟悉中餐也知道大家的口味，能點出讓大家滿意的一桌飯菜；如果要看棒球賽，大夥兒會跟克利斯出去，因為他知道為什麼 10 局下半，在得分相同、兩出局且壘上無人的情況下，三壘手的站位要稍微向右移動；若是想要來趟背包旅行，就應該找尼古拉斯，因為他比眾人注意更多細節，見聞也更為廣博；不過，尼古拉斯則期待跟著瑞貝卡一起旅行，因為她知道的更多。

要在不同的活動中找出愉悅感的固定優先排序，往往較為困難；但在單一活動的不同參與者間這麼做則相對容易。由於各種活動的性質不同，個人能力也有所差異，沒有人能瞭解所有參與者並自信地排序各種活動。不過，我們仍然能夠在討論品味時，合理地使用「粗魯」和「文雅」這樣的詞彙，以避免落入虛無主義的圈套，錯誤地假設所有選擇都是平等的。哲學家列奧・施特勞斯（Leo Strauss）曾在討論其他主題時，提出以下論述：「面對兩座隱沒在雲中的山峰，我們難以確定哪一座比較高，但我們難道看不出山峰比鼴鼠丘還高嗎[76]？」

絕大多數的文化都有令人欽佩的特質。我們可以呼籲大眾注意這些特質，公正處理文化多樣性，但我們不必認為「沒有一種文化在本質上優於另一種文化」。美國各地的高中生是否理解這項事實？這是衡量教育成功與否的標準[77]。去問問那些試圖從古巴或海地游泳到美國，或從越南出發的船民就知道。在 1989 年的天安門廣場、2019 年的香港，都出現美國國旗。對生命、自由和追求幸福的渴望，不僅僅只是西方的價值而已[78]。

正如政治理論家約瑟夫・克羅普西（Joseph Cropsey）的論述：強調消費者主權、個人主義，或是每個人作為獨特個體的重要性，都無法保護人類的尊嚴。人類的尊嚴是來自人類與非人類事物的共同關係；來自於人類共同的天性和共享的物品，而非各自擁有的東西；來自於將人類提升到非人類之上的特質，而非來自於將人類彼此區分開來[79]。

那麼，是什麼樣的特質使人類優於其他社會性動物？在

1988 年美國公共廣播電視公司（PBS）播出的影集《心靈》（*The Mind*）中，動物學家珍‧古德（Jane Goodall）認為，是「說話」將人類從現在解放出來，讓人類得以擁有過去和未來。亞里斯多德認同說話的重要性，因為那使得人類可以用理性的方式思考正義，而正義則是一大群人類共同生活時必須面對的問題。正義是亞里斯多德的四大美德之一，其他 3 項則是勇氣、中庸、謹慎（或實踐智慧）。亞里斯多德認為，人類要認同這些美德並不難，任何希望能快樂活著的人，至少需要多多少少擁有這 4 項美德：

> 若有人害怕在身邊嗡嗡作響的蒼蠅、大吃大喝毫無節制、為了一點小事就殺害最親愛的朋友，或像無知孩童或瘋人一樣，被對事物的錯誤看法徹底欺騙，那麼任何人都難以認為這個人有福氣[80]。

　　沒錯，人們的確確需要一點勇氣才能過上美好的生活。想像一個 8 歲的孩子走在購物中心裡，心中充滿惶惑，不斷回頭看著自己的背後。當母親要求他停下來時，他回答：「可能會有人拿刀傷害我。」這時母親通常會回答：「是的，親愛的，這可能會發生，但可能性非常非常小。」並再加上一句，「至少在這個購物中心裡，這種事從未發生過。」
　　如果沒有足夠的勇氣忽視這種假設性的危險，就無法過上美好的生活。如果一個貪杯的酒鬼為了一點小事殺死他最親愛的朋友，他此生將不會再有朋友。沒有人願意與如此放肆，並總是將自身利益置於他人之上的人成為朋友。美好的生活難道不需要朋友嗎 [81]？

謹慎（或實踐智慧）顯然也需要理性。一名瘋子無法做出可能讓自己高興的決定。失去理智格外令人害怕。我認識一位成年男子，他的母親不久之前問他：「我認識你多久了？」朱蒂可以失去一條腿，但仍然是朱蒂；如果失去的是她的心智呢？1846 年，亞伯拉罕・林肯寫了一首詩，提及家鄉聰明的年輕人發瘋的過程。其中一段寫道：

他是可怕的怪物，
更甚於墳墓裡所沉睡的──
保留著人形，但失去了心智，
徒留行屍走肉 [82]。

約翰・彌爾（John Stuart Mill）是位政治經濟學家，也是名哲學家。他曾長篇趣味地論述愉悅感的高尚或低俗。他在論述中指出：「儘管深知眼前的利益價值較低，人們仍常常因為性格軟弱而選擇它 [83]。」不過，主流經濟學家很快就拒絕繼承這份學術遺產。馬丁・布朗芬納（Martin Bronfenbrenner）引用了彌爾的這篇文章，並暗示他的觀點是知識性的自負傲慢、自命不凡，再加上傑瑞米・邊沁（Jeremy Bentham）所稱的「片面之詞」，所精心雕琢而成的集合體 [84]。

彌爾會鼓勵人們採取什麼樣的生活方式？他認為「令人不滿」的生活有 2 個主要來源：「自私」和「缺乏精神修養」。今天的經濟學家認為自私是不可避免的，同時也是鞭策人類的動力；而他們對所有品味一視同仁的中立觀，也意味著精神修養可有可無。布朗芬納幾乎沒有提出自己的建議，只贊成以低成本的文化活動，進行宣傳和公眾啟蒙，且認為應該不惜一切代價，避免成為「失業的知識分子」。很明顯，他一點都不想要成為蘇格拉底。

通往幸福之路

大多數經濟學家的基本假設是：人均所得的增加，等於人們的幸福感或生活滿意度提升[85]，但有少數經濟學家對此假設提出異議。舉例來說，一些研究發現：一個社會中若只有富人更加快樂，隨著時間推移和經濟成長，不管是富人或其他人都不會更快樂。此外，人均所得達到一定水準的國家，其民眾的幸福程度與較低所得國家相差並不大[86]。

那些懷疑「經濟成長會帶來利得」這個說法的經濟學家，認為人類正站在享樂跑步機（Hedonic Treadmill）上。任何收入的增加及隨之而來的幸福都只是暫時的，往往不久後就會掉回之前的水準。然而，近期一些研究認為享樂跑步機理論是錯誤的。學者使用大數據發現：生活在富裕國家的人比不富裕國家的人更幸福，而隨著經濟體實質所得的增加，其民眾會變得更幸福[87]。

　　幾乎在所有政治選舉中，經濟成長都是首要議題，大家也都同意實質所得增加就會帶來更多幸福感。畢竟我們從來沒看過政客這樣承諾：如果當選，就會努力確保不讓薪水增加。然而，也有些研究發現，包括美國在內的許多國家，實質所得的增加並沒有讓幸福感也遞增[88]。

　　以羅伯特・法蘭克為首的經濟學家表示，所得和幸福感間的弱相關性是可以解釋的。他相信，雖然亞當・斯密配得上經濟學之父的名聲，但查爾斯・達爾文反而更為適任。他認為達爾文是經濟學的真正創始人，因為達爾文看到：帶來生活愉悅感的是相對所得和相對地位，而非絕對所得。

　　法蘭克表示：對個人有利的事情可能對群體不利。讓孩子晚一點去上幼稚園，有助於孩子的運動表現，但如果所有家長都讓有運動天分的孩子這麼做，就沒有孩子會獲得任何益處；求職者為了在競爭中贏過別人，於是買了一套昂貴的西裝去面試，如果他的競爭對手也買了一套旗鼓相當的西裝，他這筆錢就等於白白浪費；我們可以買部昂貴汽車來贏得鄰居羨慕的眼光，但這輛車如果讓鄰居在 1 年後賣掉原本完好的舊車，跑去購買同款但型號更新的汽車，那麼我們的投資效果就很微小；我們可以花錢整容來比競爭對手更美麗，但如果對手也如法炮製，我們將占不到任何便宜。

　　法蘭克認為，追求「敵對性商品[89]」來擊敗對手，最終只會適得其反，因為對手也會不斷努力超越。整體來說，一個社會只有少數人能登上頂峰。他建議對富人徵收非常高的累進消費稅，並利用此項稅收改善基礎設施、公園和其他集體性消費財等非敵對性商品。在這種情境下，富人不會真正被高稅收傷害，因為其對手也會被徵稅。所以，即使繳納的稅款比原本還多，最富有的人仍然是最有錢，其地位並沒改變。

法蘭克的論點很有趣，也提出了經濟學家應該更加關注的重點。然而，他在論證時選擇了對自己理論有利的案例[90]。一些其他的案例則對他的理論提出質疑。如果想要在生活圈中獲得更高的地位，家庭醫生為什麼不統統搬到西維吉尼亞州？在那裡，他們不必與金融界的富豪爭奪社區中最大的房子。為什麼在學校資源相等的情況下，好社區的小房子依然比較差社區裡的大房子還要昂貴？

如果有人做了整形手術並花更多錢治裝，為什麼讓自己好看一些的努力會傷害到整個社群？如果很多人開始仿效，整個社群不是會因而受益嗎？比起隨處可見的邋遢男女，走在路上看到一群衣冠楚楚、風度翩翩的人，難道不會比較愉快嗎？

我相信「絕對所得」和「相對所得」對幸福都很重要，但上述幾項優秀的研究表明：絕對所得的增加是幸福感的關鍵。另外，我們對 21 世紀資本主義生產的好東西已經習以為常，因此沒有那麼多幸福感。試想，若一位 1940 年代的大學生穿越時空，來到 2020 年參觀現在的學生公寓，會有多麼驚訝：中央空調、微波爐、有 160 個頻道的大型彩色電視（而且音質良好、畫面清晰）。

當然，我們還有可以隨身攜帶的智慧型手機，甚至帶到戶外都沒問題（而且每個人都有自己的門號，這可不是電話分機）！智慧型手機還可以當個人電腦使用，動動手指就可以預訂晚餐，並找到前往餐廳的路線。手機上有各種遊戲，也可拿來發送訊息給遠方的親友，而他們都會在第一時間收到。

哲學家威爾·威爾金森補充道：「在現代公共衛生學和醫學出現之前，許多人經常遭受輕微的細菌感染，帶著牙痛和其他慢性疾病在生活。」隨著時間推移，我們變得不太關心這些問題，因為正如心理學家馬汀·塞利格曼（Martin Seligman）所寫：「這個習慣的過程是生命中無法改變的神經學現象，神經已調適到能對新奇事件有所反應[91]。」

撇開經濟學上的幸福不談，持續的經濟成長也有助於社會和政治的健康，也與寬容、公平和民主價值相關。持續的經濟成長會促使公民願意增加公共教育和脫貧計畫的預算[92]。勞倫斯·薩默斯認為，緩慢的經濟成長率，是目前已發展國家在政治上充滿陰霾且功能失調的原因[93]。

儘管經濟福利的好處清晰可見，但近期針對幸福的相關研究表示，許多人會用部分經濟實力，去換取對幸福更重要的非經濟商品。這論述的例證之一是，近年來為了做對的事而接受次優盈利標準的一些企業，正在增加他們的投資。

證據顯示，美國的專業管理現已把五分之一的基金，投注在社會責任投資（socially responsible investment, SRI）。比起2012年的九分之一，可謂提升不少。符合 SRI 標準的基金投資於可再生能源、第三世界發展，並避開菸草公司、會造成重度汙染的企業。摩根士丹利（Morgan Stanley）的一項調查發現，比起其他投資者，千禧世代對 SRI 公司更感興趣，而這項趨勢正方興未艾 [94]。

幸福的關鍵

接下來，對人類幸福的探討會引導本書從經濟學轉向心理學和政治哲學。在轉向之前，我必須承認，關於幸福的經濟學文獻少之又少。其中，羅伯特・法蘭克和其批評者主要的關注點，在於經濟成長是否會帶來幸福。而令人印象深刻的年輕學者賈斯汀・沃夫斯（Justin Wolfers）和貝西・史蒂文森（Betsy Stevenson）似乎總是在探究包括幸福在內的有趣主題。

普林斯頓大學的艾倫・克魯格偶爾會撰寫關於幸福的論文。但達特茅斯學院經濟學家大衛・布蘭奇弗勞爾（David Blanchflower）才是真正研究幸福的學者，然而他在學界卻是形單影隻。比起正向心理學的研究深度，經濟學家對幸福的探討還處在淺層位置。2000 年，美國心理學會的資料庫 PsycINFO，其中包含「正向心理學」一詞的論文有 39 篇；2017 年有 550 篇。對「幸福（happiness）」一詞的搜索次數，從 70 次成長到 194 次；對「福祉（well-being）」的搜索則從 334 次成長到 1,958 次 [95]。

在心理學家所做的幸福研究中，幾乎所有成果都顯示幸福的核心是與朋友、配偶、宗教機構、慈善團體和娛樂團體的連結。哈佛大學的丹尼爾‧吉伯特（Daniel Gilbert）有時被稱為「幸福教授」，他表示：

> 人類幸福的最佳預測指標是「人際關係」及「與家人和朋友一起度過的時光」。我們得知，這些因素比金錢重要得多，也可能比健康更重要。研究數據就是如此顯示 [96]。

其他研究人員也發現：擁有「緊密社交關係但生活方式不健康（如吸菸、肥胖和缺乏運動）」的人，比「社會關係差但生活習慣健康」的人活得更久 [97]。這些所謂「與他人緊密連結」的人，遠比我們想像的還要少。研究表明：美國有 47% 的成年人感到孤獨，而孤獨者的死亡率與每天抽 15 支菸的人相當 [98]。

一項針對 Twitter 用戶的研究，蒐集了 600 萬則貼文，想要找出人們在「我希望」「我想要」「我熱愛」之後到底寫了什麼。結果顯示，最常見的是愛情、時間和良好的人際關係。人們渴望有更親密的好友、健康的身體，以及可長期經營的人際關係。所有推文中最悲傷也最常出現的一條是：「我希望有人關心 [99]。」

「志願主義」具有能夠解決孤獨問題的巨大潛力。經濟學家慣常使用的「狹隘自利」，並無法用來解釋志願主義。

志願者或伸出援手的人，顯然從其行動中獲得幸福感，因為同理心深植在我們內心深處。幫助他人，不會僅是為了獲得他人讚賞的伎倆。史丹佛大學的研究人員使用核磁共振（MRI）觀察受試者的大腦。當受試者看到他人受傷的圖片時，其腦波圖像與「親身體驗痛苦」的圖像相似[100]。即使年紀太小、還無法理解利他主義概念的兒童，在其他人感到疼痛時也會隨之心煩意亂，並試圖幫助或安慰受苦的人[101]。

調查數據顯示，與不曾擔任志工的人相比，志工們非常快樂的可能性高出 42%[102]。我家的社區有超過 600 名志工，進行過 14.6 萬次活動。其中有百餘人參與「送餐上門（Meals on Wheels）」計畫，每周花費幾個小時、自付車資，將一頓熱飯送到無法自己做飯或獨居的老人住處。

其中一位志工談到：「我和接受服務的人產生很深的感情。從一開始，我就被這計畫吸引。現在，我每天都非常期待服務時間的到來。」另一位高齡 74 歲的志工說：「我要停 18 個站點送餐，每個人都想跟我說說話。一般來說，我是他們唯一的訪客。如果你能看到這些人有多麼感激，就會知道我為什麼兩年來馬不停蹄[103]。」

「送餐上門」是實物再分配計畫的完美案例，但這樣的計畫普遍受到經濟學家的攻擊。他們通常會說：「為什麼要特別成立單獨的機構，負責送熱食給老人？這只是一件小事。到底熱食有什麼不可取代之處？為什麼不把這些經費直接分配給老人，讓他們愛吃什麼就買什麼？如果他們想吃上一頓熱飯，拿補助金去購買冷凍餐點之後，還會有剩的。」

　　這分析遺漏了很多重要之處。志工帶給老人的，不只是熱騰騰的飯菜，而是人與人之間的接觸和有人關心的感覺。在這點，志工遠比政府機構做得更好。而且，志工人數的增加，代表專案可以獨立於官僚主義和稅收的低效率性，並實現更多的公共利益。再者，如果人們能夠從給予他人快樂的過程中獲得自己的快樂，對整體社會顯然有益。

　　政府只須略加呼籲，志工服務組織就會迅速增加。老布希政府就證明了這一點。在 1991 年的國情咨文演講中，老布希堅定地認為：美國人可以藉由參與社區繁星般的各種志工計畫，找到生活的意義。1995 年，《洛杉磯時報》（*Los Angeles Times*）嚴厲指控接受政府資助的「光點機構（Points of Light）」，認為該機構的大部分資金都用於聘請顧問和舉辦花俏的會議。然而，光點機構在地方上的服務倒是成績斐然。

　　老布希在談話中經常提到光點機構，因而引起媒體的大量關注。他也親自表揚志工在照顧愛滋病嬰兒、增加成人識字率等方面的作為，並在執政期間簽署了 1,020 封表揚光點機構的信函。直到過世，他持續寫信鼓勵相關機構[104]。美國的志工服務自 1974 年以來一直在下降。不過，蓋洛普的一項調查顯示，在老布希執政期間，志工服務增加了 23%[105]。

透過學習，通往幸福

　　大多數人將成年後大部分的時間花在工作。經濟學家認為，工作和休閒互為取捨。我們為了賺錢而工作，才能享受閒暇。然而第 5 章提及，許多以人類經驗為研究對象的經濟學家注意到：失業者是很悲慘的，即使他們得到政府的金錢援助。

　　經濟學家亞瑟・布魯克斯（Arthur Brooks）反對工作與休閒是互為取捨的想法。他提供的證據表示：89% 的美國人對自己的工作非常滿意（或有些滿意）；87% 自認為工人階級的人表示，對工作非常滿意（或有些滿意）。當受訪者被問及：「若擁有足夠的錢可以過舒適的生活，是否會繼續工作？」有 69% 的美國人回答：「會」。布魯克斯表示：

> 想像 2 位工人在各方面都相同（收入、教育、年齡、性別、家庭狀況、宗教和政治傾向），一位滿意自己的工作，另一位不滿意。對工作滿意的人，認為自己生活很幸福的可能性，要比不滿的那位高出 28%[106]。

　　什麼樣的工作才算是份好工作呢？歐洲社會調查發現，從事高薪工作的人更快樂，但工作上許多其他因素，也都與幸福高度關聯。其中，工作與生活的平衡是首要因素，其次是工作內容的多樣性和學習新事物的機會[107]。

讓我先談談個人的觀點，然後再呈現一些呼應自身經歷的其他證據。

　　我在普林斯頓大學讀書時，畢業論文改變了我的喜好和生活。

　　在我的成長過程中，幾乎我認識的所有男人都在做生意。我的父親、叔伯，以及他們所有朋友都是商人。高中時，我的成績大約是 B$^+$；大學時的成績在 C$^+$ 和 B$^-$ 之間。我能夠進入普林斯頓，是因為我是班長，並且高中體育運動表現相當不錯。在普林斯頓，我到處修習各式各樣的課程，這兒學一點，那兒學一點。我非常認真讀書，但成就和回報都不高。

　　不過，幸運之神眷顧我。普林斯頓要求學士畢業生都要繳交一篇畢業論文。我討厭這項要求，但那是畢業的條件，於是我寫了關於聯邦高等教育補助的爭議。我的哥哥在華盛頓近郊工作，學校放假時，我常和他待在一起。他教我怎麼在圖書館中找到國會的議事內容、如何在國會山莊進行優質採訪，以及開始對遊說議題的有趣檔案感興趣。意外地，我的論文拿了個 A，還被授予歷史系最佳論文獎。我非常自豪這項成就。

　　這份成功的論文使我獲得康乃爾大學的獎學金，有幸進入康乃爾大學深造，並有機會跟隨思想和熱情都甚為強旺的經濟學家亞佛烈德・卡恩。我對卡恩在規範個體經濟學上的應用印象深刻，直至今日。

　　幸運之神依舊待在我身邊。一位朋友告訴我，我應該去旁聽艾倫・布魯姆（Allan Bloom）的課。他是位才華橫溢、無與倫比的老師，對通識教育有深入見解。布魯姆引導我向偉大的著作挑戰，從政治哲學的書籍開始。隨著時間，布魯姆的教導使我理解到，應用經濟學只是功利主義的一個分支。在研究政治思想的全史後，我意識到功利主義只是眾多相互競爭的世界觀之一，而且還不是最深刻的那種。

當我進入維吉尼亞大學執教時，幸運之神繼續照顧著我。系上讓我開課。委婉地說，我的授課內容並沒跟隨當時的政治學標準。我教到一些非常有天賦的學生，並與他們成為朋友，還寫了幾本獲得我欽佩之人認同的書。一路上，我學到很多。我敢肯定，我所選擇的事業和生活會比從事商業活動快樂得多 [108]。這一切，都是從普林斯頓大學要求的那份畢業論文開始的。

我從普林斯頓大學畢業 30 年後，畢業論文已成為普林斯頓大學部的學生焦點。退休的前歷史系主任勞倫斯‧史東（Lawrence Stone），在普林斯頓校友周刊上呼籲結束大學部的強制性畢業論文。史東教授指出，論文審閱占用教授過多時間，而且大多數學生似乎對寫論文也沒有興趣。他建議應該用 8 人的小組專題研討來代替論文。

校友周刊編輯部收到 11 封信，全都反對這項提議。一位畢業於 1987 年、自稱好吃懶做的學生史蒂芬‧畢斯（Steven Biss）在學時參加很多專題研討，因為這種方式很容易混學分，晚上還有時間參加派對。史東教授取消論文的提議對這些「壞學生」不公平，因為剝奪了畢業論文對他們的鞭策。畢斯說，在寫論文的過程中，他生平第一次不得靜下來閱讀、分析、思考，最終寫出一篇令他感到自豪的論文。

第一封來信（也是最引人注目的一封）來自政治家喬治·舒爾茨和傑出的物理學家西德尼·德雷爾（Sidney Drell）。舒爾茨曾擔任尼克森總統任內的勞動部長和雷根總統任內的國務卿，媒體經常描述他是一位「輕鬆」「隨和」「輕聲細語」「穩重」「周到」的人 [109]。但史東教授的提議激怒了他。這 2 位反對者認為，撰寫論文無疑是他們在普林斯頓大學受教時最優質的訓練：

> 寫論文的經歷是我們通往新世界的關鍵，使我們有動力進入研究所就讀，並為未來的職業生涯奠定了基礎。……請不要放棄論文，除非你想放棄大多數學生。這些學生就像我們一樣，在寫論文之前還不知道自己缺少什麼。

幾個月後，史東教授寫信放棄自己的提議。他不知道有這麼多學生雖然被迫撰寫論文，卻在過程中充分學習，並永遠為自己取得的成就自豪。1 年之後，舒爾茨和妻子捐贈了 100 萬美元給普林斯頓大學，設立一個基金會，獎勵公共政策領域的學士班論文 [110]。這則普林斯頓大學的故事，展示了「品味變化」的存在和其重要性，同時提供證據，證明**學習是通往幸福之路的重要元素**。

1974 年，20 世紀最重要的哲學家之一羅伯特・諾齊克（Robert Nozick）發表了《無政府、國家和烏托邦》（*Anarchy, State, and Utopia*）。這本書被稱為支持古典自由主義最偉大的哲學思辨之一。15 年後，諾齊克在《經過省察的人生》（*The Examined Life*）中表示，他發現自己早期出版的著作「有嚴重的缺陷」。他解釋：

> 若我們追隨自己青春期或青年期打造的未成熟世界觀，很容易有所損失。……自我省視和反思是生命整體的一部分，不能自外於生命中的其他層面。這種反思的力量，讓我們找到新的整體模式，改變對生活各個部分的理解[111]。

諾齊克表示，他後來的書反映了「現今生活中重要的元素」。他毫不懷疑自己目前的理解，還會隨著時間推移而加以改變[112]。哲學家和普林斯頓的學生都反思，學習如何改變了自己的生活，但我們不需要普林斯頓大學學位或哲學博士學位，就能體驗學習帶來的品味改變[113]。

美國大約有 3,200 萬的成年人是文盲。幾十年前，夏洛蒂鎮的《每日進展報》（*The Daily Progress*）刊登了一篇故事。一名 40 歲的男子一直是文盲，直到美國掃盲協會（Literacy Volunteers of America）的夏洛蒂鎮分會教導他如何閱讀。他說：「現在無論你在哪裡碰到我，我都在閱讀。我正在瞭解那些自己未曾知道的事。」他特別喜歡歷史。受訪時,他正在閱讀關於 1920 年代的文章,也計畫補上其他年代 [114]。

學習還可以帶來完成任務的享受,譬如讓麵包師傅烤出好吃的麵包、讓空調維修人員修好機器。這兩類職業都會讓顧客露出燦爛的笑容,並表示感謝和讚賞。研究發現,「獲得成功」可以為許多收入不高的職業帶來快樂。「認為自己在工作中取得成功的美國人,表示自己整體上很快樂的比例,是不認為自己工作成功者的 2 倍 [115]」。

關於幸福,這些也很重要……

過去幾十年來,社會科學最令人興奮的趨勢之一,是正向心理學的發展。這門學科專門研究人類光明的一面。我們已經得出結論:家人和朋友對幸福非常重要。但幸福是否還有其他的決定性因素?正向心理學的提倡者引入了幾項因素:提升、敬畏、景仰、感激。

強納森・海德特是該學說的領導者。他特別注重提升。在一項實驗中,他要求部分學生回想曾見證到人類「更高」或「更好」本性的時間點,其他人則被要求回想實現目標的過程中,獲得良好進展的時間點(這是一個已知可引發快樂的條件)。2 組受試者回報了不同的「身體感受和動機」:

提升組的參與者更可能回報感覺,尤其是感到溫暖、愉快或「胸口微微刺痛」。他們更可能希望幫助他人，或希望自己成為更好的人，以及願意建立與他人的連結。……快樂促使人們從事個人或自利的追求，但提升能使人們敞開心扉，將注意力向外轉移，轉向他人。

海德特的學生在觀看一段德蕾莎修女的 10 分鐘影片後，也覺得自己有所提升。這些有關提升的研究，也在印度和日本的小型團體中被複製並重現 [116]。

另一項開始受心理學家矚目的情緒是「敬畏」。敬畏可能由許多事物引起，包括像大峽谷這樣的自然奇觀，但本書集中討論對人性奇蹟的敬畏。亞當‧斯密在他的《道德情操論》（ *Theory of Moral Sentiments* ）中，描繪了他認為令人敬畏的類型：

能夠完美掌控自己原始和自利的感情，並細膩感受他人原始感情和同情心的人，是德行最完備的人，也是讓人們自然喜愛和敬仰的人。這樣的人擁有溫柔、和藹、善良的所有美德，並能與可怖或可敬的所有偉大人物並肩，很自然就成為人們最高之愛與景仰的適當對象 [117]。

亞當‧斯密可能會說：美國人懂得溫柔和藹的美德，卻難以體會慎獨、自制、堅韌、寬宏、不屈於命運等情操的偉大之處 [118]。幾經反思，我們也會景仰那些即使付出巨大個人代價，卻仍堅持擇善固執的人。

亞當‧斯密提出的美德包括了亞里斯多德的美德：謹慎、中庸、勇氣、正義。他在《道德情操論》最後兩卷（第6卷和第7卷）強調高尚的品格。一位批評家表示：「他似乎期待著古希臘倫理學的復興 [119]。」美德倫理學學派的成長鐵定會讓亞當‧斯密相當欣慰，因為這個學派著重於討論人類性格與亞里斯多德的理論。美德倫理挑戰長期存在的其他道德體系，如義務體系（義務論）和結果主義體系（功利主義）。

憤世嫉俗的人可能會說：「這種道德完美的人並不存在。」亞當‧斯密則可能會說：「這樣的人是存在的。但是，我們可能永遠也見不到。」完美確實少見，但只要我們放在心上，就會知道什麼是最美。許多我們景仰、欽佩、尊重和紀念的男女，都擁有這些美德。即使在童年，我們也曾發現令人欽佩的同齡孩子。在我的童年中，棒球比賽時大家總會為了安全上壘而爭論不休。最終，所有孩子一致認為：強尼‧克萊蒙（Johnny Clement）最客觀，無論身在哪一隊，都可以做出公平的決定。

我們希望盡力變得更像強尼（或是成年版的強尼）。在這段探索中，我們獲得亞當‧斯密稱之為「公正旁觀者」的協助。當我們反思自己的行為，並努力保持冷靜無私時，心中就會出現公正的旁觀者。我們必須一人分飾兩角，同時是公正的旁觀者和被評斷者 [120]。

正如一位不知名的機靈人士所說：「生活的祕訣是誠實和公平交易，但厲害的人可以弄假成真。」亞當‧斯密可能會認為這種說法很有趣，但不會認同。許多時候，我們心中那位「公正的旁觀者」會喋喋不休。當我們得到不勞而獲的讚美時，他會覺得不自在；當我們試圖欺騙自己時，他會跑出來狠狠咬你一口。只有誠實，否則我們不會真正快樂。亞當‧斯密表示：「我們不僅想要被愛，還希望值得被愛。」許多人的確可以在外界不干預的情況下，發覺自己過往行為的錯誤並嘗試改正 [121]。

進階思考

主流經濟學在資訊和品味改變方面的文獻，很少有助於政策指導，也迴避了最重要的問題。大量美國人的支出超過了自己認為的適當水準，儲蓄卻遠遠不足；許多人認為自己超重，仍希望減少食量；多數吸菸者表示想戒菸。在這樣的情況下，經濟學家研究偏好的方法論，顯然沒有揭示出消費者的實際偏好。

人們經常擺盪在激情和理性之間。我不認為大多數超重的美國人會反對把沙拉放在自助式餐廳的入口，把蛋糕放在餐廳最裡頭。這樣做，是可能造成改變的。同樣地，我們也期望改變制度，讓受僱者可以增加退休儲蓄，即使這並非硬性要求。

《推力》的作者之一是位傑出的經濟學家。該書以深思熟慮的方式，提出些微改變：讓解決問題的理性來領導，能夠使消費者達到自己的目的。不過，我不認為這本書會被多數大學採用來當經濟學課本。

47% 的美國人認為自己很孤獨 —— 這比例真的很巨大。我認為，其中多數人並不知道志工服務可以使人快樂，並且讓自己變得不那麼孤獨。老布希利用不多的預算就讓數百萬美國人對此有所認知，那些因老布希的鼓勵而開始從事志工服務的人，無疑會心存感激。

經濟學家可能會再次抱怨：「嘿，我們從來沒有說過經濟學能提供所有問題的答案，就讓羅德斯去向其他學科取經吧！」然而，經濟學家並不真的那麼謙虛。他們提倡經濟效率、收益超過成本的計畫；他們傾向於認為只有公平的考量才能符合這些標準。這種立場源於對消費者主權的信念：「如果消費者願意支付成本，就應該得到想要的東西。這不就是民主嗎？」不，事實並非如此。正如布坎南所言：**身為公民，我們根據的是價值；身為消費者，我們根據的是品味。**

此外，對於品味之間並沒有高下之分的假設，意味著貪婪的繼承人可以藉由提高成本，以阻擋對老年人生命有益的計畫，也意味著成功打擊犯罪的計畫會帶給小偷損失和成本。這都會以不適當的方式影響政策。我認為，如果大眾知道這些思路背後的細節，將不會容忍這種政策評估方式。

我也能聽到經濟學家的哀嚎：「我們真的要決定哪種品味更高級嗎？」我們不一定需要這樣做。但為了進步，可以要求人們對自己的品味進行排序。舉例來說，我們可以詢問人們：是覺得志工服務好，還是在下班後喝到第 4 杯的啤酒更好？一般而言，我推測人們會將仁慈的品味置於自利的欲望之上。

　　前面曾提到，經濟學家為了替種種研究數據下結論，必須假設一個人選擇的利益能帶給他快樂。經濟學家認為，人們可經由自利行為獲得個人利益，但更重要的是，他們認為人類行為被自利的欲望所支配。但前面也提到：**加薪和經濟成長並非實現幸福的最佳管道，幸福來自於個人與家人朋友的感情，以及在生命中的學習。**

　　如果要我指出本章最重要的部分，我認為是對約翰‧彌爾和馬丁‧布朗芬納兩人世界觀的比較。

　　彌爾既是哲學家，也是位政治經濟學家。他的《政治經濟學原理》（*Principle of Political Economy*）教科書，曾在經濟學領域盛行過 40 年。他在書中擴展了亞當‧斯密和大衛‧李嘉圖（David Ricardo）的思想，也進一步發展了迄今依然重要的一些經濟學原則，像是規模經濟、機會成本和貿易中的比較優勢[122]。

　　布朗芬納對於彌爾偏愛高尚品味的論點很反感，並指責他傲慢自大、自以為是[123]。然而，彌爾的學說更符合當今研究幸福者的預期。彌爾希望人們能更滿意於生活，並認為不滿源於自私和缺乏精神修養。難怪現在的經濟學家大都支持布朗芬納！因為他們視自私為人類行為的驅動力。在經濟學家看來，鼓勵更高的品味（或學習以改變品味）違反了他們所珍視的科學中立。

在這兩方面，經濟學家是錯的。前面曾經討論過，減少自私和繼續學習都是走向幸福的重要途徑。人類並不完全被自利動機支配，其中有個重要指標：**越來越多投資者願意放棄部分經濟回報，改以追求價值。經濟上的成功絕不是通往幸福最可靠的途徑，好朋友和充滿愛的家庭才是**[124]。相對的，自私使人失去朋友，破壞充滿愛的家庭；利他主義和同情心則是良性循環，會讓美德累增，而不是用盡。亞里斯多德和亞當‧斯密建議人們要多多實踐美德，使其成為習慣，並認為一個人值得稱讚比獲得稱讚更重要。

許多當代經濟學家會說，彌爾的政治經濟學並不是真正的經濟學。這樣的論點在主流經濟學中隨處可見。亞當‧斯密對人格的關注可見於《國富論》和《道德情操論》。他擔心那個時代的工業製程，會讓一般工人變得愚蠢和無知：

> 這些人不僅無法享受或參與理性的談話，也無法懷有任何慷慨、高尚或溫柔的情感，因而在許多議題上無法做出合宜的判斷，甚至在私人生活的一般義務上也是如此。一個無法正確使用人類理性思維的人，比膽小鬼更可鄙，因其人性在非常重要的根本

之處殘缺變形。雖然教育底層的人民不會使國家獲
得任何好處，但值得注意的是，他們不應該完全沒
有受過教育[125]。

如今談論亞當·斯密可能顯得過時，那麼就請聽聽阿爾弗雷德·馬歇爾（Alfred Marshall）的觀點。馬歇爾通常被認為是「新古典主義之父」彌爾的繼承者，他曾表示：「能夠正確使用家庭經濟收入和機會的能力，是一種最高級的財富，而這在所有階級都極為罕見[126]。」他堅持認為：「每個人花費自己所得的方式會對幸福有所影響，而這是經濟科學在生活藝術中最重要的應用之一[127]。」

馬歇爾鼓勵「睿智的華麗鋪張」，認為人們應該將慈善支出用於公共綠地和藝術收藏品。這種類型的支出，一方面不帶有個人虛榮，另一方面也不引起嫉妒，還能提供豐富且高尚的物品讓群體享受[128]。

身為英國人的馬歇爾，還建議使用騎士封號和女王企業獎[129]等榮譽，鼓勵人們發展出有益公眾的行為。他堅信人類能夠比表面上更加無私，也認為經濟學家的最高目標，是找出開發這種潛在社會資產的方式，並明智地加以利用[130]。

與馬歇爾同時代的偉大經濟學家菲利普·威克斯蒂德（P. H. Wicksteed），對品味高下做出進一步的分辨，指出某類型的愉悅可以提高未來的享受能力。對智識、文學、藝術和科學的享受，在最初起步時需要「痛苦的努力和紀律」，但隨著學養漸深，這些活動會增加一個人享受的能力，但其他活動多半並非如此。

　　威克斯蒂德和馬歇爾一樣，都相信如果可以誘導人們改變支出模式，就可能提高個人福利。他認為商業活動常往錯誤方向改變，因此經濟力量的活動若不受引導、也不受約束，不僅將使人放浪形骸，還鼓勵人們寅吃卯糧——為今日的享受擠出最後一點油水，不顧明日的死活[131]。

　　在威克斯蒂德之後，亞瑟‧塞西爾‧皮古（A. C. Pigou）開創福利經濟學，認為消費模式可能會「提升」或「貶低」一個人。他直截了當地說，經由文學和藝術產生的滿足，在倫理上優於與基本需求相關的滿足；他又說，一個人若是能夠協調自然或藝術中的美、擁有單純而真誠的性格、能夠控制自己的激情，又能培養同情心，那麼此人將成為世界倫理價值的重要一份子[132]。

　　最後，讓我們檢視法蘭克‧奈特（Frank Knight）的觀點。奈特是芝加哥大學在 1930 至 40 年代中，一位極有影響力的教授，也是自由市場的堅定支持者。他對於人類渴望不同的東西或更高尚的品味有著獨到的見解：

> 對具有常識的個人而言，真正想要的並非滿足已存在的需求，而是追求更多更好的需求。他努力想獲取的東西，最直截了當地說，並不是在未經思考偏好的衝動下，認為應該獲得的需求。相對於真實的

欲望，這種應該追求的感受在未受教育的質樸者身上，比在知書達禮者身上還要明顯。後者認為自己懷有「寬容」的態度，理解「就品味而言，沒有爭議」。……一個人真正的成就，在於精煉和提升自己的欲望層次，也就是品味的昇華。我在此重申，這個原則對所有在當下行動的人都適用，而非只是提供旁觀者在事畢之後進行針砭[133]。

奈特也擔心廣告和行銷對大眾品味的影響：

就倫理而言，創造正確的需求比滿足需求更重要。最好的例證就是，我們可以看到企業對需求變化的事實，比對需求變化的性質更感興趣，且樂於施行可以用更便宜、更簡單方式實現的變化。一般的道德經驗認為，敗壞人性比提升人性更容易。觀察現代行銷手段如何形塑人們的品味，就能證實這個觀點，並進一步否定此類型的個人主義活動[134]。

行銷和經濟排他性造成的不利影響之一，是它們傾向於否定「自由財」的評價。這會進一步破壞社會上確立的共識，也就是：幸福多取決於精神上的富足、對生活中無價之物的欣賞、對同胞的感情，而非取決於物質滿足[135]。

我引用許多這些偉人的文字，並不是要暗示他們彼此認同或與本書論點一致。這些偉大經濟學家重疊的意見是：**經濟學除了讚美資本主義和自由市場帶來的經濟成長，也應該指出它們在提升品味、促使個人顧及公眾利益方面的能力，其實相當薄弱。**

當前是否還有人與這些經濟學先賢抱持相同的觀點？本章提過，阿馬蒂亞·沈恩在深入討論後深信：探討價值是有意義的，而人們的價值是可以改變的。他也認為，在發展中國家，民眾的真正選擇仰賴於更多教育，因為教育可以帶來新的品味[136]。亞瑟·布魯克斯熱愛自由市場，卻也認為經濟學的自私假設無法反映眾多行為，因此自私不太可能帶來幸福。

戴爾德麗·麥克洛斯基認為：能打動男人和女人的是想法和主意，而非自私。她在令人印象深刻的文集中表示：自由、道德和平等的人類崇高目標，是在資本主義或自由企業（麥克洛斯基較喜歡使用的名詞）下被提升的；路斯·羅伯茲在主持《聊經濟》節目時訪問過眾多作家，也曾撰寫亞當·斯密的研究專文。他熱愛個體經濟學，也認為文學擁有重要且超越學科界線的美德；羅伯特·法蘭克認為自己建議對富人徵收高消費稅的做法，將為社會提供更多公共財，如基礎設施或公共綠地。我的見聞有限，無法一一列舉，但一定還有其他經濟學家也抱持相同觀點。

但是，如果詢問一位具代表性的經濟學家，並請他列舉出 30 位優秀的經濟學家，且能代表當代經濟學界廣泛關懷的議題，我想上述幾位大概沒有一位會入選。我列舉的上一輩經濟學家，也都不是當時的代表性人物。

　　過去的主流經濟學家（以及他們最好的學生）都認為，經濟學家的任務也包括提醒人們的愉悅有高下之分、許多高尚的快樂需要理性、獲取知識有時會是痛苦的。他們也指出：我們渴望追求比現在更高尚的品味，但追求利潤的企業會因為過度強調金錢、過度迎合民眾當前的欲望，進而阻擋這種願望的實現。今天的經濟學家不太可能支持這種想法，反而會認為摒除這種想法是他們的職責所在。

　　這些顯著的古今差異反映了經濟學本質的變化，以及這門學科培養人才方式的改變。今天的經濟學更加技術化，也更加孤立。從前的經濟學家閱讀的範圍並不限在經濟學，因此在評論家湯馬斯·卡萊爾批評經濟學是門「豬頭哲學」時，他們覺得有必要回應[137]。當年的經濟學家追求的是深度和廣度，因此比較不容易忘記經濟人[138]並不是一個完整的人。

　　今天的經濟學研究生，除了近代經濟學和數學外，很少認真接觸其他學科。他們不太可能知道今日的功利主義哲學家會附和彌爾，並讚美其格外豐富的高尚品味，而不是只站在邊沁那兒卻不願意論斷品味的高下[139]。他們也不太可能會知道從前的偉大經濟學家，都曾抱持著本章稍早列出的觀點。經濟史或政治經濟史的課程對求職沒什麼幫助，已經不太能吸引現在的學生去修課。

　　本書稍早章節引用一些技術研究的成果，所以我不否認經濟學近期發展獲致的成果。然而，經濟學裡真正有趣的問題，需要的技術性往往不高，也不是最新的問題。我們無須超越亞當‧斯密，就可以理解自由市場和經濟誘因的力量。《國富論》甚至已粗略勾勒出當代經濟學對市場、國家政府和地方政府角色的看法。

經濟學在近代的科學化過程中產生了一項惡劣的影響，就是開始嘲笑所有的信仰為「缺乏可驗證經驗的內容[140]」。從前的經濟學家早就明白，好的經濟學就像好的政治學一樣，不需要確切的科學驗證，也可以得到滿意的答案[141]。

CHAPTER ## 08.

民選代表有智慧
辨別真正的群體利益嗎？

‖ 民意代表、法案研議與政治領導 ‖

Representatives, Deliberation, and Political Leadership

與羅素・博格（Russell Bogue）合著

經濟學家眼中的民主政治

　　福利經濟學的經濟學家強調成本效益分析，會建議政治人物選擇好的政策，也就是接近消費者偏好的政策。對於理想的政策決議過程和政治制度，經濟學家表面上並沒有明確的看法，而是將觀點隱藏在消費者主權後面。由於人人偏好不同，再加上所有選擇都有外部性，因此需要某種政治過程，去評估所有個人偏好並進行權重與加總。

　　經濟學的前提假設是消費者有明確偏好，就像以斯拉・米尚所說：「所有在成本效益分析或任何資源配置研究所使用的經濟數據，都必須基於以下原則：數據必須是決策者在最後決定的當下，對衡量對象的價值評估[1]。」另外，消費者不僅得知道自己想要什麼，也應該能得到想要的東西。借威廉‧鮑莫爾的話：「重要的是，……政府干預的設計必須明確根據民眾的欲望[2]。」

正如本書第 7 章所提及的，在應用經濟學的研究中，民眾的欲望是透過市場決策，推導出大家對政府提供商品的偏好；若沒有市場決策，則以民意調查為基準。這就等於假設：決策前的討論和研議，並無法改進公共政策。然而這種研究方法忽略代議政治的一項主要功能和論點。

因此，福利經濟學除了否定政策法案的研議外，也拒絕獨立的民意代表或政治領導者；一邊宣揚公共政策應基於消費者的「支付意願」，背地裡卻又假設了消極的代表權[3]（passive representative）。需要政治判斷或領導時，唯一的辦法就是讓他們找到最佳策略，以落實當今消費者對政策的欲望。

在這個議題上，多數公共選擇學派的經濟學家公開教導的，也和福利經濟學背地裡的教導相差無幾。在他們看來，好的政治代表就應該像是彙總消費者偏好的書記或祕書[4]。然而，儘管經濟學家相信，總會有部分民意代表願意履行由經濟研究建議、且符合消費者期望的公共計畫，但公共選擇學派似乎不相信會有這樣的民意代表存在。

公共選擇學派認為：民意代表追求的是個人的經濟和政治利益，而非更廣泛的公共利益[5]。此學派的早期文獻表示，追求連任的自私願望，會誘使民意代表或多或少提供選民想要的東西[6]。但後期的文獻則強調，由於選民的「理性」無知，民意代表能在支持「低效率且帶有特殊利益的立法」中，獲得政治利益，甚而從推動政府偏愛項目的利益團體手上獲得資金[7]。在這一點，公共選擇學派與福利經濟學家的看法相近，甚至還創造了一個負面名詞——「推卸責任（shirking）」，以描述民意代表沒有按照選民欲望行事的行為[8]。

如前面提到的，在政治哲學上，傳統代議制民主理論認為：法案研議過程的潛在好處，在於能產生優於單純民意彙總的結果；但公共選擇學派則認為：民意代表因受到狹隘的自身利益所支配，不可能在國會中進行有效率的研議（例如討論某法案的法律意義）。

公共選擇學派質疑國會代表的工作動機和成果，也不相信美國國會等機構有能力自我改善。另外，有些學者甚至認為公民投票是比國會立法更好的選項。舉例來說，詹姆斯·米勒（James Miller）在成為聯邦貿易委員會主席的 10 多年之前，就曾提議讓選民使用電腦登記並對公共議題進行表決。

如果選民認為自己的知識不足以對特定問題進行有判斷力的投票，他們可以將決定權委託給對議題有更深認識的代理人，由代理人投票——只要選民相信代理人的選擇會是自己在具有知識下的選擇[9]。戈登·塔洛克等經濟學家也支持米勒的提議，其他人則提出不同形式的公民投票和「直接民主」的設計[10]。最近，這些早期經濟文獻的想法重獲新生。維基百科中有一篇關於「流動式民主（liquid democracy）」的條目，解釋了這種自願的直接民主[11]。經濟學家詹姆斯‧葛林─厄米泰基（James Green-Armytage）重新論述代理投票的可行性[12]，也有一些學者研究此類民主系統的效率條件[13]。

一些公共選擇學派的經濟學家雖然支持直接民主，但也認為若要滿足米勒系統的要求，提供所有選民足夠的資訊，其成本將巨大無比。經濟學家丹尼斯‧穆勒（Dennis Mueller）、羅伯特‧托利森（Robert Tollison）、托馬斯‧威利特（Thomas Willett）都指出，儘管電腦降低了投票成本，科技卻也同時增加了公共議題的複雜度。換句話說，若要讓民眾先獲得足夠的資訊再去投票，所需成本至少和從前一樣高。這3位經濟學家支持代議制政府，因為代議制的分工可以降低充分資訊下決策所需的時間成本。他們也順帶提出一種更接近直接民主的民意代表形式──國會議員不是經由選舉產生，而是從全體選民中隨機抽出[14]。

近期布萊恩‧卡普蘭等經濟學家挑戰了學界的普遍共識，對第4章討論的選民理性無知提出新的看法。他稱其為理性的非理性（rational irrationality），亦即低成本的政治參與會鼓勵人們系統性地投下帶有偏見的選票。之前也有一些公共選擇學派的經濟學家認為：在政策範圍內，選民的理性無知是隨機分布的。於是，偏見產生的結果就會相互抵銷，直到擁有充分訊息的選民政策偏好被採納。卡普蘭認為：無知的方向並非隨機，而是偏往某個特定方向。

由於相信個人手上所握的一張票不會具有決定性，所以選民有充分的理由暫停理性分析（即使理性分析在消費市場中重要無比），選擇順從個人各自的偏好，不管議題的實際內容。用經濟學術語來說，政治是一個行使非理性行為的低成本特殊場域，能讓選民肆意在放縱自我、妄想和假設下自我娛樂[15]。

卡普蘭利用 1996 年的美國公民和經濟學家經濟意見調查（Survey of Americans and Economists on the Economy, SAEE）數據，發現在某些特定領域（如自由貿易、價格管控、可節省勞動力的技術發展），民眾往往會拒絕經濟學家的共識，像是第 4 章所提及，經濟學家認為經濟成長和更高的生活水準，取決於能夠節省勞動力的技術革新。

然而民眾卻經常懷疑這類技術。本書第 4 章和第 5 章中也解釋了，為什麼經濟學家認為隨著時間推移，資本主義制度能使美國一般家庭的實際收入增加。對此解釋，民眾同樣不買帳。在 1996 年的一項研究中，當問及「過去 20 年內，家庭平均所得成長的幅度是否超過生活成本的漲幅？」有高達 70% 的民眾回答「否」，然而只有 22% 的經濟學家回答「否」。問及「近期汽油價格上漲是供需平衡下的正常結果，還是因為石油公司為了尋求更高利潤？」有 73% 的民眾認為是石油公司的錯，但 85% 的經濟學家認為是供需平衡[16]。

法學教授伊利亞‧索敏（Ilya Somin）與卡普蘭一樣，希望能夠改善普遍的選民無知現象，並建議用「去中心化（decentralization）」加以對抗。他鼓勵選民「用腳投票」，藉由遷徙來肯定自己支持的公共政策，也就是搬到認為會實施理想政策的行政區。這麼做，也可以鼓勵選民花費更多時間和資源去認識公共政策，成為更加知情、更加理性的公共政策「消費者」。索敏也和卡普蘭一樣，認為面對一群不在乎與其生活相關公共政策的選民，政府很難給出更多回應[17]。

卡普蘭的論點等於是在批評經濟學家的傳統論述，認為選民在決定政策時，像消費者一樣以個人偏好和願望支配我們的政治生活。

社會需要民意代表嗎？

儘管公共選擇理論和成本效益分析存有差異，多數經濟學家都認為公共政策該由公眾決定，不應把持在民意代表手上。然而正如《聯邦黨人文集》中所述，美國開國元勳拒絕直接民主，因為他們對歷史和人性的理解是：直接民主在過去不曾產生穩定且有效率的政府，未來也不會。

該文集提到，古老的希臘和義大利城邦一直處於動盪之中，……長期在暴政和無政府狀態間來回擺盪。雖然他們的「外在」比我們更民主，但實質上，他們的「靈魂」卻更像寡頭：需要全體人民做決定的時刻，只需一位嫻熟的演說家就能喚起人們的激情，並以天降大任的姿態抓住大權[18]。

美國開國元勳相信：不論對哪種議題，民眾都很容易產生不正常的激情、暫時性的謬誤和妄想。即使共和主義的原則要求選民，必須仔細監督接受託付管理公共事務的代表，也並不等同於政治必須對每一股突如其來的風向，都無條件地順從。**公眾的利益，有時與政治傾向並不完全一致。因此，他們建議透過選定的公民代表，對各種公眾意見去蕪存菁、拾遺補闕，因為這些公民代表的智慧能辨別真正的群體利益。**他們的愛國心和公正心，也能保證不會為了短暫或片面的利益而犧牲公眾利益[19]。

詹姆士·麥迪遜和亞歷山大·漢密爾頓（Alexander Hamilton）都相信，真正支持民主的人會支持代議制，因為代議制可以防止民主的崩壞[20]。林肯也完全支持這論點。他曾注意到「狂野而熾烈的激情」，並譴責其比野蠻的暴徒更糟糕[21]。即便是強調公民應該監督民意代表並加強對政府控制的傑佛遜，也仍然認為：政府應該由「天然的貴族[22]」組成，公民則應該是「有能力且人性化的法官」，能夠選出善良明智的政府。但一個社會仍需要代議制的民意代表來做決定，因為組成社會的廣大民眾，欠缺管理超越一般智力水準事務的能力[23]。

傑佛遜還強調：一般民眾最有能力實行的自治，就是眼前所關心的事物，例如照顧鄰里窮人、管理社區道路、警察事務、選舉、陪審團員的提名，以及小案件的司法行政等等[24]。在美國憲法生效近半個世紀後，當時的法國外交部長托克維爾訪問美國，並讚揚美國公民能參與充滿廣泛利益、數不盡的地方事務。

托克維爾雖然對公民的直接民主提出警告，卻也認為城鎮會議和其他市政機構是自由的堡壘。他支持民眾參與的理由，完全不同於公共選擇學派的經濟學家。公民廣泛參與政治，與汲汲營營追求狹隘的自身利益不同，反而是一種學會放下個人利益並著眼大局的手段。市級政府提供一種「讓盡可能多的人對大眾福祉產生興趣」的方式，讓民眾品嚐自由的滋味，同時也學會自治的藝術 25。

50 年來，政治人物不曾公開並坦率地討論大眾的弱點。威斯康辛州前州長史考特・沃克（Scott Walker）就曾表示，美國開國元勳是為了我們今天所珍視的自由，而冒著生命危險的「普通人」；相對地，現代的美國公民卻很少願意（或有能力）起草一份治理政府的憲法 26。吉米・卡特就職典禮上的演說，就幾乎把聚集的聽眾推到神明的位置：

> 你們授與我一份巨大的責任 —— 親民愛民、不負所托，並牢記你們當前的樣子。……你們的力量可以彌補我的弱點，你們的智慧可以匡正我的錯誤 27。

相對地，川普的就職演說，似乎把自己視為直接民主下的名義領袖，而不是憲政共和國的總統。他表示，他的就職典禮將被銘記為「人民再次成為國家統治者」的日子，他的就職宣誓則是「對美國人民的效忠宣誓 28」。但事情並不是這麼一回事。他的就職誓言只確認他將忠實執行美國總統的職務，並窮盡自己的能力去維繫、保護、捍衛美國憲法。

在政治人物之外，許多知識淵博的人也公開支持開國元勳對大眾智慧的不信任。無論左派或右派的知名記者，都支持限縮大眾在民主治理上的權限。政治評論家喬治·威爾（George Will）批評保守派政客企圖破壞最高法院的獨立性。舉例來說，參議員泰德·克魯茲（Ted Cruz）提議讓大法官能被罷免。但對威爾來說，將民粹主義情緒注入最高法院，等同蔑視有限政府原則──在此原則下，立法機關是無權為所欲為的[29]。

諾貝爾獎得主、同時也是左派權威的保羅·克魯曼似乎不同意多數經濟學家的觀點。他認為，擔任政府高階職務是為了讓國家變得更好。他並不覺得大眾應該隨時隨地控制當選的官員[30]。露絲·貝德·金斯伯格大法官（Ruth Bader Ginsburg）近期反對最高法院增加席次的提案，因為最高法院應該著眼於根本性的社會變革，而非處理民眾情緒[31]。

一項針對美國公民政治知識的民意調查中，結果也支持上述觀點。2011 年，許多美國人對《平價醫療法案》的認識模糊不清，因而無法分清一些新聞報導的真假。即使該法案是歐巴馬第一屆總統任期內的標誌性立法，也只有四分之一的美國人能正確回答 70% 以上的民調問題，竟然有三分之一的美國人正確率不到一半。舉例來說，有 60% 的人以為政府在該法案下，可以創立和私人保險競爭的公共健康保險專案，但事實並非如此[32]。

在同一年度，《新聞周刊》（Newsweek）對 1,000 名受訪者進行公民基本調查，發現只有 29% 的人能說出現任副總統的名字 [33]。在外交政策方面，公民認知的程度也好不到哪裡去。2009 年，《歐洲傳播研究雜誌》（*European Journal of Communication*）的一項研究發現：只有 58% 的美國人能準確描述「塔利班」是什麼（這可是美國花了 8 年心血打擊的恐怖組織），而幾乎有三分之二的人不知道《京都議定書》是一項氣候變遷協訂。在這項調查中，美國公民對每一項主題的認識都排在歐洲後面 [34]。

托克維爾認為，民主國家很難抑制「以未來為目標的當下欲望」。這種缺陷對外交事務和公共財政尤其危險，而且在越是直接民主的社會，其危險就越大。

> 在一些古代的民主城邦中，清晰可見民眾的權力對國家財政的災難性影響。當時國家為了救濟貧困的民眾，或為他們提供運動會和戲劇娛樂，而耗盡國庫資源 [35]。

近年來，總統和國會在公共財政方面的表現並不亮眼，可以用不理性的民眾壓力來解釋這現象。根據 2012 年皮尤研究中心的一項民意調查，美國人將「預算赤字」排在政策優先順序中的第三位，僅次於「經濟」和「就業」這兩項涵蓋較廣的類別。但在政府有能力減少財政支出的 18 項領域中，美國人竟然拒絕其中的 16 項（贊成增加支出的人數高於支持削減預算的人），只願意降低對世界貧困人口的援助，以及失業補助（願意降低支出者多於想要增加支出者 36）。這也難怪代表民意的政府官員，會以不負責任的方式處理公共財政問題 37。

民意代表能彌補選民的無知？

塔洛克曾說：「面對選民明顯無知的現象，許多政治系學生一般會告訴選民，他們有責任獲取更多資訊 38。」但在美國，一般卻是指向民意代表，認為他們可以彌補選民的無知。在漢彌爾頓和麥迪遜所闡述的新政治科學中，「代議制方案」提供了解方。如前文所述，開國元勳們希望民意代表比普通選民更有智慧、更有道德；除此之外，美國憲法為他們設立了重要的職位，其任期固定且相當長，足以吸引到有能力的人——那些最能明辨是非、潔身自好，並追求社會共同利益的人 39。

開國元勳們當然也知道，掌舵者不會永遠是明理的政治家 40。但他們認為，這個大型商業共和國必須鼓勵一般民意代表，以政治家的風範立身處世。在規模較小的共和國，派系和利益都很小，一個派系很容易就能獲得優勢，進而壓迫少數。但在大型的商業共和國，即使在單一國會選區內，就存在著各式各樣有限和特定的利益。

候選人為了贏得選舉，必須訴諸多元利益才能贏得

廣泛民意。成功的候選人要贏得這種選舉，就必須
表現得優雅溫和，而這正是代議系統所需要的。除
此之外，這些地區的民意代表不必成為任何利益團
體的代言人，反而更能在混雜的派系利益中找到折
衝樽俎的空間[41]。

即使選區受單一派系掌控，民意代表也會很快就發現：
若要實現自己的政治意圖，就必須與其他選區的民意代表合
作。因此，大型共和國的立法程序也會鼓勵民意代表，以他人
的需求和社會永久的總合利益為訴求[42]。

開國元勳們認為：應該要讓「深思熟慮」來帶領民意代
表，也認為要做到這樣是需要下苦功的[43]。1796 年，麥迪遜
說：「國會必須以理性與深思熟慮行使立法權，而立法本身
就涵蓋了其後深遠的研議過程[44]。」

研議過程可以對民眾的意見「去蕪存菁、拾遺補闕」。
前總統伍德羅‧威爾遜（Woodrow Wilson）也曾指出，這過程
並不只是利益團體之間的討價還價或相互妥協：

公共政策的決議並非所有意見相加的總和，也不是
單純的統計算數。它是由許多思想、個性和經驗的
精華集結而成的有機生命，只有透過實際和面對面
的交換與辯論、口述言傳和思想激盪才能達成[45]。

在威爾遜看來，法案研議的過程很重要，不僅是因為它能推出更好的政策，也因為它是指導和提升公眾輿論的重要因素[46]。對他來說，這類指導和提升是政治領導的本質。他接著討論政治家的藝術，也就是政治修辭學（political rhetoric）——這完全超出大多數經濟學家感興趣的範圍。他認為：對於人民擁有的基本價值和願望，政治家必須提供明確的想法、政策和計畫使其連貫一致。一位政治評論員指出：「在這樣的制度下，共和政體中的議事機構和政治人物將成為民眾思想的塑造者，而不僅僅是民眾需求的反映者。……這樣的民主國家既是公民的代理人，也是公民的教育者[47]。」

林肯也認為領導能力和政治修辭學非常重要：

> 當人民萬眾一心，任何事情都不會失敗；但若成了一盤散沙，任何事情都不會成功。因此，能夠引導民眾情緒的人，比制定法規或宣布決議的人更能深入民眾。只有他才能影響法規和決議是否可以有效執行[48]。

林肯在職業生涯中，曾利用政治修辭學的天賦平息民眾不公正的情緒。在 1830 年代，奴隸和廢奴主義者遭私刑的案例屢見不鮮，林肯順此時機提倡美國的政治信仰，正是對法律崇敬[49]。在南北戰爭接近尾聲時，他也順勢推出「對任何人都不懷惡意」和「對所有人都心懷慈悲」的政策，以對抗社會的復仇激情[50]。在與史蒂芬‧道格拉斯的激烈辯論中，林肯從未停止提醒他的同胞：消費者主權（或是道格拉斯所說的人民主權），並不是決定公共政策的充分原則[51]。

林肯表示：《獨立宣言》（Declaration of Independence）的原則不僅要求政府必須徵得被統治者的同意，也要求尊重個人不可被剝奪的生命權、自由權，以及追求幸福的權利[52]。他說，州界以外的人不應該對於州領土內支持或反對奴隸制無動於衷，因為採取道德冷漠的立場，就等同於信奉「除了自私，行動沒有其他正確原則」的有害學說[53]。

本章開頭指出，福利經濟學的經濟學家關注的是政策的實質內容，而不是政策的決議過程。對他們來說，好的政策等同於消費者想要的東西。林肯一生，大部分的時間都在對抗這種學說。他認為政策的實質內容只要大方向完備就夠了，而好政策不能忽視輿論，但也不能無視於好的目標。也就是說，強烈的民眾情緒和傾向應該被視為危險信號，而不是制定政策的標竿。

美國歷史上，這些政治家的觀點並不陳舊。近期的政治系學生仍舊在強調立法過程的研議、民意代表的獨立判斷、公共修辭學對領導和教育的重要性[54]。諾貝爾獎得主威廉‧亞瑟‧路易斯（W. Arthur Lewis）的研究方向在發展經濟學，雖與本書主題相去甚遠，但他也支持這種觀點。他指出：大眾對於政治人物的評斷，在有限的範圍內，是看他們有沒有符合自己先入為主的立場。但是要評斷一位偉大的政治領袖，就如評斷偉大的作曲家,看的是他創造出的事物[55]。

1961 年,美國政治學家小弗拉德米爾·基伊(V. O. Key Jr.)出版了具標誌性意義的《輿論與美國民主》(*Public Opinion and American Democracy*),以回應新聞評論家華特·李普曼(Walter Lippmann)的看法。李普曼認為,由於政策受到無知民眾輿論的影響,民主的未來似乎相當令人絕望。基伊沒那麼悲觀,並非他相信大眾對政策充分知情,而是相信他們很滿意自己參與選舉的角色——他們能決定政府可採取行動、可進行官方辯論的裁量範圍。這留下政治斡旋的空間給意見領袖和政治活動者,而這些人士的整體表現都很負責任[56]。

在討論民意代表的獨立性時,相較於麥迪遜、威爾遜和林肯,約翰·甘迺迪更為激進。他說:「若要充分執行選舉時承諾的判斷,我們有時必須要引導、告知、糾正,甚至忽視選民的意見[57]。」如果多數民意代表認為他們在任期內行使獨立判斷是合法的,在許多政策領域的立法結果,可能會與福利經濟學家的建議大相逕庭[58]。

以拯救生命的計畫為例。一位經濟學家曾提議,讓每個納稅人決定如何在各項政府健康保險計畫間,配置他繳納的稅款[59]。然而,媒體難免會針對某些病患群體加以宣傳,使特定群體比其他同樣有需要的病友獲得更多私人捐款。面對這種無意間造成的不公平,由消費者支付意願決定的公共政策,不但無法加以匡正,反而還會加劇不平等。

拯救生命計畫的政策可能影響人們彼此的善意和凝聚

力。托克維爾擔心個人主義的破碎效應和唯物主義，會撕裂美國社會。他認為一個社會若沒有凝聚力，就無法確保政治自由。以斯拉·米尚在談論生命價值的書中，冷靜斷言美國社會正在經歷破碎過程：「人們情感相互依賴的程度正在降低，這使社會大眾正在失去對他人喪親之痛（產生的外在心理成本）的感同身受[60]。」本書在第 7 章討論過經濟學家威廉·布萊恩·亞瑟的研究，他認為這過程已經進展到，年輕公民的福利會因老年公民的早亡而獲得改善。

如果民眾的偏好轉變為麻木不仁或冷漠無情，民意代表能做的，難道只有向下調整自己對生命價值的評價嗎？如果民主制度的政治優點是對生命的尊重和對同胞的關心，民意代表其實可以有不同的作為，譬如推動志願服務、慈善捐贈、喚起公眾的同情心，並呼籲人們關注社會共同利益。

因此，法案研議的優點可以充分展現在理論上和實踐中。有學者在批評卡普蘭的公共選擇論點時指出：選民的非理性的確引發近年來一些愚蠢的全國性辯論，但相對地，這較少造成「愚蠢的國家政策」。雖然許多美國選民抱持著不利於經濟效率的意識形態，但美國政府的政策依然對市場和貿易出奇友善。有些人將這兩者的差異看成是深思熟慮的政策制定者，盡可能按部就班、審慎，並且不間斷地努力對民眾的輿論去蕪存菁[61]。

進階思考

　　多數經濟學家似乎認為：公民對公共政策的看法應該具有決定性，而政策好壞取決於一般公民的政治能力。然而，這種看法是難以成立的，因為經濟學家同時也意識到：消費者通常對政治知之甚少。幾乎所有個體經濟學家都可以舉出案例，說明消費者如何誤解物價控制或環保計畫的實際效果。

　　經濟學家認為市場最能顯示出消費者的偏好，因此在進行成本效益估計時，更喜歡從私有財的偏好去推斷。但如果這些偏好資料難以取得（事實上通常如此），那麼對許多人（雖然並非多數）來說，「投票」似乎是可以接受的解決方案[62]。如第 7 章中所述，經濟學家對於民眾的無知呈現出非常兩極的意見。因此將民主與消費者主權畫上等號之後，他們也就相信：好的民主就是直接民主，別無選擇。

　　第 4 章曾說明，為何公共選擇經濟學家認為民眾的政治無知是理性的，因而無從分析。一些公共選擇經濟學家，建議透過制度改革解決這個問題，例如讓私營部門履行更多政府職能，並將政府職能去中心化[63]。這些建議很有幫助，但即使是支持者也承認，這只能解決公共選擇學派所面對的麻煩問題的冰山一角（選民資訊不充分）。

　　儘管無法分析民眾對政策的無知，公共選擇學派並未重新評估當代經濟學的基本假設。和其他學派的經濟學家一樣，他們對消費者主權有著個人的承諾和學科專業的考量，再加上對直接民主的支持，我相信，這些堅持勢必急遽放大一般民眾因政治無知而帶來的風險。

塔洛克認為：相較於現行制度的一次投票結果，就涵蓋政府活動的所有範疇，公民提案和全民公投更容易讓選民做決定，並緩解資訊不充分的問題[64]。但與投票給候選人的間接投票相比，公民提案和全民公投的那麼一次投票，是不太可能產生決議結果。除非公民提案的過程能激起一般選民對政治的興趣，否則如前面提到的，選民的無知仍將主宰著政策的決定。

在舉行公民提案和公投的州，選民對政治的興趣和基本知識並沒有因此提升。在加州，資金充裕的特殊利益團體，通常會帶頭爭取必要的請願連署，以取得提案權。一位記者如此描述：匆忙的通勤者在地鐵站被攔下，被半哄半騙地簽署了 3 份不同的公投連署[65]。加州一位民調專家後來訪問那些曾連署一項複雜石油產業保護案的民眾，發現：

> 絕大多數的人都不記得自己曾經簽過這份連署書。
> 記得的人當中，多數人並沒有意識到，這份連署與
> 當時席捲全加州的石油爭議有任何關聯。連署簽名
> 的人裡頭，大約有一半的人支持這項提案，但也有
> 一半的人反對[66]！

政府單位會就公投提案出版富含資訊的手冊，協助民眾理解提案內容。這些手冊通常就像政治學家雷蒙·沃芬格

（Raymond Wolfinger）所批評的，是 50 至 60 頁常人難以理解的散文。沃芬格表示，自己通常不會閱讀加州的公投手冊，也沒聽過誰真的會花時間去讀——人們通常只會說支持或反對而已 [67]。已故的加州民調專家默文‧菲爾德（Mervin Field）注意到，加州人對於公民提案的過程非常熱衷，但對提案內容的認識則如下所述：

> 即使到了投票前夕，選民對大多數提案內容很少有明確的看法。許多人對議題的認識很有限，甚至還有錯誤認知。往往因為大規模宣傳和情感訴求的壓力，導致個人意見迅速轉向 [68]。

由於公民提案的內容往往過於冗長，選民的無知乃是預料中事。在 2000 年至 2006 年間，加州共有 46 項公民提案進入投票階段，其中有 15 項提案的內文超過 5,000 字，另有 8 項超過 10,000 字。某些時候，提案使用的措辭甚至帶有迷惑性，誤導選民在無意中投票反對自己清楚的偏好 [69]。

選民作為立法的供給面，這些困難突顯出選民無知的另一項後果。公民提案本應由公民主導，但他們對法案的研究和起草都不夠熟練。州立法機關可以獲得研究和技術人員的協助，蒐集有關的證詞，也握有多年立法積累的專業知識，但公民提案的倡議者很少擁有這樣的資源。在公共道德或社會政策問題上（例如同性婚姻），直接立法或許是合適的；但多數現代公共政策問題，則需要一定程度的複雜知識和技術專長，而這些只存在於專業的立法機構。儘管國會中有各種小組委員會協助，但議員們還是常常認為對表決的法案知之甚少。顯然，這個問題對非立法專業的公民，只會更加嚴重[70]。

如果選民對議題只有基礎理解或完全不瞭解，米勒和葛林－厄米泰基提出的代理人方案（選民將決定權授予信任的專業人士），依然無法改善選民的無知。舉例來說，如果選民不太瞭解經濟學，也沒有意願或動力去學習，就無法指望他們能在相互競爭的經濟專家間，做出有意義的選擇。他們最後選中的代理人（或經濟學家），很可能只是較具有娛樂性的煽動者。

當前的政治氛圍的確可能產生這樣的民意代表。但在選舉之後，總統和國會議員仍有時間重新評估自己的立場，並求助於傑出的經濟學家。然而，在米勒的架構下，班·柏南克（Ben Bernanke）、勞倫斯·薩默斯、葛雷格·曼昆等傑出的經濟學家，也很難對政治過程有所貢獻。

也許公民提案最大的弱點是無法建立共識[71]。國會在選舉後，至少有立法程序可以提供議員溝通和建立共識的機會；若法案能達成協議，即使是反對方也會覺得自己的觀點有受到重視。然而，公民提案和公民投票只會將選民劃分為對立的 2 個陣營[72]。在投票制度中，任何提案只需要 51% 的贊成就可以通過。然而，林肯曾告訴我們，法規若要具有可執行性，通常需要遠高於此比例的善意和合作[73]。

隨機選擇民意代表的做法不同於擴大公投，能使公民高度參與立法過程。但缺點是，民意代表對政治的熱情和專業就只是一般選民的程度。一旦面對一系列的複雜議題和法律語言，他們或許就只能依照幕僚的提示去做。又由於任期固定，隨機選擇的民意代表失去了選舉的機會，也就失去了研究社會問題的誘因。既然對社會問題的理解程度不會影響他們的收入，他們更可能在立法時維護和設法增加自己的特殊利益。

有人也質疑隨機選擇的民意代表，可能會以選票換取未來的高薪工作或其他好處。對選上前薪資較低的民意代表來說，這種誘惑確實很大。支持隨機選擇制度的經濟學家也注意到這些潛在的問題，但提不出可以解決的方案。他們以異常含糊的話語回答：「隨機選擇制度必須注意不讓立法者受到遊說壓力，並確保他們是在理解議案內容下投出選票[74]。」

隨機選擇制度的確能使民意代表更貼近一般民眾，但這也意味著社會將不再有競選活動和選舉，民意代表也不會再訪問鄉村。由於民意代表無法尋求連任，也不會有動力去處理民眾的陳情信函。於是，大多數民眾將與政府活動失去關聯[75]。

研究國會的學者認為：民眾期待能與競選出來的國會議員進行雙向溝通，瞭解他們的性格，並加以評價（「是不是個好人」），反而不那麼在乎他們當選前的政策偏好[76]。對於隨機選擇制度產出的國會議員，民眾顯然對這 2 項期待不會有太大的興趣。不過，也有學者懷疑，即使選民不認為自己選出的國會代表是天然的貴族，至少認為他們的人格較一般人高尚。

　　當然，公共選擇學派否認這些陳述。他們傾向認為民意
代表追求的是狹隘的個人利益[77]——能協助自己連任、能收到
政治獻金的利益團體，或謀求企業報答的職位酬庸。的確，這
種現象在政治中屢見不鮮；不過，經濟學家並沒有提出系統性
的證據以論證它的全面性。事實上，對此主題的系統性研究發
現：意識形態似乎比自身的經濟利益更能解釋國會中的投票結
果（這項發現使主持研究的經濟學家驚訝不已[78]）。然而，大
多數的公共選擇學派經濟學家，依然假設民意代表就像其他人
一樣，追求狹隘的個人利益，並由此推斷理性的民意代表都會
自私行事。

　　專門研究國會的學者則描繪出更複雜的畫面。確實有些
學者發現：連任的渴望可以用來解釋多數國會代表的行為[79]。
但其他學者則指出，許多國會議員是出於自己偏愛的政策焦
點，才選擇加入特定的委員會[80]。追求權力的國會代表曾經自
願離開對連任有幫助的委員會，選擇加入對連任無益的委員會
（例如眾議院規則委員會[81]）。國會制定的規則和慣例，有時
似乎限制議員追求連任，而非是協助。

　　還有研究證據顯示，法案研議對國會非常重要[82]。政治
作家伯納德・亞斯貝爾曾花了一整年，每日貼身採訪參議員埃
德蒙・馬斯基，觀察參議院實際的運作狀況。藉由遇見真心堅
持理想的參議員，他明白參議院的權力根植於「做好功課，
並清楚自己的發言[83]。」國會委員會的聲譽完全建立在徹底

研究、全盤理解、公平、可靠、準確和良好的判斷力。他曾採訪一位遊說者，此人對於國會委員會召開的法案研討會感到相當驚訝：

> 整個過程比我想像的還要精微細密，……我以為他們關在會議室裡，很快就討論出結果。你知道，就是主席報告一下議案，每位議員都已經確定他的選擇或已私下做好交易，然後投票。但完全不是這樣，他們真的有在討論[84]。

亞斯貝爾認為，有 99% 的立法遊說，不是在周末舉辦的派對裡偷偷遞信封，而是試圖用事實和理性說服人心。亞斯貝爾也很驚訝地觀察到，參議院委員會的成員相當歡迎不同黨派的論點，並在制定《清潔空氣法》的過程中，曾遭遇到專業性技術的困難挑戰[85]。

儘管這幾年國會的兩極分化降低了生產力，也減少妥協的可能性，但認真研議法案的例子依然比比皆是。眾議院司法委員會負責大部分與移民有關的立法。2013 年，《華盛頓郵報》曾專訪當時的委員會主席、共和黨維吉尼亞州議員鮑伯·顧雷特（Bob Goodlatte）。據報導，顧雷特的專業知識、立法過程的審慎，以及按部就班的態度贏得了同行的尊重[86]。

前眾議院議長、共和黨威斯康森州議員保羅·萊恩（Paul Ryan），曾擔任眾議院預算委員會和歲入委員會主席。剛進入政壇時，他曾從當年的意識形態競爭對手、民主黨麻州眾議員巴尼・法蘭克（Barney Frank）口中得到一項建議：「如果你想發揮影響力，不要試圖成為通才，更不要貪多嚼不爛。專攻 2 至 3 項主題就可以，深入研究，讓自己比任何人都瞭解這些議題。然後再加入相關委員會，搜集一切相關資訊。在此之後，你才能開始制定相關領域的政策[87]。」

萊恩將這項原則銘記於心。此後，他被公認是眾議院最重要的預算政策專家之一。根據政治學家丹・帕拉佐羅（Dan Palazzolo）的說法，民主黨的加州眾議員亨利・韋克斯曼（Henry Waxman）曾運用監督機制和立法權，挑戰龐大權勢企業利益團體所部署的錯誤資訊[88]。這樣的政治家體現了歷久彌新的立法精神：研議法案必須深思熟慮。

約瑟夫・貝塞特（Joseph Bessette）研究戰後至 1980 年間的 29 項政策制定案，提出深具說服力的證據，證實這些論點。他最後得出的結論是：無論在國會會議上還是委員會中，深思熟慮是許多法案得以通過的關鍵。

舉個大家意想不到的例子。《1964 年食物券法》（Food Stamps Act of 1964）在當時被公認是利益團體協商的結果，但貝塞特重現當時審慎研議法案的過程：眾議員熱情洋溢地發表演講、聽證會的高出席率、保留傳統的呼籲、針對意識形態的討論，以及統計證據的使用。他的結論是：此項法案經過大多數眾議院民主黨人的「合理判斷」，認為政府提出的計畫是項良好的公共政策[89]。

然而，經濟學家很少參考這些國會文獻。他們對民意代表的看法主要來自假設與推論，而非實際證據。經濟學家也以同樣抽象和概念性的方式，處理選民無知問題。詹姆斯‧布坎南與布萊恩‧卡普蘭，是少數曾系統性研究民意調查的公共選擇學派經濟學家。不過，布坎南也是少數提出憲法修正案、限制國會通過入不敷出預算案的經濟學家（民眾總是歡迎大撒幣的[90]）。

　　美國開國元勳和托克維爾對直接民主都非常警惕，因為他們研究過試行直接民主的結果。然而，因為經濟學家對這段歷史提不出不同的見解，也就乾脆不提。李普曼、基伊、麥迪遜和托克維爾都認知到，民眾的政治無知和強烈的熱情，是足以推翻民主政權的強大力量。經濟學家很少引用這些作者，我猜大概也不會想閱讀這些書籍。他們視無知為一個有趣的分析性議題。

　　在麥迪遜的年代，某些州的民意代表任期只有 6 個月。麥迪遜認為這會帶來不穩定和「大災難[91]」。傑佛遜同意他的觀點，並認為：若是要建立強大且足以制衡聯邦權力的州政府，就需要減少國會議員的人數、延長任期[92]。但經濟學家詹姆斯‧米勒認為，民意代表應該是可以隨時被罷免的[93]。經濟學家萊恩‧阿馬徹（Ryan Amacher）和威廉‧博依斯（William Boyes）不那麼支持麥迪遜和傑佛遜的看法，認為選舉民意代表的頻率應該要比現在更加頻繁[94]。

　　除此之外，肯尼斯‧格林（Kenneth Greene）與哈迪‧薩拉維塔巴（Hadi Salavitabar）也聲稱研究過麥迪遜的一項論點：
比起在人口異質高的大型行政區，代議制民主的運作效率在
同質性高的小型行政區裡更高[95]。他們指出，當代經濟學家認
為，比起同質性低的大型行政區，人口同質性高和去中心化的
行政區政府更能回應選民的需求。這 2 組研究都在尋找最能對
選民政策觀點做出反應的行政規模。研究結果的發現是：人口
異質高的大型行政區民意代表較具獨立性，因而較少對選民偏
好有所回應。經濟學家大勝，請麥迪遜靠邊站。

　　然而，他們的研究方式與麥迪遜的原初觀點完全無關。
麥迪遜從未聲稱規模較大的國家民意代表會比較有反應。事實
上，在大型行政區中，少數群體反而可以更安心、更穩定地生
活，因為民意代表不會快速改變政策以回應多數民意一時的要
求。麥迪遜對大型共和國的觀點與傑佛遜相似，也就是小型社
會中的政治分裂往往過於暴力且劇烈；相對地，只有在大型社
會才有可能在議會中找到共同利益，而不受地方中心主義和特
殊利益左右[96]。

　　探討民意代表的文獻中，最經典的爭議就是：民意代表
是純然的代理人？還是具有獨立思考能力的受託者[97]？經濟
學家在討論民意代表制度時，似乎都不處理這項爭議。對米勒
而言，理想的制度是：當民意代表違反選民意志時，可以馬上
被罷免[98]。相同的，對於阿馬徹和博依斯來說，無法即時反應
選民意向，等同於缺乏代表性[99]。那些研究成本效益分析的經
濟學家似乎完全同意這樣的觀點，舉例來說，湯瑪斯‧謝林

（Thomas Schelling）就認為，公共政策中的消費者主權源自「無代表，不納稅（No taxation without representation）」的原則[100]。

經濟學家聲稱要為人民發聲，但人民本身並不確定自己是否要直接執政。國會議員究竟是應該遵循自己的最佳判斷？還是該服從選民的感受和意見？眾人在這點上的意見並不一致。2013 年，國會在公眾輿論中的地位處於歷史新低，只有10% 的選民對國會有信心、17% 的選民認同自己選區的國會議員[101]。

這一面倒的否定聲浪其來有自：28% 的選民認為他們無法妥協，21% 的選民認為他們不進步。民眾對民意代表感到沮喪，在於他們無法妥協，又欠缺尋找共識的能力[102]。這似乎表示人們喜歡的是信託式的治理模式，尤其是現在美國意識形態兩極化，造成國會議事僵化之際。

不過，早先的民意調查數據卻有不同的呈現。94% 的美國民眾認為，政府在所有狀況下，做決定時都應該諮詢公眾輿論，而不是只有在選舉期間作秀。81% 的美國民眾認為，領導人應使用民意調查來輔助決策（相比之下，只有 18% 的人認為，民意調查會使民選官員無法做自己認為對的事[103]）。

想要從這些相互矛盾的民調數據中理出明確的結果，對美國政府來說是項艱鉅的任務。美國民眾要求立法者必須是審慎的思想家，也是善於妥協者，更要是能迅速反應並受制於選民的民意代表。就像其他許多議題，美國民眾在這個議題上似乎希望魚與熊掌兼得。

美國目前的民意代表制度似乎很適合其民眾，因為他們對政治問題只有少量的興趣和知識。針對投票的研究顯示，選民對自己關心的特定議題的確有所瞭解，並會根據自己對這些議題的看法，選擇喜歡或討厭的政黨和候選人。選民有時會根據候選人（或政黨）在特定議題上的立場投票，但他們更常按照候選人的經驗、正直、判斷力或領導能力進行選擇[104]。

　　與彌爾較相似的選民會更關心候選人的能力，而非他們在特定議題上有什麼立場。美國的議事制度讓民意代表得以對民眾負責，同時又給予他們在任期內行使獨立判斷的空間。這制度 200 多年來一直運行良好，因為擁有經過時光與歷史淬煉後的尊重與崇高，才讓最明智和最自由的政府擁有必要的穩定性[105]。

　　上述這句話出自麥迪遜。他在閱讀最偉大的自由政府理論、反思歷史和當代經驗，並且仔細又全面斟酌相關議題後，鄭重提出新政治理論──獨立的民意代表與審慎的法案研議。就許多標準而言，經濟學家企圖以憲法重構政府的新政治理論，確實望塵莫及。

CHAPTER 09.

經濟學能讓社會
變得更好嗎？

‖ 結論 ‖ Conclusion

　　經濟學家多半都在研究市場中的人類行為。他們發現狹隘的個人利益、物質主義動機，幾乎可用來解釋觀察到的一切。而在自由市場、價格浮動的情況下，這 2 個動機能夠讓市場有效率地生產具價值的商品和服務。隨著經濟學家開始研究市場以外的世界，他們也將經濟學的世界觀推展到其他領域。

　　但經濟學家的世界觀並非放諸四海而皆準。有些經濟學家注意到這個問題，因而感到困惑。舉例來說，他們努力想用理論，去解釋慈善事業中明顯的非理性異常現象。然而，異常現象依舊是異常現象，因為他們將個人的政策偏好等同於個人的財務利益。若按照經濟學的標準思考，所有繳納健保費的公民都等同於老年人提早死亡下的受益者。

　　經濟學家經常假設，物質主義動機是人類行為的動力，但很多情況下並非如此，有時我們甚至希望能夠忽略或抑制自己思維中的物質主義。民意調查顯示，約半數的美國人認為自己購買的東西超出實際需求、四分之三的人認為應該學會從非物質體驗中獲得樂趣；早期的經濟學家認為人們應該追求更高尚的品味，但今日的經濟學家基本上忽略這種追求。

經濟學家拒絕做出價值判斷，以逃避處理品味和偏好高下的問題。先不談人們是否該有所追求，單單拒絕價值判斷就足以引起爭議。在權衡成本效益時，拒絕價值判斷可能會使犯罪者得利，也可能使心懷惡意者拒絕拯救生命。

即使金錢和狹隘的個人利益是通往個人幸福的途徑，要達成整體社會幸福所需的條件卻需要更多。就算巧妙地引導個人的自私動機，仍無法避免搭便車所造成的效率低落，但道德、善意和文明卻可以。一些研究證據顯示：提醒人們善盡公民責任、體驗或見證無私的舉動，都可以改變人們的行為，獲致更好的結果。然而，經濟學家往往忽略這些行為可以產生正外部性的可能性，偏偏這些正外部性卻又是他們定義社會福祉的重要內容。

很多讀者可能很懷疑我的論點，也不認為在特定情況下，可以合理地認定某些品味「較為高尚」。但若思考外部性，或許就會回心轉意。舉例來說，鬥犬在美國 50 州都是重罪，但這項活動依然繼續在全國各地不同類型的社群中悄悄進行[1]，甚至還有專門的雜誌《鬥犬》（*Pit Dog*）讓愛好者可以得到第一手消息。該雜誌圖文並茂，其中有一段寫道：

賽事來到第 90 分鐘,「偵探」花了 15 分鐘擊敗
另一隻狗,時不時停下來舔舔嘴,然後回頭去啃咬
「巴克」。麥克鼓勵他的狗殺死「巴克」。……「奎
妮」的 2 條前腿已經被撕扯下來,牠早該一命嗚
呼,但現在還勉強支撐著。……牠用海豹的姿勢匍
匐前行,2 條殘破的前肢互相拍打[2]。

　　將對鬥犬的喜好稱為「低級品味」是否公平?如果我們
不希望孩子認為人類可以殘忍地虐殺動物,這難道是種多管閒
事?經濟學家往往忽略獸行對社會的負外部性,以及善行和公
民責任的正外部性,因為承認這些外部性就會動搖經濟學強調
金錢和自身利益的世界觀,也會使實證研究更加複雜。但整體
來說,這種世界觀最重要的成因是經濟學培育其學者的方式:
經濟學家所受的專業教育,使他們不願意面對無法量化的外部
性。就算他們願意稍加評估,也沒有能力權衡其重要性[3]。
　　已故經濟學家肯尼思‧博爾丁曾表示,年輕經濟學家會
自己蒐集數據的不多,因為現今經濟學研究所很少教導學生該
怎麼做。博爾丁也指出,若沒有直接面對現實世界就對其運作
方式指手畫腳,是很危險的態度:

　　經濟學的成功不應該讓我們忽視這項事實:這個學
　　科研究的系統比自然科學家研究的系統複雜得多。
　　我們必須承認,即使是最精緻的經濟學模型,也比

不上真實世界的複雜多變。過去偉大的經濟學家曾努力體察社會脈絡，即使身處黑暗、隔著玻璃，也企盼得到收穫。若今天的經濟學教育沒有教會學生這點，未來將失去許多寶貴的價值[4]。

如博爾丁所言，當今許多世俗科學的實踐者（甚至包括政策分析師），都非常不世俗。政府福利計畫的起草人很少採訪需要幫助的群體，也不會引用社會學方面的相關研究，而是閉門造車地想像對方可能的生活方式。

那些喜歡對重大政治問題發表意見的經濟學家，往往沒意識到這些問題背後的複雜性，不知要以謙遜好學、如履薄冰的態度去分析；他們很少探究人性本質或歷史教訓，也未曾思考政治分裂主義下的「暴虐」與「癲狂」（例如敘利亞和黎巴嫩），就想尋找能獲取共識與支持的最好制度；他們未曾注意過希特勒早年在德國的聲望，也拒絕討論美國最高法院試圖超越消費者主權的更高標準。事實上，他們很少諮詢對這些問題有過深刻反思的政治理論家。

某些領域的知識只需要良好的理論性思維（例如數學），但其他領域的知識則需要經驗（例如愛）。一位 12 歲的神童可以幫助我們解開微積分，但最好不要仰賴他給出愛情和伴侶關係方面的建議。政治和公共政策更像是愛而不是數學，即使是很一般的問題（像是對政治機構的重整），也需要相關問題的實際經驗和歷史知識，才能得出合適的答案。

不過我必須強調，本書宗旨並非反經濟學。經濟學家在本書前幾章帶給我們的啟示，不會因最後兩章的批評而被全盤否定。我認為經濟學家應該廣泛閱讀經濟學以外的著作，一般大眾則應該多接觸經濟學的相關知識。

經濟學有助於社會的穩定

經濟學家最首要的貢獻，是教導我們尊重市場機制。 湯瑪斯‧謝林曾說：「經濟學家與常人最大的區別，就是經濟學家相信市場機制[5]。」經濟學家持續認同亞當‧斯密的觀點：雖然商人只尋求自己的利益，但市場那隻看不見的手會提高社會的福祉。經濟學家甚至比一些商人更能確定：企業家無論是否進行慈善活動，都會增進公共福利。正如博爾丁所說，「經濟學讓人們欣賞交易、金融、銀行家、商人，以及各種無處不在的生產力[6]。」

我們無須聽從經濟學家對於人性或憲法的論述，但請務必聽從他們對市場機制的看法。他們對於市場機制是無所不知又具專業知識，並且明確地知道私營企業的所有人和管理者，若能有效率地回應消費者的需求就能獲得回報；他們也理解，政府過程無法提供比市場更高效率的機制。這麼大的原則很難具體證明，但第4章提供許多事例，讓我們知道經濟學家提出的不是空泛的理論。研究證據顯示，經濟學家已針對公私營部門的資源配置效率做出合理的比較。對於懷疑經濟學卻又不那麼理解經濟學的人來說，好消息是：自由派和保守派的經濟學家，都一致認同市場機制的效率。

不過這仍不足以說服所有人。非經濟學家往往有所保留，難以認同市場利潤、經銷商和投機者。第 4 章簡單回應，仍難以說服，畢竟人們總能找到私營企業決策錯誤的案例。非經濟學家想知道的是：政府能否阻止這種錯誤，或是能以某種方式幫助企業抓住好機會。對於私營企業的失誤，經濟學家只會說：自由市場會犯的錯誤遠比政府少。面對潛在的利潤機會，經濟學家一般也都會說：**政府可以改善市場環境並鼓勵創新，但無法確定或支持哪種商品最後會成為市場上的贏家。**

羅伯特‧薩繆森是這麼解釋的：「政府可以藉由稅法鼓勵企業承擔風險，但必須要能掌握人性中的貪婪，並鼓勵美國人展現性格中的勤奮，否則就不值得執行 [7]。」這些話對於不相信經濟學觀點的人仍起不了作用，這讓意識到這一點的經濟學家相當絕望。經濟學家阿爾伯特‧里斯（Albert Rees）曾表示：「眾人對經濟體系的敵意，大部分來自於對它的無知 [8]。」查爾斯‧舒爾茨則表示，他越來越相信除了經濟學家（且不是全部的經濟學家），沒有人真正理解市場機制的運作方式 [9]。經濟學家艾倫‧恩托芬（Alain Enthoven）談到經濟學家在政府中的角色時也表示：「我們使用的經濟理論是多數人在大二時就會學到的東西，但要念到經濟學博士的原因是，許多經濟學家念研究所之前並不相信自己在大學部學到的東西 [10]。」「如果你懂得更多，就會同意我的觀點。」這樣的話對讀者是種侮辱，也只會招來蔑視，但我很理解為何很多經濟學家都想這樣說。按部就班研究過不同社會資源的配置，理解市場解決方式的多數人，都會更加認同市場機制[11]。我希望讀者可以自己親身體驗。

如果經濟學家對市場的看法正確，那麼尊重市場的配置機制將能提升商品、服務或休閒的價值。這是經濟學明顯的好處，但也許不是經濟學最重要的優點。運轉良好的經濟可以增強民眾對市場的信心，並間接帶來政治穩定、提高政治效率、促進經濟規模擴張，也可以改善中下階層和年長者的生活、加強國防能力，並使環境更加乾淨。這些正面效果有助於穩定社會上的政治分歧。

在更具體的問題上，經濟學家曾提供許多合理的建議，這也來自於對市場機制的瞭解。經濟學家透過研究市場機制，觀察到資源的稀缺性與民眾對資源的無限需求，因而讓成本和收益緊緊掛勾。於是，一項專案的成本就等同於放棄其他專案可能的收益。許多公共政策方面的專業人士，在熱情推動其政策目標時，必須多思考機會成本。

經濟學家透過研究市場機制，進一步告訴我們：**對支出的評估，不應取決於專案本身的重要性，而是在邊際成本和邊際效益間進行權衡。**為公共部門排定優先事項的人，必須牢記這一點。市場機制還有一項優點，就是讓我們理解到：**經濟誘因可以促使人們以高效率的方式協調社會活動。**許多新的管制計畫都企圖利用鉅細靡遺的法規實現目標，但經濟學家可以提出具高度說服力的理論和正確經濟誘因的措施，讓社會空氣更乾淨、工作環境更安全，而且執行成本更為低廉。

經濟學家對市場機制的研究發展出許多非常有用的概念，例如外部性和公共財。經濟學家首先確定競爭性市場的效率，因為生產者會持續生產，直到商品的邊際成本等於最後一位消費者的邊際收益。但隨後，馬歇爾和皮古發現：某些生產的社會成本並沒有反映在廠商的供給曲線上，某些社會性的收益也沒有反映在消費者的需求曲線上。很快地，經濟學就進入市場失靈和政府干預的研究。

經濟學家知道市場機制具有效率，可以將稀缺的資源配置到有價值的商品和服務上，也知道經濟誘因是運轉市場的燃料。大多數經濟學家對政策研議的貢獻，多半來自於對市場機制和經濟誘因的瞭解。因此。我們就可以理解為什麼經濟學家如此迷戀市場機制和物質誘因。

然而，一個健全的政治體需要的不僅僅是高效率的經濟。市場機制可以保證經濟的效率性，卻沒有任何一個自動機制可以保證政治體的健全。雖然政治激情造成的傷害不比市場需求帶來的影響，但健全的政治體必須要有機制因應強大的政治激情。它必須改善制度，建構出政治共識、強化道德標準，也必須讓個人跳脫狹隘的個人利益。市場機制過度強調以金錢計算去追求人類幸福而造成的缺陷，健全的政治體也必須找到加以平衡的方式。

不必期待經濟學的研究能得出一般人對品味和道德的態

度。面對這樣的不確定性，經濟學的研究只能強調金錢利益，選擇性忽略難以捉摸的其他利益。既然它只關注個人的利益，就不會想利用特殊榮譽培養軍隊的勇氣，也不會想到呼籲人們展現自己更好的一面，來提升社會中的道德、文明、利他心。

尊重個人偏好和追求的市場機制（第 4 章），能使人類健全發展的美德（第 7 章）不必然相互矛盾。在這個議題上，亞當‧斯密是我們的一位標竿。自由企業使我們更接近亞當‧斯密、馬歇爾和奈特所追求的崇高目標，這是違背公平的裙帶資本主義做不到的。自由市場帶來經濟成長，使社會富足有閒暇，也有助於人類的繁榮與發展 12。

我在 1985 年撰寫本書第一版時，批評經濟學之餘，並沒有找到能反駁經濟學的新興研究。現在狀況不同了，我們有幸看到正向心理學的發展。它研究人類品格和人性中的美德，諸如提升、敬畏、景仰和感恩等情操。經濟學家若願意閱讀這些文獻，就能夠找到與亞當‧斯密、馬歇爾和奈特連結的途徑。

「但我怎麼可能這樣做？我必須弄懂一大堆的數學才能拿到博士學位呀！」所以，在獲得博士學位（和終身教職）之後，你就可以嘗試說服同事：大部分的學生並不想成為經濟學理論家，他們並不需要學習用以改進理論的數學。即使要讀數學，學會計量經濟學也就足以勝任。請鼓勵學生閱讀正向心理學 13、美德倫理學，以及經濟思想史和政治哲學，這可以幫助他們用不同的觀點理解經濟學。

產業政策並非拯救經濟的良藥

本書的目的不是為了針砭時政。我在 2020 年美國總統大選結束後幾天完成文稿，但真正出版則等到 2021 年秋季。選舉年的當紅政治議題，不一定會是未來國會討論的重點，而近期選舉更因疫情因素蒙上陰影。我希望 2021 下半年可以擺脫新冠病毒，美國也就可以走出經濟不景氣。在 2020 年，絕大部分的民主黨人士和部分共和黨人士，都將注意力放在產業政策，可以預期產業政策會在選後繼續發燒。

拜登總統在產業政策中提出橫跨全美國的高速鐵路網，這也是歐巴馬擔任總統時支持的提議。事實證明，加州新建的高鐵系統基本上是個效果非常有限的燒錢黑洞。因此，橫跨全國的高速鐵路網大概也會花掉巨額的成本，甚至造成更大的問題 [14]。

拜登也提出 4,000 億美元的預算，要補助美國生產的原料和產品。為了增加製造業的就業機會，也提出要向把工作機會外包到海外的企業課稅，並給予回到美國設廠的那些企業租稅優惠 [15]。

共和黨參議員馬可·魯比奧（Marco Rubio）和喬希·霍利（Josh Hawley）響應拜登和川普的呼籲，支持將製造業工作帶回美國。霍利非常期待政府能發揮潛力改善經濟表現，但誤用了模糊、不正確的統計數據，認為美國工人的所得 30 年來都沒有實質成長 [16]。

美國企業研究院的經濟學家麥克‧史垂恩（Michael Strain）在其出色著作《美國夢不死》（*The American Dream Is Not Dead*）中糾正霍利的想法：過去 30 年，美國一般工人的實際工資增加了 34%[17]。對於經濟學家基本上一致反對的「購買美國貨」運動，他總結其原因：

> 保護主義和產業政策（包括強制購買美國產品的法案）將會提高消費者物價，也會提高企業生產須投入的價格，從而降低國家競爭力；還會引起政治腐敗和裙帶關係，使政府採購價格提高，進一步造成納稅人的負擔；更將帶來外交摩擦，招致經濟報復。美國與中國的貿易戰，除了拖累整體經濟，還可能損害製造業的就業機會，反而弄巧成拙[18]。

史垂恩提到「政治腐敗和裙帶關係」，暗示產業政策除了第 4 章討論的效率問題外，還存在公平性問題。本書曾提及，經濟學家對所得分配的問題，也就是「垂直公平原則（vertical equity）」意見不一，但對「水平公平原則（horizontal equity）」的看法卻團結一致。他們認為：在其他條件相同的情況下，應該要維持水平公平性。然而，違反的情況卻很常見，例如產業政策只補助某些企業和行業，而不是人人都能分到一杯羹。如第 4 章所述，太陽能公司 Solyndra 沒有經過競爭流程，就獲得其他電池製造商沒有的政府補貼，這種產業政策就違反了水平公平原則。

過去 40 年來，美國產業政策的失敗令經濟學家記憶猶新。英國近期研究也發現，英國政府的產業補貼也是幾乎徹底失敗。倫敦經濟學院的 2 位經濟學家就對汽車、航空、造船、機床、電氣工程、電腦業和紡織業的產業政策相當失望[19]。

史垂恩表示，幾乎在所有已發展國家的總就業人數中，中等工資的製造業工作比例都在下降。新的中等工資群體正在取而代之，成長人數最快的職業包括：衛生科技和醫技人員、空調機械師和安裝人員、電腦技術支援人員、休閒課程指導員等等[20]。

拜登除了提出 4,000 億美元的產業政策，還希望將預算中的 3,000 億美元用於研發，以便刺激國內產業創新、支持國內商品生產[21]。第 4 章提過，許多經濟學家贊成聯邦政府增加研發經費，尤其是針對基礎科學的研究。班傑明·瓊斯（Benjamin Jones）和勞倫斯·薩默斯指出，愛因斯坦的廣義相對論為全球定位系統（GPS）打下了理論基礎。基礎科學研究與其最終技術應用之間的關聯非常廣泛、深刻且難以預測[22]。

拜登總統任期內，主流經濟學會對政策產生多少影響？《經濟學人》在總統大選前 1 個月預估，拜登政府將適度對富人和企業增稅，並增加 2% 至 3% 的公共支出，著重在綠色基礎建設的投資和補助的產業政策[23]。《經濟學人》希望拜登能夠撤銷川普政府最魯莽的管制決策，例如限制美國環保局降低煤炭使用率的權限，卻也擔心失控的左派管制政策機構，可能會嚴重損害產業，更憂慮拜登的產業政策會保護傳統產業，無法與國外的產業進行良性競爭。

至於拜登對經濟學有多瞭解？《經濟學人》表示：「拜登先生在漫長的職業生涯中，不曾表現出太多對經濟學的熱情。」拜登任命史蒂芬・布雷耶（Stephen Breyer）為大法官的聽證會發言，正好可以證明這一點。

布雷耶是美國最高法院裡最具經濟素養的法官，在成為大法官之前剛出了一本新書《打破惡性循環》（*Breaking the Vicious Circle*），主張在風險管控時將邊際成本和邊際收益納入考量。事實上，他還將美國人「一心一意追求完全免除風險」的心態，列為美國風險管理實務的三大問題之一。在所有質疑布雷耶的兩黨政治人物中，拜登是最不滿意他的人，因為他認為布雷耶在司法決策中……使用經濟模型[24]。

幸好，拜登對主流經濟學的接受度比川普好一些。川普在任期內對經濟問題的主要諮詢對象為賴瑞・庫德洛（Larry Kudlow）和彼得・納瓦羅（Peter Navarro）──這兩人都不是主流經濟學者。我想，大多數經濟學家都認為政府對企業的管制太過繁瑣。川普裁撤了一些管制規定，也阻止某些管制政策的擴張，這點應該會獲得部分經濟學家的讚賞。但我相信他在裁撤管制規定時，應該沒有諮詢過經濟學家的意見。美國食品藥物管理局鬆綁管制，使學名藥[25]市場更加競爭，也讓美國處方藥的消費者價格指數，46 年來首次出現下降[26]。

針對大範圍的倡議，川普都發表聲明支持，卻都沒有經過經濟分析，也沒有與提案的執行單位先行溝通。我在 2020 年 9 月 26 日寫下這些文字的當天早上，報紙報導：川普在沒有經濟分析的情況下，指示聯邦政府向聯邦醫療保險的 300 萬名保戶，發送價值 200 美元的藥物折扣卡。一位白宮內部人士表示，該項突發政策的細節還在商討中。這筆錢似乎來自聯邦醫療保險，但它早就陷入財務困境，很可能在 2022 年就無法履行醫保義務。據我所知，川普的藥物折扣卡政策，並不會帶來任何的正面效果[27]。

當我們踏入市場，別忘了留意這些問題

　　亞當・斯密在 19 世紀論述市場機制和看不見的那隻手能創造榮景，如今人們漸漸對此有所質疑。某些經濟學家堅持認為：只有在新生產者能夠輕易進入市場，而且消費者擁有完全資訊的情況下，傳統經濟學的供需體系才能創造經濟效率。但許多市場對新進者設下很高的門檻，消費者也很少跟生產者一樣瞭解產品的缺陷。因此，企業掌握了市場力量，也促使人們質疑市場機制。由於純粹的競爭和完全的資訊並不存在，市場也就陷入「失靈」。

　　戴爾德麗・麥克洛斯基是位博學多才的經濟歷史學家，曾經列舉出 108 次短暫發生但沒有被實際評估過的「市場失靈」。名單上的事件竟橫跨了 200 年的歷史[28]！無怪乎一些新生代經濟學家會認為，欠缺干預的市場不可能有好的表現。但

麥克洛斯基指出：我們沒有任何紀錄可以證實市場失靈（不均衡或不完全的資訊）會損害消費者的福祉。許多市場失靈事件就像烏雲一樣，悄悄地投下一小片陰影，然後自然散去。

政府可以改善市場失靈這種情況嗎？的確有部分經濟學家認同，但本書已經討論過，政府在改善市場機制這方面，並沒有什麼值得誇耀的紀錄。我還可以舉很多例子，比如針對IBM壟斷電腦市場的反托拉斯案，最終因毫無根據而遭到撤回。此案從 1969 年纏訟到 1982 年，在這期間搜集了數萬件物證，也使用了 3,000 萬張紙[29]。聯邦政府放棄訴訟時，電腦產業的海外市場早已競爭非常激烈，許多小型公司也開發出微型電腦。

那麼，消費者的資訊問題呢？

喬治·阿克洛夫（George Akerlof）於 1970 年出版的論文〈檸檬市場：品質的不確定性和市場機制〉（The market for lemons: quality uncertainty and the market mechanism）似乎是所有經濟學入門課程的必讀經典。這篇文章很可能是阿克洛夫在 2001 年贏得諾貝爾獎的關鍵。他在文中舉例，二手車經銷商通常知道車輛是否發生車禍或被作為出租汽車，但潛在客戶卻對此一無所知。

在阿克洛夫這篇論文刊出後的 50 年間，聯邦政府通過一系列法案，要求二手車商向客戶提供更多資訊。隨著時間推移，現在私人企業提供的資訊遠比政府要求的更多：除了事故紀錄和租賃紀錄外，Carfax 等第三方網站還會列出里程紀錄、保養紀錄，以及前車主的人數。第 7 章的範例也提到，汽車製造商現在會在網路上為客戶提供複雜的訊息，例如車輛的迴轉半徑。

　　面對市場競爭的不完全，該怎麼看待市場運作的結果？麥克洛斯基指出，1800 年的鄉下雜貨店擁有真正的壟斷力量。那時的雜貨店沒有競爭對手，是因為消費者去別的鎮上買東西的成本太高。到了 1900 年，隨著交通進步，壟斷力量大大降低，之後更是節節敗退。經過資訊革命和交通技術的持續創新，今天我們甚至不出家門，就可以上網比較各種商品並下單。

　　更重要的是，美國人均所得已從 1800 年的每天 3 美元，成長到 2010 年的每天 120 美元[30]。經濟學家班傑明・瓊斯和勞倫斯・薩默斯也提出相同觀點，只不過數據略有出入：「目前美國人均所得是 1820 年的 25 倍[31]。」這些成果來自於競爭激烈的市場，讓商品在進行交互測試後得以改善[32]。這麼看來，或許滿是私人企業的競爭激烈市場，並沒有那麼糟糕。

　　這並非不要讀者改變任何事情。我同意保羅・克魯曼的觀點（請參見第 4 章）：在組織經濟活動方面，市場有著非凡且令人驚艷的能力。我也同意勞倫斯・薩默斯的看法：要改革市場的公平性，必須先抓緊逃稅行為。美國企業研究院的麥克・史垂恩和布魯金斯學會的理查・利夫斯（Richard Reeves）曾提出值得參考的市場改革方案。喬納森・格魯伯和西蒙・強森（Simon Johnson）合著的《美國起跳》（*Jump-Starting America*）也提出大膽的建議[33]。

讀者可能會認為我對改善市場機制的建議含糊其詞。確實如此。本書並非聚焦在當前的政策辯論，就算我勉強寫些評論，本書出版時，政治辯論的風向很可能已經改變。無論如何，任何政策的思考和分析若沒超過本書討論的程度，我是不會輕易支持的。我只能說，史垂恩、利夫斯和格魯伯，都是深思熟慮的經濟學家，他們提出的建議值得當政者思考和分析。

　　我也認為：討論經濟不平等時，應該稍微冷靜。第 5 章曾探討，經濟不平等的問題比主流媒體描繪的更加複雜。新冠疫情嚴重打擊經濟，讓許多低所得工薪家庭陷入艱困，但是我們終究會走出困局。史垂恩估算，在疫情發生前的 4 年中，所得最低的 10% 人口，其周薪每年成長 20%，這比中等所得者薪資成長快上三分之一。所得不平等的現象，事實上沒有增加，反而逐漸減少 [34]。

　　從更廣泛的角度來看，是否有證據顯示：人們會因所得不平等的改善而更快樂？亞瑟・布魯克斯的答案是：「否」。人們在經濟階層流動性更高的地方比較快樂，而與收入是否更平等無關 [35]。這個結果並不奇怪，如果比爾・蓋茨、傑夫・貝佐斯、歐普拉・溫弗蕾（Oprah Winfrey）不是美國人，美國社會的所得會更加平等，但我們的生活真的會更好嗎？

　　諾貝爾獎得主威廉・諾德豪斯發現：創新所帶來的福利中，創新者只獲得 2.2%，其他人（也就是消費者）則獲得 97.8% [36]。這是否很不公平？戴爾德麗・麥克洛斯基的說法倒是很有道理：在評價自由企業（或資本主義）時，應該要將眼光放遠。

　　當我以長遠的觀點回顧資本主義時，心中充滿感恩。美國的經濟和政治制度都建立在一個原則上 —— 自由。這是美國人的好運 [37]。我很高興學到倫理學家認為是種美德的感恩 [38]，正向心理學也發現：感恩使人心生喜樂 [39]。

致謝

　　如果這本書有任何優點，起源必是在 1960 年代的康乃爾大學。我當時身為公共管理學碩士候選人，深受康乃爾大學經濟系吸引，並從經濟系的亞佛烈德・卡恩（Alfred Kahn）和羅伯特・基爾派翠克（Robert Kilpatrick）身上瞭解到，要監管經濟和公共財政，可以藉由紀律良好且充滿啟發性的方式，解決政策面的實質問題。

　　許多年後，我們在一場會議中偶然相遇，卡恩同意閱讀我正在撰寫的一份手稿。後來我把本書初稿送到他家門口，他面對 550 頁的稿件，很努力地控制自己不要呻吟出聲。後來據我所知，他在比任何人都繁忙的日程安排中，依然騰出時間為我寫了一份 22 頁鉅細靡遺且惠我良多的建議。在卡特總統當政時期，曾於他手下任職的人，大概都知道他在康乃爾大學以精力充沛、機敏和智慧聞名。然而他們對於他天性中的慷慨，絕對不如我體會得深刻。

　　在康乃爾大學的經濟學研究即將進入尾聲時，有幸遇到另一位傳奇校園人物艾倫・布魯姆（Allan Bloom）。我很幸運，後來能在這位驚世哲人完成柏拉圖《理想國》（*The Republic*）的工作、開始研究盧梭的《愛彌兒》（*Emile: ou De l'education*）時，跟隨他學習。當年的我與今日畢業於各大優秀文理學院的多數學生一樣，從來沒有讀過這些經典著作，或者說幾乎沒有讀過任何真正重要的書。從布魯姆那裡，我接觸到比經濟學更豐富的世界觀。如果我對某些偉大政治哲學著作有他一半瞭解，我的書會比現在要好得多。

獲得碩士學位後，我在美國預算局的查爾斯‧舒爾茨（Charles Schultze）手下工作。在此，我有幸可以看到經濟學家對世界的觀點，透過從舊有的規畫計畫預算系統（Planning, Programming, and Budgeting System, PPBS）發展而來的研究，經濟學開始在政府中真正站穩腳跟。

當我回到康乃爾大學攻讀行政學博士時，很幸運能與理查‧芬諾（Richard Fenno）、艾倫‧辛德勒（Allan Sindler）、華特‧伯恩斯（Walter Berns）共事。我在這本書中，盡可能讓經濟學家用自己的方式說話，這是對芬諾的一種致敬，他曾用更熟練、更有活力的方式，撰寫關於美國國會的研究著作。辛德勒和伯恩斯分別以各自的方式，為我提供重要的典範，展現如何在政治學研究中，找到可以深度分析美國政治問題的資訊。辛德勒曾是我的論文答辯評審團主席，隨後數年也以多種方式提供協助。

感謝許多比我更專業的讀者，對這本書各個部分都懷抱著善意。若非如此，這一份試圖涵蓋如此龐大主題的書稿，將會是錯誤滿篇。感謝 Edward Banfield、Lawrence Brown、Donna Hawthorne Carfagno、James Ceaser、Ward Elliott、Joseph Goldberg、William Johnson、Alfred Kahn、Carnes Lord、Harvey Mansfield Jr.、Edgar Olsen、James Pontuso、Abram Shulsky、Allan Sindler、Aaron Wildavsky、Leland Yeager 和幾位匿名讀者，他們閱讀了這本書的完整初稿，或其中大部分內容。這些讀者的評論大大改進了最終出版的內容，但若我的愚拙導致更多錯誤，我自然必須負起全責。

我在 1983 年和 1984 年的公共管理學研究生，是一群非自願但非常有幫助的讀者。我要感謝他們，以及感謝我的妻子戴安娜，她是唯一必須一字一句閱讀每份草稿的人。戴安娜是位出色的編輯，而這是她最不重要的優點。

最後我要感謝 Cathy Dooley、Jim Crane、Roxanne White，他們與許多研究助理以出色的技巧和愉快的心情，完成了重要但乏味的工作。Barbara McCauley 則完成了她一貫出色的打字工作。

維吉尼亞大學教育事務研究所、埃爾哈特基金會和維吉尼亞大學高等教育研究中心，都提供了慷慨的獎學金支持，讓我得以花上一整年寫作。

感謝維吉尼亞大學的小額捐款委員會和行政與外交事務學系，提供資金用於打字和手稿複製。

我也必須感謝 Colin Day，他自始至終都是一位才華橫溢且樂於助人的編輯。很高興能夠與他、我出色的校對編輯 Mary

Byers，以及劍橋大學出版社的其他員工共事。

40 周年後，還有更多感謝

感謝我在經濟學系任職的朋友和同事 Bill Johnson，40 多年來忍受我不斷對經濟學提出的十萬個為什麼。他對自己學科中正在發生的事件擁有非凡的見解。他閱讀了整本書的初稿，並提出了有力且有益的批評。

還要感謝另一位經濟學系的朋友和同事 Ed Olsen，與我分享他對政策分析界的廣泛知識，特別是對住房政策的研究。讀者可以在本書談論公平性的章節中，找到他的貢獻。

非常感謝 N. Gregory Mankiw、Deirdre McCloskey、Paul Dragos Aligica、Tyler Cowen、John Merrifield 給予整份書稿的眾多評論。

我很幸運能夠在維吉尼亞大學中度過職業生涯，本校擁有出色的大學部學生，在任何院校都會獲得同樣的肯定，而我有幸能夠說服一些最優秀的人，成為我的研究助理。在過去 2 年內，我完成了本書大部分的寫作和重點研究，非常感謝 3 位助理對本書的貢獻： Brooke Henderson 充分發揮她在數據處理和應用經濟學方面的長才，但特別值得一提的是，她撰寫了大部分第 3 章有關「經濟誘因」的初稿；Connor Dixon 提供了特別的協助，深入探討美國開國元勳對產權和收入分配的看法，也同時研究經濟學家和自利行為的文獻，由此可見他的才華洋溢。

感謝雙主修物理和數理經濟學的 Rebecca Harrington，以多種方式貢獻自己的才華。她整理並註釋了數十份《聊經濟》podcast 的逐字稿，以及許多其他紙本文件。她也重新撰寫本書某些段落，以囊括讀者專家們提出的修正。某次我需要快速整理一份修訂稿，她和我一起工作到凌晨。她是一位非常有才華的女子，在繁瑣的工作中總是伴隨著充沛的活力、實踐的精神和燦爛的笑容。

在本書最初起草的階段中，Russell Bogue 獲得羅德獎學金、開始進行自己的研究之前，帶頭徹底更新了舊版本中我支持民主代議制和法案研議的章節；Micaela Connery 的碩士論文讓我相信志願主義的重要性，以及小布希總統在這方面施政的重要成果；Wendy Morrison 曾協助我研究機會成本和基礎設施；Ben Gustafson 協助我研究與公平性和家用產品的能源效率。

感謝 Anne Marie Helm、Bradley Katcher、Alexander Mezick、Mary Hickok、Andy Boyer，在研究早期幫助我完成各種任務。感謝 Lee Coppock、Ken Elzinga、Adele Morris、Andy Rettenmaier、Jay Shimshack、Todd Zywicki 協助我蒐集資料。

感謝 R Street Institute，尤其是 Kevin Kosar，提供了出色的策略建議和行政支援。

這本書的第一版，是在多年努力與偶爾對家人的疏忽中所誕生。在這個過程中，我的亡妻黛安娜的照顧和編輯惠我良多，我們 3 個活潑的兒子 Chris、Nick 和 John 在日常生活中的歡聲笑語，是支持我的動力。

幾十年來，Jim Ceaser、Blaire French 一直是本書的好朋友和支持者。Steve Teles 和 Steve Camarota 是我從前的學生，也是現在的好友，他們不吝與我討論、給予我建議和支持。另外 3 位老友 Marc Plattner、Gary Schmitt、Abe Shulsky 也用同樣的方式給予我協助。

Anna Sutherland 在英年早逝之前，是這本書初稿的出色個人編輯。Richard Starr 隨後接手了大部分草稿的編輯工作，他能夠找到難以理解的文句，並重寫笨拙的段落，給予我的幫助遠超出一般編輯所及的範圍。他是本書寫作過程中，我最感謝的人。

感謝我的策畫編輯 Robert Dreesen，他帶領劍橋大學出版社，努力使我的書在一般讀者和學者中都獲得喜愛。他對本書草稿的調整提供了非常好的建議。在整個出版過程中，他可親的作風、資深的出版經驗和良好的判斷力，都使我獲益良多。

在我追求妻子的過程中，她一再反證了邊際效用遞減的理論。事實證明，每月第 2 次、第 3 次和第 4 次牛排帶來的樂趣確實越來越少，但隨著她這道陽光的到來，每月的第 2 次、第 3 次和第 4 次約會卻越來越美好。她在自己寫作的同時，也為這本書的出版提供了明智的策略性建議。

註釋

│ **PART 1 實用概念** │

引言：房子蓋得少，牛奶就漲價？怎麼讀懂經濟學核心知識？

1. David R. Henderson, ed., *The Concise Encyclopedia of Economics* (Carmel, IN: Liberty Fund, 2007)
2. John Brandl, "Review of Steven E. Rhoads *The Economist's View of the World*," *Public Budgeting & Finance*, 1986, 6(2):115–116
3. Joseph E. Stiglitz, "A democratic socialist agenda is appealing: no wonder Trump attacks it," *Washington Post*, May 8, 2019
4. Alex Tabarrok, "The economics of sawdust," Marginal Revolution, June 2, 2008
5. Tabarrok, "The economics of sawdust";Joel Millman, "Sawdust shock: a shortage looms as economy slows," *Wall Street Journal*, March 3, 2008; "Sawdust," Wikipedia
6. Tabarrok, "The economics of sawdust."
7. 中國方面請參見： *The Washington Post*, October 3, 1981; December 30,1977; December 10, 1975; and February 6, 1982; *The New York Times*, August 16, 1979; 蘇聯方面請參見： *The Washington Post*, July 13,1977; November 2, 1981; November 28, 1981; June 16, 1983; and July 27, 1983
8. 首先發表此類聲明的，是美國經濟顧問委員會前主席保羅．麥克拉肯（Paul McCracken）。 他還指出即使在委員會中，自己多半都把時間花在個體經濟的問題上。請參見 William Allen, "Economics, economists and economic policy: modern American experiences," *History of Political Economy*, 1977, 9(1): 48–88, 70–3。第二份類似聲明，則是由一位不願透露姓名的哈佛大學經濟學家所發表。參見： Steven Kelman, *What Price Incentives? Economists and the Environment* (Boston: Auburn House Publishing, 1981), 1 1n
9. 譯註。此處作者所指應是「個體經濟學」的研究方法（如成本、效率等）是總體經濟學政策（如政府投資刺激經濟）背後不可見但決定成敗的關鍵。

CHAPTER 1 我們需要高速列車嗎？——機會成本

1. Kenneth J. Arrow, *The Limits of Organization* (New York: Norton, 1974), 17（簡中本：《組織的極限》，2006 年 3 月，華夏出版社，北京）
2. 譯註。台灣較少使用「工資」一詞，而是習慣使用「薪資」一詞。但在經濟學上，工資（wage）與薪資（salary）是兩個不同的概念，前者通常以小時為單位計算，後者則多以月為單位，甚至會包含股票、選擇權和其他福利。美國許多勞動階層拿的仍然是工資，才會在疫情封城期間因工廠停工沒有收入而上街抗議。
3. Richard Lipsey and Peter Steiner, *Economics* (New York: Harper & Row, 1978),

228。書中指出：「當時普遍認爲需要政府力量的介入，才能將英國煤礦業從三流、缺乏進取心的私人所有者手中拯救出來，而這種觀點無疑是導致英國煤礦業在1946年國有化的因素之一。」英國一個委員會則提出報告：「我們可以毫不誇張地表示，礦工領袖可說是全英格蘭除了礦業老闆外，最愚蠢的一群人。」經濟學家羅伊·哈羅德爵士（Sir Roy Harrod）則對此抱有不同看法，認爲相較於威爾斯礦坑的衰敗狀態，德比郡礦坑的進步狀態應該歸因於其令人印象深刻的高煤炭產能，而非其管理階層的治理能力。

4. "Briefing: The future of jobs," *The Economist*, January 18, 2014, 25
5. 譯註。1960 年代，美國波音企業曾由政府出資，開發「波音 2707」超音速客機計畫，但在 1970 年代，因研發遭遇技術困難、缺乏明確市場需求等因素，政府最終決定撤銷資金投入。*Congressional Quarterly Almanac*, 1971, 135
6. Allen, "Economics, economists and economic policy," 70
7. Jill Lawless, "Final Concorde flight lands at Heathrow," *Washington Post*, October 24, 2003
8. Allen V. Kneese and Charles Schultze, *Pollution, Prices and Public Policy* (Washington, DC: Brookings Institution Press, 1975), 85, 90. 其鼓勵方案將在第 3 章有更完整的論述。
9. Steven E. Rhoads, *Policy Analysis in the Federal Aviation Administration* (Lexington, MA: Lexington Books, 1974), 106
10. FrankS.Levy, ArnoldMeltsner, and Aaron Wildavsky, *Urban Outcomes* (Berkeley: University of California Press, 1974), 154–7, 238。如欲瞭解經濟學家與工程師對「效率」的不同定義，可參考：Douglas Anderson, *Regulatory Politics and Electric Utilities: A Case Study in Political Economy* (Boston: Auburn House Publishing, 1981), 100–1
11. Charlotte Allen, "Bullet train to nowhere," *Weekly Standard*, September 12, 2016
12. Michael Barone, "The not-inevitable candidate and his not-feasible pet project," *Washington Examiner*, June 12, 2019
13. Clifford Winston, "On the performance of the US transportation system: caution ahead," *Journal of Economic Literature*, 2013, 51(3): 773–824
14. *Chicago Tribune*, "Trump pushes infrastructure plans but Congress blocked Obama on the issue," November 11, 2016
15. Ashley Halsey III, "Trump promised $1 trillion for infrastructure, but the estimated need is $4.5 trillion," *Washington Post*, March 10, 2017
16. Ralph Vartabedian, "Cost for California bullet train system rises to $77.3 billion," *Los Angeles Times*, March 9, 2018; Ralph Vartabedian, "California bullet train cost surges by 2.8 billion 'worst case scenario has happened,' " *Los Angeles Times*, January 16, 2018; Allen, "Bullet train to nowhere"; *Washington Post*, "Crazy train," November 14, 2011
17. Bent Flyvbjerg, "Megaprojects," Econ Talk, May 25, 2015
18. Josh Dawsey, "Trump cools to idea of taking on welfare programs, seeing little chance of success in Congress," *Washington Post*, January 5, 2018
19. Clifford Winston, "Winston on transportation," Econ Talk, October 14, 2013; Winston, "On the performance of the US transportation system"; Diane Whitmore Schanzenbach, Ryan Nunn, and Greg Nantz, "If you build it: a guide to the economics of infrastructure investment" (Washington, DC: Hamilton Project, Brookings Institution, 2017); Gilles Duranton, Geetika Nagpal, and

Matthew Turner, "Transportation infrastructure in the US," Working Paper 27254 (Cambridge, MA: National Bureau of Economic Research, 2020)

20. Randal O' Toole, "Paint is cheaper than rails: why Congress should abolish New Starts," Policy Analysis 727 (Washington, DC: Cato Institute, 2013), 6

21. O'Toole, "Paint is cheaper than rails";Kate Lowe and Sandra Rosenbloom, "Federal New Starts programs: what do new regulations mean for metropolitan areas," Urban Institute, March 2014

22. Conor Dougherty, "Candidates in a rare accord, on this upgrading infrastructure," *New York Times*, September 19, 2016

23. *New York Times*, "Obama's 2013 State of the Union address," February 12, 2013

24. *New York Times*, "Obama's economics speech at Knox College," July 24, 2013

25. Donald Trump, "Bridges in danger," Morning Joe show, MSNBC, December 18, 2015

26. Mike Baker and Joan Lowy, "Thousands of bridges at risk of collapse in freak accidents," *Washington Post*, August 26, 2013; Ashley Halsey III, "US has 63,000 bridges that need significant repairs; local governments turn to Congress," *Washington Post*, April 25, 2014

27. Barry B. LePatner, *Too Big to Fall: America's Failing Infrastructure and the Way Forward* (New York: Foster Publishing, 2010)

28. Research assistant Wendy Morrison, interview with LePatner, 2013

29. NACE International, "Highways and bridges," www.nace.org/Corrosion-Central/ Industries/Highways-and-Bridges

30. Chris Edwards, "Crumbling infrastructure?," *National Review*, March 20, 2013

31. John Mendeloff, *Regulating Safety: An Economic and Political Analysis of Occupational Safety and Health Policy* (Cambridge, MA: MIT Press, 1979), 69

32. Rhoads, *Policy Analysis in the Federal Aviation Administration*, 18–21; Steven E. Rhoads (ed.), *Valuing Life: Public Policy Dilemmas* (Boulder, CO: Westview Press, 1980), 2

33. *Washington Post*, June 23, 1986

34. Jonathan Rosenfeld, "Improving roadway designs for traffic safety," *National Law Review*, October 23, 2017

35. 譯註。美國司法系統中,法庭上是由美國公民所組成的陪審團,對被告做出是否有罪的裁決。

36. W. Kip Viscusi, "Pricing lives for corporate risk decisions," *Vanderbilt Law Review*, 2015, 68(4): 1117–1162, 1139–42; Rhoads, *Valuing Life*

37. Emily Goff, "How to fix America's infrastructure," Heritage Foundation, June 2, 2014

38. Ashley Halsey III, "Lahood urges more states to ban phone use by drivers," *Washington Post*, June 8, 2012

39. GregIp, *Fool proof: Why Safety Can Be Dangerous and How Danger Makes Us Safe* (New York: Little, Brown, 2015), ch. 4

40. 譯註。toxin control。指設立特別機構,提供民眾諮詢有毒物質的相關訊息,如:動植物、藥物、輻射物、汙染物等,並在必要時介入干預。

41. Tammy O. Tengs, Miriam E. Adams, Joseph S. Pliskin, Dana Gelb Safran, Joanna E. Siegel, Milton C. Weinstein, and John D. Graham, "Five-hundred life-saving interventions and their cost-effectiveness," *Risk Analysis*, 1995, 15(3): 369–390

42. R. Jeffrey Smith, "Chernobyl report surprisingly detailed but avoids painful truths, experts say," *Washington Post*, August 27, 1986.

43. Richard Wilson and Edmund A. C. Crouch, *Risk–Benefit Analysis*, 2nd ed. (Cambridge, MA: Harvard University Press, 2001), 115–16

44. Comptroller General, "Report to the Congress of the United States: environmental, economic, and political issues impede Potomac River cleanup efforts," B-202338, no. 117241, 1981

45. Angus Phillips, "Nose deep in figures, GAO can't see the river for the cesspool," *Washington Post*, February 14, 1982

46. Gardner M. Brown Jr. and Jason F. Shogren, "Economics of the Endangered Species Act," *Journal of Economic Perspectives*, 1998, 12(3): 3–20

47. Julian L.Simon and Aaron Wildavsky," Species loss revisited,"*Society*,1992,30(1): 41–46

48. Testimony of Dr. T. Eisner, before Senate Subcommittee on Environmental Protection, April 10, 1992, 9–12; David W. Ehrenfeld, "The conservation of non-resources," *American Scientist*, 1976, 64(6): 648–656

49. Simon and Wildavsky, "Species loss revisited."

50. R. Alexander Pyron, "Species die. Get over it," *Washington Post*, November 26, 2017; Chris Thomas, *Inheritors of the Earth: How Nature Is Thriving in an Age of Extinction* (London: Allen Lane, 2017), cited in *The Economist*, "Crucibles of cosmopolitan creation," August 5, 2017

51. *The Economist*, "Why extinctions aren't what they used to be," August 5, 2017

52. John Koprowski, "The Mt. Graham Red Squirrel Research Program," University of Arizona Conservation Research Laboratory, 2017, https://cals.arizona.edu/research/redsquirrel/mgrs-projhistory.html; Tony Davis, "Endangered red squirrels might be unable to recover from Arizona wildfire," *Arizona Daily Star*, October 19, 2017; University of Arizona, "Mount Graham red squirrel census," 2010, http://mgio.arizona.edu/sites/mgio/files/mgrscensus2010.pdf

53. William Baxter, *People or Penguins: The Case for Optimal Pollution* (New York: Columbia University Press, 1974)

54. R. Alexander Pyron, "We don't need to save endangered species. Extinction is part of evolution," *Washington Post*, November 22, 2017

55. Abraham Lincoln, "There peal of the Missouri Compromise and the propriety of its restoration: speech at Peoria, Illinois, in reply to Senator Douglas, October 16,1854," in Roy Basler, ed., *Abraham Lincoln: His Speeches and Writings* (Cleveland, OH: World Publishing, 1946): 283–324, 301–4

56. 譯註。Coney Islands。位於美國紐約市布魯克林區的半島，其面向大西洋的海灘是美國知名休閒娛樂區域，擁有大型飯店、賽馬場、遊樂園等設施。

57. Laurence H. Tribe, "Ways not to think about plastic trees," in Laurence H. Tribe, Corinne Schelling, and John Voss, eds., *When Values Conflict: Essays on Environmental Analysis, Discourse, and Decision* (Cambridge, MA: Ballinger Publishing, 1976): 61–91

58. Robert Dorfman, "An afterword: humane values and environmental decisions," in Tribe, Schelling, and Voss, *When Values Conflict*: 153–173

59. 此處沒有空間嚴肅探討全球暖化的問題，但機會成本確實與這個問題高度相關。人們普遍認為，目前可改善氣候變化的替代方法中（特別是太陽能、風能和電池），都無法產生重大影響。特殊的方法中，「海帶養殖場」和「直接空氣捕獲系統」（以化學方式從大氣中提取二氧化碳），近期掀起一陣熱潮和大規模研發。請參見：2020 年 9 月 20 日《華盛頓郵報》Sir David King 與 Rick Parnell 的文章〈Saving the planet would be cheaper than battling Covid〉，以及同年 10 月 12 日 Sarah Kaplan 的文章〈Bringing the chill of the cosmos to a warming planet: scientists tap into a law of physics to create innovative cooling systems〉。我也推薦閱讀兩本對氣候變化深思熟慮但觀點不同的經濟學家著作：葛諾‧華格納（Gernot Wagner）、馬丁‧韋茲曼（Martin L. Weitzman）的《氣候危機大預警》（*Climate Shock*），以及馬修‧肯恩（Matthew E. Kahn）的《氣候城市》（*Climatopolis*）。本書第 4 章另有對技術變革方面的討論。

60. Emily Ekins, "Cato/YouGov poll: 92% support police body cameras, 55% willing to pay more in taxes to equip local police," Cato Institute, January 5, 2016

61. 譯註。Unconditional Basic Income。指沒有條件、資格限制，亦不做資格審查，每個國民皆可定期領取一定金額，以滿足基本生活條件的經濟制度。曾在芬蘭、荷蘭、加拿大等國進行短期實驗，但目前並未得到長期、大規模的實施。

62. R. J. Reinhart, "Public split on basic income for workers replaced by robots," Gallup, February 26, 2018

63. Emily Ekins, "Large majorities support key Obamacare provisions, unless they cost something," Cato Institute, March 2, 2017

64. Steven E. Rhoads, *The Economist's View of the World: Government, Markets, and Public Policy* (New York: Cambridge University Press, 1985), 23. （本書第一版。《經濟學家眼中的世界》，1991 年 8 月，聯經出版，台北）

65. Kneese and Schultze, *Pollution, Prices and Public Policy*

CHAPTER 2 值得做的事，都該做好做滿？──邊際主義

1. A. H. Maslow, *Motivation and Personality* (New York: Harper & Row, 1954), ch. 5, 107.（中譯本：《動機與人格：馬斯洛的心理學講堂》，2020 年 5 月，商周出版，台北）

2. Richard B. McKenzie and Gordon Tullock, *The New World of Economics* (Homewood, IL: Irwin, 1981), 331–8

3. Kenneth Boulding, *Beyond Economics* (Ann Arbor, MI: University of Michigan Press, 1970), 220

4. Jack A. Meyer, *Health Care Costs Increases* (Washington, DC: American Enterprise Institute, 1979), 12

5. Joseph Newhouse, Charles Phelps, and William B. Schwartz, "Policy options and the impact of national health insurance," *New England Journal of Medicine*, 1974, 290 (24): 1345–1359。另請參見 Rand Corporation 的一份研究。其中顯示有完整醫療保險的人，其醫療支出較他人高出 50%。這份研究也指出，醫療成本分攤可能並不會對健康有負面影響。*Washington Post*, December 17, 1981, 8

6. Charles Fried, "Difficulties in the economic analysis of rights," in Gerald Dworkin, Gordon Bermant, and Peter G. Brown, eds., *Markets and Morals* (Washington, DC: Hemisphere, 1977): 175–195, 188–9

7. 我們將在第 5 章中深入探討這種經濟學觀點。

8. Fried, "Difficulties in the economic analysis of rights," 191

9. *Washington Post*, "From an editorial by John E. Curley Jr., president of the

Catholic Health Association, in an issue of The Catholic Health World," July 19, 1985

10. Michael Cooper, "Economics of need: the experience of the British health service," in Mark Perlman, ed., *The Economics of Health and Medical Care: Proceedings of a Conference of the International Economic Association* (New York: Wiley, 1973): 89–107, 89–99, 105

11. Cooper, "Economics of need," 91–3

12. 譯註。經濟學上,「需要」指人們有意願也有能力進行購買;「需求」則無論是否有能力負擔,意願都不會消失。

13. Martin S. Feldstein, *Economic Analysis for Health Efficiency* (Amsterdam: North Holland, 1967) [cited in Cooper, "Economics of need"]

14. Robin Hanson, "Cut medicine in half," Cato Unbound, September 10, 2007. Jonathan Skinner, "Causes and consequences of geographic variation in health care," in Mark V. Pauly, Thomas G. McGuire, and Pedro Pita Barros, eds., *Handbook of Health Economics*, vol. 2 (Oxford: North Holland, 2012): 45–94

15. Donald M. Berwick and Andrew D. Hackbarth, "Eliminating waste in US health care," *Journal of the American Medical Association*, 2012, 307(14): 1513–1516

16. Institute of Medicine, *Best Care at Lower Cost: The Path to Continuously Learning Health Care in America* (Washington, DC: National Academies Press, 2013), 14

17. Katherine Baicker, Sarah L. Taubman, Heidi Allen, and Mira Bernstein, "The Oregon experiment: effects of Medicaid on clinical outcomes," *New England Journal of Medicine*, 2013, 368(18): 1713–1722

18. White House, "President Obama meets with Senate leaders," December 15, 2009. See also White House, "Nurses join President Obama on health care reform," July 15, 2009; White House, "President Obama and President Clinton discuss health care," September 24, 2013; and White House, "President Obama speaks on the Affordable Care Act," November 6, 2013

19. Charles Silver and David A. Hyman, *Overcharged: Why Americans Pay Too Much for Health Care* (Washington, DC: Cato Institute, 2018), 286. "Sarah L. Taubman, Heidi Allen, Bill J. Wright, Katherine Baicker, and Amy N. Finkelstein, "Medicaid increases emergency-department use: evidence from Oregon's health insurance experiment," *Science*, 2014, 343(6168): 263–268; and Amy N. Finkelstein, Sarah L. Taubman, Heidi Allen, Bill J. Wright, and Katherine Baicker, "Effect of Medicaid coverage on ED use: further evidence from Oregon's experiment," *New England Journal of Medicine*, 2016, 375(16): 1505–1507

20. 譯註。co-insurance。指保險公司與被保險者之間共同承擔風險。在美國醫療保險的系統中,共同保險指的是費用超過保險公司的基礎給付額後,被保險人必須支付一定比例的費用直到約定的「支付上限」,超額費用則由保險公司全額承擔。

21. Donald Gould, "Some lives cost too dear," *New Statesman*, 1975, 90(2331): 633–634, 634

22. *Washington Post*, June 23, 1978, A2

23. 美國聯邦航空總署的政策指導過程,在本書作者另一本專著中有更詳細的討論,參見:"Policy guidance for the FAA's engineering and development

programs," AVP-110, (Washington, DC: Federal Aviation Administration, 1974), mimeo。FAA 所制定的量化目標，是基於聯邦政府目標管理系統（management by objectives, MBO）所開發的客製化版本。「目標管理系統」曾用於企業和政府機構中，並在理查·尼克森擔任總統期間，為聯邦政府採用。此系統適合處理最終目標明確、負責單位也明確的專案，例如要求以更少的資金達成與前一年度相同的結果。目標管理系統也是有用的工具，可以安排和執行特定前置任務，促進最終目標的達成。事實上，明確的最終目標與執行過程，可以幫助領導良好的官僚機構，做出比事前資料研究推論更好的結果。然而 FAA 設定專案目標的過程中，無法以這種方式進行，因為沒有任何一個部門負責實現如「將一般飛安事故減少 10%」的目標。即使某個部門負責人控制所有影響一般飛航安全的專案，FAA 也無法追究其責任。由於手上非常有限的資料，無法得知獲得資金的一般飛航安全專案，是否真的能夠有效地將一般飛安事故減少 10%，因此若是專案成果為 8%，不知道其負責人究竟應該受到表揚還是指責。美國國家刑事司法標準與目標諮詢委員會（National Advisory Commission on Criminal Justice Standards and Goals）也曾使用與 FAA 類似、有缺陷的目標與優先事項設定系統。請參見：Jeffrey Sedgwick, "Welfare economics and criminal justice policy" (PhD dissertation, University of Virginia, 1978), ch. 7。非經濟學的專業人士有時會推崇非常奇怪的優先順序設置系統。另見： C. R. Simpson, "Municipal budgeting: a case of priorities," *Governmental Finance*, August 1976, 12–19

24. Jimmy Carter, "The president's news conference," American Presidency Project, April 15, 1977. 也可參見：*Congressional Quarterly Almanac 1977*

25. Kenneth Boulding, "Economics as a moral science," *Economics as a Science* (New York: McGraw-Hill, 1970): 117–138, 134

26. Alexis de Tocqueville, *Democracy in America*, 2 vols. (New York: Random House, 1945 [1835]), I, 51. （中譯本：《民主在美國》，2005 年 10 月，左岸文化，台北）

27. David A. Mauer, "New beginnings," *Charlottesville Daily Progress*, February 6, 1994

28. De Tocqueville, *Democracy in America*, I, 45

29. Kneese and Schultze, *Pollution, Prices and Public Policy*, epilogue

30. James M. Buchanan, "Economics and its scientific neighbors," in Sherman Krupp, ed., *The Structure of Economic Science: Essays on Methodology* (Englewood Cliffs, NJ: Prentice-Hall, 1966): 166–183, 168

31. John Maher, *What Is Economics* (New York: Wiley, 1969), 146–8

32. McKenzie and Tullock, *The New World of Economics*, ch. 2

CHAPTER 3 繳稅就能改善塞車嗎？——經濟誘因（與布魯克·韓德森合著）

1. 譯註。Godkin Lecture。哈佛大學甘迺迪政治學院的年度講座，邀請著名學者進行演講。

2. Charles Schultze, *The Public Use of Private Interest* (Washington, DC: Brookings Institution Press, 1977), 1–16。請參見 2010 年更新的修訂版，更多舒爾茨的大作請參見：George Eads, "Remembering Charlie Schultze," George Washington University, Regulatory Studies Center, November 8, 2016

3. Environmental Protection Agency, "The origins of EPA," www.epa.gov/history/

origins-epa

4. 譯註。motor vehicles。以動力裝置驅動或牽引在道路上行駛的車輛，不包括電車、火車等。

5. 譯註。stationary sources。會排放空氣汙染物質的不動產，如油田、工廠等。

6. Lester Lave and Gilbert Omenn, *Clearing the Air: Reforming the Clean Air Act* (Washington, DC: Brookings Institution, 1981), 9。也可參見：R. Shep Melnick, "Deadlines, common sense, and cynicism," *Brookings Review*, 1983, 2(1): 21–24。關於近期推遲執行期限的資訊，請參見電廠排放限制的歷史 （https://eelp.law.harvard.edu/2018/07/power-plant-effluent-limits）與蒸氣電廠排放規範（www.epa.gov/eg/steamelectric-power-generating-effluent-guidelines-rule-reconsideration），也可以在此找到新冠疫情期間對排放量鬆綁的消息：Lisa Friedman, "EPA, citing coronavirus, drastically relaxes rules for polluters," *New York Times*, March 26, 2020 [updated April 14, 2020]

7. Larry Ruff, "Federal environmental regulation," in Leonard Weiss and Michael Klass, eds., *Case Studies in Regulation: Revolution and Reform* (Boston: Little, Brown, 1981): 235–261, 246. 關於法院系統針對環境規範的簡史，可參見：James E. McCarthy and Claudia Copeland, "EPA regulations: too much, too little, or on track?," Congressional Research Service, December 30, 2016

8. Ruff, "Federal environmental regulation," 254

9. Ruff, "Federal environmental regulation," 254。關於目前汙染排放指南的複雜性，請參閱環境保護署："Learn about effluent guidelines," www.epa.gov/eg/learn-about-effluentguidelines。最近在不同環境監管領域中，都曾針對個別工廠進行排放標準的調整，這種現象從川普總統任內 EPA 的做法可見一斑：他們曾嘗試使用豁免權，免除煉油廠的生物燃料混合規範，請參見：Stephanie Kelly, "Congressional watchdog to review Trump administration's use of biofuel waivers," Reuters, January 10, 2020

10. Bernard Asbell, *The Senate Nobody Knows* (Baltimore: Johns Hopkins University Press, 1978), 318–26。亦可參見該書第 175、188、363 頁。這種資訊不對稱的劣勢狀態似乎持續到 2016 年。根據美國國會研究處（Congressional Research Service）審議報告中的結論：「在修訂研擬規範時，美國環保局經常必須依賴產業和其他利益相關者提交的數據，並承認他們提出規範時，背後數據不足或不夠完整。」（McCarthy and Copeland, "EPA regulations"）

11. 請參見：Herman E. Daly and Joshua, *Farley Ecological Economics: Principles and Applications* (Washington, DC: Island Press, 2004), 376–8。這本教科書中闡釋了為什麼要使「課稅金額」與「每單位邊際汙染對社會造成的有害成本」相等。也請參見：*The Economist*, "Pigouvian taxes," August 19, 2017。可瞭解為何此項原則在實施上有所困難。

12. 請參見：Steven C. Hackett, *Environmental and Natural Resources Economics: Theory, Policy, and the Sustainable Society* (New York: M. E. Sharpe, 2010), 227–36。該書對總量管制與排放交易有完整的理論探討。

13. 想瞭解總量管制與排放交易制度下，排放許可的交易如何影響歐盟的鋼鐵行業，請閱讀：Chris Bryant, "How the steel industry made millions from the climate crisis," *Washington Post*, November 25, 2019

14. Environmental Protection Agency, "Economic incentives," www.epa.gov/environmental-economics/economic-incentives

15. 在美國二氧化硫貿易計畫中，事情正是如此進行。汙染降低成本極高的公司經常選擇向他人購買排放配額，而不是在法庭上抵制監管。參見：Richard Schmalensee and Robert N. Stavins, "Lessons learned from three decades of experience with cap and trade," *Review of Environmental Economics and Policy*, 2017, 11(1): 59–79

16. Kneese and Schultze, *Pollution, Prices and Public Policy*, 89

17. General Accounting Office, "A market approach to air pollution control could reduce compliance costs without jeopardizing clean air goals," Report PAD-82-15 (Washington, DC: US Government Printing Office, 1982), esp. 25–6; Robert Crandall, *Controlling Industrial Pollution: Economics and Politics of Clean Air* (Washington, DC: Brookings Institution Press, 1983), ch. 3; Robert Crandall and Paul Portney, "The free market and clean air," *Washington Post*, August 20, 1981; Kneese and Schultze, *Pollution, Prices and Public Policy*, 99

18. 在中國，基於市場機制的汙染處理計畫，其環境效率比傳統的命令與控制計畫高上許多。請參見：Rong-hui Xie, Yi-jun Yuan, and Jing-jing Huang, "Different types of environmental regulations and heterogeneous influence on 'green' productivity: evidence from China," *Ecological Economics*, 2017, 132: 104–112。我們往往難以從經驗性的文獻中，評估傳統系統與新的稅收／許可證系統之間的效率，因為許多國家與地區採用多種方案並行的策略。若想深入探索為何基於市場機制的方案會比命令與控制方案有效，請參考以下文獻中的解釋：Hackett, *Environmental and Natural Resources Economics*, 227–36

19. Kneese and Schultze, *Pollution, Prices and Public Policy*, 90。一份 2012 年的歐盟國家研究報告顯示，環境稅與汙染排放間有極高的負相關性。請見：Bruce Morley, "Empirical evidence on the effectiveness of environmental taxes," *Applied Economics Letters*, 2012, 19(18): 1817–1820

20. Betty Atkins, "Strong ESG practices can benefit companies and investors: here's how," NASDAQ, June 5, 2018。關於永續性競爭優勢的經驗性證據，請參考：Neeraj Gupta and Christina C. Benson, "Sustainability and competitive advantage: an empirical study of value creation," *Competition Forum*, 2011, 9(1): 121–136；Silvia Cantele and Alessandro Zardini, "Is sustainability a competitive advantage for small businesses? An empirical analysis of possible mediators in the sustainability–financial performance relationship," *Journal of Cleaner Production*, 2018, 182: 166–176。若需要知道關於永續發展觀念如何影響企業決策的完整探討，請參見：Chris Laszlo and Nadya Zhexembayeva, *Embedded Sustainability: The Next Big Competitive Advantage* (Abingdon: Taylor & Francis, 2017); and McKinsey and Company, "The business of sustainability," October 1, 2011

21. 關於本案例的更多細節，請參見：*National Journal*, October 10, 1981, 1818

22. 關於汙染排放標準按季節性變化的範例，請見 EPA 的規定：每年 6 月 1 日至 9 月 15 日售出的汽油，其揮發量標準必須比其他季節低，以便限制夏季汙染物的排放量。請參見：EPA, "Gasoline Reid vapor pressure," www.epa.gov/gasoline-standards/gasoline-reid-vapor-pressure

23. *Washington Post*, May 31, 1976, A16

24. *New York Times*, "Climate and energy experts debate how to respond to a warming world," October 7, 2019

25. Alanna Petroff, "These countries want to ban gas and diesel cars," CNN Business, September 11, 2017

26. Christopher Marquis and John Almandoz, "New Resource Bank: in pursuit of green," Case Study Analysis 412-060 (Cambridge, MA: Harvard Business Publishing, 2011), 11
27. Chris Mooney and Juliet Eilperin, "Senior Republican statesmen propose replacing Obama's climate policies with a carbon tax," *Washington Post*, February 8, 2017
28. Kelman sees this objection to selling a "license to pollute" as central for many environmentalists. (*What Price Incentives?*, 44)
29. *Congressional Record*, US Senate, November 2, 1971, 117(30), 38, 829
30. Kelman, *What Price Incentives?*, 44–53, 69–77, 112
31. Kelman, *What Price Incentives?*, 110–14
32. Lester Lave and Eugene Seskin, "Death rates and air quality," *Washington Post*, November 12, 1978
33. 譯註。dissolved solids。溶解固體包括無機物和有機物兩者的含量，其數值越高表示水中雜質越多；ppm 為百萬分點濃度，1 公升溶液中有某物質 1 微升，某物質含量即為 1ppm。
34. *Los Angeles Times*, December 30, 1971
35. Emma Newburger, "'Hit them where it hurts': several 2020 Democrats want a carbon tax on corporations," CNBC, September 20, 2019
36. Newburger, "'Hit them where it hurts.'"
37. Mooney and Eilperin, "Senior Republican statesmen propose."
38. Mooney and Eilperin, "Senior Republican statesmen propose."
39. Thomas Pyle, "There's nothing conservative about a carbon tax," *National Review*, March 23, 2017
40. Zack Coleman and Eric Wolff, "Why greens are turning away from a carbon tax," Politico, December 9, 2018
41. Emily Cadei, "The tax hike even Republicans are embracing," OZY, April 10, 2015
42. Department of Transportation, "Corporate average fuel economy (CAFE) standards," last modified August 11, 2014
43. Wharton University of Pennsylvania, "The unintended consequences of ambitious fuel-economy standards," February 3, 2015
44. Rebecca Beitsch, "Trump administration rolls back Obama-era fuel efficiency standards," The Hill, March 31, 2020
45. Matthew Daly, "Democrats decry 'pandemic of pollution' under Trump's EPA," Associated Press, May 20, 2020
46. Wharton University of Pennsylvania, "The unintended consequences."
47. Wharton University of Pennsylvania, "The unintended consequences."
48. 編按。底特律為美國最大的大都市經濟體之一，歷來以製造與研發汽車聞名於世。通用汽車、福特汽車和克萊斯勒的總部也都設在此地。
49. University College London, "British carbon tax leads to 93% drop in coal-fired electricity," January 27, 2020
50. Brad Plumer and Nadja Popovich, "These countries have prices on carbon. Are they working?," *New York Times*, April 2, 2019
51. Environmental Defense Fund, "How economics solved acid rain," last modified September 2018

52. David Greene [interview with David Kestenbaum], "Why the government sells flood insurance despite losing money," NPR, "Planet Money" podcast audio, September 13, 2017

53. Eli Lehrer, "Dead in the water: the federal flood insurance fiasco," *The Weekly Standard*, January 28, 2013, 13–15

54. Noel King and Nick Fountain, "Episode 797: flood money," NPR, "Planet Money" podcast audio, September 29, 2017

55. Darryl Fears and Steven Mufson, "Trump revokes order on flood-risk planning," *Washington Post*, August 16, 2017, A3; Eli Lehrer, "Curious fiscal sense," *The Weekly Standard*, February 22, 2016, 18–19

56. Joel Achenbach and Mark Berman, "Population centers grow too close to disaster-risk areas," *Washington Post*, October 16, 2017, A3

57. Achenbach and Berman, "Population centers grow too close."

58. *The Economist*, "Coastal cities and climate change: you're going to get wet," June 15, 2013, 27–28

59. *The Economist*, "Coastal cities and climate change."

60. Lehrer, "Curious fiscal sense."

61. *The Economist*, "Coastal cities and climate change."

62. 譯註。Pew Charitable Trusts。美國獨立私人非營利機構,其宗旨是藉由對政策的研究與改善,服務大眾利益。旗下的皮尤研究中心是美國華盛頓特區第三大智庫。

63. Brady Dennis, "US flood insurance program struggling," *Washington Post*, July 17, 2017, A1, A4

64. Dennis, "US flood insurance program struggling."

65. Steve Goldstein, "Does US bear some of the blame for the flooding?," *Philadelphia Inquirer*, July 18, 1993, D1–2

66. 譯註。dueling banjos。班卓鬥琴是美國電影《激流四勇士》(*Deliverance*) 中的經典片段,一位有智能障礙的少年彈奏班卓琴,與彈吉他的成人你來我往相互鬥技,不論對方如何挑戰,少年一直能跟得上對方樂曲的步調。

67. Goldstein, "Does US bear some of the blame for the flooding?"

68. Alisa Chang and Noel King, "National Flood Insurance Program will pay out billions for a few properties," NPR, "All Things Considered" podcast audio, September 21, 2017

69. Chang and King, "National Flood Insurance Program will pay out billions."

70. King and Fountain, "Episode 797: flood money."

71. Dennis, "US flood insurance program struggling."

72. Dennis, "US flood insurance program struggling."

73. Helen Dewar, "Senate panel increase said to flood area," *Washington Post*, July 31, 1993, A8

74. Dewar, "Senate panel increases aid to flood area."

75. Rosalind S. Helderman and Paul Kane, "Boehner [missing] spending-bill rebellion," *Washington Post*, September 23, 2011

76. Ross Kerber, "Floods may turn tide on insurance reform," *Washington Post*, August 3, 1993, A4

77. Sheldon Richman, "Federal flood insurance: managing risk or creating it?," *Regulation: The Cato Review of Business & Government*, 1993, 16(3): 15–16

78. Richman, "Federal flood insurance"; *Washington Post*, "A troubled program continues" [editorial], August 4, 2018, A12

79. Jane Dunlap Norris, "Dedication of levee is timely," *The Daily Progress*, May 1, 1989, A1, A12

80. Norris, "Dedication of levee is timely"; *The Daily Progress*, "Scottsville is Thacker's great legacy" [editorial], February 24, 2016, C6

81. Robert Brickhouse, "Dike is Scottsville salvation," *The Daily Progress*, A1, A8

82. Brickhouse, "Dike is Scottsville salvation."

83. Pat Wechsler, "Plan [missing] for Scottsville," *The Daily Progress*, 1977

84. Wechsler, "Plan [missing] for Scottsville."

85. *The Daily Progress*, "Scottsville is Thacker's great legacy"; Norris, "Dedication of levee is timely."

86. David Conrad and Larry Larson, "We knew what to do about floods. We didn't do it," *Washington Post*, September 3, 2017, B1, B3

87. Kenneth J. Cooper, "$2 billion fund for disaster relief recommended," *Washington Post*, December 15, 1994, A17

88. Lehrer, "Curious fiscal sense."

89. Conrad and Larson, "We knew what to do about floods."

90. Conrad and Larson, "We knew what to do about floods."

91. Conrad and Larson, "We knew what to do about floods."

92. Michael Grunwald, "High, mostly dry on Midwest rivers," *Washington Post*, June 25, 2001, A1, A5

93. Conrad and Larson, "We knew what to do about floods."；譯者補充：美國濕地保存計畫與地主有 3 種合作方式：定期租用、買斷、合作恢復濕地。美國政府對此 3 種選項各有不同的補助方式。取得土地後，依然必須整理與拆除其上建築，並規畫地景復育，才能成功將人類用地重新野化爲動植物的棲息地。

94. Elizabeth Rush, "For those living by the water's edge, it may be time to move," *Washington Post*, September 17, 2017, B2

95. Rush, "For those living by the water's edge."

96. Rush, "For those living by the water's edge."

97. David Schrank, Bill Eisele, and Tim Lomax, *2019 Urban Mobility Report* (Bryan, TX: Texas A&M Transportation Institute, 2019)

98. Schrank, Eisele, and Lomax, *2019 Urban Mobility Report*

99. Jonathan I. Levey, Jonathan J. Buonocore, and Katherine von Stackelberg, "Evaluation of the public health impacts of traffic congestion: a health risk assessment," *Environmental Health*, 2010, 9, article 65

100. Mary Snow and Pat Smith, "Congestion pricing won't work, New Yorkers say, Quinnipiac University poll finds; voters say scrap elite school test, increase diversity," Quinnipiac University, April 2, 2019; Luz Lazo and Emily Guskin, "Poll: Washington-area residents widely oppose paying a toll to drive into downtown DC," *Washington Post*, May 17, 2019

101. Camila Domonoske, "City dwellers don't like the idea of congestion pricing – but they get over it," NPR, May 7, 2019

102. Domonoske, "City dwellers don't like the idea of congestion pricing."

103. Christina Anderson, Winnie Hu, Weiyi Lim, and Anna Schaverien, "3 far-flung cities offer clues to unsnarling Manhattan's streets," *New York Times*, February

26, 2018

104. Gilbert White, *Strategies of American Water Management* (Ann Arbor, MI: University of Michigan Press, 1969) [cited in Robert K. Davis and Steven Hanke, "Pricing and efficiency in water resource management," in Arnold C. Harberger, ed., Benefit Cost Analysis 1971 (Chicago: Aldine, 1972): 271–295, 276]。經濟學家亞佛烈德·卡恩（Alfred Kahn）曾使用經濟誘因和邊際主義概念，對紐約州的電力費率進行改革，詳情請參見：Douglas Anderson, *Regulatory Politics and Electric Utilities* (Boston: Auburn House Publishing, 1981), ch. 4。電話號碼查詢服務也是個很好的例子，說明準公共服務在完全免費時，稀有資源如何被公眾無度濫用。1977 年，電話公司發現，電話號碼查詢服務使用超過 6 次，每月收取 10 美分的費用，可以讓服務使用量下降 59%。請參見：*Washington Post*, March 9, 1977, A12

105. Antonio Martino, "Measuring Italy's underground economy," *Policy Review*, 1981, 16: 87–106

106. 請參見威廉·諾德豪斯與愛麗絲·利夫林在美國商務部的對話：Office of the Secretary, "Regulatory reform seminar: proceedings and background papers" (Washington, DC: US Government Printing Office, 1978), 60–1

| PART 2　政府與市場，效率與公平 |

CHAPTER 4　景氣蕭條，政府該插手干預？——政府與經濟

1. 譯註。spillover effects。當一項經濟行為出現時，影響到其他經濟行為的現象。
2. 譯註。Consumer Sovereignty。消費者主權一詞最早見於亞當·斯密的著作中，意指消費者對一個經濟體系中生產的商品種類和數量具有決定性作用，而生產者應根據消費者的意願進行生產。
3. 譯註。Utilitarianism。功利主義是倫理學學派之一，認為最正確的行為是將效益達到最大，「效益」就是「快樂」，而能夠得到最大快樂、避免痛苦的行為就是正確的行為。
4. 一直以來，經濟學家對個人偏好或消費者主權的倚重，受到一門新學科的挑戰：行為經濟學（behavioral economics）。這種新研究表明，個人在選擇時會犯下錯誤，尤其是當收益主要發生在遙遠的未來時更是如此。但此學說對經濟學入門課程的教學方式，尚未產生重大影響。本書旨在向讀者介紹基礎經濟學，因此不會針對行為經濟學做太多深入探討。本書後續部分將粗略討論行為經濟學的影響（在第 8 章中談到其優勢、在第 6 章附錄談論其重大缺失）。我不認為行為經濟學提供的框架，已經或應該取代本書第一部分所提出的基本框架。
5. E. C. Pasour Jr., and J. Bruce Bullock, "Energy and agriculture: some economic issues," in William Lockeretz, ed., *Agriculture and Energy* (New York: Academic Press, 1977): 683–693
6. 譯註。柏瑞圖最適的定義（不損害他人之下無法利己）並無法保證得出資源配置上的唯一解，尤其在條件較複雜時，可能會有多重解的情況出現，而且因為每種解方都是依循柏瑞圖分配的「最適」解，因而無從比較其優劣。
7. 某些經濟學家不喜歡「潛在柏瑞圖改善」的概念。他們認為，只有在損失者確實得到補償，因此沒有「輸家」的情況下，才能達成真正的經濟效率。然而當成本效益研究在談論經濟效率的收益時，對經濟效率的理解根據通常是潛在柏瑞圖

式的。查爾斯・舒爾茨的說法反映了這種做法。他說：「根據定義，有效率的舉措是收益超過損失的舉措。」（請參見：*The Public Use of Private Interest*, 22.）由 Edgar Browning 和 Jacqueline Browning 撰寫、廣受歡迎的公共財政文本也指出，使部分公民境況變得更糟的政府支出和稅收方案，可能仍然具有經濟效率（請參見：*Public Finance and the Price System*, 2nd ed. (New York: Macmillan, 1983), 31–3）。有關柏瑞圖最適和經濟效率的更多資訊，請參見：E. J. Mishan, Cost–Benefit Analysis (New York: Praeger, 1976); and Mark Blaug, *Economic Theory in Retrospect* (Cambridge: Cambridge University Press, 1978), 618–39

8. Kenneth J. Arrow and Frank H. Hahn, *General Competitive Analysis* (San Francisco: Holden-Day, 1971), vi–vii

9. Leonard E. Read, "I, pencil: my family tree," *The Freeman*, December 1958; as quoted in Milton Friedman and Rose Friedman, *Free to Choose* (New York: Avon Books, 1979): 3–5（中譯本：《選擇的自由（40 周年紀念版）》，2021 年 12 月，經濟新潮社，台北）

10. Friedman and Friedman, *Free to Choose*, 本書中針對「一支鉛筆」的討論，有很大一部分來自這本書。

11. Leonard E. Read, "I, pencil," Foundation for Economic Education, https://fee.org /resources/i-pencil

12. 艾德加・布朗寧和賈克琳・布朗寧（Edgar K and Jacquelene M Browning）在他們的文本中為「搭便車行為」提供了一個有趣的範例：「1970 年，通用汽車試圖以 20 美元的價格（包含安裝費用），銷售汽車汙染控制裝置。此裝置將可以降低 30% 至 50% 的汙染。後來由於銷量過低，通用汽車決定撤下該裝置。這背後的原理就是群眾搭便車的問題：如果所有駕駛人都使用該裝置，每個人可能都會過得更好，但購買它並不符合任何個人的利益，因為個人單獨行動無法顯著改善整體空氣品質。」（請參見：*Public Finance and the Price System*, 28）

13. 譯註。public choice theory。以現代經濟學分析民主立憲制政府各種問題的學科，專門研究選民、政治人物及政府官員們的行為。其方法論假設這些個體都是出於私利而採取行動的個人，以此研究他們在民主體制或其他類似社會體制下進行的互動。

14. Bryan Caplan, *The Myth of the Rational Voter: Why Democracies Choose Bad Policies* (Princeton, NJ: Princeton University Press, 2007), esp. 135–41（中譯本：《理性選民的神話：透視狂人執政世代，最不安的民主真相與幻象》，2018 年 3 月，大牌出版，台北）

15. E. S. Savas, "Refuse collection," *Policy Analysis*,1977, 3 (1): 49–74. Corroborative studies in three countries are summarized in E. S. Savas, "Public vs. private refuse collection: a critical review of the evidence," *Urban Analysis*, 1979, 6(1): 1–13

16. 請參見此研究相關報導：*Washington Post*, October 10, 1975, A1

17. 公共選擇學派學者的研究發現，政府長期以來一直對可以節省的開支有所隱瞞。因為政府對未來的退休金開支預估，大約比實際數字低估三分之一。請參見《華盛頓郵報》1976 年 8 月 24 日 A4 版；關於聯邦承包商的相關討論，請參見《華盛頓郵報》1981 年 4 月 11 日 A2 版、1977 年 11 月 29 日 A18 版、1977 年 11 月 22 日 D7 版、1977 年 12 月 30 日 A5 版。有時官僚機構為了維持其資訊壟斷，會試圖拒絕搜集有用的訊息，相關報導請見《紐約時報》1978 年 1 月 10 日 B1 版中，關於警察單位對事件反應時間的社論。不過，有時問題在於政客會阻止行政單位尋求更有效率的改善方案：1978 年，美國聯邦總務署試圖在透鏡式投影機的採購案中，採取競爭性招標，卻被 80 名受到投影機產業壓力的國會議員聯合阻止，詳細資訊請見《華盛頓郵報》1978 年 8 月 25 日 A9 版。

18. 請參見：Douglass North and Roger Miller, *The Economics of Public Issues* (New York: Harper & Row, 1980), ch. 15; Roger S. Ahlbrandt Jr., "Efficiency in the provision of fire services," *Public Choice*, 1973, 16(1): 1–15; *Washington Post*, October 11, 1981。關於政府承包契約與經濟效率，請參見：Louis De Alessi, "An economic analysis of government ownership and regulation: theory and evidence from the electric power industry," *Public Choice*, 1979, 19(1): 1–42; E. S. Savas, *Privatizing the Public Sector* (Chatham, NJ: Chatham House, 1982); Donald Fisk, *Private Provision of Public Services: An Overview* (Washington, DC: Urban Institute, 1978); Robert Spann, "Public versus private provision of governmental services," in T. E. Borcherding, ed., *Budgets and Bureaucrats: The Sources of Government Growth* (Durham, NC: Duke University Press, 1977): 71–89; *Washington Post*, November 5, 1980, B1; Robert W. Poole Jr., *Cutting Back City Hall* (New York: Universe, 1981); James Bennett and Manuel Johnson, *Better Government at Half the Cost: Private Provision of Public Services* (Aurora, IL: Green Hill, 1981)。關於政府承包契約中值得注意的事項，請參見這份報告：California Tax Foundation, *Contracting Out Local Government Services in California* (Sacramento: California Tax Foundation, 1981)。查爾斯‧古德塞爾（Charles Goodsell）撰寫了一篇定名爲「公共管理論戰（public administration polemic）」的文章，指出許多關於政府和企業效率比較的研究內容混亂，無法提供確切結論，請參見：*The Case for Bureaucracy: A Public Administration Polemic* (Chatham, NJ: Chatham House, 1983)；儘管古德塞爾確實提及一些經濟學早期研究，但他並沒有引用 1979 年之後發表的任何研究，也沒有引用本註釋中列出的任何資料來源。此處提及的某些文獻中，對政府比較效率進行了通盤研究，所有資料（除了其中一本）的出版日期都早於古德塞爾的著作至少 2 年。

19. E. S. Savas, *Privatization in the City: Successes, Failures, Lessons* (Washington, DC: Congressional Quarterly Press, 2005), esp. 89–90, 116

20. Savas, *Privatization in the City*

21. *The Daily Progress*, "Charlottesville to privatize trash collection," June 5, 1999

22. Lisa Rein, "Fairfax employees run up odometers to keep their cars," *Washington Post*, September 24, 2006

23. Savas, *Privatization in the City*, 53–4; Stephen Goldsmith, *The Responsive City: Engaging Communities through Data-Smart Governance* (San Francisco: Jossey-Bass, 2014)

24. Bradley Graham, "Cohen at a crossroads after base closing loss," *Washington Post*, May 19, 1998

25. Christopher Lee, "Army weighs privatizing close to 214,000 jobs," *Washington Post*, November 3, 2002

26. Herman Schwartz, "Small states in big trouble: the politics of state reorganization in Australia, Denmark, New Zealand and Sweden in the 1980s," *World Politics*, 1994, 46(4): 527–555

27. Pew Charitable Trusts, "Subsidyscope: transportation," last modified May 31, 2013, www.pewtrusts.org/-/media/legacy/uploadedfiles/pcs_assets/2009/subsidyscope_transportation_sector.pdf

28. Dierdre McCloskey and Art Carden, *Leave Me Alone and I'll Make You Rich:*

How the Bourgeois Deal Enriched the World (Chicago: University of Chicago Press, 2020)

29. Joseph Vranich, *End of the Line: The Failure of Amtrak Reform and the Future of America's Passenger Trains* (Washington, DC: AEI Press, 2004), 5

30. Chris Edwards and Peter J. Hill, "Cutting the Bureau of Reclamation and reforming water markets," Downsizing the Federal Government, February 1, 2012

31. Robert D. Behn, "For US '81 outlays, there's no tomorrow," *New York Times*, September 30, 1981, 31

32. *Washington Post*, September 14, 1979, A1

33. *San Francisco Chronicle*, "The US keeps paying twice," August 15, 1984

34. Dale Russacoff, "A license to print money, part II," *Washington Post*, April 19,1990

35. Pete Earley, "Criminals fail to pay full debt to society," *Washington Post*, September 20, 1983

36. Earley, "Criminals fail to pay full debt to society"; Saundra Torry, "Unpaid federal fines drift into oblivion, disorganization," *Washington Post*, September 16, 1989

37. Larry Margasak, "GAO: Pentagon wasting tickets," *Washington Post*, June 9, 2004

38. Jonathan Weisman, "IRS opting not to go after many scofflaws," *Washington Post*, March 20, 2004

39. Robert Reich, *The Next American Frontier* (New York: Times Books, 1983); Lester Thurow, *The Zero-Sum Society: Distribution and the Possibilities for Change* (New York: Penguin Books, 1981), esp. 96, 132; *Newsweek*, "The road to lemon socialism," April 25, 1983; Barry Bluestone and Bennett Harrison, *The Deindustrialization of America* (New York: Basic Books, 1982)。關於銀行家菲利克斯·羅哈廷（Felix Rohatyn）對產業政策的立場，請參見：Jeremy Bernstein, "Profiles: allocating sacrifice," *New Yorker*, January 23, 1983, 45–78。美國第98屆國會會期，提出了30多項產業政策法案。參議院的民主黨核心小組、眾議院銀行委員會中經濟穩定小組委員會的多數民主黨議員，都支持產業政策計畫。關於其中某些法案的細項與此處引用的論文作者意見，請參見：Richard McKenzie, "National industrial policy: an overview of the debate," Backgrounder 275 (Washington, DC: Heritage Foundation, 1983)。近期相關證據，請參閱本節其餘部分和註釋。

40. 編按。The Marshall Plan。官方稱爲「歐洲復興計畫」，針對二戰後的西歐各國提供經濟救助與重建。

41. Robert D. Hershey Jr., "Synfuels Corp. is running on empty," *New York Times*, August 25, 1985; Steven Mufson, "Before Solyndra, a long history of failed government energy projects," *Washington Post*, November 12, 2011; Wikipedia, "Synthetic Fuels Corporation," https://en.wikipedia.org/Synthetic_Fuels_Corporation

42. J. Raloff, "Congress kills the US Synfuels Corp," *Science News*, January 11, 1986; Wikipedia, "Synthetic Fuels Corporation."

43. E. J. Dionne Jr., "Beneath the rhetoric, an old question: Bush Clinton debate frames classic choice: how much government?," *Washington Post*, August 31,

1992

44. Robert J. Samuelson, "Selling Supercar," *Washington Post*, October 13, 1993

45. Matt Pressman, "Tesla is obstructed by anti-free-market laws in numerous US states," CleanTechnica, August 3, 2019; Antony Ingram, "Why can't we buy cars that can get 60, 70, 80 miles per gallon?," Green Car Reports, April 28, 2014

46. Alison Vekshin and Mark Chediak, "Solyndra's $733 million plant had whistling robots, spa showers," *Bloomberg*, September 28, 2011; Carol D. Leonnig and Joe Stephens, "Solyndra's ex-employees tell of high spending, factory woes," *Washington Post*, September 22, 2011

47. Office of Inspector General, Department of Energy, "The Department of Energy's Loan Guarantee to Solyndra, Inc.," Special Report: 11–0078-I (Washington, DC: Department of Energy, 2015)。當 Solyndra 遭遇財務困難時，美國能源部修改了貸款條件，讓他們可以繼續獲取納稅人的資金，請參見：Carol D. Leonnig, "Energy Department knew Solyndra had violated its loan terms: but more funding was approved for the solar company," *Washington Post*, September 29, 2011

48. 譯註。crony capitalism，又稱官僚資本主義、權貴資本主義，指企業的成功並非市場經濟的成果，而是經商者與政治階級間互動的結果。

49. Steven F. Hayward, "President Solyndra," *The Weekly Standard*, October 3, 2011; Carol D. Leonnig, Joe Stephens, and Alice Crites, "Obama's focus when visiting cleantech companies raises questions," *Washington Post*, June 25, 2011; Carol D. Leonnig and Joe Stephens, "Venture capitalists play key role in Obama's Energy Department," *Washington Post*, February 14, 2012

50. Peter Thiel, *Zero to One: Notes on Start ups, or How to Build the Future* (London: Virgin Books, 2014). （中譯本：《從 0 到 1：打開世界運作的未知祕密，在意想不到之處發現價值》，2014 年 7 月，天下出版，台北）

51. Thiel, *Zero to One*, 164–71

52. *Washington Post*, "No fun in the sun," November 18, 2011; Carol D. Leonnig and Joe Stephens, "Obama's green car push struggles to pass go," *Washington Post*, December 8, 2011

53. Joe Stevens and Carol D. Leonnig, "Energy Department failed to sound alarm as Solyndra solar company sank," *Washington Post*, November 11, 2011

54. Joe Stevens and Carol D. Leonnig, "Energy Department finalizes $4.7 billion in solar loans," *Washington Post*, October 1, 2011

55. Raloff, "Congress kills the US Synfuels Corp."

56. Mufson, "Before Solyndra."

57. Heather Long, "Remember Bush's 2002 steel tariffs? His Chief of Staff warns Trump not to do the same," *Washington Post*, March 6, 2016

58. John Lancaster, "Military moves with political overtones," *Washington Post*, September 3, 1992

59. 譯註。Fracking。將液體注入岩層，藉此產生巨大壓力讓岩石破裂，以促使天然氣或石油流入預設管道的開採方式。

60. Fareed Zakaria, "The GOP has lost its economic soul," *Washington Post*, December 6, 2019

61. N. Gregory Mankiw, *Principles of Economics*, 6th ed. (Mason, OH: Southwestern Cengage Learning, 2010), ch. 9; Paul Krugman and Robin Wells, *Economics*, 3rd

ed. (New York: Worth Publishers, 2013), ch. 8

62. University of Pennsylvania economist Michael Wachter, as quoted in *Business Week*, July 4, 1983, 61; Alfred Kahn, "The relevance of industrial organization," in John V. Craven, ed., *Industrial Organization, Antitrust and Public Policy* (Boston: Kluwer-Nijhoff, 1983): 3–17, 16

63. *The Economist*, "Abenomics: overhyped, underappreciated," July 30, 2016

64. Krugman and Wells, *Economics*, 121–2; *The Economist*, "State your business: China's highflying private sector faces an advance by the state," December 8, 2018

65. Richard B. McKenzie, "Industrial policy," in Henderson, *The Concise Encyclopedia of Economics*, www.econlib.org/library/Encl/IndustrialPolicy.html

66. In the comment by David R. Henderson, "Industrial policy: democratic economists speak out," on McKenzie, "Industrial policy," in *The Concise Encyclopedia of Economics*

67. Alfred Kahn, "America's Democrats: can liberalism survive inflation?," *The Economist*, March 7, 1981, 22–25。本段最初 3 項舒爾茨的發言引用自《華盛頓郵報》1983 年 7 月 3 日 G1、G4 版,最後一條則引用自《商業周刊》1983 年 7 月 4 日。請另外參考:Charles Schultze, "Industrial policy: a dissent," Brookings Review, 1983, 2(1): 3–12。自由派的經濟學家約瑟夫·佩奇曼(Joseph Pechman)與法蘭西斯·巴托爾(Francis Bator)在「產業政策是否只是政治口號」一事上,也曾抱持懷疑態度,請參見《華盛頓郵報》1983 年 6 月 10 日 D8、D11 版。經濟學家亞瑟·奧肯(Arthur Okun)也並不支持大多數的產業政策,他在其知名著作中表示,納稅人的資金應該被謹慎且尊重地處理。他認為,政府在組織帶有高度實驗性、創新性經濟活動時,無法保有足夠彈性。請參見奧肯的相關著作:*Equality and Efficiency: The Big Tradeoff* (Washington, DC: Brookings Institution, 1975), 60–1。(簡中本:《平等與效率:重大抉擇》,2010 年 5 月,華夏出版社)

68. Roberta Rampton and Mark Hosenball, "In Solyndra note, Summers said Feds 'crappy' investor," Reuters, October 3, 2011。有個經濟學派對政府的產業政策抱持較為溫和的看法,現正從事政治經濟學工作的政治哲學家瑪莉安娜·馬祖卡托(Mariana Mazzucato)在她的著作中就曾提及這個學派,請參見:*The Entrepreneurial State: Debunking Public vs. Private Sector Myths* (London: Anthem Press, 2013)。(中譯本:《打造創業型國家:破除公私部門各種迷思,重新定位政府角色》,2021 年 3 月,時報出版,台北)該書列舉出的證據顯示,政府的財務支持在近期的技術變革中發揮了巨大作用。 本身不是經濟學家的邁爾·謝倫伯格(Michael Shellenberger)和泰德·諾德豪斯(Ted Nordhaus)也提出了同樣的論點,請參見:"The boom in shale gas? Credit the feds," *Washington Post*, December 17, 2011。另一方面,加圖研究所學者提供的證據顯示,美國政府對科學和研究的一般性資助收效甚微,實際上甚至可能起到反效果。派翠克·麥克斯(Patrick J. Michaels)提出此論點,並引用加圖研究所同事泰倫斯·基利(Terence Kealey)的研究:"Who should fund science?," *Philadelphia Inquirer*, April 10, 2017。在主流經濟學家中,並不認同少數支持產業政策的經濟學家。鑑於文中提及政府經濟干預的慘澹結果,政治人物提出的典型產業政策似乎並不值得經濟學家支持。

69. The studies in Bruce Bartlett, "Enterprise zones: a bipartisan failure," *Fiscal Times*, January 10, 2014

70. Dan Wells, "The Trump administration said these tax breaks would help distressed neighborhoods. Who's actually benefiting?," *Washington Post*, June 6, 2019

71. Eric Wesoff, "Trump budget request boosts nuclear, clean coal–while solar, ARPA-E and energy R&D are cut," *PV Magazine USA*, February 11, 2020

72. 近期發生的例子是北海石油。許多年來，業界並不認為北海是尋找石油的好去處。1960 年代在荷蘭外海發現的天然氣礦床，引起一些人的興趣，但在連續鑽探了 29 個洞並一無所獲之後，9 個勘探小組中有 8 個決定放棄行動。當時地質學界的共識是北海沒有石油，最後只剩一個小組繼續勘探。現在，我們知道北海是個原油礦藏豐富的地方，已知儲藏量高達 160 億桶，潛在可採儲量估計為 400 億桶，甚至更多。理查·尼爾森和理查·朗格洛伊斯（Richard N. Langlois）也舉出其他例子：「雖然在我們看來很不可思議，但航空專家曾經爭論『渦輪螺旋槳發動機』和『渦輪噴氣發動機』究竟何者該作為未來飛機的動力裝置；電子產業也曾經不認為電晶體（也就是後來的積體電路）會成為引領未來的技術。」請參見："Industrial innovation policy: lessons from American history," *Science*, 1983, 219(4586): 814–818, 815

73. Richard R. Nelson, *The Moon and the Ghetto: An Essay on Public Policy Analysis* (New York: Norton, 1977), 120

74. Nelson, *The Moon and the Ghetto*, 120; Nelson and Langlois, "Industrial innovation policy," 815, 817

75. Rick Weiss, "In recognizing surprise, researchers go from A to B to discovery," *Washington Post*, January 26, 1998

76. Stanford University, "Nathan Rosenberg, Stanford professor and expert on the economic history of technology, dead at 87," September 1, 2015; *Washington Post*, "Don't write off the salad shooter," June 12, 1974; Rick Weiss, "Nobel Prize vindicates US scientist," *Washington Post*, October 7, 1997

77. 喬治·威爾（George Will）在他的文章中引用了麥特·瑞德里（Matt Ridley）在《How Innovation Works: And Why It Flourishes in Freedom》書中的這段話與其他精彩片段。請參見：George Will, "Innovation's secret sauce: freedom," *Washington Post*, October 8, 2020。譯者補充。據傳，「Eureka!」是古希臘數學家阿基米德在浴缸中發現密度的計算方式時，興奮喊出的句子，意為：「我知道了。」

78. Sarah Di Giulio, "These ER docs invented a real Star Trek Tricorder," Mach, NBC News, May 10, 2017

79. Laura Shin, "Using fungi to replace Styrofoam," *New York Times*, April 13, 2009; Emily Gosden, "IKEA plans mushroom-based packaging as eco-friendly replacement for polystyrene," *Telegraph*, February 24, 2016; Ashley Halsey III, "Plastic bottles may become part of roads surface: new asphalt mixes could pave way for cheaper, more durable streets," *Washington Post*, October 29, 2018

80. Jon Gertner, "George Mitchell: the father of fracking," *New York Times Magazine*, December 2013; Leighton Walter Kille, "The environmental costs and benefits of fracking: the state of research," Journalist's Resource, October 26, 2014; Kevin Begos, "CO2 emissions in US fall to 20 year low",Phys.org, August 16, 2012; Bjorn Lomborg, "Innovation vastly cheaper than green subsidies," *The Globe and Mail*, July 15, 2013

81. David Koenig, "US expected to be world's top oil producer,"Associated Press,

July 14, 2018

82. 譯註。Model Cities Program。美國總統林登·詹森（Lyndon Baines Johnson）於 1960 年代提出的政策之一，旨在打擊貧窮並資助地方發展，但因為手續過為繁雜而效果不彰，於 1974 年停止施行。

83. Kahn, "America's Democrats," 25; Amitai Etzioni, "The MITIzation of America?," *Public Interest*, 1983, 72: 44–51, 46–7; Robert J. Samuelson, "The policy peddlers," *Harper's*, June 1983: 60–65, 62; George Eads, "The political experience in allocating investment: lessons from the United States and elsewhere," in Michael Wachter and Susan Wachter, eds., *Toward a New US Industrial Policy?* (Philadelphia: University of Pennsylvania Press, 1981): 472–479

84. Leonnig, Stephens, and Crites, "Obama's focus."

85. Tyler Cowen, *The Complacent Class: The Self-Defeating Quest for the American Dream* (New York: St. Martin's Press, 2017)

86. 譯註。real wages，指工人用貨幣工資所能購買到的生活資料，以及取得的勞務數量，因為會經過通膨調整，所以能更真實反映經濟體中的薪資狀況。

87. Drew Desilver, "Fact tank: our lives in numbers," Pew Research Center, August 7, 2018

88. Erik Brynjolfsson, Felix Eggers, and Avinash Gannamaneni, "Using massive online choice experiments to measure changes in well-being," Working Paper 24514 (Cambridge, MA: National Bureau of Economic Research, 2018); Chad Syverson, "Challenges to mismeasurement explanations for the US productivity slowdown," *Journal of Economic Perspectives*, 2017, 31(2): 165–186; Martin S. Feldstein, "Underestimating the real growth of GDP, personal income, and productivity," *Journal of Economic Perspectives*, 2017, 31(2): 145–164; Philippe Aghion, Antonin Bergeaud, Timo Boppart, Peter J. Klenow, and Huiyu Li, "Missing growth from creative destruction," Working Paper 24023 (Cambridge, MA: National Bureau of Economic Research, 2017)

89. Caplan, *The Myth of the Rational Voter.*

90. 本節論點並不表示本書忽視了「與一般美國人相比，近期高收入的美國人財富顯著成長」的爭議。第 5 章將討論這個問題，以及其他經濟公平性的議題。

91. Jay Shambaugh and Ryan Nunn, "American markets need more competition and more new businesses," Hamilton Project, Brookings Institution, June, 13, 2018; Lee Ohinian [discussion with Russ Roberts], "The future of freedom, democracy and prosperity," EconTalk, June 29, 2015

92. Cowen, *The Complacent Class.* 此外，生產力最高（工資也最高）的工作地區，其高住房成本阻止一般美國人選擇這些工作、遷移到這些地點。監管壁壘等政府政策是造成高房價的部分原因，這個現象在紐約市和舊金山等高生產力城市尤其明顯。

93. TV History, "Television history: the first 75 years," www.tvhistory.tv/tvprices. htm

94. Mark Perry, "The 'good old days' are today: today's home appliances are cheaper, better, and more energy efficient than ever before," American Enterprise Institute, August 3, 2014

95. Adam Smith, *An Inquiry into the Nature and Causes of the Wealth of Nations* (London: W. Strahan and T. Cadell, 1776), book IV, ch. 2. (中譯本：《國富論》，

2000 年 8 月，先覺出版，台北。）

96. Caplan, *The Myth of the Rational Voter*, 65

97. William B. Walstad and Max Larsen, "Results from a national survey of American economic literacy," Gallup Organization, 1992

98. 有人可能會提出，應該強制性徵稅來支付政府支出，而非舉債。但按照經濟學家的消費者主權標準來看，強制性徵稅並非更好的解決方式。因為對那些本來打算花掉資金而不是儲蓄的人而言，政府支出的收益顯然必須高於市場投資回報，他們才會同意放棄私人消費（否則他們原先就會計畫存錢，而非花錢）。譯者補充：關於「13% 投資報酬率」，也就是即使政府提供相同服務，並且「不以盈利為目的」，這 13% 的成本也不會從價格中消失，因此企業的盈利並非沒有效率；關於「市政債券利息的免稅政策」，也就是市政債券利息免稅，等於讓購買市政債券的投資人有額外收益（不必繳利息所得稅），因此會提高市政債權的實質利潤，讓市政府付出較小的成本，但與產業借貸有同樣的競爭力。

99. 關於投機行為，請參見：Armen Alchian and William Allen, *University Economics: Elements of Inquiry*, 3rd ed. (Belmont, CA: Wadsworth, 1972), ch. 10；關於國會認為咖啡市場遭到操縱的疑慮，請參見：*Washington Post*, March 15, 1977, A1；關於內政部經濟學家建議如何應對國會對投機行為的誤解，請參見：Christopher Leman and Robert Nelson, "Ten commandments for policy economists," *Journal of Policy Analysis and Management*, 1981, 1(1): 97–117, 102

100. *Washington Post*, May 3, 2012

101. Alan S. Blinder, "In defense of the oil companies," *Washington Post*, September 3, 1990; Benjamin Zycher, "In defense of price gouging and racketeering," American Enterprise Institute, August 7, 2014; Fox News, "Hurricane Harvey price gouging complaints include $99 for water," August 26, 2017

102. Chuck Schumer and Bernie Sanders, "Limit corporate stock buybacks," *New York Times*, February 4, 2019

103. Brad Hershbein, David Boddy, and Melissa Kearney, "Nearly 30% of workers in the US need a license to perform their job: it is time to examine occupational licensing practices," Brookings, January 27, 2015; Morris M. Kleiner, "Why license a florist?," *New York Times*, May 28, 2014

104. 譯註。Credentialism。表示將文憑、執照、證照等做為判斷某人能力和潛力的首要憑據。

105. 譯註。Dental Hygienist。美國牙科從業人員的一種，其主要工作是清潔與美白牙齒，並幫助患者養成良好的口腔衛生習慣。口腔衛生師並非牙醫，因此不能為牙科患者進行診斷和治療。此職位的學歷要求不高，通常只需要有高中文憑，事先接受專業課程教育、通過考核並取得執照後就能工作。

106. Campbell Robertson, "A clash over who is allowed to give you a brighter smile," *New York Times*, May 25, 2013

107. *The Economist*, "How to rig an economy: occupational licensing blunts competition. It may also boost inequality," February 17, 2018

108. 譯註。World Justice Project。國際性的公民社會團體，其使命是「致力於在世界範圍內促進法治」，力求提高公眾對法治根本重要性的認識，刺激政府改革，並編列量化的法治指數，以反映世界各國的發展狀況。

109. *The Economist*, "Not enough lawyers?," September 3, 2011

110. *The Economist*, "How to rig an economy."

111. 舉例來說，讀者可以參見這封寫給《華盛頓郵報》編輯的投書：Gail

Mackiernan, "Mr. Kavanaugh's loyalties," August 15, 2018

112. *The Economist*, "Licence to kill competition: America should get rid of oppressive job licensing," February 17, 2018; Brink Lindsey and Steven M. Teles, *The Captured Economy: How the Powerful Enrich Themselves, Slow Down Growth, and Increase Inequality* (Oxford: Oxford University Press, 2015)

113. *Regulation*, "Professional licensure: one diagnosis, two cures," 1983, 7 (5): 11–13

114. Hershbein, Boddy, and Kearney, "Nearly 30% of workers in the US need a license."

115. Jared Meyer [interview with Maureen Olhausen], "FTC sets its sights on occupational licensing," Forbes, April 17, 2017

116. *The Economist*, "Grudges and kludges," March 4, 2017

117. Luigi Zingales, *A Capitalism for the People: Recapturing the Lost Genius of American Prosperity* (New York: Basic Books, 2012)

118. Elizabeth Bailey, in John J Siegfried, ed., *Better Living through Economics*, (Cambridge, MA: Harvard University Press, 2010)

119. Thomas Gale Moore, "Trucking deregulation," in Henderson, *The Concise Encyclopedia of Economics*, www.econlib.org/library/Enc/TruckingDeregulation.html

120. Elizabeth E. Bailey, "Air-transportation deregulation," in Siegfried, *Better Living through Economics*: 188–202, 196

121. 請參見：George Eads, "Competition in the domestic trunk airline industry: too much or too little?," in Almarin Phillips, ed., *Promoting Competition in Regulated Markets* (Washington, DC: Brookings Institution, 1975): 13–54。更多監管鬆綁使消費者獲益的資訊，請參見：Theodore Keeler, "The revolution in airline regulation," in Weiss and Klass, *Case Studies in Regulation*: 53–85; John Meyer, Clinton V. Oster, Benjamin A. Bermin, Ivor Morgan, and Diana L. Strassmann, *Airline Deregulation: The Early Experience* (Boston: Auburn House Publishing, 1981); *Regulation*, 1982, 6(2): 52

122. IGM Forum, "Taxi competition," September 29, 2014

123. Ashley Halsey III, "The fight over tight flights," *Washington Post*, February 25, 2018

124. Ted S. Warren and Amy Held, "The FAA declined to regulates at size and pitch on airlines," NPR, July 5, 2018; Halsey, "The fight over tight flights";David Schaper, "Tired of tiny seats and no legroom on flights? Don't expect it to change," NPR, July 12, 2018

125. Ashley Halsey III, "FAA bill could cut excessive air fees," *Washington Post*, September 19, 2018

126. Russ Roberts [podcast conversation with Richard Epstein], "Cruises, first-class travel, and inequality," EconTalk, June 27, 2016

127. Scott McCartney, "How much of your $355 ticket is profit for airlines?," *Wall Street Journal*, February 15, 2018

128. Warren and Held, "The FAA declined to regulate seat size and pitch";Halsey, "The fight over tight flights";Schaper, "Tired of tiny seats and no legroom on flights?"

129. 關於反壟斷政策，請參見：Tony Rommand Elizabeth Dwoskin, "Big tech faces

antitrust review: House plans broad look at industry, growing consensus on Hill that regulation is lax," *Washington Post*, June 4, 2019; James Hohmann, "Monopolies, mergers emerge as major issues for Democrats," *Washington Post*, April 2, 2019

130. Frank H. Easterbrook, "Breaking up is hard to do," *Regulation*,1981, 5(6): 25–31, esp. 31; Robert J. Samuelson, "Some cautious words about merger mania," *Washington Post*, December 1, 1981, D6

131. 譯註。meta-search。其機制將使用者的檢索關鍵字同時提交給多個獨立搜尋引擎,同時檢索多個資料庫,而後輸出一個經過整合的搜尋結果。

132. Alan Reynolds, "The return of antitrust?," *Regulation*, 2018, 41(1): 24–30。對於近期認為「反壟斷反而使大型企業更容易增加其市場力量」的論述,請參見: Mark Jamison, "Three myths about antitrust," blog post, American Enterprise Institute, September 2, 2020

133. Steven Pearlstein, "Is Amazon getting too big?," *Washington Post*, July 28, 2017

134. Pearlstein, "Is Amazon getting too big?"

135. Marc Fisher, "Why Trump went after Bezos: two billionaires across a cultural divide," *Washington Post*, April 5, 2018; later a *Washington Post* headline said "Microsoft lands huge Pentagon cloud contract: Amazon is spurned for $10 billion deal after Trump voices opposition," October 26, 2019; Mark Jamison, "Are regulatory attacks on Big Tech politically motivated?," American Enterprise Institute, September 30, 2019

136. 關於支持政府干預 T-Mobile 和 Sprint 購併案的嚴正論述,請參見《經濟學人》2018 年 5 月 5 日刊出的討論。

137. Tyler Cowen, *Big Business: A Love Letter to an American Anti-Hero* (New York: St. Martin's Press, 2019); James Pethokoukis [interview with Tyler Cowen], American Enterprise Institute, May 20, 2019

138. Russ Roberts [podcast conversation with Timothy Taylor], "Government vs. business," EconTalk, February 1, 2016

139. Jessica Sidman, "Underfed: good staff is in short supply, and restaurants are getting desperate," *Washington City Paper*, June 5, 2013; Peter Romeo, "10 states open investigation into restaurants'no poaching pacts," Restaurant Business Online, July 10, 2018

140. Adriana D. Krugler. "The effects of employment protection in Europe and the USA," Opuscle 18 (Barcelona: Centre de Recerca en Economia Internacional, 2007); Steven Pearlstein, "French take to the streets to preserve their economic fantasy," *Washington Post*, March 22, 2006; *The Economist*, "Working man's burden," February 6, 1999; Edward Cody, "Overload of regulatory do's and don't's is stifling France's growth, critics say," *Washington Post*, April 17, 2013

141. Casey B. Mulligan, "Why 49 is a magic number," *New York Times*, January 2, 2013

142. Adam Nossiter, "Macron takes on France's Labor Code, 100 Years in the making," *New York Times*, August 4, 2017

143. 文中的失業率數字是我的研究助理 Brooke Henderson 根據經濟合作暨發展組織(Organisation for Economic Co-operation and Development）2018 年 8 月 13 日發表的長期失業數據計算而出。

144. Robert H. Frank, *Luxury Fever: Money and Happiness in an Era of Excess*

(Princeton, NJ: Princeton University Press, 1999), 274（簡中本：《奢侈病：無節制揮霍時代的金錢與幸福》，2002 年 5 月，友誼出版社）

145. Joseph Stiglitz, as quoted in Frank, *Luxury Fever*, 274

146. Lawrence H. Summers, "Growth not austerity is best remedy for Europe," *Financial Times*, April 29, 2012

147. Barbara Palmer, "Does anyone labor at the Labor Department?," *Washington Post*, January 8, 1981

148. John M. Goshko, " 'Cut things not people' is rallying cry at State as funding shortfall looms," *Washington Post*, October 29, 1987

149. 經典範例請參見維吉尼亞州州長吉姆・基摩爾（Jim Gilmore）2001 年 3 月 13 日對州政府員工的公開信。

150. United States International Trade Commission, "A review of recent developments in the US automobile industry including an assessment of the Japanese voluntary restraint agreements," Publication 1648 (Washington, DC: USITC, 1985)

151. *Washington Post*, May 23, 1982, F2

152. Doron P. Levin, "General Motors to cut 70,000 jobs; 21 plants to shut," *New York Times*, December 19, 1991

153. Jason L. Kopelman and Harvey S. Rosen, "Are public sector jobs recession-proof? Were they ever?," Working Paper 240 (Princeton, NJ: Princeton University, Griswold Center for Economic Policy Studies, 2014)

154. Lawrence H. Summers, "Taxing robots won't solve joblessness," *Washington Post*, March 7, 2017

155. Caplan, *The Myth of the Rational Voter*, 53, 66–7

156. Roberts, "Government vs. business."

157. 請參見維基百科「美國補貼住房（Subsidized housing in the United States.）」條目。

158. Edgar Olsen, "We don't need more housing projects," *Washington Post*, October 11, 2016; Edgar Olsen, "Getting more from low income housing assistance," Hamilton Project Discussion Paper 2008–13 (Washington, DC: Brookings Institution, 2008)

159. *St. Louis Post Dispatch*, "Missouri's king of tax credits plays shell game with campaign donations," January 18, 2014

160. Roland McKean, "Divergences between individual and total costs within government," *American Economic Review*, 1964, 54(3): 243–249

161. Russ Roberts [podcast with Brink Lindsey and Steve Teles on their book The Captured Economy], EconTalk, November 30, 2017; Robin Feldman and Evan Frondorf, *Drug Wars: How Big Pharma Raises Prices and Keeps Generics off the Market* (Cambridge: Cambridge University Press, 2017)

162. William Allen, "Economics, economists and economic policy: modern American experiences," *History of Political Economy*, 1977, 9(1): 48–88, 52

163. Alan S. Blinder, *Advice and Dissent: Why America Suffers When Economics and Politics Collide* (New York: Basic Books, 2018)。譯者補充：布林德在他的著作裡提出充滿比喻性的燈柱理論，其中燈柱對醉漢的功能是支撐其酒醉癱軟的身體，而非照亮前路。而布林德認為，經濟學家對政治人物的功能基本相似。

164. Caplan, *The Myth of the Rational Voter*, 53.

165. Samuelson, "The policy peddlers," 63

166. Sifan Liu and Joseph Parilla, "Hidden entrepreneurs: what crowdfunding reveals about startups in metro America," Brookings Foundation, September 18, 2018

167. 譯註。X Prize Foundation。創立於 1996 年，第一次比賽是以 1,000 萬美元的獎金，徵求能執行「兩周內兩次飛入 100 公里外太空」的創新團隊。此後便經常提出困難的挑戰與高額獎金，藉由群眾力量集思廣益，創造各種對人類有益的科技創新。

168. *The Economist*, "Innovation prizes: and the winner is...," August 7 ,2010

169. *The Economist*, "Innovation prizes: and the winner is...,"

170. *The Economist*, "Innovation prizes: and the winner is...,"

171. 此段敘述來自艾倫·林奇 2018 年 9 月 24 日的 Email 。

172. 許多年來，我一直在課堂上援引這個歐洲案例，卻找不到當年刊登這則消息的夏洛蒂鎮報紙。

173. Russ Roberts [podcast with Casey Mulligan], "Cuba," EconTalk, October 24, 2016

174. 譯註。laissez-faire economy。指企業和個人的經濟活動受到政府最低限度的干預，但在此框架下可能衍生出一些交易道德問題，也容易產生壟斷。

175. Joseph E. Stiglitz, "Explaining 'democratic socialism,'" *Washington Post*, May 9, 2019

176. Krugman and Wells, *Economics*, 121

177. Paul Kane, "Senate votes to privatize its failing restaurants," *Washington Post*, June 9, 2008

CHAPTER 5　富人減稅，全民都獲利？──經濟學家與公平性

1. 編按。Ford Model T。1908 年至 1927 年間，福特汽車推出的一款汽車，包含數項革新，其中最重要的就是生產線作業，大幅提升產量與生產速度。

2. 譯註。舉例來說，一個人的勞動力被使用後，會獲得工資作為報酬；其土地被使用後，會獲得租金；其資本被使用後，會獲得利息和股利。這三者的總和即是此人的所得。

3. Rasmussen Reports, "Republicans think US spends too much on welfare, Democrats disagree," July 12, 2018

4. 譯註。根據柏瑞圖最適分配的嚴格定義，參與分配的所有人在重新分配後利益不能有所損害，因此有人認為福利政策損及自己的利益時，就打破了嚴格的柏瑞圖最適分配。

5. *The Economist*, "Inequality illusions," November 30, 2019

6. Stephen Rose, "How different studies measure income inequality in the US: Piketty and company are not the only game in town" (Washington, DC: Urban Institute, 2018); Robert J. Samuelson [discussing another Rose study], "The rise of the upper-middle-class," *Washington Post*, August 17, 2020

7. Aparna Mathur, "Sanders' inequality tax trap," American Enterprise Institute, October 4, 2019

8. Jeff Stein, "Sanders tax plan targets large firms with big gaps in pay," *Washington Post*, October 1, 2019

9. Alex Edmans, "Why we need to stop obsessing over CEO pay ratios," *Harvard Business Review*, February 23, 2017

10. Daron Acemoglu, "Survey of executive pay IGM economic experts panel," IGM Forum, January 31, 2012

11. 譯註。household wealth。爲家庭資產減去家庭負債，是推斷個人消費的重要指標。

12. Robert J. Samuelson, "The $100 trillion question: what to do about wealth?," *Washington Post*, May 5, 2019

13. Sylvain Catherine, Max Miller, and Natasha Sarin, "Social security and trends in inequality," February 29, 2020, https://ssrn.com/abstract=3546668

14. *The Economist*, "Inequality illusions," 13

15. Investopedia, updated March 3, 2020; Emmanuel Saezand Gabriel Zucman, "Wealth inequality in the United States since 1913: evidence from capitalized income tax data," *Quarterly Journal of Economics*, 2016, 131(2): 519–578

16. Bruce D. Meyer and James X. Sullivan, "Annual report on US consumption poverty: 2017," American Enterprise Institute, November 1, 2018

17. Isabel V. Sawhill and Christopher Pulliam, "Lots of plans to boost tax credits: which is best?," Brookings Institute, January 16, 2019

18. Executive Office of the President, *Economic Report of the President: Together with the Annual Report of the Council of Economic Advisers* (Lanham, MD: Bernan Press, 2019), 20

19. David Leonhardt, "Upward mobility has not declined, study says," *New York Times*, January 23, 2014

20. William McBride, "Thomas Piketty's false depiction of wealth in America," Tax Foundation, August 4, 2014

21. Lawrence H. Summers, "The inequality puzzle," *Democracy Journal*, 2014, 33: 91–99

22. David Leonhardt, "In climbing income ladder, location matters," *New York Times*, July 22, 2013; W. Bradford Wilcox, Joseph Price, and Jacob Van Leeuwen, "The family geography of the American dream: new neighborhood data on single parenthood, prisons, and poverty," Institute for Family Studies, October 17, 2018

23. Benjamin Austin, Edward Glaeser, and Lawrence H. Summers, "Saving the heartland: place-based policies in 21st-century America," *Brookings Papers on Economic Activity*, 2018, 49(1): 151–232。在這份報告出版後，薩默斯認爲政府可以考慮另一種方式：由聯邦政府對失業率高的地方，額外提供公立教育機構與社會大學的補助。因爲這些人未曾擁有與社會上其他人相同的生活經驗。請參見：larrysummers.com, October 9, 2019。

24. Lawrence M. Mead, "Overselling the Earned Income Tax Credit," *National Affairs*, 2014, 21: 20–33; Nicholas Eberstadt, *Men without Work: America's Invisible Crisis* (West Conshohocken, PA: Templeton Press, 2016); Robert J. Samuelson, "Jobless by choice – or pain," *Washington Post*, November 27, 2016. The effects of the EITC on drawing women into the workforce seem much more favorable: Bruce D. Meyer, "The effects of the Earned Income Tax Credit and recent reforms," *Tax Policy and the Economy*, 2010, 24(1): 153–180

25. 21 至 30 歲、教育程度低於 4 年制大學的失業男性是個更棘手的問題，這個群體的失業率近年來也顯著上升。自 2000 年以來，這些人玩電子遊戲的時間增加了一倍，但他們也比相同年紀的群體更快樂。請參見安娜·史旺森（Ana

Swanson）2016 年 9 月 24 日在《華盛頓郵報》的專文〈為什麼迷人的電子遊戲可能會為美國帶來巨大問題〉。

26. Arthur Brooks, *Gross National Happiness: Why Happiness Matters for America– and How We Can Get More of It* (New York: Basic Books, 2008)

27. Russ Roberts [interview with Edward Glaeser], "Edward Glaeser on joblessness and the war on work," EconTalk, March 26, 2018; Edward Glaeser, "Mission: revive the Rust Belt: we should subsidize employment, not joblessness, and target efforts where they are most needed," *City Journal*, August 2018

28. Cowen, *The Complacent Class*

29. 譯註。Gallup。美國首屈一指的民調公司，創立於 1935 年，為了維持客觀性和獨立性，蓋洛普不為付費者和任何形式的贊助者（如政黨）進行民調。蓋洛普除了為歷屆美國總統大選進行民調外，平時也會蒐集其他社會經濟議題的相關數據。

30. Jonathan Rothwell, "The biggest economic divides aren't regional, they're local (just ask parents)," *New York Times*, February 12, 2019; Samuel J. Abrams, "Hey, college graduates: don't dismiss rural America," *New York Times*, July 21, 2019

31. Yvette Brazier, "How sitting in traffic jams can harm your health," Medical News Today, August 29, 2016

32. University of California, Berkeley, School of Public Health, "Nurtured by nature," Wellness Letter, March 2019; MaryCarol R. Hunter, Brenda W. Gillespie, and Sophie Yu-Pu Chen, "Urban nature experiences reduce stress in the context of daily life based on salivary biomarkers," *Frontiers of Psychology*, 2019, 10: article 722; *Washington Post*, "Health news: "being near green spaces helps adults fend off depression, and it may work for kids too," January 23, 2018

33. Eugenia C. South, Bernadette C. Hohl, Michelle C. Kondo, John M. MacDonald, and Charles C. Branas, "Effect of greening vacant land on mental health of community-dwelling adults: a cluster randomized trial," *JAMA Network Open*, 2018, 1(3): e180298

34. 譯註。人際間的效用無法科學地衡量，因為效用與個人偏好和價值判斷有關。假設同樣將 50 美元給予窮人和富人，窮人可能拿去買柴米油鹽，富人則拿去買高級紅酒；窮人得到的商品能解除其生活困境並使其快樂（增加效用），但富人也可以聲稱這瓶紅酒讓他度過了美好的一晚，而這一晚的快樂價值極高。因為兩者的快樂是主觀感受，在轉換成以金錢為衡量單位的效用時，可以主觀開價（例如窮人可以聲稱不必餓肚子的舒暢感價值 5,000 美元，富人也可以聲稱美好的一晚價值 5,000 美元）。

35. Okun, *Equality and Efficiency*, 97

36. Edgar Browning, "How much more equality can we afford?," *Public Interest*, 1976, 43: 90–110, esp. 95

37. 譯註。fringe benefits。這裡指的是未在薪水單上註明、因此不用被課稅的各種員工福利。

38. Okun, *Equality and Efficiency*, 97

39. Okun, *Equality and Efficiency*, 47, 109

40. Okun, *Equality and Efficiency*y, 97

41. 請參見舒爾茨在本文中對此的評論：George Break, George P. Shultz, and Paul A. Samuelson, "The role of government: taxes, transfers, and spending," in Martin S. Feldstein, ed., *The American Economy in Transition* (Chicago: University of

Chicago Press, 1980): 617–674, 660–1

42. Trading Economics, "United States GDP annual growth rate," https://tradingeco
nomics.com/united-states/gdp-growth-annual

43. Thomas Sowell, "Thoughts and Details on Poverty," *Policy Review*, 1981, 17:
11–25, 20; Thomas Sowell, "Trickle Down" Theory and "Tax Cuts for the
Rich" (Stanford, CA: Hoover Institution Press, 2012)

44. 譯註。小羅斯福第二次當選總統的就職演講提到:「我看見三分之一個美國家徒
四壁、衣衫襤褸、食不果腹……對這個國家進步的考驗,不在於我們能否為已然
富足的人錦上添花,而是我們能否讓所有處於匱乏的人衣食無虞。」

45. Kahn, "America's Democrats," 22; Kenneth Boulding, "Economic progress as
a goal of economic life," in A. Dudley Ward, ed., *Goals of Economic Life* (New
York: Harper & Row, 1953): 52–83, esp. 76

46. 在 2020 年美國總統大選期間,前副總統喬·拜登(Joseph Biden)和參議員伊
麗莎白·華倫(Elizabeth Warren)都認為,生產力的提高已不再導致工資增
長。 經濟學家麥克·史垂恩(Michael Strain)卻持相反意見,請參見: "Wages
are based more on productivity, less on exploitation," Bloomberg, December 31,
2019

47. 譯註。trickle-down theory。認為給富人及企業減稅的經濟政策,可層層遞進,
惠及包括貧苦大眾在內的所有人。

48. Milton Friedman and Paul A. Samuelson discuss *The Economic Responsibility
of Government* (College Station, TX: Center for Education & Research in Free
Enterprise, Texas A&M University, 1980), 24

49. 譯註。Capital good。資本財是在生產過程中,用來生產產品或服務的耐久財,
例如機器、車輛、工具等。

50. Kahn, "America's Democrats," 24

51. Wikipedia, "Middle-out economics."

52. Russ Roberts [interview with Gabriel Zucman], "Inequality, growth, and
distributional national accounts," EconTalk, September 7, 2017

53. Lindsey and Teles, *The Captured Economy*

54. Zlati Meyer, "Regulations and permit headaches keep food trucks from cruising
down Easy Street," *USA Today*, June 12, 2018; F. Will, "The land of the free and
the home of the rent-seekers," *Washington Post*, August 13, 2019

55. Paul Avelar, "Braiding initiative seeks to untangle restrictions on natural hair
braiders," Institute for Justice, August 2014; Nick Sibilla, "How hair braiding
explains what's gone wrong with America's economy," Forbes, January 29, 2015

56. Summers, "The inequality puzzle."

57. Edward C. Prescott, "Why do Americans work so much more than Europeans?,"
Federal Reserve Bank of Minneapolis Quarterly Review, 2004, 28(1): 2–13

58. Lawrence H. Summers, "What I do support in a new tax plan," LarrySummers.
com, October 26, 2017

59. 譯註。Moody Analytics。美國信用評價與數據分析公司,同時也進行經濟學數
據研究及市場風險分析。

60. Toluse Olorunnipa, "Warren's ambitious agenda relies on a massive wealth tax
that the rich may evade," *Washington Post*, May 22, 2019

61. 請見《經濟學人》雜誌中對這份研究的討論。*The Economist*, "Repairing the
safety net: the welfare state needs updating," July 14, 2018

62. 譯註。transfer payments。政府無償支出，實現社會所得再分配的一種手段。例如法國的租屋補貼或台灣的健保制度等。轉移支付的過程中既不涉及消耗生產要素，也不會增加社會產出。

63. N. Gregory Mankiw, "Defending the one percent," *Journal of Economic Perspectives*, 2013, 27(3): 21–34, 21

64. 曼昆撰寫他的著作時，2009 年的數據是他能拿到最新的資料。

65. Mankiw, "Defending the one percent," 21

66. Patricia Kanngiesser and Felix Warneken, "Young children consider merit when sharing resources with others," *PLOS ONE*, 2012, 7(8): 1–5

67. Jonathan Haidt, *The Righteous Mind: Why Good People Are Divided by Politics and Religion* (New York: Vintage Books, 2013), ch. 8。中譯本：《好人總是自以為是：政治與宗教如何將我們四分五裂》(二版)，2022 年 3 月，網路與書出版，台北。

68. 編按。National Directory of New Hires, NDNH。由聯邦政府授權的資料庫，儲存國家級的就業、失業保險，以及各州雇員名單、各州勞動力機構，與聯邦雇主提交的每季工資訊息。

69. Matt Weidinger, "One government agency knows you just got a job. So why does another keep paying you unemployment checks?," American Enterprise Institute, July 3, 2019

70. Dave Yost, "Auditor of State Takes on Food Stamp Fraud, Offers Recommendations to ODJFS" [received by Michael Colbert], Ohio State Auditor's Office, January 10, 2012.

71. Judith Meyer, "Feds ask Maine to hold off on photo EBT card plan," *Lewiston Sun Journal*, April 25, 2014

72. Patrice Lee Onwuka, "Trump saves tax payers $2.5 billion by directing food stamps to the truly needy," Independent Women's Forum, July 29, 2019

73. Channa Joffe-Walt, "Unfit for work: the startling rise of disability in America," NPR, March 27, 2013

74. Stephen Ohlemacher, "Improper payments by federal agencies reach a record $125B," Associated Press, March 17, 2015

75. Leonard E. Burman, "Tax evasion, IRS priorities, and EITC precertification," statement of Leonard E. Burman before the United States House of Representatives Committee on Ways and Means; on waste, fraud, and abuse, Urban Institute, February 1, 2017

76. Natasha Sarin and Lawrence H. Summers, "Shrinking the tax gap: approaches and revenue potential," Tax Notes, November 18, 2019

77. Natasha Sarin and Lawrence H. Summers, "Yes, our tax system needs reform. Let's start with this first step," *Washington Post*, November 17, 2019

78. Abraham Lincoln, "Lincoln's reply at Ottawa, August 21, 1858," in Paul M. Angle, ed., *The Complete Lincoln–Douglas Debates of 1858* (Chicago: University of Chicago Press, 1991): 119–120

79. Ilya Somin, "How liberals learned to love federalism," *Washington Post*, July 12, 2019

80. Marc F. Plattner, "American democracy and the acquisitive spirit," in Robert A. Goldwin and William A. Schambra, eds., *How Capitalistic Is the Constitution?* (Washington, DC: American Enterprise Institute for Public Policy Research,

1982): 1–21

81. Thomas Jefferson, "Second inaugural address" [Washington, DC, March 4, 1805), available at https://avalon.law.yale.edu/19th_century/jefinau2.asp

82. James Madison, "The same subject continued" [Federalist Paper no. 10; 1787], in Clinton Rossiter, ed., *The Federalist Papers* (New York: Signet Classic, 2003): 71–79

83. Founders Online, "From Thomas Jefferson to John Adams, 28 October 1813," National Archives, https://founders.archives.gov/documents/Jefferson/03-06-02-0446

84. Founders Online, "From Thomas Jefferson to James Madison, 28 October 1785," National Archives, https://founders.archives.gov/documents/Jefferson/01-08-02-0534

85. James G. Wilson, "The unconstitutionality of eliminating estate and gift taxes," *Cleveland State Law Review*, 2000, 48(4): 780–788

86. Founders Online, "From John Adams to James Sullivan, 26 May 1776," National Archives, https://founders.archives.gov/documents/Adams/06-04-02-0091

87. Founders Online, "From George Washington to Richard Henderson, 19 June 1788," National Archives, https://founders.archives.gov/documents/Washington/04-06-02-0304

88. Okun, *Equality and Efficiency*

89. Plattner, "American democracy and the acquisitive spirit," 19

90. Greg Rosalsky, "If a wealth tax is such a good idea, why did Europe kill theirs?," NPR, "Planet Money" podcast audio, February 26, 2019

91. Alan Viard, "Wealth taxation: an overview of the issues," Aspen Institute Economic Strategy Group, October 3, 2019; Lawrence H. Summers and Natasha Sarin, "Be very skeptical about how much revenue Elizabeth Warren's wealth tax could generate," *Washington Post*, June 28, 2019; *The Economist*, "What if America introduces a wealth tax?," July 6, 2019

92. Olorunnipa, "Warren's ambitious agenda relies on a massive wealth tax."

93. Rafael Badziag, *The Billion Dollar Secret: 20 Principles of Billionaire Wealth and Success* (St Albans: Panoma Press, 2019)（中譯本：《有錢人與你的差距，不只是錢》，2020 年 9 月，商業周刊，台北。）；Hillary Hoffower, "An entrepreneur who interviewed 21 billionaires says the key difference between them and millionaires is how they answer a simple question about money," Business Insider, June 17, 2019

94. Sarah Berger, "Here's what CEOs actually do all day," CNBC, June 20, 2018

95. Jonathan M. Ladd, Joshua A. Tucker, and Sean Kates, "2018 American Institutional Confidence Poll" (Washington, DC: Georgetown University, Baker Center, 2018)

96. Douglas Holtz-Eakin, David Joulfaian, and Harvey S. Rosen, "The Carnegie conjecture: some empirical evidence," *Quarterly Journal of Economics*, 1993, 108(2): 413–435

97. *The Economist*, "A hated tax but a fair one," November 23, 201; Henry Aaron, "To reduce inequality, tax inheritances," Brookings Institution, November 15, 2019 [a version of the article also appeared in *The New York Times*, October 15, 2019]; Matt O'Brien, "If it weren't for the estate tax, the majority of the super wealthy's

money would never be taxed," *Washington Post*, February 11, 2019

98. Reuters, "House passes repeal of estate tax, but veto vow makes it dead on arrival," *Washington Post*, April 16, 2015

99. Chye-Ching Huang and Chloe Cho, "Ten facts you should know about the federal estate tax," Center on Budget and Policy Priorities, October 30, 2017

100. Peter Lindert and Jeffrey Williamson, "Unequal gains: American growth and inequality since 1700," Vox, June 16, 2016

101. Robert Bellafiore, "Summary of the latest federal income tax data, 2018 update",Tax Foundation, November 13, 2018

102. Sandy Baum and Sarah Turner, "'Free tuition' is the opposite of progressive policymaking," *Washington Post*, May 5, 2019; Matthew M. Chingos, "Report: who would benefit most from free college?," Brookings Institution, April 21, 2016

103. Richard Vedder, "The case against free college tuition," Forbes, April 12, 2018。事實上，比起提供學前計畫（Headstart），給予低收入家庭收入補助，對其子女的學業表現幫助更大。請參見：Grover "Russ" Whitehurst, "This policy would help poor kids more than universal pre-K does," *Washington Post*, July 28, 2016

104. Adam Looney, "Up front: how progressive is Senator Elizabeth Warren's loan forgiveness proposal?," Brookings Institution, April 24, 2019

105. James C. Capretta, "An ObamaCare tax worth keeping: the levy on 'Cadillac' plans will help counter perverse tax incentives," *Wall Street Journal*, July 19, 2018. 美國稅法的另一條規定，要求雇主必須提供普通員工和高階管理人員同等優厚的免稅健康福利。這聽起來好像對較低收入的員工有所助益，但大多數經濟學家認爲，昂貴的免稅福利主要是公司給予收入最高員工的一種獎賞。這些人用自有資金購買昂貴的住房和汽車，並且相當滿意公司提供的昂貴醫療保險；中低收入員工擁有平凡的住房和汽車，雇主卻礙於法律，必須提供他們凱迪拉克式的醫療保險。事實上，許多中低收入員工寧願公司以現金形式發放一部分的醫療補助。請參見：Mark Warshawsky [discussion], "Compensation, health care costs, and inequality," EconTalk, January 2, 2017

106. Kahn, "America's Democrats," 24

107. 編按：Cadillac Tax。歐巴馬 2010 年制定的「平價醫療法案」中，規定雇主提供每位員工健保，若超過一定門檻，須徵收 40% 的凱迪拉克稅。員工爲 1.02 萬美元，家庭爲 2.75 萬美元。

108. Kahn, "America's Democrats," 24

109. Bruce Jepsen, "Big employers win delay for Obamacare's Cadillac tax once again," Forbes, January 23, 2018

110. Alan S. Blinder, "Taxing unemployment benefits is a good idea," *Washington Post*, December 15, 1982, A27. 針對其他經濟學家的支持者，可參見： Charles Schultze, cited in Public Interest, 1983, 71, 151; and Robert J. Samuelson, *Washington Post*, February 10, 1981, C4

111. Browning and Browning, *Public Finance and the Price System*, 145

112. Daniel Hamermesh 總結十幾份研究報告，表示「高失業福利誘使人們維持較長期的失業」是項共識。請參見：Daniel Hamermesh, "Transfers, taxes and the NAIRU," Working Paper 548 (Cambridge, MA: National Bureau of Economic Research, 1980), 15

113. Blinder, "Taxing unemployment benefits is a good idea."
114. Charles Schultze, Edward Fried, Alice Rivlin, and Nancy Teeters, *Setting National Priorities: The 1973 Budget* (Washington, DC: Brookings Institution, 1972), 241n; Browning and Browning, *Public Finance and the Price System*, 144; Hamermesh, "Transfers, taxes and the NAIRU," 15
115. R. Glenn Hubbard, "The Tax Cuts and Jobs Act and investment: progress, not perfection," American Enterprise Institute, October 2, 2019
116. 譯註。market-clearing price。透過價格機制，可以平衡超額供給或超額需求，最後達成均衡狀態的價格就是市場出清價格。
117. Laura Kusisto, "Rent controls gain support in cities," *Wall Street Journal*, February 5, 2018
118. Jovana Rizzo, "Rangel not only famous rent-stabilized tenant," The Real Deal: New York Real Estate News, July 15, 2008; James Fanelli, "Rent-stabilized apartments are being occupied by millionaires, records show," DNA Info, April 30, 2014; Krugman and Wells, *Economics*, 132
119. Richard M. Alston, J. R. Kearl, and Michael B. Vaughan, "Is there a consensus among economists in the 1990s?," *American Economics Review*, 1992, 82(2): 203–209
120. 關於此議題的一般論述，請參見：Rebecca Diamond, "Report: what does economic evidence tell us about the effects of rent control?," Brookings Institution, October 18, 2018；另外也請參見：*Washington Post*, "Rent control has returned: economists, not populists, are correct about the policy's effects" [editorial], September 22, 2019
121. Max Ehrenfreund, "A 'very credible' new study on Seattle's $15 minimum wage has bad news for liberals," *Washington Post*, June 26, 2017
122. Noam Scheiber, "They said Seattle's higher base pay would hurt workers: why did they flip?," *New York Times*, October 22, 2018
123. Andrew Van Dam, "It's not just paychecks: the surprising society-wide benefits of raising the minimum wage," *Washington Post*, July 8, 2019
124. Van Dam, "It's not just paychecks."
125. Charles Lane, "We don't need a one-size-fits-all federal minimum wage," *Washington Post*, May 13, 2019
126. Quoted in Ehrenfreund, "A 'very credible' new study."
127. Lynda Gorman, "Minimum wages," in Henderson, *The Concise Encyclopedia of Economics*, www.econlib.org/library/Enc/MinimumWages.html
128. David Cardand Alan Krueger, "Minimum wages and employment: a case study of the fast food industry in New Jersey and Pennsylvania," *American Economic Review*, 1994, 84(4): 772–793
129. Gwen Ifill, interview with Alan Krueger, *News Hour*, PBS, November 10, 2015; Rachel Greszler, "A fifteen dollar minimum wage: bad news for low income workers," *Washington Times*, January 21, 2019
130. Christina D. Romer, "The business of the minimum wage," *New York Times*, March 2, 2013
131. Bureau of Labor Statistics, "Characteristics of minimum wage workers, 2017," March 2018.

CHAPTER 6　沒人坐的火車，還要花大錢維修嗎？——外部性與政府職權

1. 「理想的政府規模」一詞引用自戈登・塔洛克（Gordon Tullock）一本著作的副標題：*Private Wants, Public Means: An Economic Analysis of the Desired Scope of Government* (New York: Basic Books, 1970)。 塔洛克的主要分析工具是「外部性經濟學」，他表示：「傳統上，『該由政府還是由私人提供商品或服務？』這個問題，曾引發相當不理性的思辨。」塔洛克相信經濟學（特別是外部性的概念）能夠對這個問題，提供「做出真正科學決策的必要理論」(259)。儘管這種說法看似給予外部性特別崇高的地位，但本章將說明，經濟學家為何經常使用外部性概念，來評估政府對經濟的參與。除了正文舉出的事件，更多有趣案例請參見我的另一本著作：*Policy Analysis in the Federal Aviation Administration*, 16, chs. 4–6, and citations on 141–2, nn. 55, 56。另一個具有啟發性的例子，請參見：Otto Davis and Andrew Whinston, " Economic problems in urban renewal," in Edmund Phelps, ed., *Private Wants and Public Needs* (New York: Norton, 1965), 140–153

2. 有篇指標性的論文闡明，市場可以自行處理外部性：Ronald Coase, " The problem of social cost," *Journal of Law and Economics*, 1960, 3: 1–44

3. 如塔洛克所述，如果不允許增加產量和降低價格，客戶失去的幾乎肯定會比企業獲得的更多（請參見 *Private Wants, Public Means*, ch. 7）。 某些經濟學家將這些有市場效率但會損害他人經濟的影響稱為「金錢外部性」(pecuniary externalities)，將其與真實的或技術上的低效率外部性加以區隔；其他經濟學家則將「外部性」嚴格定義為真實或技術上對第三方的影響。如果沒有大量的經濟學知識，很難區分「金錢外部性」與「真實外部性」。更多相關資訊請參見：Tullock, *Private Wants, Public Means*; Roland McKean, *Efficiency in Government through Systems Analysis: With Emphasis on Water Resource Development* (New York: Wiley, 1958), 136–49; E. J. Mishan, *Cost–Benefit Analysis* (New York: Praeger, 1976), ch. 16

4. 因為這些影響是「作用在第三方上的金錢性效果」，請參見註 3。

5. Justin Jouvenal, " Intrigue deepens over bizarre attack on Rand Paul," *Washington Post*, December 8, 2017

6. 更多相關資訊請參見：James M. Buchanan and W. Craig Stubblebine, " Externality," *Economica*, 1962, 29(116): 371–384; Roland McKean, " Property rights within government and devices to increase governmental efficiency," *Southern Economic Journal*, 1972, 39(2): 177–186

7. 請參見《華盛頓郵報》1982 年 7 月 8 日 A13 版，同樣的資訊在 1982 年 7 月 29 日 A21 版再次刊登。由於受到政府的壓力，化工產業做了很多努力，以減少其產品對環境的不利影響，並提出衡量環境進展的實用指標。請參見：National Academy of Engineering, " The chemical industry," chapter 5 in *Industrial Environmental Performance Metrics: Challenges and Opportunities* (Washington, DC: National Academies Press, 1999): 85–106。但化工產業同時也追求高利潤，這表示環境清潔並非其首要利益。

8. *Washington Post*, June 3, 1983, A19

9. *Washington Post*, June 3, 1983

10. Lawrence White, *The Regulation of Air Pollutant Emissions from Motor Vehicles* (Washington, DC: American Enterprise Institute, 1982), 14

11. general aviation。此名詞內容包羅萬象，包括所有法律上非商業航空承運者的民用航空，也包括教學用、個人用、商務用和農業用的飛機。有點令人困惑的是，

它還包括一些出租交通工具，例如「空中計程車」、某些包機與外包公司。

12. W. Stephen Dennis, "User fees: does general aviation already pay ' fair share' ?," Airport Journals, January 1, 2006

13. 這種虛假的 GDP 正面外溢效應，常常被作爲申請政府補助的理由。1981 年國會提議削減國家藝術基金會的預算時，西奧多・比克爾（Theodore Bickel）就曾警告，計程車司機和餐廳的經濟收益會遭受影響（ABC radio news, February 14, 1981)。但這些產業損失的消費，事實上會出現在經濟體中的其他產業裡。亞佛烈德・馬可斯（Alfred Marcus）在談論「環境保護機構」時，也曾誤用這種虛假的正面外溢效應，請參見：James Q. Wilson, ed., *The Politics of Regulation* (New York: Basic Books, 1980): 267–303, 280

14. 摘自本書作者的另一本著作：*Policy Analysis in the Federal Aviation Administration*, 43

15. 有關經濟學家對通用航空更完整的討論，請參閱作者的另一本著作：*Policy Analysis in the Federal Aviation Administration*, esp. ch. 6。贊成政府補助特定「戰略關鍵產業」（如鋼業）的論點中，常常提出「國防」作爲論據，而經濟學家查爾斯・舒爾茨往往使用邊際主義的概念加以反駁：「人們提出國防工業與基礎工業的論述時，常常以全有或全無的方式探討，好像在沒有進口保護的情況下，受影響的行業就會消失。事實上產業眞正受到威脅的規模與金額都非常小，且與國防安全並不相關。舉例來說，美國國內鋼鐵產業在和平時期，究竟可以滿足國內 80% 的需求（這是目前的狀況）還是 60%？這個問題對國家安全完全沒有意義。」請參見："Industrial policy: a dissent," 9

16. Robert Puentes, Adie Tomer, and Joseph Kane, "A new alignment: strengthening America's commitment to passenger rail," Brookings Institution, March 1, 2013

17. Kirsten Korosec, "Amtrak funding slashed in half under Trump spending plan," Fortune, February 13, 2018

18. Puentes, Tomer, and Kane, "A new alignment."

19. Korosec, "Amtrak funding slashed in half."

20. *Washington Post*, October 1, 1978, A5

21. Amtrak, "California Zephyr," www.amtrak.com/california-zephyr-train

22. 除了與能源消耗相關的資訊外，其他資訊都來自《紐約時報》1970 年 12 月 30 日第一版與第二十九版。譯者補充：睦鄰政策，good neighbor policy。此政策是小羅斯福時期美國對拉丁美洲的外交政策，其影響延續至今。睦鄰政策的 2 個主要目標是：1、保證拉美國家加入二戰盟軍，不與軸心國或共產主義有任何關聯；2、將拉美轉變爲美國原材料的供應地與商品出口地。

23. 美國國鐵常自豪地表示，在東北走廊的路線中，92% 的旅客擁有大學學位，其平均年度家庭所得超過 17 萬美元。請參見：Brent Gardner, "Trains for the 1%," US News & World Report, October 4, 2016

24. 譯註。collapsible steering wheels。一種小客車方向盤的安全性設計，在意外發生時，方向盤受到衝擊會向車頭方向坍縮，以避免重創駕駛。

25. Christopher Zook, Francis Moore, and Richard Zeckhauser, " 'Catastrophic' health insurance: a misguided prescription?," *Public Interest*, 1981, 62: 66–81, 80

26. Glenn Blomquist, "Traffic safety regulation by NHTSA," Government Regulation Working Paper 16 (Washington, DC: American Enterprise Institute, 1981), 10

27. 類似討論請參見：Blomquist, "Traffic safety regulation by NHTSA";and Albert Nicholsand Richard Zeckhauser, "Government comes to the workplace: an

assessment of OSHA," *Public Interest*, 1977, 49: 39–69

28. 請參見：Ilya Somin, *Democracy and Political Ignorance: Why Smaller Government Is Smarter* (Stanford, CA: Stanford University Press, 2013)。本書作者是位深受經濟學影響的法學教授，對外部性提出了非常有趣的探討。有項調查顯示，美國人對地方政府的信任度比對州政府和聯邦政府高，請參見：Rasmussen Reports, "Americans still have more faith in local government than in feds, states," June 11, 2013

29. 亞佛烈德・卡恩曾在一封信中提及，外部性的思考方式容易使人們認為，許多服務與功能應該由超國家的層級提供，但大多數經濟學家並未提及這種可能性。一方面大概是因為我們的超國家機構沒有多少權力，另外一方面則是因為，經濟學家似乎已經接受「國家」是分析福利損益的最合適單位，就像收入分配分析和成本效益分析。

30. 類似的討論請參見：Mark V. Pauly, "Income redistribution as a local public good," *Journal of Public Economics*, 1973, 2(1): 35–58

31. 「第一次用完聯邦政府發放給數千名海地難民的救濟金時，佛羅里達州告訴所有難民，他們可能會從另外 10 個州獲得更多援助。與此同時，德州政府印製了宣傳手冊，警告民眾德州福利支出是全美第二低，僅次於密西西比州，且未來沒有提升的跡象。」（《華盛頓郵報》1982 年 6 月 14 日，A5 版）。

32. Justin Jouvenal, "Homeless say booming cities have outlawed their right to sleep, beg and even sit," *Washington Post*, June 2, 2016

33. Heather McDonald, "San Francisco gets tough with the homeless," *City Journal*, Autumn 1994

34. David Holmstrom, "Cities get tougher on homeless, as number of street dwellers rises," *Christian Science Monitor*, December 14, 1994

35. Rachel Uranga, "One city's key to keeping its California paradise: arrest the homeless," Fusion, June 22, 2016

36. René Sanchez, "Exasperated cities move to curb or expel the homeless," *Washington Post*, October 30, 2002

37. *The Guardian*, "Bussed out: how America moves its homeless," December 20, 2017

38. Maya Kosoff, "Amazon crushes a small tax that would have helped the homeless," *Vanity Fair*, June 12, 2018

39. *Washington Post*, June 14, 1982, A5

40. 有關外部性和聯邦制進一步的討論請參見： George Break, *Financing Government in a Federal System* (Washington, DC: Brookings Institution, 1980), esp. ch. 3; Browning and Browning, *Public Finance and the Price System*, ch. 15。布朗寧認為，聯邦政府在幾個資助專案中負擔的份額過高。舉例來說，他們懷疑聯邦州際公路計畫是否真有 90% 的益處由外州居民享受；他們也認為，汙水處理系統不可能有 75% 的收益由非本州居民獲得 (480)。

41. 經濟學家探討政策的文獻中，有許多案例使用外部性來評估政府部門在專案中的職權分配。請參見：David Harrison Jr., and Paul Portney, "Making ready for the Clean Air Act," *Regulation*, 1981, 5(2): 24–31。更多相關資料，請參見：*Regulation*, 1982, 6(2), 54; and Regulation, 1982, 6(1), 3

42. 在一個案例中，聯邦補助款曾讓地方政府決策者把錢花在「瘋子才會花的地方」。請參見：*Washington Post*, January 4, 1982, 1, 4–6

43. Joseph E. Aldy, "Eliminating fossil fuel subsidies," Innovative Approaches

to Tax Reform Proposal 5 (Washington, DC: Hamilton Project, Brookings Institution, 2013)

44. Bjorn Lomborg, "Green energy is the real subsidy hog," *Wall Street Journal*, November 11, 2013

45. 摘錄自艾利奧・奈金（Elliott Negin）謄錄的「保守黨政治行動會議」演講，請參見："EPA chief Pruitt even violates his own principles," Union of Concerned Scientists, April 26, 2015

46. Eric Pianin, "Bush plans to shift some EPA enforcement to states," *Washington Post*, July 22, 2001

47. Kenlyn Duncan, "Out-of-state pollution is hurting Marylanders" [letter to the editor], *Washington Post*, August 7, 2017

48. Robert Pear, "Reagan's plans for budget cuts angering states," *New York Times*, December 24, 1984

49. Mary McGrory, "Cuomo and Buchanan duke it out," *Washington Post*, June 23, 1985

50. Mary McGrory, "Making butter a luxury," *Washington Post*, February 7, 1985; Tom Wicker, "This is still one nation," *New York Times*, February 13, 1985

51. Allen V. Kneese, *Measuring the Benefits of Clean Air and Water* (Washington, DC: Resources for the Future, 1984)

52. Cass R. Sunstein, *The Cost–Benefit Revolution* (Cambridge, MA: MIT Press, 2018), 45; W. Kip Viscusi, "Pricing lives for corporate and governmental risk decisions," *Journal of Benefit–Cost Analysis*, 2015, 6(2): 227–246; W. Kip Viscusi, "The value of life," in Steven N. Durlauf and William E. Blume, eds., *The New Palgrave Dictionary of Economics*, 2nd ed. (London: Palgrave Macmillan, 2008), https://doi .org/10.1057/978-1-349-95121-5_1323-2

53. Acting general counsel Molly J. Moran and assistant secretary for transportation policy Carlos Monje to secretarial officers and modal administrators of the US Department of Transportation, August 8, 2016, Office of the Secretary of Transportation, "Guidance on treatment of the economic value of a statistical life (VSL) in US Department of Transportation analyses: 2016 adjustment." 有關統計生命價值當前的估計值，請參考：Thomas J. Knieser and W. Kip Viscusi, "The value of a statistical life," in *Oxford Research Encyclopedia of Economics and Finance*, July 2019, 10.1093/acrefore/9780190625979.013.138

54. Todd C. Frankel, "The government has spent decades studying what a life is worth. It hasn't made a difference in the COVID-19 crisis," *Washington Post*, May 23, 2020

55. 譯註。regulatory state。指國家以法規管制手段行使其權利，並在社會中擴張國家影響力。

56. Cass R. Sunstein, "The stunning triumph of cost–benefit analysis," Bloomberg, September 12, 2012。

57. Jonathan H. Addler, "Supreme Court smacks EPA for ignoring costs, but mercury rule likely to persevere," *Washington Post*, June 30, 2015

58. Cass R. Sunstein, "Why companies reject Trump's deregulation theology," Bloomberg, January 9, 2019; Juliet Eilperin and Brady Dennis, "The EPA is about to change a rule cutting mercury pollution. The industry doesn't want it," *Washington Post*, February 17, 2020

59. Lisa Heinzerling, "Cost-nothing analysis: environmental economics in the age of Trump," *Colorado Natural Resources, Energy & Environmental Law Review*, 2019, 30(2): 287–305; critiques by NYU Law School professor Richard Revesz in "Donald Trump's toolkit: how the president has used OMB, an obscure but important federal agency," *The Economist*, March 7, 2020

60. Sunstein, *The Cost–Benefit Revolution*, 209

61. Sunstein, *The Cost–Benefit Revolution*, 209

62. Susan Dudley, Glenn C. Blomquist, Richard B. Belzer, and Timothy Brennan, "Consumer's guide to regulatory impact analysis: ten tips for being an informed policymaker," *Journal of Benefit–Cost Analysis*, 2017, 8(2): 187–204

63. Dudley et al., "Consumer's guide." 在行為經濟學領域，曾有 2 位心理學家發表一篇指標性的論文：Daniel Kahneman and Amos Tversky, "Judgement under uncertainty: heuristics and biases," *Science*, 1974, 185(4157): 1124–1131。關於這些經濟學概念在能源效率上的進一步研究，請參見：Cristina Cattaneo, "Internal and external barriers to energy efficiency: which role for policy interventions?," *Energy Efficiency*, 2019, 12(5): 1293–1311。Ted Gayer 曾擔憂，行為經濟學對聯邦政府成本效益分析造成影響，請參見：Ted Gayer, "A better approach to environmental regulation: getting the costs and benefits right," Hamilton Project Discussion Paper 2011–06 (Washington, DC: Brookings Institution, 2011)。

64. 有關行為經濟學的解釋與範例，請參見：David Laibson, "Golden eggs and hyperbolic discounting," *Quarterly Journal of Economics*, 1997, 112(2): 443–478; Sendhil Mullainathan and Eldar Shafir, *Scarcity: Why Having Too Little Means So Much* (New York: Times Books, 2013); Emmanuel Lee, "Behavioural science, rationality and public policy," Behavioraleconomics.com, November 24, 2017。

65. Pew Research Center, "Little public support for reductions in federal spending" (Washington, DC: Pew Research Center, 2019)

66. 譯註。evolutionary psychology。著重探討演化如何定型人類思維，例如偏好健康的伴侶、發展語言及合作能力。

67. Ted Gayer and W. Kip Viscusi, "Overriding consumer preferences with energy regulations," *Journal of Regulatory Economics*, 2013, 43(3): 248–264; Ted Gayer and W. Kip Viscusi, "Resisting abuses of benefit cost analysis," *National Affairs*, 2016, 27: 59–71

68. Ted Gayer, "Energy efficiency, risk and uncertainty, and behavioral public choice," Brookings Institution, March 6, 2015

69. Gayer, "Energy efficiency."

70. Bill Clinton, "Regulatory planning and review," Executive Order 12866 of September 30, 1993, *Federal Register*, 1993, 58(190)

71. 編按。consumer durables。經濟學上指稱可使用較長時間且不須經常重複購買、相對不易耗損的物品，如：電視、汽車等。

72. Gayer and Viscusi, "Overriding consumer preferences with energy regulations," 260

73. FINRA Investor Education Foundation, "The state of US financial capability: The 2018 National Financial Capability Study" (Washington, DC: FINRA Investor Education Foundation, 2019), 27

74. Federal Reserve System, "Consumer credit – G.19," July 8, 2020

75. 請參見博西家用電器（BSH Hausgeräte）2011 年財團年度報告中，董事會主席 Kurt-Ludwig Gutberlet 的發言。"Energy efficiency is the key to implementing the energy transition in Germany," *Group Annual Report 2011* (Munich: BSH Hausgeräte GMBH, 2011): 28–31

76. Jonathan Wiener, "Unplugged: energy guide vs. Energy Star," Earth Justice, May 24, 2011

77. Marla C. Sanchez, Richard E. Brown, Carrie Webber, and Gregory K. Homan, "Savings estimates for the United States Environmental Protection Agency's ENERGY STAR voluntary product labeling program," *Energy Policy*, 2008, 36(6): 2098–2108; Franz Fuerst and Pat McAllister, "Eco-labeling in commercial office markets: do LEED and Energy Star offices obtain multiple premiums?," *Ecological Economics*, 2011, 70(6): 1220–1230; Omar I. Asensio and Magali A. Delmas, "Nonprice incentives and energy conservation," *Proceedings of the National Academy of Sciences of the United States of America*, 2015, 112(6): E510–E515; Stephanie Heinzle and Rolf Wüstenhagen, "Disimproving the European Energy Label's value for consumers? Results from a consumer survey," discussion paper (St. Gallen: University of St. Gallen, 2010); Gicheol Jeong and Yeunjoong Kim, "The effects of energy efficiency and environmental labels on appliance choice in South Korea," *Energy Efficiency*, 2015, 8(3): 559–576

78. Lucas W. Davis and Gilbert E. Metcalf, "Does better information lead to better choices? Evidence from energy-efficiency labels," *Journal of the Association of Environmental and Resource Economists*, 2016, 3(3): 589–625

79. 引用自泰德・蓋爾與本書作者於 2020 年 6 月的電話對談。

| PART 3　經濟學的局限 |

CHAPTER 7　如果提高菸稅，你會戒菸嗎？──經濟學家眼中的消費者與個人福祉

1. 關於市場如何產生資訊，請參見：George Stigler, "The economics of information," *Journal of Political Economy*, 1961, 69(3): 213–225; and Friedman and Friedman, *Free to Choose*, 213

2. *Washington Post*, June 19, 1981, C15; *Washington Post*, January 15, 1982, A14. 還有一些公司隱瞞員工其職務的長期健康風險資訊，請參見：Steven Kelman, *Regulating America, Regulating Sweden* (Cambridge, MA: MIT Press, 1981), 57; *Washington Post*, April 17, 1982, A21

3. Brian Elbel, Rogan Kersh, Victoria L. Brescoll, and L. Beth Dixon, "Calorie labeling and food choices: a first look at the effects on low-income people in New York City," *Health Affairs*, 2009, 28(Supplement 1): https://doi.org/10 .1377/ hlthaff.28.6.w1110

4. Aaron Yelowitz, "Menu mandates and obesity : a futile effort, " Policy Analysis 789 (Washington, DC: Cato Institute, 2016)

5. American Academy of Family Physicians, "New report shows US obesity epidemic continues to worsen," October 15, 2018

6. Brian Vastag and N. C. Aizenman, "New York's plan to curb soda size stirs new controversy over obesity," *Washington Post*, June 3, 2012

7. Michael O'Hare, "Information strategies as regulatory surrogates," in Eugene Bardach and Robert Kagan, eds., *Social Regulation: Strategies for Reform* (San Francisco: Institute for Contemporary Studies, 1982): 221–236, 229

8. Ben Guarino and Eli Rosenberg, "Don't fret over cancer warning ordered for coffee," *Washington Post*, March 31, 2018

9. 編按。J. D. Power。美國市場資訊公司，因其新車質量滿意度調查而知名。

10. 譯註。由於廣告使消費者預先認識產品特性與選項，因此店面可以配置較少的服務人力、提供較少的資訊，從而減少成本、降低價格。

11. Thomas C. Frohlich and Vince Calio, "Nine of the most totally misleading product claims," *Time*, May 21, 2014

12. Wikipedia, "False advertising," https://en.wikipedia.org/wiki/False_advertising

13. 請參見:Claude S. Colantoni, Otto A. Davis, and Malati Swaminuthan, "Imperfect consumers and welfare comparisons of policies concerning information and regulation," *Bell Journal of Economics and Management Science*, 1976, 7: 602–615, 613; Schwartz and Wilde, "Intervening in markets," 668; Walter Y. Oi, "The economics of product safety," *Bell Journal of Economics and Management Science*, 1973, 4: 3–27; 以及 Victor Goldberg's 對 Oi 論文的批評，和 Oi 此後的回應:*Bell Journal of Economics and Management Science*, 1974, 5: 683–695。儘管使用了巧妙的數學模型，但由於缺乏經驗驗證，Oi 最後只能以自己對拋棄式汽水瓶的偏好，爲他和 Goldberg 之間的學術意見交流做結（即使文中曾提及這種瓶子更容易爆炸）。

14. Steven Kelman, "Regulation and paternalism," *Public Policy*, 1981, 29(2): 219–254, 229

15. Richard Nelson, "Comments on Peltzman's paper on automobile safety regulation," Working Paper 5–13 (New Haven, CT: Institution for Social and Policy Studies, Yale University, 1976): 15

16. Kelvin Lancaster, "A new approach to consumer theory," *Journal of Political Economy*, 1966, 74(2): 132–157, 149–50。關於經濟學家以蘭開斯特爲基礎的例子，請參見:Colantoni, Davis, and Swaminuthan, "Imperfect consumers and welfare comparisons."

17. Jerome Rothenberg, "Welfare comparisons and changes in tastes," *American Economic Review*, 1953, 43(5): 885–890, 887, emphasis in original

18. 編按。revealed preference。可以透過消費者的消費習慣與行爲，判斷出他們的喜好，也就是消費行爲所顯現的偏好。

19. 譯註。經濟學早期在論述偏好時，採用西方哲學傳統中對理性思維的肯定，認爲非理性的決定（如因爲愛而進行慈善行動）不能顯示一個人的眞正偏好。近期由於思潮變化，出現一些挑戰的想法，作者將在本章進行討論。

20. *Washington Post*, "Gambler's vows: for better or worse," July 9, 1974

21. *Daily Progress*, May 30, 1981, B10。最近對精神科醫生的一項研究發現，有極少數的治療師反覆與患者發生性關係，這些人大多數清楚知道自己的行爲「對治療師和患者都不利」。*Washington Post*, September 1, 1983, A3

22. Centers for Disease Control and Prevention, "Cigarette smoking among US adults hits all-time low," November 14, 2019

23. Jonathan Gruber, "Smoking's 'internalities':given smokers'future preferences, lawmakers should raise cigarette taxes," *Regulation*, 2002, 25(4): 52–57, 52

24. Reto Odermatt and Alois Stutzer, "Smoking bans, cigarette prices and life

satisfaction," *Journal of Health Economics*, 2015, 44: 176–194

25. Irving Kristol, *Two Cheers for Capitalism* (New York: Mentor Books, 1978), 82

26. 第一個數字來自於《華盛頓郵報》的哈里斯民意調查，1978 年 9 月 18 日，A4 版；第二個數字來自於《華盛頓郵報》的哈里斯民意調查，1977 年 5 月 23 日，A10 版。其他民意調查發現，許多美國人認為，富裕程度的增加使人們變得不那麼快樂，而非更快樂。而受訪者無論收入高低，都不認為幸福等同於經濟福利。請參見：Jennifer Hochschild, "Why the dog doesn't bark: income, attitudes and the redistribution of wealth," *Polity*, 1979, 11(4): 478–511, 509

27. James B. Stewart, "Facebook has 50 minutes of your time each day. It wants more," *New York Times*, May 12, 2016

28. Cited in Tibor Scitovsky, *The Joyless Economy* (Oxford: Oxford University Press, 1978), 163–4.（簡中本：《無快樂的經濟：人類獲得滿足的心理學》，2009 年 1 月 1 日，中國人民大學出版社，北京）

29. James M. Buchanan, "Individual choice in voting and the market," *Journal of Political Economy*, 1954, 62(4): 334–343, 336

30. David Friedman, "Economics and evolutionary psychology," in Roger Koppl, ed., *Evolutionary Psychology and Economic Theory* (Bingley: Emerald, 2005): 17–33

31. Richard H. Thaler and Cass R. Sunstein, *Nudge: Improving Decisions about Health, Wealth, and Happiness* (London: Penguin Books, 2009)（《推力：每個人都可以影響別人、改善決策、做人生的選擇設計師【終極增訂版】》，2022 年 12 月 13 日，時報出版，台北）；Danny Vinik, "Obama's retirement fail," Politico, June 7, 2018。在經濟學家的呼籲下，2006 年的《退休金保障法》（Pension Protection Act）鼓勵企業自動將員工納入退休儲蓄計畫。請參見：John Beshears, James Choi, David Laibson, Brigitte C. Madrian, and Brian Weller, "Public policy and saving for retirement: the autosave features of the Pension Protection Act of 2006," in Siegfried, Better Living through Economics: 274–290

32. 譯註。libertarian paternalists，是塞勒和桑思坦兩人在《推力》一書中提出的概念，認為人類認知系統慣於犯錯，因此政府有責任也應該採取某些制度或物質設計，以引導民眾做出對自己較有利的選擇。

33. Will Wilkinson, "Why opting out is no third way," *Reason*, October 2008: 64–69

34. Friedman, "Economics and evolutionary psychology."

35. David Laibson, "Golden eggs and hyperbolic discounting," *Quarterly Journal of Economics*, 1997, 112(2): 443–478

36. Ashoka Mody ,Franziska Ohnsorge,and Damiano Sandri, "Precautionary savings in the Great Recession," *IMF Economic Review*, 2012, 60(1): 114–138

37. Paul Davidson, "Americans are sitting on record cash savings amid pandemic and uncertain economy," *USA Today*, August 10, 2020

38. 支持經濟學家「後天學會自利」觀點的文獻，請參見：Robert H. Frank, Thomas D. Gilovich, and Dennis T. Regan, "Do economists make bad citizens?," *Journal of Economic Perspectives*, 1996, 10(1): 187–192; Adam Grant, "Does studying economics breed greed?," *Psychology Today*, October 22, 2013; Robert H. Frank, Thomas D. Gilovich, and Dennis T. Regan, "Does studying economics inhibit cooperation?," *Journal of Economic Perspectives*, 1993, 7(2): 159–171。支持經濟學家「天生就自私」觀點的文獻，請參見：Bruno S. Frey and Stephan Meier, "Are political economists selfish and indoctrinated? Evidence from a

natural experiment," *Economic Inquiry*, 2003, 41(3): 448–462; John R. Carter and Michael D. Irons, "Are economists any different, and if so, why?," *Journal of Economic Perspectives*, 1991, 5(2): 171–177

39. Frank, Gilovich, and Regan, "Does studying economics inhibit cooperation?," 162

40. Gordon Tullock, "More thought about demand revealing," *Public Choice*, 1982, 38(2): 167–170, 167

41. James M. Buchanan, *Public Finance in Democratic Process: Fiscal Institutions and Individual Choice* (Chapel Hill, NC: University of North Carolina Press, 1967), 198; Bruce Bolnick, "Toward a behavioral theory of philanthropic activity," in Edmund Phelps, ed., *Altruism, Morality and Economic Theory* (New York: Russell Sage, 1975): 197–224, 198

42. William Breit, "Income redistribution and efficiency norms," in Harold Hochman and George Peterson, eds., *Redistribution through Public Choice* (New York: Columbia University Press, 1974): 3–21, esp. 11, 18

43. Bolnick, "Toward a behavioral theory," esp. 198–9。For discussion of other economists who have seen altruism as being "silly" or "irrational,"，對於將利他主義視爲「愚蠢」或「非理性」的其他經濟學家相關討論，可參見：Gerald Marwell and Ruth Ames, "Economists free ride, does anyone else?," *Journal of Public Economics*, 1981, 15(3): 295–310, 299

44. 「爲了進行科學性的預測，必須以清晰、可識別、可測量的方式，定義個別效用函數中的元素。 在應用經濟人前提進行經驗性或預測性分析時，必須以「淨財富最大化」替代更廣泛的消費最大化。」（Geoffrey Brennan and James M. Buchanan, "The normative purpose of economic'science': rediscovery of an eighteenth century method," *International Review of Law and Economics*, 1981, 1 (2): 155–166, 162）請同時參見：Richard McKenzie, *The Limits of Economic Science* (Boston: Kluwer-Nijhoff, 1983); Ronald Coase, "Economics and contiguous disciplines," *Journal of Legal Studies*, 1978, 7(2): 201–211

45. Gordon Tullock, "Does punishment deter crime?," *Public Interest*, 1974, 36: 103–111, 106; Gordon Tullock, *The Logic of the Law* (New York: Basic Books, 1971), esp. 164–5, 213; sociologist Serapio Zalba's comments in Simon Rottenberg, ed., *The Economics of Crime and Punishment* (Washington, DC: American Enterprise Institute, 1973): 58–62, 62

46. W. B. Arthur, "The economics of risks to life," *American Economic Review*, 1981, 71(1): 54–64, 55, 61

47. John Morrall III, "OSHA after ten years," Working Paper 13 (Washington, DC: American Enterprise Institute, 1981)。如同威廉·布萊恩·亞瑟的論述，Albert Nichols 和 Richard Zeckhauser 針對美國職業安全與健康管理局的分析報告中，也完全沒有提到對良善大眾所造成的心理外部性。請參見："OSHA after a decade: a time for reason," in Weiss and Klass, *Case Studies in Regulation*: 202–234, esp. 208–9

48. Lipsey and Steiner, *Economics*

49. Lipsey and Steiner, *Economics*, 17–19

50. Amartya Sen, *Collective Choice and Social Welfare* (San Francisco: Holden-Day, 1970), 64. Also see 56–63

51. David Long, Charles Mallar, and Craig Thornton, "Evaluating the benefits and

costs of the Job Corps," *Journal of Policy Analysis and Management*, 1981, 1(1): 55–76, 61

52. 一些經濟學家指出，犯罪案件增加可能會導致其他社會成本，例如人們增加額外支出，以保護自己免受犯罪侵害。請參見：James M. Buchanan, *The Limits of Liberty: Between Anarchy and Leviathan* (Chicago: University of Chicago Press, 1975) , 122

53. Timothy Hannan, "The benefits and costs of methadone maintenance," *Public Policy*, 1976, 24(2): 197–226, 200–1; Gary Becker, "Crime and punishment: an economic approach," *Journal of Political Economy*, 1968, 76(2): 169–217; Richard Posner, *Economic Analysis of Law* (Boston: Little, Brown, 1972), 357–9. 在最近一篇評論文章中，馬克‧科恩（Mark Cohen）指出，一些經濟學家將失去的工資和自由視為罪犯的成本，另一些經濟學家則主張「社會應有其約束」，並拒絕在成本效益分析中計算這些成本。請參見：Mark A. Cohen, "The cost of crime and benefit–cost analysis of criminal justice policy: understanding and improving upon the state-of-the-art," 2016, https://ssrn .com/abstract=2832944

54. 在本書第一版中，讀者對這段討論有各式各樣的回應。一位公共行政研究生認為，指出多數經濟學家在計算成本效益會包含小偷的收益是不公平的陳述，因為他無法相信大多數經濟學家會這麼離譜。一位聰明且博學的經濟學家則認為，不應該排除所有對小偷的好處。他提醒我，小偷可能是個從富人手上偷竊，以便餵養孩子的母親。

55. Jeffrey Sedgwick, "Welfare economics and criminal justice policy," PhD dissertation (Charlottesville, VA: University of Virginia, 1978), 156–7

56. Tullock, *Logic of the Law*, 254

57. Tullock, *Logic of the Law*, 254–5

58. Aristotle, *Nicomachean Ethics*, in Richard McKeon, ed. ,Introduction to Aristotle (New York: Modern Library, 1947), book IX, chs. 4 & 9, 502, 514（中譯本：《尼各馬科倫理學》，2005 年 12 月，臺灣商務印書館，台北）; Adam Smith, *The Theory of Moral Sentiments*, D. D. Raphael and A. L Macfie, eds. (Indianapolis: Liberty Classics, 1976 [1759]), III.2.1–III.2.6

59. Nelson, *The Moon and the Ghetto*, 151

60. Mishan, *Cost–Benefit Analysis*, 312–15, 385–8

61. 請參見：Autoshow, "Mercedes-Benz 2017 summer event commercial," June 1, 2017, www.youtube.com/watch?v=v8QpbNJWYEk

62. E. J. Mishan, *The Costs of Economic Growth* (New York: Praeger, 1967), 130, 119

63. Robert Solow, "A rejoinder," *Public Interest*, 1967, 9: 118–119, 119

64. William Baumol, *Welfare Economics and the Theory of the State* (Cambridge, MA: Harvard University Press, 1969), 29

65. William Vickrey, "Goals of economic life: an exchange of questions between economics and philosophy," in Ward, *Goals of Economic Life*: 148–177, 159

66. Dean Worcester Jr., *Welfare Gains from Advertising: The Problem of Regulation* (Washington, DC: American Enterprise Institute, 1978), 124. 其他對 Galbraith–Mishan 論點的主流意見，請參見：Abba Lerner, "The economics and politics of consumer sovereignty," *American Economic Review*, 1972, 62(1/2): 258–266, 258; William Breit and R. L. Ransom, *The Academic Scribblers* (New York: Holt, Rinehart & Winston, 1971), 169–70, 200

67. Robert Ayanian, "Does advertising persuade consumers to buy things they do

not need?," in M. Bruce Johnson, ed., *The Attack on Corporate America: The Corporate Issues Sourcebook* (New York: McGraw-Hill, 1978): 236–239, 239

68. Mancur Olson and Christopher Clague, "Dissentin economics :the convergence of extremes," *Social Research*, 1971, 38(4): 751–776; Steven Kelman, *What Price Incentives?*, 19–20

69. Schultze, *The Public Use of Private Interest*, 17–18, emphasis in original

70. Ronald Sharp, *Friendship and Literature: Spirit and Form* (Durham, NC: Duke University Press, 1986), 94

71. Maria G. Janicki, "Beyond sociobiology: a kinder and gentler evolutionary view of human nature," in Charles Crawford and Catherine Salmon, eds., *Evolutionary Psychology, Public Policy and Personal Decisions* (Mahwah, NJ: Psychology Press, 2004): 49–68

72. Peter Singer, "Altruism and commerce: a defense of Titmuss against Arrow," *Philosophy and Public Affairs*, 1973, 2(3): 312–320, 319

73. Kenneth Arrow, *The Limits of Organization* (New York: Norton, 1974),16; McKenzie and Tullock, *The New World of Economics*, chs. 1 & 21

74. 關於本段和接下來幾段所討論的議題，有些學者抱持不同觀點。請參見：David Braybrooke, "From economics to aesthetics: the rectification of preferences," *Nous*, 1974, 8(1): 13–24; Scitovsky, *The Joyless Economy*, esp. pt. II; Steven Kelman, "Cost–benefit analysis: an ethical critique," *Regulation*, 1981, 5(1): 33–40, 38

75. Paul Cantor, "Playwright of the globe," *Claremont Review of Books*, 2006, 7(1): 34–40

76. Leo Strauss, "What is political philosophy?," *Journal of Politics*, 1957, 19(3): 343–368, 351

77. Tammy Poole, "School board adopts multicultural education policy," *Daily Progress*, November 22, 1991

78. 請參見 1997 年 8 月 1 日《華盛頓郵報》社論〈亞洲價值〉。

79. Joseph Cropsey, "What is welfare economics?," *Ethics*, 1955, 65(2): 116–125, 124; Walter Berns, "The behavioral sciences and the study of political things: the case of Christian Bay's The Structure of Freedom," *American Political Science Review*, 1961, 55(3): 550–559

80. *The Politics of Aristotle*, trans. Carnes Lord, 2nd ed. (Chicago: University of Chicago Press: 2013), book 7, ch. 1, 187

81. Aristotle, *Nicomachean Ethics*, book III, chs. 6–9, 361–8

82. 本段摘自林肯的長詩："My childhood-home I see again," in Abraham Lincoln, *Speeches and Writings*, vol. 1, 1832–1858 (New York: Library of America, 1989): 120–122

83. John Stuart Mill, *Utilitarianism* (Indianapolis: Hackett, 1979 [1861]), 10.（中譯本：《效益主義》，2017 年 7 月，暖暖書屋，台北）

84. Martin Bronfenbrenner, "Poetry, pushpin, and utility," *Economic Inquiry*, 1977, 15(1): 95–110, 98

85. 幸福的典型衡量標準，通常基於受訪者對下列問題的答案，例如：「你會描述自己有多開心——非常開心、有點開心還是不太開心?」這些訪問得到的結果，與藉由臉部表情衡量幸福感，或請朋友與熟人詢問受訪者的幸福感，兩者得到的評估相當一致。請參見：Will Wilkinson, "In pursuit of happiness research: is it

reliable? What does it imply for policy?," Policy Analysis 590 (Washington, DC: Cato Institute, 2007)

86. Richard A. Easterlin, "Explaining happiness," *Proceedings of the National Academy of Sciences*, 2003, 100(19): 11176–11183; Carol Graham, "The economics of happiness," in Durlauf and Blume, *The New Palgrave Dictionary of Economics*, 2nd ed., https://pdfs.semanticscholar.org/8d28/abb020d4 b2604e9df53c24982ec119f2df43.pdf

87. Betsy Stevenson and Justin Wolfers, "Economic growth and subjective well-being: reassessing the Easterlin paradox," Working Paper 14282 (Cambridge, MA: National Bureau of Economic Research, 2008); Wilkinson, "In pursuit of happiness research";Helen Johns and Paul Ormerod, *Happiness, Economics and Public Policy* (London: Institute of Economic Affairs: 2012)

88. John F. Helliwell, Richard Layard, and Jeffrey D. Sachs, eds, *World Happiness Report 2019* (New York: Sustainable Development Solutions Network, 2019), as summarized in *The Economist*, "Economic growth does not guarantee happiness," March 21, 2019

89. 譯註。rival goods。一人消費具敵對性的貨品時，會限制（或避免）另一人消費該產品。

90. Frank, Luxury Fever; Robert H.Frank, *The Darwin Economy: Liberty, Competition, and the Common Good* (Princeton, NJ: Princeton University Press, 2011).（簡中本：《奢侈病：無節制揮霍時代的金錢與幸福》，2017 年 7 月，中國友誼出版公司）

91. Quoted in Wilkinson, "In pursuit of happiness research," 9

92. Benjamin M. Friedman, *The Moral Consequences of Economic Growth* (New York: Vintage Books, 2006), esp. 351

93. Lawrence H. Summers, "The age of secular stagnation: what it is and what to do about it," *Foreign Affairs*, February 2016; Friedman, *The Moral Consequences of Economic Growth*

94. *The Economist*, "Generation SRI," November 25, 2017; Tony Mecia, "Feel-good investing," *Weekly Standard*, April 10, 2017

95. Bryant Stone, "A call for the positive: why young psychological scientists should take positive psychology seriously," Association for Psychological Science, August 29, 2018

96. Claudia Dreifus, "The smiling professor," *New York Times*, April 22, 2008

97. Jane E. Brody, "Social interaction is critical for mental and physical health," *New York Times*, June 12, 2017, quoting John Robbins, *Healthy at 100: How You Can – at Any Age – Dramatically Increase Your Life Span and Health Span* (New York: Random House, 2006)

98. John Murphy, "New epidemic affects nearly half of American adults," MDLinx, January 11, 2019; *The Economist*, "Mind and body: the reason loneliness could be bad for your health," February 24, 2011

99. Anasse Bari, Julian De Niro, and Melanie Tosik, "What do people say they want on Twitter?," *Washington Post*, December 16, 2018

100. *Washington Post*, "I feel your pain. No, Really," April 8, 2003.

101. Ann Waldron, review of Morton Hunt, *The Compassionate Beast: What Science Is Discovering about the Humane Side of Humankind* (New York: William

Morrow, 1990), in Washington Post, July 3, 1990

102. Brooks, *Gross National Happiness*, 177; Tyler J. Vander Weele, "Volunteering and human flourishing," *Psychology Today*, August 26, 2020

103. *Daily Progress*, October 17, 1982, F1, and March 14, 1982, B1; Marissa J. Lang, "Among the gifts, companionship: eager volunteers pay Christmas visits to hundreds of homebound district seniors," *Washington Post*, December 26, 2019

104. George H. W. Bush, "The Points of Light Movement" [the president's report to the nation] (Washington, DC: Government Printing Office, 1993), 47

105. Micaela Connery, "A 'kinder, gentler' president: how George Herbert Walker Bush captured America with 'a thousand points of light,' "masters thesis (Charlottesville: University of Virginia, 2009)

106. Brooks, *Gross National Happiness*, 157–62

107. Jan-Emmanuel De Neve and George Ward, "Does work make you happy? Evidence from the World Happiness Report," *Harvard Business Review*, March 20, 2017

108. 這裡需要說明的是，我全心全意支持民營企業。追求利潤的企業使社會變得富有，並幫助我們保持強大和自由。多數企業通常以公平的價格提供商品和服務來賺錢。此外，許多商業成功人士以慈善捐贈的方式做了很多好事。不過，整體來說，對我而言，做生意不是適合我的選擇。

109. 請參見：Bernard Gwertzman, "The Shultz method," *New York Times*, January 2, 1983 等文章。

110. *Princeton Alumni Weekly*, March 20, 1991; May 15, 1991; July 10, 1991; April 1, 1992

111. Robert Nozick, *The Examined Life: Philosophical Meditations* (New York: Simon & Schuster, 1989), 11–15, emphases in original（簡中本：《經過省察的人生：哲學沉思錄》，2007 年 11 月，商務印書館）

112. Nozick, *The Examined Life*, 18

113. Valerie Strauss, "Hiding plain sight: the adult literacy crisis," *Washington Post*, November 1, 2016

114. Kathryn Leckie, "Reading class helped man learn what he's missed," *Daily Progress*, November 27, 1983. 請參見另一篇關於 54 歲女子學會閱讀的文章，文句間充滿喜悅：William Raspberry, "Gift of understanding," *Washington Post*, December 25, 1991。同年該記者寫道：維吉尼亞大學的學生電台播送以下廣告詞：「從 1972 年以來，我們一直在播放聽眾渴望、卻沒有意識到自己想要的音樂。」

115. Arthur Brooks, "A formula for happiness," *New York Times*, December 15, 2013

116. Jonathan Haidt, "Elevation and the positive psychology of morality," in Corey L. M. Keyes and Jonathan Haidt, eds., *Flourishing: Positive Psychology and the Life Well-Lived* (Washington, DC: American Psychological Association: 2003):275–289

117. Smith, *The Theory of Moral Sentiments*, III.3.35.（中譯本：《道德情操論》，2011 年 10 月，狠角舍文化，台北）

118. Smith, *The Theory of Moral Sentiments*, VII.2.2

119. Samuel Fleischacker, "Adam Smith's moral and political philosophy," in Edward N. Zalta, ed., *The Stanford Encyclopedia of Philosophy* (Stanford, CA: Stanford University Press, 2017), https://plato.stanford.edu/archives/spr2017/entries/smith-

moral-political

120. Smith, *The Theory of Moral Sentiments*, III.2.1–III.2.34

121. Smith, *The Theory of Moral Sentiments*, III.2.1

122. John Stuart Mill, *Principles of Political Economy*, vols. 2 & 3 of the Collected Works of John Stuart Mill, J. M. Robson, ed. (Indianapolis: Liberty Fund, 2006 [1848])

123. Bronfenbrenner, "Poetry, pushpin, and utility," 98

124. 在麻州弗雷明漢市曾進行一項非常具開創性的研究，結果顯示網路友誼的範圍驚人地無遠弗屆。 如果 A 的朋友 B 變得更快樂，A 也會變快樂；而 B 的朋友 C 獲得的幸福，也增加了 B 的幸福，從而提高了 A 的幸福； C 的朋友 D 獲得的幸福增加了 C 的幸福，從而增加了 B 的幸福，進一步增加了 A 的幸福。 A 的幸福感會因 C 和 D 而增加，即使他完全不認識他們！ 研究顯示，幸福可以傳播到 3 個人際分離度之外。請參見：James H. Fowler and Nicholas A. Christakis, "Dynamic spread of happiness in a large social network: longitudinal analysis over 20 years in the Framingham Heart Study," *BMJ*, 2008, 337: a2338, https://doi.org/10.1136/bmj.a2338。這篇文章引起大眾對弗雷明漢社會網絡分析的討論、批評和後續研究，並已被 2,100 多篇其他論文引用。

125. Smith, *The Wealth of Nations*, book V, ch. 1, 303, 308

126. Alfred Marshall, *Principles of Economics: An Introductory Volume* (London: Macmillan, 1910), book VI, ch. 13, sect. 14, 599

127. Marshall, *Principles of Economics*, book III, ch. 3, sect. 6, 114

128. Marshall, *Principles of Economics*, book III, ch. 3, sect. 6, 113. 亞當·斯密願意透過比「鼓勵」更激進的方式，刺激富人做出對社會有利的支出。他主張，對豪華轎車課徵的稅金應高於貨車的稅金，以便能夠用非常輕鬆的方式，將富人的懶惰和虛榮拿來救濟窮人。請參見：*The Wealth of Nations*, book V, ch. 1, pt. III, art. 1, 246

129. 編按。Queen's Award to Industry。創立於 1965 年，旨在表揚英國企業在增加出口或技術創新上的傑出成就，是英國企業能得到的最高官方獎項。

130. Marshall, *Principles of Economics*, book I, ch. 1, sect. 4, 8

131. Philip Wicksteed, *The Common Sense of Political Economy*, Lionel Robbins, ed. (London: Routledge & Kegan Paul, 1950), book II, ch. 1, 431, 434

132. A. C. Pigou, *The Economics of Welfare* (London: Macmillan, 1938), 13, 17, 18

133. Frank Knight, *The Ethics of Competition* (London: Allen & Unwin, 1935), 22–3

134. Knight, *The Ethics of Competition*, 52n

135. Knight, *The Ethics of Competition*, 71

136. Amartya Sen, *Development as Freedom* (New York: Knopf, 1999).（中譯本：《經濟發展與自由》，2001 年 11 月，先覺出版，台北）

137. Thomas Carlyle, " ' Pig philosophy,' a section of 'Jesuitism,' " in *Latter-Day Pamphlets* (Andover: Warren F. Draper, 1860): 400–403

138. 譯註。Economic man（拉丁文為 Homo economicus）。這是經濟學和某些心理學分析常用的基本假設，假定人類思考和行為都是目標理性的，唯一試圖獲得的經濟好處，就是物質性補償的最大化。

139. 這是 Jack Smart 的原話。請參見：J. J. C. Smart, "An outline of a system of utilitarian ethics," in J. J. C. Smart and Bernard Williams, *Utilitarianism: For and Against* (Cambridge: Cambridge University Press, 1973): 3–76, 24

140. 這是 Roger Bolton 在其極為詳盡的研究中所提及的用詞。請參見："The

economics and public financing of higher education: an overview," in *The Economics and Financing of Higher Education in the United States*, a compendium of papers submitted to the Joint Economic Committee, US Congress (Washington, DC: Government Printing Office, 1969): 11–104, 33. 戴爾德麗・麥克洛斯基在其著作中，也得到與本書相似的結論，請參見：*The Rhetoric of Economics* (Madison, WI: University of Wisconsin Press, 1998)。譯者補充：在現代社會流行的觀點中，許多人抱持著「科學主義」的想法，認爲一切以可驗證、可數據化的內容爲準。本章主題「幸福」因爲非常主觀，難以將經驗性內容數據化，並獲得科學驗證，因此有時會被拒絕承認是有價值的觀點。

141. 亞里斯多德解釋了政治學所必備的不精確性：「一個受過適當教育、有教養的人，會在手頭資料性質允許的情況下，試圖達成該學科可行的精確度。」請參見：Carnes Lord, *The Modern Prince: What Leaders Need to Know Now* (New Haven, CT: Yale University Press, 2004), ch. 3, 30–1

CHAPTER 8　民選代表有智慧辨別真正的群體利益嗎？──民意代表、法案研議與政治領導

1. Mishan, *Cost–Benefit Analysis*, 318

2. Baumol, *Welfare Economics and the Theory of the State*, 29

3. Thomas Schelling, "The life you save may be your own," in Samuel Chase, ed., *Problems in Public Expenditure Analysis* (Washington, DC: Brookings Institution, 1968): 127–162, 161. Leland Yeager 反對許多同事的看法，寫了一篇有力的文章，提出支持法案研議理由，請參見："Pareto optimality in policy espousal," *Journal of Libertarian Studies*, 1978, 2(3): 199–216。譯者補充：代議制政治理論中，有一派學者認爲，政府官僚的組成必須與社會人口的組成相當，才能眞正實踐民主。在此派理論中，一位官僚參政時是自身所屬群體的「消極代表」，提出有利於其群體的政見時則成爲「積極代表（active representative）」。

4. James C. Miller III, "A program for direct and proxy voting in the legislative process," *Public Choice*, 1969, 7(1): 107–113; Kenneth Greene and Hadi Salavitabar, "Senatorial responsiveness, the characteristics of the polity and the political cycle," *Public Choice*, 1982, 38(3): 263–269; Ryan Amacher and William Boyes, "Cycles in senatorial voting: implications for the optimal frequency of elections," *Public Choice*, 1978, 33(1): 5–13。關於支持設立更多民意代表（才能好好代表公眾觀點）的文章，請參見：Emmanuelle Auriol and Robert J. Gary-Bobo, "The more the merrier? Choosing the optimum number of representatives in modern democracies," VoxEU, October 9, 2007

5. James M. Buchanan and Gordon Tullock, *The Calculus of Consent: Legal Foundations of Constitutional Democracy* (Ann Arbor, MI: University of Michigan Press, 1965), 20

6. Buchanan, *Public Finance in Democratic Process*, 176; Duncan MacRae, *The Social Function of Social Science* (New Haven, CT: Yale University Press, 1976), 197

7. Greene and Salavitabar, "Senatorial responsiveness," 263; Edgar Browning, "More on the appeal of minimum wage laws," *Public Choice*, 1978, 33(1): 91–93, 93; William Niskanen, "The pathology of politics," in Richard Selden, ed., *Capitalism and Freedom: Problems and Prospects* (Charlottesville, VA:

University of Virginia Press, 1975): 20–35; Julius Margolis, "Public policies for private profits: urban government," in Harold Hochman and George Peterson, eds., *Redistribution through Public Choice* (New York: Columbia University Press, 1974): 289–319, esp. 301; MacRae, *The Social Function of Social Science*, 197; Fred Gottheil, *Principles of Economics*, 7th ed. (Mason, OH: Southwestern Cengage Learning, 2013), 348–9。一些著名經濟學家反對政治上的普遍共識，即利益集團可以扭曲消費者偏好，並促成政府制定效率低下的政策。請參見：Donald Wittman, *The Myth of Democratic Failure: Why Political Institutions Are Efficient* (Chicago: University of Chicago Press, 1995), 76–86; Gary S. Becker, "A theory of competition among pressure groups for political influence," *Quarterly Journal of Economics*, 1983, 98(3): 371–400

8. Arman A. Alchian and Harold Demsetz, "Production, information costs, and economic organization," *American Economic Review*, 1972, 62(5): 777–795; Joseph P. Kalt and Mark A. Zupan, "Capture and ideology in the economic theory of politics," *American Economic Review*, 1984, 74(3): 279–300; Joseph P. Kalt and Mark A. Zupan, "The apparent ideological behavior of legislators: testing for principal–agent slack in political institutions," *Journal of Law and Economics*, 1990, 33(1): 103–131

9. Miller, "A program for direct and proxy voting."

10. Tullock, *Private Wants, Public Means*, 112–13. Martin Shubik 曾表示對米勒的提議持保留意見，但他建議的修正方式其實只做出了非常微小的改動。他建議，一項法條除非在至少相隔 6 周的 2 次公開投票中通過，否則不能成功立法。請參見："On Homo politicus and the instant referendum," *Public Choice*, 1970, 9(1): 79–84. William Niskanen 也在討論米勒的提議時表示同意，但他更加支持其他形式的公投和「直接民主」手段，請參見："The pathology of politics"；"Toward more efficient fiscal institutions," *National Tax Journal*, 1972, 25(3): 343–347

11. 請參見維基百科「流動式民主」條目。也請參見 ：Steve Hardt's and Lia C. R. Lopes 使用社交網絡檢視流動式民主的研究："Google votes: a liquid democracy experiment on a corporate social network," Technical Disclosure Commons, June 5, 2015. 譯者補充：流動式民主是直接民主和代議民主的融合體，選民可以直接對政治議題進行投票，也可以委託「代理人」進行投票。代理可以是多層的。選民可以在不同議題上選擇不同的代理人，也可以隨時撤回代理權。

12. James Green-Armytage, "Direct voting and proxy voting," *Constitutional Political Economy*, 2015, 26(2): 190–220

13. Gal Cohensius, Shie Manor, Reshef Meir, Eli Meirom, and Ariel Orda, "Proxy voting for better outcomes," Technion–Israel Institute of Technology, November 28, 2016

14. Dennis Mueller, Robert Tollison, and Thomas Willett, "Representative democracy via random selection," *Public Choice*, 1972, 12(1): 57–68

15. Caplan, *The Myth of the Rational Voter*, esp. 52–83, 114–27

16. 「美國公民和經濟學家經濟意見調查」是由《華盛頓郵報》、凱澤家族基金會（Kaiser Family Foundation）和哈佛大學，三方於 1996 年合作的研究計畫。

17. Somin, *Democracy and Political Ignorance*

18. Alexander Hamilton, James Madison, and John Jay, *The Federalist Papers*, ed. Clinton Rossiter (New York: New American Library, 1961 [1788]), no. 9

19. Hamilton, Madison, and Jay, *The Federalist Papers*, nos. 9, 10, 49, 58, 63, 71
20. 請參見支持這種觀點的文獻：Martin Diamond, Winston Fisk, and Herbert Garfinkel, *The Democratic Republic* (Chicago: Rand McNally, 1970), ch. 4. 也請參見反對方的文獻：Martin Diamond, "Conservatives, liberals, and the Constitution," in R. A. Goldwin, ed., *Left, Right and Center: Essays on Liberalism and Conservatism in the United States* (Chicago: Rand McNally, 1965): 60–86
21. Abraham Lincoln, "The perpetuation of our political institutions: address before the Young Men's Lyceum of Springfield, Illinois, January 27, 1838," in Roy P. Basler, ed., *The Collected Works of Abraham Lincoln*, 8 vols. (New Brunswick, NJ: Rutgers University Press, 1953): I, 108–115; "Speech in the Illinois Legislature, January 11, 1837," in *The Collected Works*: I, 61–69, 69
22. 譯註。natural aristocracy，指的是「有智慧、美德與才華之人」，與由繼承權和財富定義的「人間貴族」相對應。
23. 請參見傑佛遜於 1816 年 5 月 28 日寫給 John Taylor 的信件、1816 年 5 月 26 日寫給 Isaac Tiffany 的信件、1813 年 10 月 28 日寫給約翰·亞當斯的信件、1816 年 4 月 24 日寫給 Pierre Samuel du Pont de Nemours 的信件。這些信件都收錄於：Morton Frisch and Richard Stevens, eds., *The Political Thought of American Statesmen* (Itasca, IL: Peacock, 1973), 26–36。另請參見：Harvey C. Mansfield Jr., "Thomas Jefferson," in Morton Frisch and Richard Stevens, eds., *American Political Thought* (New York: Scribner, 1971): 23–50
24. 請參見傑佛遜於 1813 年 10 月 28 日寫給約翰·亞當斯的信件，收錄於 Frisch and Stevens, *The Political Thought of American Statesmen*, 28
25. De Tocqueville, *Democracy in America*, I, esp. 63, 70, 94–6, 265, 309–10.（中譯本：《民主在美國》，2005 年 10 月，左岸文化，台北）
26. Tom Kertscher, "Were the founding fathers 'ordinary people?,'" PolitiFact, July 2, 2015; see also Walker's speech at the conference for the Faith and Freedom Coalition, June 20, 2015: www.c-span.org/video/?326702-5/governor-scott-walker-rwi-faith-freedom-coalition-conference
27. *Washington Post*, January 21, 1977, A17
28. 唐納德·川普的就職演說全文請見：www.whitehouse.gov/briefings-statements/the-inaugural-address
29. 請參見 George Will, "Some GOP candidates becoming unhinged over gay marriage ruling," *Washington Post*, July 1, 2015; and George Will, "On Obamacare, John Roberts helps overthrow the Constitution," *Washington Post*, June 25, 2015
30. Paul Krugman, "In defense of Obama," *Rolling Stone*, October 8, 2014
31. Caitlin Yilek, "Ruth Bader Ginsburg opposes Democratic proposal to add seats to Supreme Court," *Washington Examiner*, July 24, 2019
32. Kaiser Family Foundation, "Pop quiz: assessing Americans' familiarity with the health care law" (Menlo Park, CA: Kaiser Family Foundation, 2011)
33. Andrew Romano, "How ignorant are Americans?," *Newsweek*, March 3, 2011
34. James Curran, Shanto Iyengar, Anker Brink Lund, and Inka Salovaara-Moring, "Media system, public knowledge and democracy: a comparative study," *European Journal of Communication*, 2009, 24(1): 5–26
35. De Tocqueville, *Democracy in America*, I, 222–3, 237–9

36. Andrew Kohut, "Debt and deficit: a public opinion dilemma," Pew Research Center, June 14, 2012

37. 值得注意的是，並非所有經濟學家都認為，民主社會中選民的無知會對民意代表造成重大問題。反對者中最著名的唐納德·威特曼（Donald Wittman）認為，選民只需要瞭解少數具體細節，就可以準確判斷其民意代表的政策立場。正如消費者可以光看品牌名稱和產品評論，就決定購買哪些商品。威特曼認為，選民可以藉由觀察候選人的政黨平台、為其背書者和背後的利益集團，進而投出合理的一票。然而這種論調只針對民意代表選舉，而且說服力不足；當投票的目標是衡量選民對特定政策問題的意見時，這種論調無法緩解人們對政治無知的擔憂。大多數選民都知道，不要投給與自己觀點相反的候選人。但這離獲得足夠的資訊，可以定期就國防開支、製造業法規或外交政策等微妙手段進行討論，還有很長一段距離。請參見：Wittman, *The Myth of Democratic Failure*, 7–20。卡普蘭關於選民非理性的研究，則提供了強有力的理由，說明為何政治應避免公開依賴公眾輿論。

38. Tullock, *Private Wants, Public Means*, 115; 119

39. Hamilton, Madison, and Jay, *The Federalist Papers*, nos. 9, 10, 57。也請參見：Diamond, Fisk, and Garfunkel, *The Democratic Republic*, 99–100; Walter Berns, "Does the Constitution secure these rights'?," in Robert Goldwin and William Schambra, eds., *How Democratic Is the Constitution?* (Washington, DC: American Enterprise Institute, 1980): 59–78

40. Hamilton, Madison, and Jay, *The Federalist Papers*, no. 10

41. Diamond, Fisk, and Garfunkel, *The Democratic Republic*, 99–100

42. Hamilton, Madison, and Jay, *The Federalist Papers*, no. 10; no. 51。麥迪遜曾試圖設計一種政府制度，使民意代表不會根據狹隘的個人利益行事。請參見：Robert J. Morgan, "Madison's analysis of the sources of political authority," *American Political Science Review*, 1981, 75 (3): 613–625

43. Hamilton, Madison, and Jay, *The Federalist Papers*, nos. 63, 71

44. Joseph M. Bessette, *The Mild Voice of Reason: Deliberative Democracy and American National Government* (Chicago: University of Chicago Press, 1994)

45. Woodrow Wilson, *Constitutional Government in the United States* (New York: Columbia University Press, 1908), 104–5。公共政策研議的重要性，首次是由亞里斯多德強調的，他認為政策必須經過人們的群聚討論，政權的統治才能得到正當性。歐內斯特·巴克（Ernest Barker）指出，對亞里斯多德來說，廣大群眾若要做出良好的集體判斷，就不能只是個靜態的群體，必須進行動態的互動，也就是聚集在一起為政策進行辯論。請參見：Ernest Barker, *The Politics of Aristotle* (New York: Oxford University Press, 1962), 126。美國開國時代的另一則金句，是埃德蒙·伯克（Edmund Burke）的名言：「人民選出民意代表，便是希望他做出判斷。政府和立法是理性和判斷的問題，而非政治傾向的問題：是什麼樣的『理性』，竟允許未審先決？竟允許研議和決議由不同群體分開執行？竟允許得出結論者與參與辯論者竟相距 300 英里？」請參見：*The Works of the Right Honorable Edmund Burke*, 3 vols. (Boston: Little, Brown, 1894), II, 95–6

46. Woodrow Wilson, *Congressional Government: A Studyin American Politics* (Boston: Houghton Mifflin, 1885). Quoted in Harry Clor, "Woodrow Wilson," in Frisch and Stevens, *American Political Thought*: 191–217, 192

47. Clor, "Woodrow Wilson," 194

48. Abraham Lincoln, "First debate with Stephen Douglas at Ottawa, Illinois, August

21, 1858," in *The Collected Works*: III, 1–37, 27. 另請參見：*The Collected Works*, III, 29; Benjamin P. Thomas, *Abraham Lincoln* (New York: Knopf, 1952), 133

49. Abraham Lincoln, "Perpetuation of our political institutions," in The Collected Works: I, 108–115

50. 引自亞伯拉罕·林肯的第二次就職演說 [Washington, DC, March 4, 1865]，全文請見：www.ourdocuments.gov/doc.php?flash=false&doc=38&page= transcript

51. 儘管現今的經濟學家多半反對奴隸制，而非漠不關心，但這種信念來自經濟學以外的來源。根據福利經濟學理論，社會必須決定財產權和收入分配。在林肯的時代，奴隸是「財產」而非「權利擁有者」，因此如果某些州的人認爲蓄奴是正義的，那麼福利經濟學中沒有任何理論可以反駁。利蘭·葉格（Leland Yeager）是經濟學家中的異數，他曾批評經濟學過度依賴柏瑞圖最適的概念，並指出：柏瑞圖的方法對於所有價值觀都給予相同的尊重，認爲市場交易中出現的任何東西，都是道德上認可的（因此我們可以討論其外部性等等）。請參見：Yeager, "Pareto optimality in policy espousal."。另請參見：Tullock's comments on South Africa: *Private Wants, Public Means*, 238

52. 湯瑪斯·傑佛遜在第一次就職演說中，提及這是神聖的原則，儘管多數人的意志有可能加以壓迫，但唯有正義的意志才具有合理性。

53. Abraham Lincoln, "Speech at Peoria, Illinois, on the repeal of the Missouri Compromise, October 16, 1854," in *The Collected Works*: II, 246–283, emphasis in original

54. Joseph M. Bessette, "Deliberation and the lawmaking process," in *The Mild Voice of Reason*: 150–181; Joseph M. Bessette, "Deliberation in American lawmaking," *Philosophy & Public Policy Quarterly*, 1994, 14(1/2): 18–24; V. O. Key Jr., *Public Opinion and American Democracy* (New York: Knopf, 1961), ch. 21; Hanna Pitkin, *The Concept of Representation* (Berkeley, CA: University of California Press, 1967), ch. 10, esp. 212; Carl Friedrich, "Deliberative assemblies," in *Constitutional Government and Democracy: Theory and Practice in Europe and America*, 4th ed. (Waltham, MA: Blaisdell, 1968); Duncan MacRae Jr., "Normative assumptions in the study of public choice," *Public Choice*, 1973, 16 (1): 27–41, 38–9; MacRae, *The Social Function of Social Science*, 194–200; Willmoore Kendall and George Carey, "The intensity problem and democratic theory," *American Political Science Review*, 1968, 62(1): 5–24, 23; Robert Axelrod, "The medical metaphor," *American Journal of Political Science*, 1977, 21: 430–432, 432; Geoffrey Vickers, "Values, norms and policies," *Policy Sciences*, 1973, 4(1): 103–111, 109

55. W. Arthur Lewis, "Planning public expenditures," in Max F. Millikan, ed., *National Economic Development* (New York: National Bureau of Economic Research, 1967): 201–227, 207

56. Key, *Public Opinion and American Democracy*, ch. 21, esp. 536, 539, 553–8

57. John F. Kennedy, *Profiles in Courage* (New York: Cardinal, 1956), 14, emphasis added.（中譯本：《正直與勇敢》，2017 年 6 月，時報出版，台北）

58. 赫伯特·史托林（Herbert Storing）認爲，民粹主義最大的風險之一，在於低估了民意代表即使面對大眾的否決，仍認爲自己的判斷合法，並保有自信的能力。請參見：Herbert Storing, "American statesmanship: old and new," in Robert Goldwin, ed., *Bureaucrats, Policy Analysts, Statesmen: Who Leads?* (Washington, DC: American Enterprise Institute, 1980): 88–113, 103

59. Charles Wolf's proposal, cited by Vincent Taylor, "How much is good health worth?," *Policy Sciences*, 1970, 1(1): 49–72, 69

60. Mishan, *Cost–Benefit Analysis*, 318–19

61. Daniel Casse, "Casting a ballot with a certain cast of mind" [review of The Myth of the Rational Voter, by Bryan Caplan], *Wall Street Journal*, July 10, 2007

62. Schelling, "The life you save may be your own";Mishan, *Cost–Benefit Analysis*, 162; Jan Paul Acton, *Evaluating Public Programs to Save Lives: The Case of Heart Attacks* (Santa Monica, CA: Rand Corporation, 1973)

63. Tullock, *Private Wants, Public Means*, ch. 5; Dennis Mueller, *Public Choice* (Cambridge: Cambridge University Press, 1979), 124.

64. Tullock, *Private Wants, Public Means*, 120

65. *Los Angeles Times*, March 26, 1982, 29

66. Herbert Baus and William Ross, *Politics Battle Plan* (New York: Macmillan, 1968), 61; quoted in Eugene Lee, "California," in David Butler and Austin Ranney, eds., *Referendums* (Washington, DC: American Enterprise Institute, 1978): 87–122, 101–2

67. Raymond Wolfinger, "Discussion," in Austin Ranney, ed., *The Referendum Device* (Washington, DC, American Enterprise Institute, 1981): 60–73, 63–4; David Magleby's comments in *The Washington Post*, May 29, 1982, A11

68. *Los Angeles Times*, March 26, 1982, 29. 菲爾德的觀點很重要，因為民意調查組織會從公民提案中獲利：利益集團和媒體需要他們在選舉日之前，評估公眾輿論的趨勢。

69. Tracy Westen, *Democracy by Initiative: Shaping California's Fourth Branch of Government*, 2nd ed. (Los Angeles: Center for Governmental Studies, 2008), 9

70. 即使選民充滿熱情、也具有充足的知識，通過的公民提案也往往帶有欠缺思慮的條款。雷蒙·沃芬格指出，「第13號提案（使加州政府難以增加房地產稅），有些次要條款反映出有趣的公投現象。其中一項條款規定：房地產的估計價值將降回1975至1976年的水準，但在1976年後出售的房地產，則必須按照交易實價登錄課稅。想像一下，在一幢有20間公寓的大樓中，每間公寓在1975至1976年的估計價值為5萬美元，如果其中一間公寓在1979年以12.5萬美元的價格出售，那麼同一幢大樓中，有19人會支付以5萬美元為計算基礎的房地產稅，但第20人的課稅基礎卻是12.5萬美元。這是加州公投常出現的狀況，在提案某處藏著不為人知的小細節。人們通常知道公投的主題，卻很少有人會發現這一大包「法案套餐」中，藏有類似上述案例的狀況。請參見：Wolfinger, "Discussion," 64–5

71. 關於國會在這個議題上的相對優勢，請參考 Richard F. Fenno Jr., *Home Style: House Members in Their Districts* (Boston: Little, Brown, 1978), 245。建立共識是政府執政中的重要過程，相關研究請參見：Kendall and Carey, "The intensity problem and democratic theory"; David Braybrooke, *Three Tests for Democracy: Personal Rights, Human Welfare, Collective Preference* (New York: Random House, 1968), esp. 202–7。有關公民提案為何難以達成妥協，請參見：Michael Malbin, "The false hope of law by initiative," *Washington Post*, January 7, 1978, 15

72. 事實上，最近的學術研究顯示，直接民主中所欠缺的研議過程，正是創造共識所必需的條件。研究發現，讓參與者有時間討論議題中的分歧，有機會增進眾人用相同的意識形態看待問題。儘管最終不見得能夠達成實質性協議，依舊可以建構出一種「超協議框架（meta-agreement）」，讓大家用一致的方式描述問題（自由或保守、世俗或宗教等）。這表示每位參與者都可以選擇自己偏好的單一政策，並與同儕進行比較，而這正是公共選擇經濟學家稱之為「單峰偏好（single-peaked preferences）」的狀況。在這種框架下，討論議題會更有成效、也更容易達成合理的妥協，但若忽視這個研議的過程，就很難得出共識。請參見：Christian List, Robert Luskin, James Fishkin, and Iain McLean, "Deliberation, single-peakedness, and the possibility of meaningful democracy: evidence from deliberative polls," *Journal of Politics*, 2012, 75(1), 80–95

73. 某些公民提案的支持者曾提議，讓民意機關來審議公民提案。這種「間接公民提案」的程序在美國因州而異，但這表示提案方（公民）與審議方（立法機構）之間必須緊密合作。舉例來說，麻薩諸塞州以降低連署門檻的方式，鼓勵公民向立法機構提出法案，而非直接發起公投。而後立法機關可以採用多數決的方式批准、修改或駁回該項提案。其他將民意機關納入公民提案程序的方式，包括舉行強制性公開聽證會、要求民意代表對提案進行公正分析、允許提案者與立法機關之間進行談判、對公投通過的提案進行專業立法修訂、提供法案起草的協助等等。這些改善措施，有助於減輕選民理性無知對公共政策的影響。Westen, *Democracy by Initiative*, 18–22; J. Fred Silva, "The California Initiative Process: background and perspective," occasional paper (San Francisco: Public Policy Institute of California, 2000), 37; Massachusetts Constitution amendment article XLVIII, initiative part 5 (statutes), part 4 (constitutional amendment), available at https://malegislature.gov/Laws/Constitution # cart048.htm

74. Mueller, Tollison, and Willett, "Representative democracy via random selection," 65

75. 基伊認為，大眾必須覺得自己能夠分享並參與國家的政治秩序。*Public Opinion and American Democracy*, 547–8

76. Fenno, *Home Style*, 240–5. 本章稍後將提及，民眾非常支持民意代表的獨立性。如果選民對議題知之甚少，那麼投票給似乎具有良好品格或判斷力的人（而非與自己當下未經深思的偏好相同的人），將會是相當合理的選擇。若 A 認為 B 有「很好的判斷力」，這表示 A 認為，B 在立法過程中若能夠更加知情，自己應該會同意 B 隨後的觀點。

77. 請參考第 7 章「人性本自私」。另請參見：Greene and Salavitabar, "Senatorial responsiveness."。威廉·米切爾（William Mitchell）認為：「在曾撰寫公共財政書籍的所有經濟學家中，幾乎所有人……都以一種反常的欣慰語氣表示，無論是選民、政治家還是官僚，大家都是平凡人。一個社會持續提供公共財，不是因為這些人心中的善意，而是因為他們身為政治的一環有利可圖。」請參見：William Mitchell, "Textbook public choice: a review essay," *Public Choice*, 1982, 38(1): 97–112, 104

78. James Kau and Paul Rubin, *Congressmen, Constituents and Contributors: Determinants of Roll Call Voting in the House of Representatives* (Boston: Martinus Nijhoff, 1982). 他們發現，所處黨派的意識形態和國會代表自身的意識形態，對國會投票結果都有很重大的影響力。他們還發現，因商業原因進行的政治獻金，不會影響收受獻金國會議員的投票選擇。但即使控制了經濟變因後，公共利益遊說團體依然會影響國會議員的投票選擇 (esp. 3–5, 45, 80, 93–4, 121–4)。我很高興能夠平衡我對戈登·塔洛克研究頻繁的批評：我必須在此提及，他是《公共選擇研究》(*Studies in Public Choice*) 雜誌的總編輯，這本刊物為非正統且有趣的學說提供了舞台，包括這裡提到的這本書，以及理查‧麥肯齊（Richard McKenzie）《經濟科學的局限》（*The Limits of Economic Science*）（第9章將簡短討論）。

79. David Mayhew, *Congress: The Electoral Connection* (New Haven, CT: Yale University Press, 1974); Morris Fiorina, *Congress: Keystone of the Washington Establishment* (New Haven, CT: Yale University Press, 1977)

80. Richard F. Fenno Jr., *Congressmen in Committees* (Boston: Little, Brown, 1973)

81. Bessette, "Deliberation in American lawmaking," 18–19; Fenno, *Congressmen in Committees*, 5

82. 關於這項議題的完備論述，請參見：Bessette, "Deliberation in American lawmaking," ;Arthur Maass, *Congress and the Common Good* (New York: Basic Books, 1983)

83. Asbell, *The Senate Nobody Knows*, 267, 210

84. Asbell, *The Senate Nobody Knows*, 370–1

85. Asbell, *The Senate Nobody Knows*, 30, 42–3。John Manley 認為 Wilbur Mills 在眾議院籌款委員會中的卓越地位，是來自其影響力而非權力。 Manley 表示：「『影響力』在本質上是種說服手段，提供理由讓人們覺得應該（或不應該）做某事；而『權力』則是喚起人們服從義務的溝通方式。」請參見：John F. Manley, *The Politics of Finance: The House Committee on Ways and Means* (Boston: Little, Brown, 1970), 122; Bessette, "Deliberation in American lawmaking."

86. Jenna Johnson, "House Judiciary Committee chairman well versed in immigration debate," *Washington Post*, June 23, 2013

87. Paul Ryan, *The Way Forward: Renewing the American Idea* (New York: Twelve, 2014), 76

88. Daniel J. Palazzolo, "Return to deliberation? Politics and lawmaking in committee and on the floor," in William Connelly, Jack Pitney, and Gary Schmitt, eds., *Is Congress Broken? The Virtues and Defects of Partisanship and Gridlock* (Washington, DC: Brookings Institution Press, 2017)

89. Bessette, *The Mild Voice of Reason*, esp. 74, 82, 87, 95–6, 98, 146–7

90. Buchanan, *Public Finance in Democratic Process, The Limits of Liberty*

91. Hamilton, Madison, and Jay, *The Federalist Papers*, no. 63

92. John Dewey, ed., *The Living Thoughts of Thomas Jefferson* (Greenwich, CT: Fawcett, 1940), 58. 傑佛遜及其他開國元勳也強調，有能力、有才華者不會被短任期、權力有限的公職所吸引。但經濟學家並未討論到這項誘因。

93. Miller, "A program for direct and proxy voting," 373

94. Amacher and Boyes, "Cycles in senatorial voting."

95. Ryan Amacher and William Boyes, "Politicians and polity: responsiveness in American government," *Southern Economic Journal*, 1979, 46(2): 558–567; Greene and Salavitabar, "Senatorial responsiveness."

96. Thomas Jefferson, "Letter to Monsieur d'Ivernois, Feb. 6, 1975," in Andrew Lipscomb, ed., *The Writings of Thomas Jefferson*, 20 vols. (Washington, DC: Thomas Jefferson Memorial Society, 1903): IX, 299–300, emphasis added. 另請參見：Hamilton, Madison, and Jay, *The Federalist Papers*, no. 10

97. Pitkin, *The Concept of Representation*, ch. 7

98. Miller, "A Program for direct and proxy Voting," 373

99. Amacher and Boyes, "Cycles in senatorial voting," 10

100. Schelling, "The life you save may be your own," 161。譯者補充:「無代表,不納稅」是 1750 年代作為英國殖民地時,美國反對英國課稅的口號。當年美國在英國國會中並無民意代表,因此英國國會對美國課稅違反法律。這個思潮隨後引發了波士頓茶葉事件,進而造成美國獨立。

101. Elizabeth Mendes and Joy Wilke, "Americans'confidence in Congress falls to lowest on record," Gallup, June 13, 2013

102. Lydia Saad, "Gridlock is top reason Americans are critical of Congress," Gallup, June 12, 2013

103. Steven Kull, "American public says leaders should pay attention to opinion polls," Common Dreams, March 28, 2008

104. Stanley Kelley, *Interpreting Elections* (Princeton, NJ: Princeton University Press, 1983), esp. 57, 163–5

105. Hamilton, Madison, and Jay, *The Federalist Papers*, no. 49

CHAPTER 9 經濟學能讓社會變得更好嗎?——結論

1. American Society for the Prevention of Cruelty to Animals, "The criminal, underground world of dogfighting," www.aspca.org/animal-cruelty/dogfighting

2. *Chicago Tribune*, September 1, 1974

3. 處理無法量化的外部性有其必要、也有其困難。這方面的深入討論,請參見本書 1985 年版的第 10 章。

4. Kenneth Boulding, "Economics and the future of man," in *Economics as a Science*: 139–157, 156

5. Thomas Schelling, "Economic reasoning and the ethics of policy," *Public Interest*, 1981, 63: 37–61, 59

6. Boulding, *Economics as a Science*, 136

7. Robert J. Samuelson, "Micro revolution: compete or stand aside," *Washington Post*, October 21, 1980, D8

8. 里斯接著表示:「其實大部分的經濟學家在經濟議題上,遠比其他學科的人(如社會學家)還保守,因為經濟學家真的理解經濟議題。」William McCleery, "A conversation with Albert Rees," *Princeton Alumni Weekly*, March 15, 1976

9. Schultze, *The Public Use of Private Interest*, 76–7

10. Alain Enthoven, "Defense and disarmament: economic analysis in the Department of Defense," *American Economic Review*, 1963, 53(2): 413–422, 422

11. George Stigler, "The politics of political economists," *Quarterly Journal of Economics*, 1959, 73(4): 522–532. 這曾是此文中討論的主題。

12. 在某種程度上,我對經濟學的批評也不完全公允。經濟學傳統上的角色就是評估不同事物的價值,而這是一項很具挑戰性的工作。舉例來說,經濟學家會試圖找出消費者願意支付多少費用,以降低工作中的死亡風險。我的批評大部分集中在經濟學家判斷事物價值的方式。近年來,一些經濟學家開始探討效率性。舉例來說,他們會研究小班制是否可以提高學生的閱讀和數學成績。經濟學在定量研究上的方法,可能比其他社會科學更好、更不受意識形態的影響,因此經濟學家在效率的研究上成果卓著。他們也非常有創造力,舉例來說,一項研究竟然發現在設置高速公路電子收費系統之後,電子收費站 2 公里的半徑內,嬰兒早產和體重不足的比例下降了 10.8%,在 2 公里至 10 公里半徑內則下降 11.8%。請參見:Janet Currie and Reed Walker, "Traffic congestion and

infant health: evidence from E-ZPass," *American Economic Journal: Applied Economics*, 2011, 3(1): 65–90)

13. 請參見：Tyler J. Vander Weele, "Activities for flourishing: an evidence-based guide," *Journal of Positive School Psychology*, 2020, 4(1): 79–91

14. Scott Shackford, "Biden says high-speed rail will get millions of cars off the road. That's malarkey," Reason, March 16, 2020

15. Justine Coleman, "Biden unveils plan to penalize companies that offshore jobs ahead of Michigan visit," The Hill, September 9, 2020

16. Josh Hawley, "Americans are ready for a come back. Congress must help unleash it," *Washington Post*, April 8, 2020; Bryan Riley, "Sen. Hawley is entitled to his opinion on trade, but not his own facts," National Taxpayers Union, May 5, 2020

17. Michael R. Strain, *The American Dream Is Not Dead (But Populism Could Kill It)* (West Conshohocken, PA: Templeton Press, 2020); George Will, "Despite bipartisan lament, upward mobility lives on," *Washington Post*, March 12, 2020; Michael R. Strain, "What conservatism should look like after Trump," Bloomberg Opinion, November 12, 2019

18. Michael R. Strain, "Bidenomics is a populist gridlock buster. Uh-oh," Bloomberg Opinion, July 14, 2020

19. Stephen Broadberry and Tim Leunig, "The impact of Government policies on UK manufacturing since 1945," Evidence Paper 2 for Future of Manufacturing Project (London: Government Office for Science, 2013)

20. Strain, *The American Dream Is Not Dead*

21. Strain, "Bidenomics is a populist gridlock buster."

22. Benjamin F. Jones and Lawrence H. Summers, "A calculation of the socialre turns to innovation," Working Paper 27863 (Cambridge, MA: National Bureau of Economic Research, 2020)

23. *The Economist*, "Joe Biden would not remake America's economy," October 3, 2020

24. Committee on the Judiciary, "Nomination of Stephen G. Breyer to be an associate justice of the Supreme Court of the United States" (Washington, DC: Government Printing Office, 1995), 7

25. 譯註。generic drug。指的是配方已超過專利保護期，所有藥廠都可以生產的藥物。

26. Casey B. Mulligan, *You're Hired! Untold Successes and Failures of a Populist President* (Washington, DC: Republic Book Publishers, 2020)

27. Amy Goldstein, "President Trump's Medicare drug discount cards face uncertain path," *Washington Post*, October 15, 2020; Lenny Bernstein, "Health officials scramble to explain details of Trump's $200 drug discount card," *Washington Post*, September 25, 2020。若讀者有興趣閱讀對川普政府較樂觀的評估，請參見：Casey B. Mulligan, *You're Hired! Untold Successes and Failures of a Populist President*

28. Deirdre McCloskey, "The two movements in economic thought, 1700–2000:empty economic boxes revisited," *History of Economic Ideas*, 2018, 26(1): 63–95

29. Jeremy Norman, "The antitrust case, US v. IBM, is tried and eventually withdrawn," History of Information

30. Deirdre McCloskey, *Bourgeois Dignity: Why Economics Can't Explain the*

Modern World (Chicago: University of Chicago Press, 2010)

31. Jones and Summers, "A calculation of the social returns to innovation."

32. 請參見：Deirdre McCloskey, "How growth happens: liberalism, innovism, and the Great Enrichment," deirdremccloskey.com, November 29, 2018; McCloskey, "The two movements in economic thought";John Mueller, *Capitalism, Democracy, and Ralph's Pretty Good Grocery* (Princeton, NJ: Princeton University Press, 1999)

33. Strain, *The American Dream Is Not Dead*; Richard V. Reeves, *Dream Hoarders: How the American Upper Middle Class Is Leaving Everyone Else in the Dust, Why That Is a Problem, and What to Do About It* (Washington, DC: Brookings Institution Press, 2017); Jonathan Gruber and Simon Johnson, *Jump-Starting America: How Breakthrough Science Can Revive Economic Growth and the American Dream* (New York: PublicAffairs, 2019)

34. Strain, *The American Dream Is Not Dead*

35. Arthur C. Brooks, "What really buys happiness? Not income equality, but mobility and opportunity," *City Journal*, Summer 2007

36. William D. Nordhaus, "Schumpeterian profits and the alchemist fallacy revised," Yale Economic Applications and Policy Discussion Paper 6 (New Haven, CT: Department of Economics, Yale University, 2005)

37. 美國人甚至比西歐人更加重視自由。曾有項民意調查，要求民眾在「不受政府干預自由地追求生命目標」以及「政府保證所有人的生活都不虞匱乏」之間二選一。根據 2011 年皮尤中心的一項研究，58% 的美國人選擇自由，只有 35% 選擇生活保障。歐洲人的看法則恰恰相反。62% 的德國人選擇生活保障，只有 36% 的德國人選擇自由。這份調查在法國、英國和西班牙都得出類似的結果。Robert J. Samuelson, "Is America really so exceptional?," *Washington Post*, September 22, 2013

38. Kristján Kristjánsson, "An Aristotelian virtue of gratitude," Topoi, 2013, 34(2): 499–511; Wikiversity, "Virtues/gratitude," https://en.wikiversity.org/wiki/Virtues/ Gratitude; Michael W. Austin, "The virtue of thankfulness," *Psychology Today*, November 22, 2010

39. Sara B. Algoe, Jonathan Haidt, and Shelly L. Gable, "Beyond reciprocity: gratitude and relationships in everyday life," *Emotion*, 2008, 8(3): 425–429; Catherine Clifford discusses Jonathan Haidt's research in "Happiness expert: these are the 3 components of lasting happiness (and the mistakes people make)," *Health and Wellness*, CNBC, April 11, 2019; Arthur Brooks, "Choose to be grateful. It will make you happier," *New York Times*, November 22, 2015

國家圖書館出版品預行編目 (CIP) 資料

經濟學家眼中的世界（40 周年好評增修版）：一本讀懂經濟學的優劣與
局限, 剖析政府、市場和公共政策, 探索人類的幸福／史蒂芬‧羅德斯
（Steven E. Rhoads）著 ; Geraldine Lee 譯 . -- 初版 . -- 臺北市：今周刊出
版社股份有限公司 , 2023.06
448 面 ; 14.8X21 公分 . -- （Future ; 14）
譯自：The economist's view of the world : and the quest for well-being.
ISBN 978-626-7266-15-1(平裝)

1.CST: 經濟學

550   112002822

Future 14

經濟學家眼中的世界（40周年好評增修版）

一本讀懂經濟學的優劣與局限，剖析政府、市場和公共政策，探索人類的幸福

作　　　者	史蒂芬‧羅德斯（Steven E. Rhoads）
譯　　　者	Geraldine Lee
審　　　訂	黃春興

總 編 輯	許訓彰
特約主編	蔡緯蓉
封面設計	林韋伶
內文排版	陳姿仔
校　　對	陳家敏

行銷經理	胡弘一
企畫主任	朱安棋
行銷企畫	林律涵、林苡蓁
印　　務	詹夏深

發 行 人	梁永煌
社　　長	謝春滿

出 版 者	今周刊出版社股份有限公司
地　　址	台北市中山區南京東路一段 96 號 8 樓
電　　話	886-2-2581-6196
傳　　真	886-2-2531-6438
讀者專線	886-2-2581-6196 轉 1
劃撥帳號	19865054
戶　　名	今周刊出版社股份有限公司
網　　址	http://www.businesstoday.com.tw

總 經 銷	大和書報股份有限公司
製版印刷	緯峰印刷股份有限公司
初版一刷	2023 年 6 月
定　　價	550 元

Future

Future

Future

Future